Kunst-Reiseführer in der Reihe DuMont Dokumente

W0335879

Zur schnellen Orientierung – die wichtigsten Sehenswürdigkeiten in Venedig und in der Lagune auf einen Blick:

(Auszug aus dem ausführlichen Ortsregister S. 379 ff.)

Accademia 302
Arsenal 237
Biblioteca Marciana 53
Burano 376
Ca' d' Oro 153, 340
Ca' Rezzonico . . . 163, 340
Colleoni-Denkmal 176
Dogenpalast 88
Fondaco dei Tedeschi . . . 217
Fondaco dei Turchi . . 150, 343
Ghetto 290
Guggenheim-Sammlung 165, 342
Il Redentore 229
Madonna dell' Orto 296
Murano 371
Museo Civico Correr . . . 338
Palazzo Labia 287
Palazzo Pesaro 152, 341
Palazzo Querini-Stampalia . 341
Palazzo Vendramin Calergi . 151
Rialto-Brücke 215
Scuola di S. Giorgio degli Schiavoni 239
Scuola Grande dei Carmini . 276
Scuola Grande di S. Rocco . 132
Seufzerbrücke 90
S. Francesco della Vigna . . 212
S. Giorgio Maggiore 226
S. Marco 56
S. Maria dei Miracoli . . . 210
S. Maria della Salute 251
S. Maria Formosa 240
S. Maria Gloriosa dei Frari . 108
S. Pietro di Castello 300
S. Polo 280
S. Salvatore 222
S. Sebastiano 278
S. Stefano 244
S. Zaccaria 232
S. Zanipolo 169
Teatro La Fenice 248
Torcello 376

In der vorderen Umschlagklappe: Stadtplan Venedig

In der hinteren Umschlagklappe: Die Lagune von Venedig

Jagd in der Lagune, Stich aus dem 18. Jh.

Thorsten Droste

Venedig

Die Stadt in der Lagune –
Kirchen und Paläste, Gondeln und Karneval

DuMont Buchverlag Köln

Umschlagvorderseite: Canal Grande mit S. Maria della Salute (Foto: Thorsten Droste)
Umschlagrückseite: Karnevalszene (Foto: Gregor Schmid)
Umschlaginnenklappe: Giovanni Bellini, Der Doge Leonardo Loredan (1501). London, National Gallery

Meiner Mutter Heilwig

CIP-Kurztitelaufnahme der Deutschen Bibliothek

Droste, Thorsten:
Venedig: d. Stadt in d. Lagune – Kirchen u.
Paläste, Gondeln u. Karneval / Thorsten Droste. –
Köln: DuMont, 1985.
(Kunst-Reiseführer in der Reihe DuMont-Dokumente)
ISBN 3-7701-1654-2

© 1985 DuMont Buchverlag, Köln
Alle Rechte vorbehalten
Satz, Druck und buchbinderische Verarbeitung: Boss-Druck, Kleve

Printed in Germany ISBN 3-7701-1654-2

Inhalt

Zum Gebrauch dieses Buches 10

Geschichtlicher Überblick

Die Entstehung der Lagunensiedlung 12 – Der Aufstieg zur Großmacht 15 – Die Eroberung Konstantinopels 18 – *Marco Polo 23* – Staat und Verfassung 24 – Der Machtkampf mit Genua 27 – 15. Jahrhundert: das Goldene Zeitalter 29 – Die Waagschale sinkt 32 – *Anmerkungen zur Sittengeschichte 35* – Der Niedergang 37 – *Die Luxusgesetze 41* – Venedig heute 43 – *Der Karneval 45*

Rundgänge durch die Stadt

Piazza und Piazzetta 47

Campanile 49 – Loggetta 50 – Procuratie Vecchie 50 – Procuratie Nuove 51 – Ala Napoleonica 52 – Biblioteca Marciana 53 – Die Säulen auf der Piazzetta 54 – Zecca (Münze) 55 – Piazzetta dei Leoncini 55

San Marco 56

Baugeschichte 56 – Der Außenbau 58 – Narthex und Narthexmosaiken 60 – Der Innenraum 62 – Die Mosaiken 63 – Skulpturen und Altäre 81 – Pala d' Oro 82 – Die Bronzetür des Sansovino 83 – Annexräume 83 – Tesoro (Schatzkammer) 84 – Baptisterium 85 – Cappella Zen 86 – Museo Marciano 87

Der Dogenpalast 88
Baugeschichte 88 – Der Außenbau 89 – Seufzerbrücke 90 – Porta della Carta 90 – Innenhof mit Scala dei Giganti 90 – Arco Foscari 91 – Scala d' Oro 92 – Die Staatsräume im 3. Stockwerk 92 – Die Räume des 2. Stockwerks 99 – Prigioni (Gefängnis) 106 – Rückblick 107

Der Frari-Bezirk 108
S. Maria Gloriosa dei Frari 108 – Campo und Kirche S. Rocco 132 – Scuola Grande di S. Rocco 132 *(Die venezianische Scuola 132)* – Scuola Grande di S. Giovanni Evangelista 138 – S. Nicolò da Tolentino 138 – S. Pantalon 139

Der Canal Grande 140
Topographie 140 – *Der venezianische Palazzo 141* – Die Baudenkmäler am Canal Grande 148

S. Zanipolo und umliegende Bauten 169
S. Zanipolo 169 – Das Reiterstandbild des Bartolomeo Colleoni 176 – Scuola Grande di S. Marco 209 – S. Maria dei Miracoli 210 – S. Lazzaro dei Mendicanti 212 – S. Francesco della Vigna 212

Rund um den Rialto 215
Ponte di Rialto 215 – Fondaco dei Tedeschi 217 – Palazzo dei Camerlenghi 218 – S. Giacomo di Rialto 218 – S. Giovanni Elemosinario 220 – S. Silvestro 220 – S. Bartolomeo 221 – S. Giovanni Crisostomo 221 – S. Lio 222 – S. Maria della Fava 222 – S. Salvatore 222 – S. Giuliano 225

Die Palladio-Kirchen 226
S. Giorgio Maggiore 226 – Die Giudecca 229 – Il Redentore 229

Von S. Zaccaria über das Arsenal zum Campo S. Maria Formosa . . . 232
S. Zaccaria 232 – S. Giorgio dei Greci 235 – S. Giovanni in Bragora 236 – S. Martino 237 – Das Arsenal 237 – Scuola di S. Giorgio degli Schiavoni 239 – S. Maria Formosa 240

Bauten im Bereich um S. Stefano 242
S. Moisè 242 – S. Maria del Giglio 243 – S. Maurizio 244 – Campo und Kirche S. Stefano 244 – Campi S. Angelo und S. Benedetto 246 – Palazzo Contarini del Bovolo 247 – Campo und Kirche S. Fantin 247 – Teatro La Fenice 248 – *Die venezianische Musik 249*

Von der Salute-Kirche nach S. Trovaso 251
S. Maria della Salute 251 – Scuola und Kirche S. Spirito 254 – S. Maria del Rosario (I Gesuati) 255 – S. Maria della Visitazione 256 – *Die Gondel 273* – S. Trovaso 274

Im Sestiere Dorsoduro 275
S. Maria del Carmelo 275 – Scuola Grande dei Carmini 276 – Palazzi Zenobio und Cigogna 277 – S. Sebastiano 278 – S. Angelo Raffaele 279 – S. Nicolò dei Mendicoli 279

Vom Campo S. Polo zum Campo S. Giacomo dell' Orio 280
Campo und Kirche S. Polo 280 – Casa Goldoni 282 – S. Maria Mater Domini 283 – S. Cassiano 284 – S. Giacomo dell' Orio 284

Im Sestiere Canareggio 286
S. Maria di Nazareth 286 – S. Geremia 287 – Palazzo Labia 287 – S. Giobbe 289 – Das ehem. Ghetto 290 – *Die Juden in Venedig 290* – S. Marcuola 291

Im Norden der Stadt: von der Jesuiten- zur Madonna dell' Orto-Kirche 293
S. Maria Assunta dei Gesuiti 293 – SS. Apostoli 294 – S. Sofia 295 – S. Felice 295 – S. Fosca 295 – S. Maddalena 295 – Vom Rio S. Felice zum Campo dei Mori 296 – Madonna dell' Orto 296 – S. Alvise 298

Im Sestiere di Castello 299
S. Maria della Pietà 299 – S. Pietro di Castello 300 – Das Biennale-Gelände 301 – S. Elena 301

Die Museen

Accademia 302
Museo Civico Correr 338
Museo Archeologico 339
Galleria Franchetti in der Ca' d' Oro 340
Museo del Settecento Veneziano in der Ca' Rezzonico 340
Pinacoteca Querini-Stampalia 341
Galleria d' Arte Moderne im Palazzo Pesaro 341
Museo d' Arte Orientale im Palazzo Pesaro 342
Collezione Peggy Guggenheim 342
Museo di Icone im Istituto Ellenico 342
Museo Storico Navale 343
Museo di Storia Naturale im Fondaco dei Turchi 343

Die bedeutendsten Künstler in Venedig 344

Giovanni Bellini 344 – Vittore Carpaccio 345 – Cima da Conegliano 345 – Giorgione 346 – Pietro Lombardo und seine Familie 347 – Baldassare Longhena 347 – Lorenzo Lotto 348 – Andrea Palladio 348 – Jacopo Palma il Vecchio 349 – Antonio Rizzo 349 – Jacopo Sansovino 349 – Giovanni Battista Tiepolo 350 – Jacopo Tintoretto 350 – Tizian 352 – Paolo Veronese 354

Kunstgeschichtliches Glossar 355

Literaturauswahl 358

Praktische Reise-Informationen (Gelbe Seiten)

Auskünfte 361
Ausrüstung 361
Anreise 362
Unterkunft 362
Verkehrsmittel 362
Traditionelle Feste 364
Kulturelle Veranstaltungen 365

Ein Blick auf die Speisekarte 365
Nützliche Anschriften 366
Weitere nützliche Informationen 367
Programmvorschläge 367
Zur Orientierung: venezianische Begriffe 368
Öffnungszeiten 368
Ausflüge in der Lagune:
S. Michele 370 – Murano 371 – Burano 376 – Torcello 376 – Der Lido 377 – Chioggia 377

Bildnachweis 378

Register 379

Zum Gebrauch dieses Buches

Venedig! Gibt es eine Stadt, die mehr bewundert und gerühmt, von Dichtern begeisterter besungen, von Verliebten heißer ersehnt, die mehr besucht und besser bekannt wäre?

Venedig! Gibt es in den Sprachen der Menschheit einen Namen, der so viele Träume ausgelöst hätte wie dieser? Er ist noch dazu hübsch, klangvoll und weich, er ruft mit einem Schlag ein prächtiges Defilee herrlicher Erinnerungen und einen ganzen Horizont voll bezaubernder Wunschbilder im Geiste wach.

Venedig! Dies eine Wort scheint die Sinne in heftigen Aufruhr zu versetzen. Es erregt alles, was in uns poetisch ist, es fordert unsere Begeisterungsfähigkeit heraus, und wenn wir in diese einzigartige Stadt kommen, betrachten wir sie unweigerlich mit wohlvorbereiteten, vorweg bezauberten Augen, betrachten sie durch unsere eigenen Träume.

Guy de Maupassant: Die Irrfahrten des Herrn de Maupassant, 1885

Obwohl die Industriewelt unseres Jahrhunderts bedrückend nah an Venedig herangerückt ist, liegt immer noch, unverändert, der Zauber des Geheimnisvollen und Märchenhaften über der Stadt in der Lagune. Rasch vergißt man die künstliche Nabelschnur des Bahndamms, der die einstige »Königin der Meere« seit dem 19. Jahrhundert an das Festland bindet. Man glaubt sich in eine fremde Welt versetzt, in der anders gelebt wird, andere Maßstäbe und Erfahrungen gelten. Diese Eigengesetzlichkeit wird weitgehend von der besonderen Geographie einer Stadt diktiert, die auf mehr als hundert kleinen Inseln errichtet wurde. Venedig ist ein einziges Labyrinth. Anfangs empfindet das fast jeder als Irritation. Aber schon bald spürt man in der ständigen Suche den besonderen Reiz, denn man geht keinen (Um)Weg umsonst. Wenn man glaubt, durch eine vermeintlich geschickte Abkürzung schneller ans Ziel zu gelangen, findet man sich unversehens auf einem kleinen Campo wieder, den man nie zuvor gesehen hat, entdeckt einen verträumten Palazzo an einem Seitenkanal, hält überrascht vor einer Kirchenfassade inne, die in keinem Buch verzeichnet ist.

Nicht wenige lassen sich aber von dem Gewirr der Gassen und Kanäle einschüchtern. Sie halten sich an die gelben Schilder, die den Weg zu den wichtigsten Plätzen und Sehenswürdigkeiten weisen und bleiben damit getreulich auf jenen Routen, die die Insider leicht verächtlich die »Trampelpfade« nennen. Dieses Buch möchte dem Venedigbesucher helfen, sich auch in versteckte Winkel vorzuwagen. Die Denkmäler sind deshalb weder in einer alphabetischen noch in chronologischer Reihenfolge behandelt, sondern werden im Rahmen von Rundgängen vorgestellt. Das birgt, zugegeben, den Keim der Bevormundung in sich. Das Ziel des Buches ist es aber, weniger zu führen, als vielmehr zu begleiten. Deshalb wurde besonderes Gewicht auf

Überschaubarkeit gelegt. In der vorderen Umschlagklappe findet sich ein Übersichtsplan für das gesamte Stadtgebiet. Dahinein sind Ausschnitte markiert, auf denen Seitenzahlen darauf verweisen, wo die Vergrößerung des Plans zu finden ist. Für jeden Rundgang erscheint ein solcher Detailplan. Wer Venedig bereits kennt und abweichend von den vorgeschlagenen Wegen sein eigenes Programm zusammenstellen möchte, kann durch einen Blick auf den Übersichtsplan seinen jeweiligen Standort abfragen und sich mit Hilfe der betreffenden Ausschnittkarten seine eigene Route wählen. Die hier beschriebenen Rundgänge sind also als Vorschläge zu verstehen, nicht als verbindliches »Muß«. Sie sind kapitelweise so zusammengestellt, daß sie annähernd gleich lang dauern. Wer sich auf das Wichtigste beschränkt, wird den Programmvorschlag eines Kapitels in einem halben Tag absolvieren. Wer sich die Zeit für Besonderheiten nimmt, sollte für jeden Rundgang einen ganzen Tag einkalkulieren. Insgesamt wurde eine Staffelung vorgenommen, die von den wichtigsten Sehenswürdigkeiten zu den unbekannteren Kostbarkeiten fortschreitet. Je nach der Dauer seines Aufenthaltes kann der Besucher also von hinten kapitelweise Abstriche machen. Ebenso ist die Kombination von Rundgängen möglich. So lassen sich z. B. problemlos die Kapitel »Von der Salute-Kirche nach S. Trovaso« und »Im Sestiere Dorsoduro« oder »Im Sestiere Canareggio« mit dem Abschnitt »Im Norden der Stadt« verbinden. Die Rundgänge sind so gewählt, daß sie immer entweder am Markusplatz oder nahe einer Schiffsstation beginnen und ebenfalls an einer solchen enden (die Verkehrsverbindungen sind in den »praktischen Reiseinformationen« aufgelistet, siehe Seite 362).

Bei der Beschreibung von Bauten orientieren sich die Richtungsangaben (vorne und hinten, rechts und links) nach der Perspektive des Eintretenden. Wenn bei einer Kirche von Osten oder Westen gesprochen wird, ist die Chorseite bzw. mit letzterem die Fassadenseite gemeint, mit Süden die rechte, mit Norden die linke Seite. Bei der Beschreibung von Bildern und Reliefs beziehen sich die Angaben links bzw. rechts auf die Sicht des Betrachters, bei frei stehenden Skulpturen auf das Kunstwerk selbst.

Es wurde ein möglichst breites Spektrum angestrebt, um mit diesem Buch den Venedigneuling wie den -kenner gleichermaßen anzusprechen. Angesichts der Fülle dessen, was die Stadt an Sehenswertem bietet, war es jedoch unumgänglich, eine Auswahl zu treffen. Vor diese Schwierigkeit gestellt, war mir eine Bemerkung Theodor Hetzers eine trostreiche Hilfe. Zu dem großen Altarbild Giovanni Bellinis in S. Zaccaria meint er, daß in »dieser mit Bildern größten Formats angefüllten Kirche nur seine Sacra Conversazione Realität hat; alles andere verblaßt zu bloßem Schatten, wird anspruchsvolle Leinwand und tote Farbe«. Diese Feststellung aus dem Munde eines Berufenen hat mich ermutigt, auf eine katalogartige Auflistung zu verzichten und statt dessen das Schwergewicht auf eine eingehendere Würdigung des Herausragenden zu legen.

Das Buch soll in erster Linie ein Begleiter zu den Kunstschätzen Venedigs sein. Es hieße aber, die Stadt einseitig zu erleben, wenn man sie ausschließlich von der musealen Seite her betrachtet. Es wurde deshalb versucht, durch Randbemerkungen und Exkurse den Facettenreichtum dieser einzigartigen Stadt mitanklingen zu lassen. Darüber hinaus habe ich die Hoffnung, ein Stück von der Lebensfreude vermitteln zu können, die mich selber – immer wieder neu – auf jedem Schritt in Venedig begleitet.

Geschichtlicher Überblick

> Der suggestive Staat, der das Salz und das Glas seiner Armut austauschte gegen die Schätze der Welt. Das schöne Gegengewicht der Welt, das bis in seine Zierate hinein voll latenter Energien steht, die sich immer feiner vernervten –: dieses Venedig.
>
> *Rainer Maria Rilke:* Die Aufzeichnungen des Malte Laurids Brigge

Die Entstehung der Lagunensiedlung

Als mit dem Einfall der Germanenvölker in das Territorium des römischen Imperiums die tausend Jahre währende Ära der »Pax Romana« endete, kündigte sich bereits im verborgenen eine neue glanzvolle Epoche abendländischer Geschichte an: Der Niedergang Westroms machte die Geburt Venedigs erst möglich. Die bis in das fünfte nachchristliche Jahrhundert menschenleere Lagune mit ihren Inselgruppen wurde zur Zuflucht der Festlandsbewohner. Die Bevölkerung Aquileias, Altinums und anderer Küstenstädte der oberen Adria hatte sich vor den Westgoten Alarichs in das unzugängliche Inselgewirr der Lagune gerettet. Die Bedrohung durch die Westgoten war jedoch nur von kurzer Dauer, so daß wohl viele Flüchtlinge wieder in ihre Heimatstädte zurückgingen. Etliche dagegen blieben auf den Inseln. Die später verbreitete Version, wonach Venedig am 25. März 421 n. Chr. gegründet wurde, ist weitgehend fiktiv. Dennoch entspricht sie dem zeitlichen Rahmen der tatsächlichen Besiedlung überraschend genau.

Durch die Invasion der Hunnen (452) wurde eine zweite Besiedlungswelle ausgelöst. Damals sollen ganze Gemeinden auf die Inseln geströmt sein, nach mittelalterlicher Legendenbildung durch himmlische Visionen jede auf die ihr von göttlichem Ratschluß zugedachte. Die erste wichtige Quelle über die Situation der Lagunenbevölkerung stammt aus dem Jahr 523. Ein halbes Jahrhundert zuvor hatte der Germanenfürst Odoaker den letzten weströmischen Kaiser, Romulus Augustulus, abgesetzt, war aber seinerseits von Theoderichs Ostgoten besiegt worden (493). Theoderichs einflußreichster Ratgeber war der gelehrte Cassiodor. Von ihm stammt ein umfangreicher Brief an die Seeveneter. Er fordert darin die »maritimen Tribunen« auf, Tribute in Istrien einzutreiben. In seiner poetisch gefärbten Sprache geht Cassiodor auf die Lebensumstände der Lagunenbewohner ein. Er stellt fest, sie »scheinen zur See und auf dem Lande gleichermaßen heimisch zu sein«. Ihre Hütten glichen »den Nestern von Seevögeln, vor denen ihre Boote wie Pferde angebunden« seien. Und weiter: »Ihre Siedlungen liegen verstreut und sind durch Wälle aus Weidengeflecht vor den Fluten des Meeres geschützt.« Die ersten Einwohner der Lagune verstanden es demnach recht wohl, sich den schwierigen Verhältnissen ihrer neuen

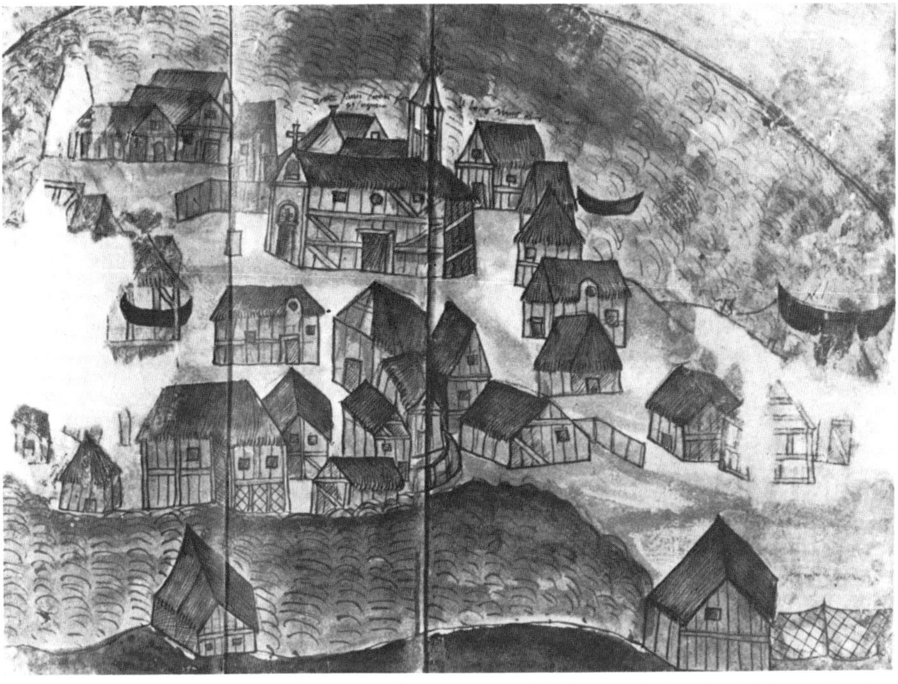

Frühe Siedlungen in der Lagune. Kolorierte Zeichnung von C. Sabbadino, 16. Jh. Venedig, Biblioteca Marciana

Umgebung anzupassen. Der eigentliche Grund des Schreibens, die Aufforderung zur Eintreibung des Tributes, macht deutlich, daß die Veneter bereits in dieser Frühzeit als Seefahrer Ansehen genossen.

Schon bald nach dem Tode Theoderichs des Großen (526) marschierten die Truppen Kaiser Justinians unter dessen genialem Feldherrn Narses in Oberitalien ein (552/53), um den Hegemonieanspruch des byzantinischen Ostroms im Westen zu behaupten. Auch die Laguneninseln kamen dabei unter das kaiserliche Protektorat.

Eine dritte und zugleich letzte Besiedlungswelle rollte auf die Lagune zu, als die Langobarden 568 in Oberitalien einfielen. Sie müssen die Bevölkerung der von ihnen eroberten Städte mit unvorstellbaren Greueltaten malträtriert haben, so daß Tausende – gleich welchen Standes, vom Sklaven bis zum Patrizier – den Schutz der Lagune aufsuchten. Um 580 verlegte der Patriarch von Aquileia, Paulinus, seinen Sitz auf die nördlichste Laguneninsel, nach Grado. Malamocco, Murano, Torcello und andere Inseln wurden durch den Zustrom zu bedeutenden Siedlungsstätten. Ein schmaler Küstenstreifen an der oberen Adria blieb jedoch von der langobardischen Okkupation unbehelligt und zählte auch weiterhin zum Hoheitsgebiet des byzantinischen Kaisers, so daß Venetien vorerst noch der Verwaltung des Exarchats Ravenna unterstand. Da die byzantinische Herrschaft aber erheblich geschwächt war – 602 hatte die Armee revoltiert, dann belagerten 628 Bulgaren, Gepiden und Slawen Konstantinopel, 646 gingen Syrien, Ägypten und Mesopotamien an die vorwärtsdrängenden Araber verloren –, begann Venedig sich im Laufe dieses bewegten 7. Jh. von Byzanz zu lösen. 697 fand dies seine erste Manifestation: Der Exarch von Ravenna ernannte einen »Duca« zum Herrn über die Lagunensiedlungen. Dieser erste Duca, Paoluccio Anafesto (697–717), residierte zunächst in Heraclea. Sein Nachfolger, Marcello Tegaliano (717–26), muß seine Aufgabe als Interessenvertreter des oströmischen Kaisers derart ernst genommen haben, daß es 726 zu einer Erhebung kam. Der Aufstand wurde von den Langobarden unterstützt und führte zum Erfolg: Mit Orso Ipato (727–37), dem ersten frei gewählten Dogen, schien die Loslösung von Byzanz vollzogen. In einem militärischen Gegenschlag stellte Byzanz jedoch zehn Jahre nach der Revolte seine einstige Vormachtstellung wieder her. Orso wurde liquidiert, und unter dem Druck des Kaisers hat man einen neuen Dogen gewählt, den man bezeichnenderweise »Maestro dei Militi« (737–42) nannte. Zugleich verlor Heraclea seine Führungsrolle, und der Sitz des Dogen wurde nach Malamocco verlegt. Der spätestens seitdem bestehende Groll der Venezianer gegen den großen Rivalen Byzanz entlud sich noch Jahrhunderte später in einer blutigen Rache: der Eroberung Konstantinopels 1204.

Vorerst aber schienen sich die Lagunensiedlungen gegenseitig aufzureiben, und die Bildung eines übergreifenden Staatswesens ging in den Händeln rivalisierender Geschlechter unter. Die Einigung wurde schließlich durch eine Bedrohung von außen herbeigeführt. Dem Dogen Maurizio Galbaio (764–87) war dessen Sohn Giovanni (787–804) im Amt gefolgt, der seinerseits noch zu Lebzeiten seinen Sohn zum Mitregenten erhob. Diese dynastische Politik wurde von Byzanz lebhaft unterstützt. Daraufhin fand sich eine republikanische Partei, die eine profränkische Politik verfolgte, gegen die Galbaio-Sippe zusammen. 804 wurde Obelerio Antenoreo (804–10), der mit einer Fränkin verheiratet war, im Exil in Treviso zum Dogen gewählt. Mit einer starken Anhängerschaft gelang es ihm, die Galbaios zu vertreiben. Nachdem er auf diese Weise von der Lagune Besitz genommen hatte, zog er zu Karl dem Großen, dem er den Treueeid schwor. Dieser offene Affront gegen den Kaiser Ostroms hatte zur Folge, daß 806 eine Flotte von Byzanz in Bewegung gesetzt wurde, die die Vormachtstellung Konstantinopels in der Lagune wiederherstellen sollte. Durch einen Kompromiß – Obelerio erkannte die Oberhoheit Ostroms formal an – rettete der Doge seine Haut. Das rief nun wieder die Franken auf den Plan, deren Streitmacht unter der Führung Pippins, des Sohnes Karls des Großen, 810 gegen die Lagune vorrückte. Der glücklose Doge ergab sich dem Franken, nachdem ihn die erbosten Venezianer ohnehin schon abgesetzt hatten. Pippin wollte nun der unbotmäßigen Lagunensiedlung einen Denkzettel verpassen. Brandolo und Chioggia wurden dem Erdboden gleichgemacht, Malamocco, der Sitz des Dogen, wurde erobert. In dieser höchsten Not gelang es dem eilends gewählten Dogen Angelo Partecipazio (810–27), die Wende herbeizuführen. Er verschanzte sich mit den Verteidigern auf dem wegen seiner schlammigen Umgebung nur schwer zugänglichen Rivo alto (später: Rialto). Pippin versuchte über Pontonbrücken die Stellung zu nehmen. Aber gefährliche Strömungen vernichteten die Brücken, Pferde und Kriegsgerät versanken im Morast. Pippin brach die Belagerung ab und zog nach Mailand, wo er kurz darauf verstarb.

Dieser militärische Erfolg der Venezianer hatte eine dreifache, weittragende Wirkung: Zum einen wurde der bis dahin nur eine untergeordnete Rolle spielende Flecken des Rialto und die ihn umgebende Inselgruppe zur Keimzelle der bald rasch wachsenden Stadt, zum anderen wurde der Grundstein für ein einheitliches und lokal an einen festen Platz gebundenes Staatswesen gelegt. Schließlich hatte Venedig durch den Friedensvertrag von Aachen (812) seine Stellung im Spannungsfeld zwischen Orient und Okzident gefestigt, aus der die Stadt über Jahrhunderte ihre Macht und ihren Reichtum bezog.

Der Aufstieg zur Großmacht

Noch unter dem Doganat des Siegers von 810, Angelo Partecipazio, entwickelte sich eine rege Bautätigkeit. Es entstand der erste Dogenpalast, der bereits an der Stelle des heutigen Bauwerks errichtet wurde. Somit wurden schon früh die beiden beherrschenden städtebaulichen Akzente gesetzt mit dem Regierungssitz an der Mündung des Canal Grande einerseits und dem Handelszentrum um den Rialto andererseits. Eine weitere wichtige Maßnahme war die Errichtung von Brücken. Das Stadtgebiet Venedigs verteilt sich auf 118 Inseln, die es untereinander zu verbinden galt. Schon in karolingischer Zeit soll es an die hundert hölzerne Brücken gegeben haben. Trotz dieser baulichen Aktivitäten muß man sich das Bild der Stadt im 9. Jh. eher ländlich vorstellen. Alle Profangebäude wurden aus Holz errichtet – das Bauen in Stein blieb vorerst ein Privileg der Kirche. Weite Teile der Laguneninseln waren teils verwildert, teils wurden sie landwirtschaftlich genutzt. Selbst der Dogenpalast verfügte über einen eigenen Gemüsegarten.

Parallel mit dem Ausbau der Stadt ging die Ausweitung des Handels einher. Das brückenbauende Venedig, nun selbst zu einer Brücke zwischen Ost und West geworden, wußte diese Stellung geschickt zu nutzen, indem es Luxusgüter aus dem Orient heranführte – Seidenstoffe, byzantinisches und persisches Kunsthandwerk, Pfeffer und andere Gewürze, Geruchsstoffe, auch Pelze aus Rußland usw. –, die in Pavia umgeschlagen und von dort nach Norden transportiert wurden. Neben diesen einen hohen Profit garantierenden Luxusgütern wurde auch Massenware vertrieben: Öl aus Istrien und das in der heimischen Lagune gewonnene Salz.

Einen bedeutsamen Einschnitt in der Geschichte der Stadt markiert das Jahr 827. Damals war die Insel Olivolo – heute S. Pietro di Castello – zum Bischofssitz erhoben worden. Das gab den Anlaß für Venedig, das bislang unter dem Patronat des hl. Theodor gestanden hatte, sich nach einem prominenteren Heiligen umzusehen. Das Interesse am Besitz bedeutsamer Reliquien ist nur aus der spezifisch mittelalterlichen Denkweise zu verstehen, wonach sich die himmlische Hierarchie in der materiellen Manifestation von Reliquien auf Erden widerspiegelte. Den besten Markt dafür bot Nordafrika, wo zahlreiche Heilige gewirkt und ihre letzte Ruhestätte gefunden hatten. Gezielt segelte deshalb eine kleine Flotte gegen Alexandria, wo die Gebeine des hl. Markus verwahrt wurden. Von Markus hieß es, daß er nach seinem Aufenthalt in Rom eine Zeitlang in Aquileia tätig war, weshalb man in ihm so etwas wie den ersten Bischof von Venedig sah. Die Translation der Reliquien ist nur bruchstückhaft überliefert und von zahlreichen Legenden ausgeschmückt worden. Im wesentlichen soll sich folgendes abgespielt haben: Zwei Kaufleute stahlen sich in die Kirche, in der die Reliquien in einem Sarkophag ruhten, stemmten dessen Deckel auf und entnahmen ihm die Gebeine des Heiligen. Diese verstauten sie

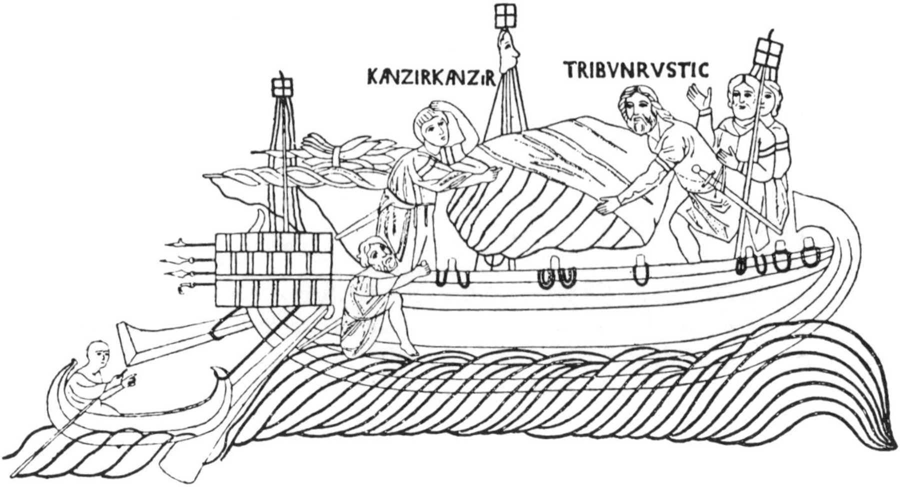

Überführung der Markusreliquien von Alexandrien nach Venedig. Nachzeichnung eines Mosaiks aus San Marco. Aus: Eugenio Miozzi, Venezia nei secoli, Venedig 1956

sodann in einem Faß, das sie mit Schweinespeck anfüllten. Da den Mohammedanern das Berühren von Schweinefleisch untersagt war, gelang es den listigen Venezianern, die kostbare Beute ungehindert durch die Zollstation des Hafens zu schmuggeln. Die Venezianer bereiteten den erfolgreichen Schiffen bei ihrer Ankunft einen triumphalen Empfang. Sankt Theodor hatte ausgedient, fortan galt San Marco als der göttliche Repräsentant der selbstbewußten Stadt. Bemerkenswert ist die Behandlung, die den Reliquien nach ihrem Eintreffen zuteil wurde. Statt in die Bischofskirche auf Olivolo schaffte man sie zunächst in den Amtssitz des Dogen. Somit diente der hl. Markus nicht nur dazu, das Selbstwertgefühl der Lagunenbevölkerung zu stärken, sondern darüber hinaus vor allem, die Stellung des Dogen und der Staatsmacht hervorzuheben. Bezeichnenderweise wurden die kostbaren Reliquien auch später nicht in die Bischofskirche der Stadt, sondern alsbald in die neu errichtete Markuskirche, die Hauskapelle des Dogen und zugleich Staatskirche der Republik, übertragen. Es überrascht, in welchem Maße hier das religiöse sich mit dem weltlichen Element verbindet, ja, ihm regelrecht dienstbar gemacht wird. San Marco war künftig die Hauptkirche der Stadt, der Bischof fristete auch weiterhin sein Dasein in der Peripherie. Nicht zuletzt deshalb ist Venedig dem päpstlichen Rom immer ein Dorn im Auge gewesen. Die Venezianer selbst formulierten diese Situation – heute würde man das Ausdruck des Selbstverständnisses nennen – in dem Schlagwort: »Siamo Veneziani, poi Cristiani!« (Frei übersetzt: »In erster Linie sind wir Venezianer, und dann auch Christen!«)

Nach der Mitte des 9. Jh. zerfiel das von Karl dem Großen geschaffene gewaltige Reich. Seine Erben verloren an Einfluß und konnten sich insbesondere gegen die rivalisierenden Machthaber in Italien nicht mehr durchsetzen. Die Folge waren andauernde Streitigkeiten und lokale Fehden. Der Grund dafür lag in erster Linie in dem Prinzip der dynastischen Erbfolge, worin die

Venezianer ein Grundübel der Geschichte erkannten. In einer erstaunlich modern anmutenden Entschließung lehnte Venedig für alle Zeiten die Erblichkeit der Dogenwürde ab. Zudem wußte die junge Republik ihren Vorteil aus den Händeln der anderen zu ziehen, indem sie sich neutral verhielt. Ihre Flotte war schließlich um die Mitte des 9. Jh. derart erstarkt, daß sie fortan als die mächtigste Seestreitmacht im Mittelmeer galt. Die treibende Kraft beim Ausbau der Flotte war der Doge Pietro Tradonico (836–64). Doch trotz seines energischen und selbstlosen Eintretens für den Staat wurde er am Ostermontag des Jahres 864 ermordet, denn er hatte den Versuch unternommen, seinen Sohn zum Mitregenten und Nachfolger zu machen. Der Doge hatte zwar eine glanzvolle Stellung inne, aber er galt doch immer nur als ein »primus inter pares«. So wurde auch Pietro Candiano IV. (959–76) nebst seinem damals gerade erst drei oder vier Jahre alten Sohn ermordet. Das Motiv seiner Mörder war wiederum die Furcht vor des Dogen unverhohlenem Bestreben nach der Errichtung einer eigenen Herrscherdynastie. Pietro hatte Waldrada von Tuscien, eine Nichte Kaiser Ottos des Großen, geehelicht und damit seinem Doganat den Anstrich imperialen Machtstrebens verliehen. Waldrada wurde zwar bei dem Gemetzel verschont, aber die Venezianer hatten dennoch den Zorn Ottos II. auf sich gezogen, der auf eine Strafexpedition gegen die Stadt sann. Nur sein früher Tod 983 verhinderte den Plan, der für Venedig katastrophale Folgen hätte haben können. Zur Aussöhnung mit den Ottonen kam es unter dem weitsichtigen Dogen Pietro Orseolo II. (992–1009), der schon im Jahr seines Amtsantrittes ein Friedensabkommen mit Otto III. schloß. Nachdem so im Westen wieder für Ruhe gesorgt war, wandte sich Pietro Orseolo einem Problem zu, das den venezianischen Handel schon seit langem empfindlich störte und mittlerweile zu einer existenzbedrohenden Gefahr angewachsen war: das Piratenunwesen der Slawen in der Adria. Ausgerechnet in dem magischen Jahr 1000, in dem viele den Weltuntergang erwarteten, gelang es Pietro Orseolo, die mächtigen Städte Zara (Zadar), Trau und Spalato (Split) zu erobern. Dem siegreichen Heimkehrer wurde der Titel eines »Dux Dalmatiae« verliehen. Seit diesem Jahre wurde alljährlich am Himmelfahrtstag die mystische Vermählung des Dogen mit dem Meer gefeiert. Der Doge fuhr jenseits des Lido aufs offene Meer, in das er einen goldenen Ring warf – ein Ritual, das dreierlei beinhaltete: Es sollte den Slawen eine bleibende Warnung sein, zugleich das ungestüme Element günstig stimmen und schließlich wohl auch eine Art symbolischer Reinwaschung der Venezianer von ihren Sünden bewirken.

Der Feldzug Pietro Orseolos macht eines deutlich: Hatte bislang der Vorteil der Lagune darin gelegen, dort sicher und nahezu unangreifbar zu sein, so wandte sich nun die Blickrichtung der Venezianer aus der Defensive in die Offensive. Dies hatten auch die Byzantiner erkannt, die bei Hereinbrechen der Normanneninvasion die venezianische Flotte zu Hilfe riefen. Als Gegenleistung verpflichteten sie sich, alljährlich der Markuskirche 20 Pfund Gold zu stiften. Dieser Tribut eines einstigen Herrn an den früheren Untertan muß die Venezianer mit Stolz erfüllt haben. Die landgierigen Normannen, die schon zuvor die Normandie und England besetzt hatten (1066), waren in den 1080er Jahren ins Mittelmeer vorgedrungen und hatten Süditalien und Sizilien erobert. Ihren weiteren Vorstoß ins östliche Mittelmeer verhinderten die Venezianer, die nach wechselvollen Kämpfen siegreich aus der Auseinandersetzung hervorgingen. Kaiser Alexios I. Komnenos gewährte Venedig daraufhin völlige Abgabefreiheit (1083), was der Republik einen entscheidenden Wettbewerbsvorteil in der Konkurrenz mit anderen handeltreibenden Städten bescherte. Das von Kaiser Alexios gewährte Privileg wurde zum Grundstein für die jahrhundertelange Vorherrschaft Venedigs im östlichen Mittelmeer und seinen späteren Aufstieg zur territorialen Kolonialmacht.

Die Eroberung Konstantinopels

An der Wende vom 11. zum 12. Jh. entsprach das Erscheinungsbild der Stadt noch nicht annähernd ihrem heutigen Aussehen. Die Wohnbauten bestanden auch weiterhin noch vorwiegend aus Holz, was wiederholte, zum Teil verheerende Brandkatastrophen nach sich zog. So war das ganze Stadtgebiet eine ständige Baustelle. Das Bauen vollzog sich weitgehend als planloser Wildwuchs. Die enormen Mengen an Bauholz wurden aus den Wäldern Istriens und Dalmatiens herangeschafft, was dort die Verkarstung ganzer Landstriche zur Folge hatte. Erst allmählich - seit dem anbrechenden 12. Jh. - wurde zunehmend Stein verwendet. Eines der bedeutendsten Bauvorhaben dieser Zeit war die gewaltige Schiffswerft, das Arsenal, zu dem 1104 der Grundstein gelegt wurde.

Die Anlage einer großen Werft war mittlerweile zu einer politischen Notwendigkeit geworden, denn die Handelsflotten der Pisaner und Genuesen waren zu immer stärker werdenden Konkurrenten für Venedig herangewachsen. Es zeigte sich schon bald, daß man sich keineswegs auf den Lorbeeren von 1083 ausruhen konnte. Eine andere Beeinträchtigung des venezianischen Handels ging von der dalmatinischen Küste aus. Nicht nur das auch weiterhin florierende Piratenunwesen erschwerte den Schiffen der Venezianer den Durchzug durch die Adria, auch Städte, die bislang zu Venedig gehalten hatten, muckten auf. 1111 kam es in Zara zur Revolte, und die Republik mußte fünf Jahre darauf verwenden, die abtrünnige Stadt wieder zur Räson zu bringen. Im selben Jahr gewährte der byzantinische Kaiser den Pisanern eine Herabsetzung der Zölle, was einen schmerzlichen Eingriff in die Privilegien Venedigs bedeutete.

An einem anderen, die ganze abendländische Christenheit beschäftigenden Ereignis hatten die Venezianer zunächst kaum einen Anteil: an der Kreuzzugsbewegung. Hierbei hatten sich Pisa und Genua als weitsichtiger gezeigt, indem sie spontan die enorme, sich neu auftuende Verdienstquelle als Schiffsausrüster erkannt hatten. Nach der Eroberung Jerusalems 1099 hatten sie feste Stützpunkte im Heiligen Land anlegen können. Diesen Wettbewerbsnachteil machte der Doge Domenico Michiel (1118–29) wieder wett, indem er, einem Hilferuf des christlichen Königs von Jerusalem, Balduins II., folgend, 1122 eine Flotte den Kreuzfahrern zum Entsatz schickte. Der Zeitpunkt war günstig gewählt, denn mittlerweile lagen Pisa und Genua in Fehde und banden ihr militärisches Potential im Krieg gegeneinander. 1123 errangen die Venezianer einen entscheidenden Sieg gegen die Ägypter vor Askalon. Anschließend beteiligten sie sich an der Belagerung von Tyrus, das im Jahr darauf fiel. Die Dauer des Feldzugs hatte Michiels Barmittel aufgezehrt, weshalb er nach der Eroberung von Tyrus die Leute seines Gefolges überredete, kleine Lederstreifen anzunehmen, auf die die ihnen geschuldete Summe eingeritzt war. Die Historiker sehen darin den ersten Fall von Scheckverkehr in der europäischen Geschichte. Die

Beteiligung am Kampf gegen die Ungläubigen machte sich bezahlt. Venedig erhielt je ein Drittel der Hafenstädte Tyrus und Askalon. Auch im Westen, auf der Terraferma, dem festländischen Hinterland der Lagune, hatten die Venezianer mittlerweile territoriale Ambitionen realisiert, was zu einem kurzen lokalen Krieg mit Padua führte.

Im Laufe des 12. Jh. verschlechterten sich die Beziehungen zwischen Venedig und Konstantinopel zusehends. Venedig hatte mit den Normannen einen Separatfrieden geschlossen, um endlich Ruhe in der Adria zu schaffen. Byzanz seinerseits suchte eine stärkere Annäherung an die Genuesen, denen es Vergünstigungen einräumte, während die Abgaben für venezianische Kaufleute drastisch heraufgesetzt wurden. Der schwelende Haß brach 1177 offen aus. Nach einem Scharmützel zwischen Venezianern und Genuesen im Hafen von Byzanz wurden kurzerhand die Venezianer als Urheber des Händels ausgemacht und ihre Schiffe beschlagnahmt. Es heißt, Enrico Dandolo, der spätere Eroberer Konstantinopels, sei Augenzeuge dieser Schmach gewesen.

Daheim jedoch konnte sich Venedig zunächst als politische Kraft von Weltgeltung profilieren. Die Stadt hatte sich zwar 1167 der Allianz der lombardischen Städte und des Papstes gegen den staufischen Kaiser Friedrich I. Barbarossa angeschlossen, war aber in der Nachfolgezeit im

Vittore Carpaccio (um 1465–1526), Alexander III. überreicht dem Dogen Sebastiano Ziani den Staatsschirm. Feder und Bleistift. Crocker Art Gallery, Sacramento, Calif.

Kampf zwischen Kaiser und Papst neutral geblieben. Venedig bot sich deshalb als Begegnungsort zwischen Alexander III. und Friedrich I. an, nachdem diese durch monatelange diplomatische Vorarbeit ihren Willen zur Aussöhnung hatten erkennen lassen. Unter dem Dogen Sebastiano Ziani (1172–78) kam es 1177 zu dem denkwürdigen Zusammentreffen zwischen dem Staufer und Papst Alexander III. Der Doge legte die Hände der großen Kontrahenten ineinander. Aber Venedig wäre nicht die Stadt kühl kalkulierender Geschäftsleute, wenn es sich allein damit begnügt hätte, sich im Ruhme dieser diplomatischen Bravourleistung zu sonnen. Es ließ sich von beiden Seiten seine Bemühungen honorieren. Der deutsche Kaiser gab eine Garantieerklärung auf sicheres Geleit für venezianische Händler im ganzen Territorium des Reiches ab und senkte die Zölle auf venezianisches Handelsgut. Der Papst seinerseits gewährte jedem Besucher der Markuskirche Ablaß. Das bedeutete konkret einen Zuwachs an Pilgern, die im Mittelalter immer eine sichere Einnahmequelle versprachen. Venedigs Anziehung auf Fremde ist tief in der Geschichte verwurzelt.

In der Folgezeit kam es zu dramatischen Verschiebungen auf der welthistorischen Bühne. 1187 eroberte Sultan Saladin Jerusalem zurück. Der daraufhin gestartete 3. Kreuzzug endete nach dem tragischen Tod Friedrichs I. (1190) ergebnislos. Sein Nachfolger, Heinrich VI., hatte Süditalien und Sizilien dem Heiligen Römischen Reich einverleibt. Er war es, der den 1192 zum Dogen gewählten Enrico Dandolo in dessen Feindseligkeiten gegen Byzanz und Pisa zurückhielt, um seine eigenen Weltherrschaftspläne nicht durch zusätzliche Unruheherde zu komplizieren. Aber 1197 starb der Staufer überraschend, das deutsche Kaisertum fiel von der Höhe seiner Macht ins Bodenlose. 1198 wurde mit Innozenz III. ein eifriger Verfechter der Kreuzzugsidee auf den Stuhl Petri gewählt, und schon im Jahr nach seiner Wahl proklamierte der Papst den 4. Kreuzzug. Dieses Mal ließ sich Venedig den fetten Brocken nicht entgehen. 1201 wurden die Verhandlungen über die Transport- und Versorgungsmodalitäten geführt. Die Kreuzfahrer stellten ein Heer von 30 000 Mann in Aussicht. Die Überfahrt dieses Kontingents und seine volle Verpflegung über einen Zeitraum von neun Monaten sollte Venedig mit 85 000 Silbermark honoriert werden.

Von da an ging so gut wie alles schief – jedenfalls aus der Perspektive des Papstes, nicht jedoch aus dem Blickwinkel Venedigs, das in Enrico Dandolo die vielleicht faszinierendste Dogengestalt seiner Geschichte gefunden hatte. Zunächst einmal nahmen die gekrönten Häupter Europas an dem Kreuzzug nicht teil. Deutschland war durch die verhängnisvolle Doppelwahl von 1198 paralysiert, die Königreiche England und Frankreich rangen miteinander um die Vorherrschaft in Aquitanien (Südwestfrankreich). Dann starb der zum Führer des Kreuzzuges bestimmte Graf der Champagne, bevor es überhaupt losging; die Leitung wurde daraufhin Bonifatius, Markgraf von Montferrat, übertragen. Diese Schwächung in der Führungsspitze mag ein Grund dafür gewesen sein, daß Dandolo so starken Einfluß gewinnen und schließlich zur bestimmenden Figur dieses Kreuzzuges werden konnte – und das, obwohl der auf einem Auge völlig erblindete und auf dem anderen schwachsichtige Greis zu diesem Zeitpunkt bereits 95 Jahre alt war. Als schließlich die Ritter mit ihrem Gefolge in Venedig eintrafen, stellte sich heraus, daß es nur etwa die Hälfte der in Aussicht gestellten Zahl war. So war denn auch die ausgehandelte Summe nicht zusammenzutreiben, obwohl die Ritter das letzte ihnen zur Verfügung

Der 4. Kreuzzug. Illustration aus einem Manuskript des 13. Jh. mit dem Kreuzzugsbericht des Geoffroy de Villehardouin

stehende Silber zusammenkratzten. Venedig schmolz das Metall ein und prägte daraus seine ersten Silbermünzen. Der gerissene Doge handelte nun aus, daß er auf die Restsumme – etwa ein Drittel des festgesetzten Betrages – verzichten würde, wenn das Heer als Gegenleistung das unbotmäßige Zara für Venedig zurückerobern würde. Das war eine Ungeheuerlichkeit: ein christliches Kreuzfahrerheer zur Eroberung einer christlichen Stadt zu mißbrauchen! Der Papst reagierte prompt: Er drohte jedem, der sich an einem solchen Unterfangen beteiligen würde, mit dem Bann. Dandolo einigte sich mit dem päpstlichen Legaten auf einen Kompromiß. Im Gegenzug für die Eroberung Zaras sollte sich Venedig nicht nur als Transportausrichter, sondern selber aktiv mit fünfzig Galeeren an dem Kreuzzug beteiligen. Ende August 1202 setzte sich die Streitmacht in Bewegung, wenige Wochen später wurde Zara im Sturm genommen. Dandolo überredete nun die Verantwortlichen, das Heer in Zara überwintern zu lassen. Er mußte Zeit gewinnen, denn das erklärte Ziel der Kreuzfahrer hieß nicht Jerusalem, sondern Ägypten. Aber gerade Ägypten war Venedigs wichtigster Handelspartner, und ein Überfall auf das Land hätte für die Venezianer eine wirtschaftliche Katastrophe bedeutet. Dandolo war zu diesem Zeitpunkt über die aktuellen Verhältnisse in Byzanz bestens auf dem laufenden. Kaiser Alexios III. stand gerade in Verhandlungen mit Venedigs Erzrivalen Genua. Dieser Alexios III. war als Usurpator an die Macht gekommen. Er hatte seinen Vorgänger Isaak II. Angelos gewaltsam abgesetzt und geblendet. Dessen Sohn, Alexios, war die Flucht gelungen. Dieser wandte sich nun hilfesuchend an das Kreuzfahrerheer, um mit dessen Gewalt wieder auf den ihm rechtmäßig zustehenden Thron zu gelangen. Sein Angebot war verführerisch. Er versprach nicht nur die Wiedervereinigung der seit 1054 getrennten Ostkirche mit Rom – ein Lockmittel für den Papst –, sondern stellte auch die Zahlung von 200 000 Silbermark in Aussicht. Dandolo nahm die Spielkarte auf und führte die Flotte gegen Byzanz. Trotz ihrer starken Bastionen fiel die Stadt im Juli 1203. Der blinde Isaak wurde aus der Haft befreit und als Basileus inthronisiert. Das jedoch durchkreuzte die Pläne des Dogen, denn nicht der Vater, sondern sein Sohn Alexios war

Die venezianische Festung Canea auf Kreta. Stich aus dem 18. Jh.

sein Schützling, dessen Mitregentschaft er dann auch durchsetzen konnte. Aber Alexios IV. hatte den Mund wohl zu voll genommen. Zunächst brachte er nur einen Bruchteil der versprochenen Geldsumme auf, zum anderen widersetzte sich die Bevölkerung von Konstantinopel der kirchlichen Wiedervereinigung mit Rom. Unter der Führung des Alexios Dukas, des Schwiegersohnes des abgesetzten Alexios III., kam es Anfang 1204 zur Revolte. Alexios IV. wurde ermordet, sein Vater starb nur wenige Tage später. Dandolo und mit ihm die Kreuzfahrer fühlten sich um den Lohn ihrer Mühen betrogen und stürmten Byzanz ein zweites Mal –, und diesmal holten sie sich selbst, was ihnen ihrer Meinung nach zustand. Die Chronisten beschreiben die Plünderung der Stadt als einen Akt von unvorstellbarem Vandalismus. Wahllos wurde geplündert und geschändet, geraubt und gemordet. Die Venezianer griffen nach dem fettesten Teil der Beute; als prachtvollstes Gut wurden die vier Bronzepferde, die später als »Rosse von San Marco« berühmt wurden, im Triumph in die Heimat gebracht. Das byzantinische Territorium wurde unter den Siegern aufgeteilt. Über ein Schrumpfreich gebot der von Dandolo eingesetzte Balduin von Flandern. Dieses künstlich geschaffene lateinische Kaisertum hielt sich ein halbes Jahrhundert. 1261 konnte Michael Palaiologos den Thron für das griechische Kaisertum zurückerobern, aber Byzanz blieb seitdem nur noch ein Schatten seiner früheren Macht. Venedig sicherte sich die Küste von Epirus bis zur Peloponnes, Euböa, Kreta, Rhodos und zahlreiche andere Inseln in der Ägäis. Enrico Dandolo, der Drahtzieher des ganzen Unternehmens, der auf Kosten anderer so viel für Venedig geleistet hatte, sah die Heimat nicht wieder. Er starb 1205 an den Folgen eines Leistenbruchs, den er sich während eines scharfen Rittes zugezogen hatte.

Aus der Sicht Außenstehender ist die Eroberung Konstantinopels immer wieder als schwärzestes Kapitel venezianischer Geschichte gebrandmarkt worden, den Venezianern selbst jedoch schien die Bezwingung des ungeliebten Rivalen der größte Triumph ihrer an Glanzpunkten nicht eben armen Geschichte. Eines steht jedenfalls unbestreitbar fest: Durch die Eroberung Konstantinopels und den damit verbundenen territorialen Zuwachs hatte Venedig seinen Wandel von der Großmacht zur Weltmacht vollzogen.

Exkurs: Marco Polo

Um neue Handelsverbindungen mit dem Osten auszuloten, unternahmen die Brüder Niccolò und Maffeo Polo nach der Mitte des 13. Jh. eine Reise, die sie bis an den Hof des Kublai Khan führte. Der Herrscher des Riesenreiches, das sein Großvater, der gefürchtete Dschingis Khan, erobert und das Kublai durch die Unterwerfung Chinas noch vergrößert hatte, nahm die beiden Venezianer wohlwollend auf. Er entließ sie mit der an den Papst gerichteten Bitte, einhundert Lehrer an seinen Hof zu entsenden, um Kontakt mit dem christlichen Abendland herzustellen. Der Papst ließ jedoch die große Chance zu einer christlichen Mission des Mongolenreiches ungenutzt. Er entsandte lediglich zwei Priester, die ihre Reise bereits in Syrien entnervt aufgaben.

1271 traten die Brüder Polo eine zweite Reise zum Hofe des Großkhans an, diesmal in Begleitung Marcos, des gerade erst siebzehnjährigen Sohnes Niccolòs. Marco Polo genoß die uneingeschränkte Sympathie des Kublai Khan, der sich des diplomatischen Geschicks des Venezianers bediente und ihn mit den unterschiedlichsten Missionen in alle Teile seines Reiches entsandte. 1292 entließ der Khan Marco Polo und honorierte ihn für seine Dienste mit kostbaren Geschenken. Marcos Rückreise führte über Indochina, Sumatra und Ceylon. Erst drei Jahre später traf er nach 24jähriger Abwesenheit wieder in der Heimatstadt ein. Dort gelangte er rasch zu Ansehen und Wohlstand und heiratete in die Patrizierfamilie der Loredan ein.

In der Seeschlacht von Curzola geriet er 1298 in die Gefangenschaft der Genuesen. Im Kerker zu Genua diktierte er dem Pisaner Rusticiano den Bericht seiner abenteuerlichen Reise und seines Aufenthaltes am Hofe des Großkhans. Schon nach kurzem kam er wieder frei und kehrte nach Venedig zurück, wo er 1325 starb. Die Venezianer mochten seinen Schilderungen keinen rechten Glauben schenken. Seine Beschreibungen von Größe und Pracht der Städte im Mongolenreich galten als übertrieben, weshalb man ihm den Spitznamen »Messer Milione« gab. Marco Polos Bericht aber eröffnete die moderne Erforschungsgeschichte Asiens und wurde zur Lieblingslektüre des Entdeckerzeitalters.

Mattia Pagan, Prozession des Dogen auf dem Markusplatz am Palmsonntag. Um 1560. Holzschnitt. Venedig, Museo Civico Correr

Staat und Verfassung

Seit der Mitte des 12. Jh. waren die innen- und außenpolitischen Aufgaben der Republik derart kompliziert und vielschichtig geworden, daß sie der Doge allein mit einer relativ kleinen Beamtenschaft, den sog. Pregadi, nicht mehr bewältigen konnte. 1172 konstituierte sich deshalb die erste gesetzgebende Körperschaft, der Maggior Consiglio. Er ging aus der allgemeinen Volksversammlung, dem Arrengho, hervor, die den Dogen bis dahin per acclamationem gewählt hatte. Die Bildung des Großen Rates setzte das erste Signal zu einer Entwicklung fort von der demokratischen Verfassung hin zur Herrschaft einer Adelsoligarchie, denn künftig wurde der Doge nur noch von diesem Gremium gewählt. Zugleich aber zeichnete sich auch die Beschneidung der Kompetenzen des Dogen ab, der fortan in seinem Handeln stärker kontrolliert wurde. Neben dem Großen Rat konstituierte sich 1229 der Kleine Rat, später auch Senat genannt, dem anfangs nur sechs Mitglieder angehörten. Venedig war seit etwa 1150 in sechs Stadtbezirke aufgeteilt, Sestieri, die je einen Abgeordneten in den Senat entsandten. Drei dieser Stadtsechstel lagen nördlich des Canal Grande: Canareggio, San Marco und Castello, drei auf der Südseite: S. Croce, S. Polo und Dorsoduro. Später kamen Vertreter des Großen Rates, des Rates der Zehn, Repräsentanten der religiösen Orden und die engsten Dogenberater hinzu, so daß der Senat schließlich sechzig Mitglieder umfaßte. Während dem Großen Rat in erster Linie die gesetzgebende Funktion zufiel, oblag dem Senat die Exekutivgewalt; insbesondere hatte er über Fragen der Außenpolitik, über Krieg und Frieden zu entscheiden. Zwischen beide Gremien wurde 1232 die »Quarantia« (der Name kommt von der Zahl der vierzig Mitglieder) geschaltet, die man als eine Art Verfassungsgericht bezeichnen könnte, denn sie hatte die vom Maggior Consiglio beschlossenen Gesetze zu beraten und endgültig zu verabschieden. Schließlich wurde als vierte Institution das Collegio (Kollegium) geschaffen, das man als Staats- oder Ministerrat ansprechen kann. Ihm gehörten neben dem Dogen und dessen sechs engsten Beratern die Vorsitzenden der

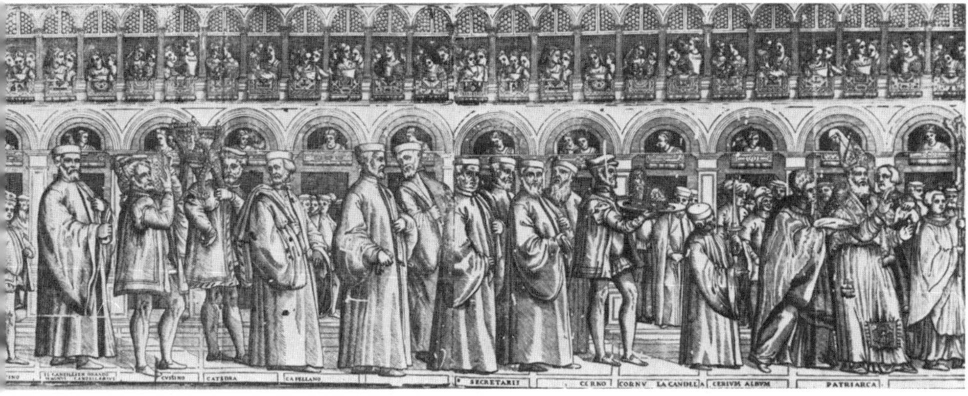

drei anderen Körperschaften sowie die Vorsitzenden der höchsten Gerichte an. Das Kollegium war Venedigs offizielle Vertretung gegenüber ausländischen Gesandtschaften, zugleich fungierte es als höchste gerichtliche Instanz und war darüber hinaus für die Kirchenpolitik der Republik verantwortlich.

Unter dem Dogen Pietro Gradenigo (1289–1311) vollzog sich dann die endgültige Festigung der Adelsoligarchie. 1289 hatte das Volk gegen seinen Ausschluß von der Dogenwahl rebelliert. Als Reaktion darauf wurde 1297 das berühmte »Libro d'Oro« (das Goldene Buch) geschaffen, in dem die Namen jener Familien aufgezeichnet wurden, die das Recht zur Mitgliedschaft in einer der Regierungskörperschaften hatten. Bezeichnenderweise machten die entsprechenden Patrizierfamilien nur etwa zehn Prozent der Gesamtbevölkerung Venedigs aus, hielten aber rund neunzig Prozent des Volksvermögens in Händen. Zudem wurde nun das Verfahren zur Dogenwahl verbindlich festgelegt, das in einer kurios anmutenden Mischung von Wahl und Zufallsprinzip bestand. Insgesamt waren neun verschiedene Los- und Wahlvorgänge zu durchlaufen, bevor ein neuer Doge feststand. Die übertrieben erscheinende Komplizierung des Wahlvorganges ist ein lebendiger Spiegel venezianischen Empfindens, das auch die nüchternen Vorgänge der Politik mit einem Schleier des Theatralischen und Geheimnisvollen ummanteln mußte. Der Doge selber aber wurde in seinen Kompetenzen energisch eingeengt.

Dieses straffe Staatswesen hatte zwei Feuerproben zu bestehen. Im Jahre 1310 kam es unter der Führung Baiamonte Tiepolos zu einem Zusammenschluß der von der Dogenwahl ausgeschlossenen Familien. Die Rebellion konnte niedergeschlagen werden. Als Antwort schufen die Herrschenden eine neue Institution, den Zehnerrat, der das Haupt von Europas erster Geheimpolizei wurde. Seine Aufgabe bestand in erster Linie darin, die Machtstellung einer kleinen, elitären Aristokratenkaste zu sichern. Bespitzelung und Denunziation gehörten seitdem zum politischen Alltag der Republik, die sich selbst den wohlklingenden Titel »Serenissima« (Durchlauchtigste) zugelegt hatte. Der Rat der Zehn, anfangs nur ad hoc einberufen und seit 1335 fest

Illustration zu Vorgängen der Magistratswahl. 18. Jh. Venedig, Museo Civico Correr

institutionalisiert, fungierte auch als Inquisitionsgericht, vor dem in der Folgezeit zahllose Sittenprozesse ausgetragen wurden. Die Unerbittlichkeit, mit der die Adelsoligarchie ihre Stellung fortan behauptete, zeigt auch die Niederschlagung des zweiten Umsturzversuches im 14. Jh., der diesmal sogar von einem Dogen selbst ausging. Der Doge Marino Falier (1354–55) war von dem Liebhaber seiner Frau, einem jungen Patrizier, öffentlich bloßgestellt worden. Der Zehnerrat aber ahndete die Majestätsbeleidigung mit einem auffallend milden Urteil von zwei Monaten Haft und einem Jahr anschließender Verbannung. Allein daran ist zu erkennen, wie eng die Adelsgeschlechter zusammenhielten. Deutlicher konnte dem Dogen seine Kompetenzlosigkeit kaum demonstriert werden. Falier plante nun, indem er Kontakt mit den stets wachen oppositionellen Kräften suchte, durch eine Volkserhebung die im Goldenen Buch verzeichneten Familien auszuschalten. Das Komplott flog jedoch auf, Falier wurde verhaftet und nach kurzem Prozeß am 17. April 1355 an eben derselben Stelle enthauptet, an der er im Jahr zuvor inthronisiert worden war. Francesco Petrarca, der mit Falier befreundet war, hat dieses Ereignis treffend resümiert, als er feststellte: »Den Dogen, die nach ihm kommen (gemeint ist Falier), sei gesagt, sie mögen sich darüber im klaren sein, daß Dogen keine Herren, geschweige denn Herzöge, sondern lediglich mit Ehren ausgestattete Sklaven der Republik sind.«

Die Umsturzversuche Tiepolos und Faliers waren nicht die einzigen Erschütterungen, die Venedig im Laufe des 14. Jh. zu überstehen hatte. Eine Gefahr ganz anderer Art drohte von der

Pest, die 1348 aus dem Orient eingeschleppt worden war und der rasch weitere Epidemien (1359 und 1361) folgten. Die Bevölkerung wurde um die Hälfte reduziert, ganze Adelsgeschlechter wurden durch den »Schwarzen Tod« ausgerottet. Die derart geschwächte Republik verwickelte sich nun in den Krieg mit Genua, in dessen Verlauf sie bis an den Rand ihrer Existenz gedrängt wurde.

Der Machtkampf mit Genua

Schon 1261 hatten die Genuesen entscheidend mitgeholfen, das griechische Kaisertum wieder in seine alten Rechte einzusetzen, und sich dadurch eine beherrschende Stellung in der Levante sichern können. Nur zwei Jahrzehnte später war es ihnen gelungen, ihren schärfsten Rivalen, Pisa, auszuschalten, das nach der katastrophalen Niederlage von Meloria (1284) nur noch ein Schattendasein fristete. 1372 brach der Krieg zwischen Venedig und Genua offen aus. Auf Zypern war es anläßlich der Krönungsfeierlichkeiten für Peter II. zu Streitigkeiten zwischen Venezianern und Genuesen gekommen, die rasch in blutige Kämpfe ausarteten. Die Venezianer plünderten das Genuesenviertel und töteten zahlreiche Gegner. Genua setzte daraufhin eine Strafexpedition in Marsch, die 1374 vor Famagusta auftauchte und die Stadt im Sturm eroberte. Venedig verlor damit einen seiner wichtigsten Stützpunkte. Des weiteren versuchten die Genuesen 1377 die Festung Tenedos am Eingang der Dardanellen den Venezianern abzunehmen, die diese erst zwei Jahre zuvor besetzt hatten, um ihre freie Durchfahrt ins Schwarze Meer abzusichern. Der Angriff wurde abgewehrt. Aber nun wandte sich Genua gegen Venedig direkt. 1379 prallten die Flotten nahe Pula vor der istrischen Küste aufeinander. Die Venezianer, zuvor durch eine Grippewelle empfindlich geschwächt, wurden unter ihrem Admiral Vittore Pisani vernichtend geschlagen und liefen nur noch mit einer Schrumpfflotte von einem halben Dutzend Schiffen den Heimathafen an. Pisani wurde eingekerkert, und man schickte einen dringenden Hilferuf an Admiral Carlo Zeno, der mit einer anderen venezianischen Flotte im östlichen Mittelmeer operierte. Aber schon wenige Wochen nach der Schlacht von Pula tauchten die Genuesen, die sich zudem mit Padua und Ungarn verbündet hatten, vor der Lagune auf. Die Venezianer sperrten die Zufahrten zur Lagune, indem sie kleinere Schiffe versenkten. Der Feind aber eroberte Chioggia und hatte damit unmittelbar vor der Stadt Fuß gefaßt. In dieser höchsten Bedrängnis hob der Zehnerrat das Urteil gegen Pisani wieder auf. Er nahm die Neuaufrüstung der Flotte in die Hand. In einer kaum vorstellbaren Kraftanstrengung wurden innerhalb weniger Wochen 34 Schiffe gebaut und ausgerüstet. Alle Schichten der Bevölkerung leisteten dazu ihren Beitrag. 30 Familien errangen durch ihren selbstlosen Einsatz das begehrte Privileg, in das Goldene Buch aufgenommen zu werden. Aber möglicherweise wären alle diese Anstrengungen vergebens gewesen, wenn die Genuesen ihre auf Chioggia gewonnene Position genutzt hätten. Statt dessen zögerten sie den Angriff hinaus, wohl nicht zuletzt, weil sie die unberechenbaren Untiefen der Lagune und ein Auflaufen ihrer Schiffe fürchteten – die Venezianer hatten wohlweislich alle Bojen und Markierungen beiseite geräumt. Ambrosio Doria, der Befehlshaber der genuesischen Streitmacht, setzte offenbar auf eine Auszehrung der Stadt, die man auch vom

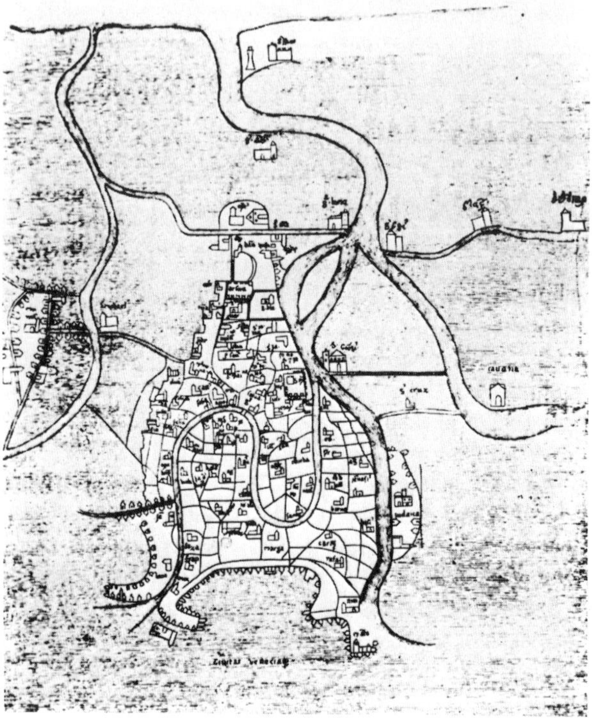

Der älteste Stadtplan Venedigs aus dem 14. Jh. Die heutige Stadtstruktur ist bereits erkennbar

Festland her umzingelt hatte. In der Tat hatte sich die Versorgungslage gegen Ende des Jahres 1379 in Venedig dramatisch zugespitzt. Da kam am 1. Januar 1380 die Wende. Carlo Zeno erreichte die Stadt mit 18 Schiffen, deren Laderäume zum Bersten mit Beutegut aus gekaperten genuesischen Schiffen angefüllt waren. Die Versorgung war damit gesichert. Schon am 6. Januar stießen Zeno und Pisani vereint gegen Chioggia vor, das sie unter schweren Beschuß nahmen. Doria kam dabei ums Leben. Sein Nachfolger, Grimaldi, mußte sich schließlich nach beträchtlichen Verlusten ergeben. Venedig war gerettet. Aber der Krieg schleppte sich noch bis in das folgende Jahr weiter. Beide Städte hatten zuletzt derart viel Substanz in diesem Kriege eingebüßt, daß man sich unter Vermittlung des Grafen Amadeus von Savoyen im August 1381 in Turin an den Verhandlungstisch setzte. Da Venedig trotz seines Erfolges vor Chioggia nicht als der unbestreitbare Sieger aus der Auseinandersetzung hervorgegangen war, war die Position der Serenissima nicht die beste. Man einigte sich auf einen Kompromiß. Venedig trat Dalmatien an Ungarn ab, die Mark Treviso ging an die in Padua herrschende Familie der Carrara, und Tenedos, das eine so wichtige Rolle gespielt hatte, wurde dem neutralen Vermittler, Savoyen, zugesprochen. Aber Genua, vom Krieg geschwächt und durch zusätzliche Parteikämpfe von innen her ausgehöhlt, war als Rivale im Levantehandel praktisch ausgeschaltet.

Ungeachtet all dieser Wirren hatte die emsige Bautätigkeit in Venedig im Laufe des 14. Jh. ihren Fortgang genommen. Der Südflügel des Dogenpalastes, seit 1340 im Bau, wurde gegen 1400 fertiggestellt. Seit dem zweiten Viertel des Jahrhunderts wuchsen die mächtigen Kirchen der beiden Bettelorden in den Himmel, und den Canal Grande säumten bereits zahlreiche prachtvolle Paläste. Es begann sich jenes gotische Bild herauszubilden, das das Gesicht der Stadt auch heute noch im wesentlichen prägt.

15. Jahrhundert: das Goldene Zeitalter

Die Verluste, die die Republik im Kompromißfrieden zu Turin hatte hinnehmen müssen, erwiesen sich in der Folgezeit als vergleichsweise gering, ja, sie konnten schon bald wieder eingeholt werden. Für Stabilität im Innern sorgten nicht nur die auffallend langen Amtszeiten der Dogen in der ersten Hälfte des 15. Jh. – zwischen 1400 und 1457 gab es nur drei Dogen, unter ihnen Francesco Foscari, dessen 34 Jahre währendes Doganat das längste in der Geschichte der Stadt war –, sondern nun schlug auch das autokratische Festhalten an der im 14. Jh. festgelegten Staatsform zum Vorteil aus. Während zahlreiche andere Städte Oberitaliens sich in Parteikämpfen und Geschlechterfehden, Wechsel von Adels- und Volksherrschaft aufrieben, konnte Venedig vor dem Hintergrund einer zwar autoritären, aber konstanten Binnenstruktur seinen faszinierenden Aufstieg fortsetzen, der die Serenissima schließlich zur größten Territorialmacht in Oberitalien machte. Der Weg dorthin wurde beherrscht von den Auseinandersetzungen mit dem großen Kontrahenten Mailand, wo die Dynastie der Visconti zu unumschränkter Alleinherrschaft gelangt war. Giangaleazzo Visconti dehnte den Einfluß Mailands rasch aus; 1387 hatte er Verona und Vicenza überrannt, es folgten Bologna, Padua, schließlich Perugia und Siena. Als Giangaleazzo seinen kühnen Traum einer Krone über ganz Italien verwirklichen wollte, starb er überraschend 1402 während der Belagerung von Florenz. Da sein Sohn noch unmündig war, führte die Herzoginwitwe die Regentschaft vormundschaftlich weiter. Diese Schwächung Mailands nutzte der Doge Michele Steno (1400–13), der die Städte Padua, Vicenza und Verona 1406 dem festländischen Besitz Venedigs wieder einverleiben konnte. Stenos Nachfolger, Tomaso Mocenigo (1413–23), setzte diese Expansionspolitik auf der Terraferma zwar fort, indem er 1418 Friaul besetzte; im übrigen aber war er eher bemüht, den Ausgleich unter den mächtigen Stadtstaaten Oberitaliens herzustellen. Eindrucksvolles Dokument dieser Epoche ist die wörtlich überlieferte »Rede an die Nation« Mocenigos, die der populäre Doge auf dem Sterbebett hielt: »Die öffentliche Verschuldung ist von 10 Millionen auf 6 Millionen Dukaten zurückgegangen ... der Umsatz unseres Überseehandels macht im Jahr 10 Millionen Dukaten, der Gewinnanteil liegt bei 40 Prozent. Venedig besitzt 3000 kleinere Transportschiffe mit 17000 Mann Besatzung, dazu 300 große mit insgesamt 8000 Seeleuten. Dazu kommen 45 Galeeren mit nicht weniger als 11000 Mann Besatzung ...«

Aber Mocenigo zog nicht nur die erfolgreiche Bilanz seiner Regierungszeit. Er gab seinen Mitbürgern zugleich eine Warnung mit. Sie sollten unbeirrt die Politik des Handels und des Ausgleichs mit den Feinden weiterverfolgen, dann sei ihnen »alles Gold der Christenheit gewiß«. Er empfahl einige Nachfolger und riet von der Wahl Francesco Foscaris zum Dogen ab. Ahnte er etwas von dessen Machtgelüsten auf der Terraferma? Dennoch fiel die Wahl nach dem Tode Mocenigos auf eben jenen Francesco Foscari (1423–57), der dann auch sogleich voller Ehrgeiz Venedigs Ausdehnung auf der Terraferma vorantrieb. Mittlerweile hatte der Sohn Giangaleazzo Viscontis, Filippo Maria, die Eroberungspolitik seines Vaters wiederaufgenommen. Als er 1425 Florenz eine empfindliche Niederlage beigebracht hatte, schlossen Venedig und Florenz eine Allianz gegen Mailand. Doch nun wurde eine Schwäche Venedigs offenbar, die der weitblickende Mocenigo bei seiner Warnung vor Foscari als seinem Nachfolger vor Augen hatte: Die Serenissima, die auf den Meeren als unbesiegbar galt, hatte nur mangelnde Erfahrung mit dem Kriege zu Lande und mußte sich deshalb bei ihrer Kriegsführung auf Condottieri verlassen, Söldnerführer, die ihr strategisches Talent und ihre Unerschrockenheit in den Dienst des Meistbietenden stellten. In Francesco Bussone, bekannt unter dem Namen Carmagnola, glaubte man den geeigneten Mann gefunden zu haben. Carmagnola hatte zuvor in Diensten der Visconti gestanden, weshalb einige seine Anheuerung für Venedig mit Skepsis betrachteten. Dennoch wurde der Condottiere wie ein Fürst aufgenommen, erhielt einen Palazzo am Canal Grande und wurde mit Geldern überhäuft. Als es ihm gelang, Cremona und Brescia für die Venezianer einzunehmen, zwei Städte, die wegen ihrer Eisen- und Waffenindustrie begehrt waren, herrschte grenzenloser Jubel. In der Folgezeit jedoch verschleppte Carmagnola die Operationen gegen Mailand und geriet in den Verdacht, mit den Mailändern zu konspirieren. 1432 wurde er deshalb im Dogenpalast in einen Hinterhalt gelockt, überrumpelt und unverzüglich auf der Piazzetta hingerichtet.

Indes schwelte der Krieg mit Mailand weiter. Auf der Suche nach einem geeigneten Nachfolger für Carmagnola entschied man sich für Erasmo da Narni, genannt Gattamelata, der den Kampf gegen Mailand 1441 erneut aufnahm. Das verlorengegangene Cremona wurde zurückgewonnen, Ravenna kam unter venezianisches Protektorat. 1447 starb der letzte Visconti. Die Bevölkerung von Mailand rief eine Republik aus, aber der einstige Söldnerführer im Dienste der Visconti, Francesco Sforza, mit Bianca, der Tochter des letzten Visconti, verheiratet, schlug die Erhebung nieder und übernahm 1450 die Herzogswürde. Sforza brachte den Jahrzehnte währenden Kleinkrieg mit Venedig zum Ende. 1453 wurde Frieden geschlossen. Venedig hatte unter Foscari die größte Ausdehnung seiner Geschichte erreicht. Abgesehen von den umfangreichen Besitzungen in der Levante gebot die Republik nun in Italien über Friaul, Teile der Lombardei sowie die Städte Ravenna, Padua, Treviso, Verona, Vicenza, Brescia und Bergamo. Um diesen Besitz zu sichern, wurde 1455 die dritte berühmt gewordene Condottieregestalt in den Sold der Republik übernommen: Bartolomeo Colleoni.

In allen Bereichen des politischen, wirtschaftlichen und kulturellen Lebens entfaltete Venedig im Laufe des 15. Jh. seine in ganz Europa bewunderte Stellung. In würdiger Nachfolge Marco Polos unternahm Giosafat Barbaro Erkundungsreisen nach Polen, Georgien, ins Moskowiterreich und nach Aserbeidschan. Andere Expeditionen stießen im Atlantik bis zu den Lofoten und zu den Kanarischen Inseln, in Afrika bis in den Senegal vor. Die Handelswege reichten von den zahlreichen Häfen in der Levante bis hinauf nach Brügge und Southampton. Venedig war zu einer Drehscheibe der internationalen Wirtschaft geworden.

Inzwischen hing auch der Lebensnerv der Serenissima nicht mehr nur an dem einzigen Faden des Fernhandels. In der Stadt selbst war eine umfangreiche Industrie entstanden. Schon bald nach der Erfindung der Buchdruckerkunst sicherte sich Venedig auf diesem neuen Gebiet eine überragende Stellung. Gegen Ende des 15. Jh. übertraf der Ausstoß venezianischer Druckereien jenen der großen Metropolen Rom, Mailand und Florenz zusammen. Die Stadt, in der später Giovanni Gabrieli, Claudio Monteverdi und Antonio Vivaldi wirken sollten, wurde zur Geburtsstätte des Musikaliendrucks. Tomaso Mocenigo nannte in seiner oben zitierten Rede auf dem Sterbelager 16 000 Arbeiter, die in der Seiden- und Baumwollweberei tätig waren. Aus den kleinen Glasbläsereien des Mittelalters waren mittlerweile Großbetriebe geworden, die ihre Kunst auf Murano ausübten. In dieser vielgestaltigen und betriebsamen Industrie muß man sich ferner die Arbeit der Mosaizisten, Holzschnitzer, Geschützgießer, Schiffsbauer, Elfenbeinschnitzer vorstellen; auch die großen Färbereien, Zuckerraffinerien, Seifen- und Kerzenfabri-

Venedig und die Lagune. Perspektivischer Plan von Benedetto Bordon, 1536

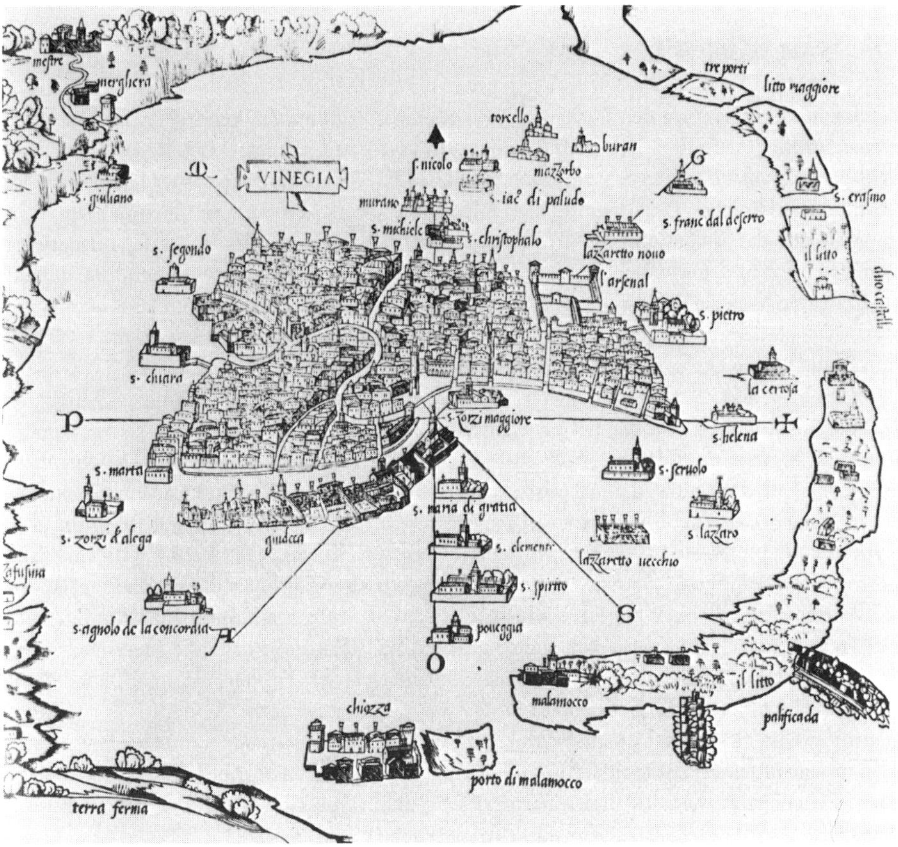

ken gehören in dieses Bild. Man genierte sich auch nicht, trotz aller päpstlichen Verdikte, alljährlich zweimal einen großen Sklavenmarkt abzuhalten.

Weiter entstanden die prachtvollen Bauten, die die Zeitgenossen ebenso in Erstaunen versetzten, wie sie auch heute noch den Besucher in ihren Bann zu ziehen vermögen. Der auffallend konservative Grundzug Venedigs hatte ein langes Festhalten an tradierten byzantinischen Formen mit sich gebracht. So wurde die Romanik praktisch übersprungen, und erst mit der Gotik drang im 14. Jh. westliches Formengut in Venedig ein. Entlang den Ufern des Canal Grande prunkten die gotischen Paläste, eine Legion von Kirchen reckte ihre Campanile in den Himmel. Der Holzbau war nun endgültig aus dem Stadtbild verbannt und durch Bauten aus Ziegel und Marmor ersetzt worden. Aber die schönste Blüte, die dieses facettenreiche Gebilde Venedig hervorbrachte, sollte der Malerei vorbehalten bleiben, die sich im Laufe des 15. Jh. aus der starren Umklammerung der »maniera bizantina« löste und zu ihrer eigenen, unverwechselbar venezianischen Ausdrucksform fand.

Die Waagschale sinkt

Nachdem die Expansion der Türken den Handlungsspielraum der Venezianer im Laufe der ersten Hälfte des 15. Jh. schon vielfach eingeschränkt hatte, erfolgte 1453 der entscheidende Schlag: Konstantinopel wurde von Sultan Mechmed II. erobert und war seither Hauptstadt des Osmanischen Reiches. Der Triumph Dandolos von 1204 erscheint nun in anderem Licht. Sein Angriff gegen das oströmische Kaisertum hatte dessen Schwäche begründet und den Niedergang von Byzanz eingeleitet. Nach den Verlusten von Teilen der Peloponnes (1466) und Euböas (1470) waren Venedig Schlüsselpositionen in der Levante verlorengegangen. Das unabhängige Zypern stach der Serenissima deshalb besonders ins Auge, und sie sicherte sich dessen Besitz durch einen geschickten Schachzug. Die Patrizierin Caterina Cornaro wurde 1472 als »Tochter der Republik« adoptiert und mit Jakob II. von Zypern verheiratet, dem man diese Eheschließung durch die atemberaubend hohe Mitgift von 100 000 Dukaten schmackhaft gemacht hatte. Nur acht Monate nach der Hochzeit starb Jakob II. – ein Giftmord gilt als wahrscheinlich. Auf jeden Fall war sein Tod der Republik von großem Nutzen. Als auch Caterinas Sohn aus dieser kurzen Ehe, Jakob III., bereits 1474 starb, war Caterina zwar offiziell Regentin über Zypern, aber hinter ihr stand als eigentlicher Herrscher Venedig. 1489 konnte Caterina dazu bewogen werden, in die Heimat zurückzukehren, wo sie mit großem Pomp und tagelangen Willkommensfeierlichkeiten geehrt wurde. Danach zog sie sich auf ihren Ruhesitz in Asolo bei Treviso zurück und ward von Venedig, das der Caterina Cornaro die Herrschaft über Zypern verdankte, bald vergessen. Aber der Vormarsch der Türken war noch lange nicht beendet. Die Unterwerfung Ägyptens (1517) war eine Katastrophe, die dem Fall von Konstantinopel in nichts nachstand. Fortan mußte sich Venedigs treuester und dauerhaftester Handelspartner unter das Joch der Fremdherrschaft beugen. Venedigs bewährte Handelswege nach Kleinasien, Persien und in den Fernen Osten unterlagen künftig der Kontrolle durch die Türken.

Zwei andere Ereignisse, die die Welt von Grund auf änderten, sollten ebenso tiefgreifend die Interessen Venedigs beeinträchtigen wie das Türkendilemma. 1492 entdeckte der Genuese Christoph Columbus die Neue Welt, 1498 der Portugiese Vasco da Gama den Seeweg nach Indien. Mit einem Schlage wandelte sich das Kräfteverhältnis im Mittelmeerraum. Innerhalb weniger Jahre entriß Lissabon Venedig seine Monopolstellung im Pfeffer- und Gewürzhandel. Die Portugiesen konnten ihre Waren um zwanzig Prozent günstiger anbieten als die Venezianer, die nicht nur durch höhere Transportkosten, sondern auch durch einen Preisfestlegungsvertrag mit dem Sultan ins Hintertreffen geraten waren. Das Handelsimperium der Serenissima geriet ins Trudeln. Bereits um 1510 war der Handel mit Flandern ganz eingestellt worden, der Gewürzhandel um 60 Prozent zurückgegangen.

Aber es sollte noch schlimmer kommen. Im Februar 1508 schlossen Vertreter Spaniens, Deutschlands, Frankreichs und der Kurie in Mailand eine Allianz gegen Venedig, deren Ziel es war, die von Venedig besetzten Territorien in Oberitalien zurückzuerobern. Übereilt stürzte sich Kaiser Maximilian I. in den Krieg, dem sich der zögernde Ludwig XII. von Frankreich zunächst noch fernhielt. Als aber Maximilian gezwungen war, einen demütigenden Frieden zu schließen, trat nun auch Frankreich mit Entschlossenheit ins feindliche Lager. Im Dezember desselben Jahres 1508 wurde die »Liga von Cambrai« gebildet, der sich neben Spanien, Deutschland und Frankreich auch die Herzöge von Mantua, Ferrara und Savoyen anschlossen. Die vielbeneidete Serenissima wurde von allen Hunden gehetzt. Der Papst hatte sich zwar offiziell an der Liga nicht beteiligt, aber er griff in die großangelegte Treibjagd mit ein, indem er Venedig 1509 mit dem Bann belegte. Auf dem Stuhl Petri saß zu diesem Zeitpunkt Julius II., der wegen seines aufwendigen Lebensstils und Mäzenatentums ständig in Geldnöten war. Das Ziel der Liga war klar: Jeder versprach sich ein Stück von dem großen Kuchen, den man insgeheim schon im voraus untereinander aufgeteilt hatte. Das Kräfteverhältnis bei einer derartigen Übermacht ließ den Venezianern keine Chance. 1509 wurden sie bei Agnadello vernichtend geschlagen. Damals hielt wieder einmal einer jener großen Greise, die so oft die Geschicke der Republik in schweren Stunden gelenkt hatten, das Staatsruder in Händen: Leonardo Loredan (1501–21; vgl. Porträt auf der vorderen Umschlagklappe), der bei seiner Wahl bereits über siebzig Jahre zählte. Ihm gelang es, das für Venedig verhängnisvolle Bündnis zu sprengen. Zunächst einigte er sich 1510 mit dem Papst. Venedig verzichtete auf seine bisher in Anspruch genommenen Rechte, selber Bischöfe zu ernennen und den Klerus zu besteuern. Letzteres bedeutete, daß künftig Gelder, die Venedig bislang für sich eingeheimst hatte, nach Rom fließen sollten. Mittlerweile hatten sich auch Maximilian und Ludwig von Frankreich über der Frage nach der Vorherrschaft über die Lombardei zerstritten. Der eigentliche Zankapfel hieß Mailand, auf das Ludwig XII. durch seine Großmutter, Valentine Visconti, einen legitimen Anspruch erheben zu können meinte. Als mit Leo X. 1513 ein den Venezianern wohlgesonnener Medici die Nachfolge Julius' II. antrat, bildete sich nunmehr eine »Heilige Liga« gegen Frankreich. In der Schlacht von Novara (1513), in die auch die Schweizer Eidgenossen eingriffen, wurde Frankreich geschlagen und – wenn auch nur vorübergehend – aus Oberitalien vertrieben. So hatte Venedig zwar noch einmal seinen Kopf retten können, aber es verlor weite Teile seines Machtbereiches im Westen, der sich nun auf das Veneto selbst mit den Städten Verona, Vicenza und Padua reduzierte.

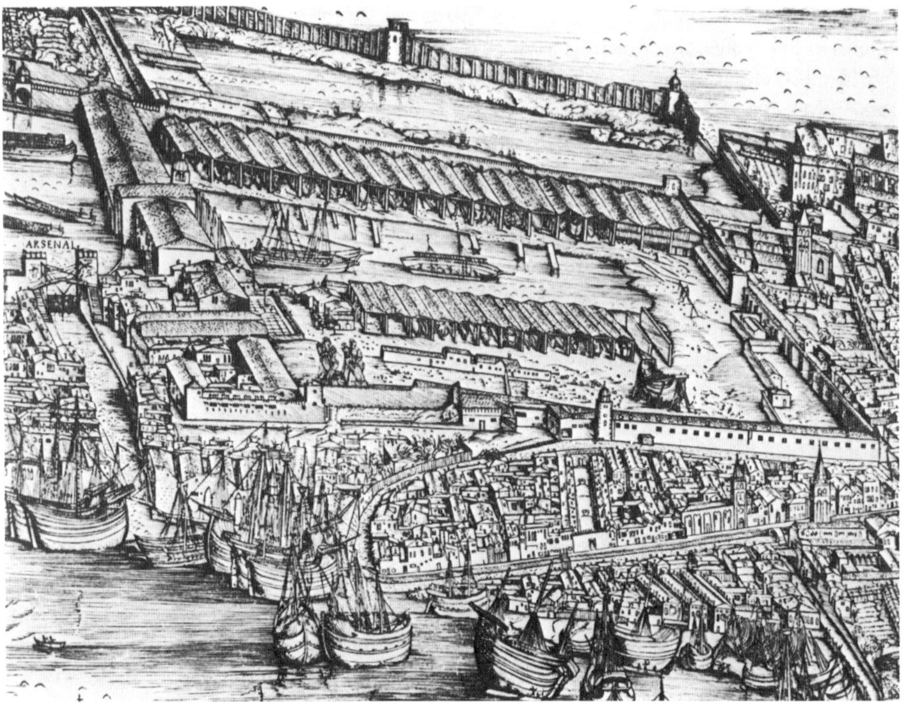

Das Arsenal. Ausschnitt aus dem perspektivischen Plan von J. de Barbari, 1500. Venedig, Museo Civico Correr

Kaum war es an der Westflanke zur Ruhe gekommen, begann es wieder im Osten zu rumoren. Dem weiteren türkischen Vormarsch waren 1522 Rhodos, 1540 Ägina, Mykonos, die nördlichen Sporaden und Monemvasia zum Opfer gefallen. Nachdem es bereits eingangs des Jahrhunderts schon einmal eine verheerende Explosion im Arsenal gegeben hatte, flog 1569 das gesamte Pulvermagazin in die Luft, was der Welt größte Werft in einen Trümmerhaufen verwandelte. Der Sultan wähnte Venedig in dieser Situation geschwächt und wagte den Vorstoß auf Zypern. 1571 wurde Famagusta belagert, das der venezianische Kommandant Marcantonio Bragadin über Monate halten konnte. Schließlich mußte er vor der Übermacht kapitulieren und übergab die Festung, nachdem man ihm freies Geleit zugesichert hatte. Aber die Türken brachen ihr Wort – wohl nicht zuletzt, weil Bragadin noch am Vorabend seines Abzuges seine türkischen Gefangenen niedergemacht hatte – und ließen ihm auf dem Marktplatz von Famagusta die Haut bei lebendigem Leibe abziehen. Auf diese Nachricht rüstete Venedig zum Gegenschlag. Gemeinsam mit dem Papst und Spanien schloß man erneut eine »Heilige Liga«, deren Flotte Anfang Oktober 1571 im Golf von Korinth die türkische Seestreitmacht stellte. Nahe dem Städtchen Lepanto (heute Naupaktos) kam es zur Schlacht, die den Venezianern ein letztes Mal in ihrer Geschichte einen überragenden Sieg bescherte, an dem auch Don Juan d'Austria, der illegitime Sohn Kaiser Karls V., entscheidenden Anteil hatte. Dennoch erwies sich der Erfolg als Pyrrhussieg. In den nachfolgenden Verhandlungen wurde Venedig von seinen eigenen Verbündeten derart unter Druck gesetzt, daß es auf den wichtigen Posten Zypern verzichten mußte.

Während diese politischen Ereignisse den einstigen Einflußbereich der Serenissima Stück um Stück zurückstutzten, zeichneten sich auch im Innern Zersetzungsprozesse ab. Die Kluft zwischen Armen und Reichen war zu Ende des 15. Jh. größer denn je zuvor. Dabei waren auch einst wohlhabende Adelsfamilien unter den Mittellosen anzutreffen. Der Senat wurde mit Petitionen um Unterstützungen und Steuererleichterungen überschüttet. Zwar wurde nach außen hin viel Wert auf den Anschein karitativen Wohlverhaltens gelegt, es wurden öffentliche Speisungen und Feste für Arme veranstaltet, aber hinter den Kulissen scheint das egozentrische Kaufmannskalkül den Ton angegeben zu haben. Francesco Falier und Gabriele Bon brachten 1492 vor dem Senat den Antrag ein, 70 000 Dukaten zur Unterstützung verarmter Standesgenossen bereitzustellen. Als sie trotz guten Zuredens auf ihrer Petition beharrten, wurden sie kurzerhand nach Zypern in die Verbannung geschickt. Dagegen scheinen sich viele im Staatsdienst Stehende hemmungslos an öffentlichen Geldern bereichert zu haben, wie aus Nachprüfungen der Finanzverwaltung und aus anklagenden Predigten beherzter Geistlicher hervorgeht. Die Korruption reichte bis in die höchsten Staatsämter.

Die wirtschaftlich angespannten Verhältnisse im beginnenden 16. Jh. führten zu einer allgemeinen Verunsicherung. Die Folge war der Zusammenbruch mehrerer namhafter Banken. Krankheitsepidemien verdüsterten des weiteren den Horizont; neben den wiederholten Ausbrüchen der Pest wurde die Syphilis zu einer zweiten Geißel der Bevölkerung. Nachdem es bereits Ende des 15. Jh. erste Verordnungen zur Eindämmung der gefährlichen Krankheit gegeben hatte, wurde 1522 die Melde- und Behandlungspflicht für Syphiliskranke eingeführt – ein für das damalige Europa richtungweisender Erlaß.

Die sich abzeichnende Untergangsstimmung kam in der Abwendung zahlreicher begüterter Familien von ihrer Stadt zum Ausdruck. Während noch am Canal Grande die schönsten Paläste der Renaissance entstanden, bauten sich viele Adlige Landsitze auf der Terraferma. Die »Villegiatura« ist nicht nur ein sinnfälliger Ausdruck der humanistischen Hinwendung zu antiker Form und dem römischen Ideal des »locus amoenus«, sondern zugleich in der damit verbundenen Stadtflucht erkennbares Signal des Rückzugs in eine den Realitäten der wirtschaftlichen Umwälzungen Venedigs abgewandte Nostalgie.

Venedig ist auch im 16. Jh. immer noch reich, immer noch mächtig, aber der Zenit ist überschritten, der Niedergang der Serenissima unabwendbar geworden.

Exkurs: Anmerkungen zur Sittengeschichte

Die patriarchalische Grundstruktur Venedigs hat den Frauen durch alle Jahrhunderte eine untergeordnete Rolle zudiktiert. Auf der politischen Bühne taucht als nennenswerte Gestalt neben Caterina Cornaro, der Königin von Zypern, nur Bianca Cappello (1548–87) auf. Die Tochter aus einem der großen Häuser hatte sich in einen kleinen Angestellten, Piero Buonaventura, verliebt. Als die Familie die Beziehung unterbinden wollte, entzogen sich die beiden Liebenden durch Flucht nach Florenz, wo Bianca die Gunst Francesco de Medicis erlangte. In Venedig war sie in Abwesenheit zum Tode verurteilt worden. Nach dem Ableben seiner ersten Frau ehelichte der Medicifürst die Venezianerin. Eine Großherzogin von Toscana aber konnte die Republik schlecht mit einem Todesurteil behaftet lassen. Die stets opportunistisch eingestellte Serenissima verlieh der Bianca Cappello alsbald den schmückenden Titel »Tochter der Republik« und ließ das Urteil in der Schublade verschwinden. Diese Affäre macht zweierlei deutlich: Zum einen wurden Vergehen gegen sittliche Gebote mit unerbittlicher Härte geahndet, zum anderen aber wurden großzügig Ausnahmen eingeräumt, wenn es die Lage erforderte. Das zeigt auch der Fall der Tochter des Dogen Vitale Michiel II. (1156–72). Obwohl sie als Nonne das Keuschheitsgelübde abgelegt hatte, wurde ihr die Ehe gestattet. Ihr Mann war desgleichen Mönch. Da er jedoch der letzte Sproß aus dem Geschlecht der Giustinian war, einer der großen Familien der Stadt, wurde die Beziehung offiziell sanktioniert. Erst nachdem das Paar zwölf Kinder großgezogen hatte, kehrten die Gatten in die Klostermauern zurück.

Im übrigen aber wachte das Gesetz streng über die Sitten. Auf die Vergewaltigung eines minderjährigen Mädchens etwa stand als Strafe der Verlust einer Hand. Die seit dem 15. Jh. an Zahl zunehmenden Erlasse verdeutlichen, daß in sexueller Hinsicht ein lockeres Leben herrschte.

Venezianische Aristokratin in Festtagskleidung. Illustration aus: Cesare Vecellio, Habiti antichi et moderni di tutto il mondo. Venedig 1598 (Original im Museo Civico Correr)

Albrecht Dürer, Bildnis einer jungen Venezianerin. 1505. Wien, Kunsthistorisches Museum

Man schätzt, daß es um 1500 mehr als 12 000 Prostituierte in der Stadt gab – immerhin sechs Prozent der Gesamtbevölkerung. Die Syphilis fand dadurch eine erschreckende Verbreitung, weshalb sehr bald der Analverkehr in Mode kam – in der irrigen Meinung, damit der Ansteckung aus dem Wege gehen zu können. Auch die Homosexualität scheint im 16. Jh. besonders verbreitet gewesen zu sein; nicht selten wurden Vergewaltigungen an Knaben und jungen Männern bekannt. Den Prostituierten wurde deshalb gestattet, sich mit bloßen Brüsten im Fenster zu zeigen – eine nach heutigen Erkenntnissen wohl verfehlte Taktik, Homosexuelle auf andere Gedanken zu bringen.

Luxus und Raffinement der Kurtisanen Venedigs genossen im Europa des 18. und 19. Jh. einen schon legendären Ruf. Rousseau war von einer Vertreterin dieses Standes derart tief beeindruckt, daß er darüber den eigentlichen Zweck seines Besuches bei ihr vergaß.

Der Niedergang

Gegen Ende des 16. Jh. schien es, als könne Venedig noch einmal an seine alten Glanzzeiten anknüpfen. Der Besuch Heinrichs III. von Frankreich ist als äußeres Zeichen für das scheinbar wiedergewonnene Selbstbewußtsein der Serenissima zu deuten. Aber die Waagschale, die sich im 16. Jh. zuungunsten der Republik zu senken begonnen hatte, verhielt nur für einen Augenblick in der Schwebe, um dann vollends zu fallen.

Im 17. Jh. erhielt die Schiffahrt durch das bedrohlich anwachsende Piratenunwesen in der Adria einen weiteren kräfteverzehrenden Gegner. Allein im Jahre 1603 verlor die Flotte ein ganzes Dutzend Schiffe, in der Folgezeit wuchsen die Verluste noch weiter. Da proportional die Versicherungsprämien anstiegen, wagte kaum noch einer, in den Bau neuer Schiffe zu investieren. Die Tätigkeit des Arsenals ging drastisch zurück. Auch waren die großen Galeeren, einst der Stolz der Mittelmeerschiffahrt, zu schwerfällig geworden und galten als nicht mehr zeitgemäß. Englische und holländische Schiffe, die leichter gebaut waren und schneller Fahrt machten, besorgten nun selbst den Transport ihrer Güter.

In einem kirchenpolitischen Streit – 1605 war Venedig zum dritten Mal im Laufe seiner Geschichte mit dem Bann belegt worden – hatte die Republik auch gegenüber dem Papst, dem sie immer die Stirn geboten hatte, ein weiteres Stück ihrer Eigenständigkeit aufgeben müssen. Hatte man in der Nachfolge von Lepanto eine relativ ausgeglichene Beziehung zu den Türken unterhalten, um jedenfalls das, was vom Orienthandel noch geblieben war, nicht weiter zu gefährden, so flammten nach der Mitte des 17. Jh. die Feindseligkeiten wieder auf. Unter dem Dogen Giovanni Pesaro (1658–59) wurde erneut um Kreta gekämpft, das unter seinem Nachfolger Domenico Contarini (1659–75) endgültig verlorenging. Nach einigen erklecklichen Erfolgen Francesco Morosinis (1688–94) gegen die Türken schon vor und während seines Doganats

Seeschlacht zwischen den Venezianern unter F. Morosini und den Türken im Jahre 1661. Zeitgenössischer Stich

Der letzte Doge, Ludovico Manin (1789–97). Porträt aus der Sala del Scrutinio des Dogenpalastes

brachte das anbrechende 18. Jh. ein letztes Aufbäumen gegen die Hegemonie der Türken in der Levante. Unter ihrem Dogen Giovanni Cornaro II. (1709–22) entschloß sich die Serenissima zu einem letzten Versuch, das Blatt doch noch zu wenden. Für die Kriegsführung gewann man überraschend Johann Matthias Graf von der Schulenburg, der sich nach glänzenden Erfolgen für den deutschen Kaiser im spanischen Erbfolgekrieg zu diesem Zeitpunkt bereits zur Ruhe gesetzt hatte. Die Verhandlungen fanden in Wien statt, und Österreich förderte die Vorbereitungen zu dem Feldzug gegen den Feind im Osten. Der eigentliche Nutznießer hieß denn auch am Ende Österreich. Zwar gelang es dem heldenmutigen Schulenburg, Korfu, die Schlüsselstellung der Adriaausfahrt ins Mittelmeer, gegen eine erdrückende feindliche Übermacht zu halten, aber die überragenden Siege Österreichs unter Prinz Eugen bei Peterwardein (1716) und bei Belgrad (1717), wo das türkische Heer praktisch aufgerieben wurde, ließen die Erfolge Venedigs verblassen. 1718 wurde der Friede zu Passarowitz geschlossen, der den Österreichern eine enorme Ausdehnung ihres Machtbereiches nach Osten sicherte. Schulenburg empfahl den Venezianern, das völlig veraltete Kastell auf Korfu auf den neuesten Stand der Fortifikationsarchitektur zu bringen. Aber als er 1719 dort zu einer Inspektion eintraf, war kurz zuvor das Pulvermagazin in die Luft gegangen und hatte die Festung zerstört.

Venedig, die einstige »Königin der Meere«, zog sich nun ganz in sich selbst zurück. Die Stadt wurde zum Tummelplatz für Spieler und Gaukler, Tagediebe und Wichtigtuer. Aber in der Gestalt Casanovas wußte sie selbst darin noch Grandezza zu bewahren. Der Karneval beschäf-

Venedig. Stich aus dem 17. Jh. Archiv der Gesellschaft Jesu, Rom. Foto: Leonard von Matt, Buochs

tigte die Gemüter mehr als die große Politik, in der die Stadt ohnehin nichts mehr zu vermelden hatte. Immerhin öffnete sich dadurch ein neuer Markt: Venedig bot sich selbst als Schaustück und Handelsgut an. Zu Anfang des 18. Jh. strömten bereits 30 000 Fremde in die Stadt, um das Spektakel des Karnevals zu erleben – eine nicht unerhebliche Einnahmequelle. Auch das gebildete Europa entdeckte die Stadt und ihre Kunstschätze; ihr Besuch gehörte schon bald zum klassischen Bildungsprogramm des Italienreisenden. Charles de Brosse, Jean-Jacques Rousseau und Goethe berichteten ausführlich von ihren Aufenthalten. Venedig selbst gebar noch im Dämmerlicht des Untergangs einige Künstler von Rang: auf dem Gebiet der Malerei Guardi, Canaletto, Piazzetta und Tiepolo, im Bereich der Oper Cavalli, Legrenzi und dessen Schüler Lotti; als Komödiendichter beherrschten die Kontrahenten Carlo Goldoni und Carlo Gozzi die Theaterszene.

Indes gingen die großen Umwälzungen des 18. Jh. in Europa an Venedig spurlos vorüber. Als am 15. Mai 1797 die Truppen Napoleons vor der Stadt auftauchten, wurde ihnen kein ernsthafter Widerstand entgegengesetzt. Der letzte Doge, Ludovico Manin (1789–97), dankte eilends ab, der Große Rat löste sich auf – die Republik hörte auf zu bestehen. Die Stadt wurde nun zum Spielball fremder Mächte. Die Zeit französischer Besatzung dauerte zunächst bis 1798, dann traten die Franzosen Venedig an Österreich ab. Nach dem Sieg Napoleons bei Austerlitz 1805 wurde es wieder unter den »Schutz« Frankreichs gestellt und dem künstlichen Königreich des

Eugène Beauharnais zugeschlagen. Die Säkularisation erfaßte Venedig; Klöster und Kirchen wurden aufgelöst. Mit dem Abtreten Napoleons wechselte lediglich die Gestalt des Fremdherrschers. Nach dem Wiener Kongreß gebot der Kaiser Österreichs über die einstige Republik.

Die Spannungen, die sich aus der unseligen Fremdherrschaft ergaben, fanden in der Revolution von 1848 ihr vorläufiges Ventil. Daniele Manin wurde zum Präsidenten der neuen Republik ausgerufen, aber schon im Jahr darauf mußte Venedig erneut vor Österreich kapitulieren. Es bedurfte erst der indirekten Hilfe durch Preußen, Venedig die Freiheit wiederzugeben. In der Auseinandersetzung mit Preußen hatte Österreich mit Frankreich ein Geheimabkommen geschlossen. Darin überließen die Österreicher das Veneto den Franzosen gegen die Zusicherung, daß Frankreich in dem bevorstehenden Krieg Neutralität wahren würde. Entgegen den Erwartungen Napoleons III. siegten jedoch die Preußen bei Königgrätz (1866), und Österreich war gezwungen, auch mit Italien, das seit 1861 unter Victor Emanuel II. seine Einigung als Nationalstaat festigte, Frieden zu schließen. Am 21. und 22. Oktober 1866 wurde im ganzen Veneto eine Volksabstimmung durchgeführt, in der darüber entschieden werden sollte, ob das Veneto seinen eigenen Weg gehen oder sich der panitalienischen Bewegung anschließen sollte. Unter Hunderttausenden Stimmberechtigten votierten nur verschwindende 65 für die Eigenständigkeit. Am 7. November hielt Victor Emanuel II. Einzug in Venedig, das seitdem Bestandteil des italienischen Staates und Provinzhauptstadt ist.

Exkurs: Die Luxusgesetze

Die Vielzahl der Feste, die in Venedig gefeiert wurden, und der Aufwand, der damit einherging, muß unvorstellbar gewesen sein. Als exemplarisch für diesen Prunk kann der Aufenthalt Heinrichs III. von Frankreich (1574) gelten. Palladio hatte eigens für den hohen Gast einen Triumphbogen aus Holz und Leinwand entworfen. Man fuhr den König mit einer Prachtgaleere, die von vierzehn aufwendig ausgestatteten Schiffen begleitet wurde, zur Piazza. Auf einem war eine Glasbläserwerkstatt eingerichtet worden, die zur Unterhaltung des Königs ihre Kunst vorführte. Als Ofen diente ein Drache, der aus Maul und Nüstern Feuer spie. An dem anschließenden Bankett nahmen 3000 Gäste teil, es wurden 1200 verschiedene Speisen aufgetragen. Während dieser zehn Tage waren die sog. Luxusgesetze außer Kraft. 1299 waren zum ersten Mal Gesetze zur Regelung des privaten Luxus formuliert worden. Den Frauen wurde das Tragen von Perlen und anderem Schmuck im Haar verboten, die Menge des zur Herstellung der Kleidung verwendeten Stoffes sowie die Länge der Schleppen festgelegt. Hochzeitsgäste – ihre Zahl war auf maximal 40 Personen eingeschränkt worden – durften dem Brautpaar lediglich einen Becher schenken. Zwar wurden diese Gesetze 1306 widerrufen, aber schon 1334 mit größerer Schärfe erneut bestätigt. Seitdem wurden alljährlich zweimal am Rialto Gesetzesnovellen zur Eingrenzung des privaten Luxus verkündet. Dieses ständige Aufwärmen zeigt, wie wenig sich die Venezianer offenbar um die Erlasse kümmerten. Als den Frauen das totale Verbot des Tragens von Schmuck in der Öffentlichkeit zu weit ging, protestierten sie beim Papst, der ihnen prompt Recht gab und ihnen zu ihrem Schmuck zurückverhalf. Geschickt wurden die komplizierten Bekleidungsvorschriften umgangen, indem z. B. nach dem Verbot des Tragens von Bro-

Der Staatsbesuch König Heinrichs III. von Frankreich in Venedig (im Hintergrund der von A. Palladio für diesen Anlaß auf dem Lido konstruierte Triumphbogen aus Holz und Leinwand). Zeitgenössischer Stich

Der Bucintoro, die Prachtgaleere des Dogen

kat zahlreiche Venezianer – Männer wie Frauen – ihre Oberbekleidung aufschlitzten, um die raffinierte und kostbare Unterwäsche zu zeigen. Die Luxusgesetze erfaßten nicht nur den äußeren Habitus des einzelnen, sie sorgten sich auch um den Pomp an Schiffen und Bauten. Mitte des 16. Jh. wurde es untersagt, Gondeln farbig zu bemalen und mit Pelzen auszuschlagen. Der staatlich verordnete Trauerflor der Gondeln ist keinesfalls Ausdruck einer von Endzeitahnungen getrübten Stimmung.

Wie alles in Venedig muten auch die in ihrer Art für Europa singulären Luxusgesetze absonderlich an. Aber wenn man einmal von der Äußerlichkeit absieht, daß sich der Staat ein Monopol beim Repräsentieren sichern wollte, scheint ein tiefer Sinn den Verordnungen innezuwohnen. Es galt, soziale Spannungen einzudämmen, durch Verwischung der sichtbaren Spuren zwischen Arm und Reich den Neid der Minderbemittelten gegenüber den Privilegierten niederzuhalten.

Venedig heute

Jahr für Jahr strömen die Touristen zu Hunderttausenden nach Venedig. Es gibt kaum ein Buch, in dem dieser Massenansturm nicht beklagt würde. Gewiß, der moderne Massentourismus ist ein zweischneidiges Schwert, denn er hat oft genug innerhalb kurzer Zeit an manchen Punkten der Erde gewachsene Infrastrukturen in Unordnung gebracht, wenn nicht gar zerstört. Aber auf Venedig trifft dies mit Sicherheit nicht zu. Zum einen ist der Tourismus in Venedig keine Neuerscheinung, zum anderen ist die Stadt seit alters ein Tummelplatz der Völker gewesen. Eine Handelsstadt, die von ihrer Geburtsstunde an in regem Austausch und durch den Kontakt mit Fremden lebte, kann kaum überfremdet werden. Die Venezianer, die ihr Venedig auch heute noch über alles lieben, haben gelernt damit zu leben, daß auch andere diese ihre Liebe teilen.

Die existentiellen Bedrohungen für die Lagunenstadt kommen aus einer anderen Richtung. Schon 1846 hatten die Österreicher die einstige »Königin der Meere« an die Leine gelegt. Sie schlugen vom Festland eine Eisenbahnbrücke nach Venedig, über die heute bis zu hundert Züge täglich rollen. Gegen eine derartige Anbindung an das Festland hatte sich die Stadt jahrhundertelang erfolgreich zur Wehr gesetzt. In früheren Zeiten hatte man eigens die natürlichen Flußläufe der Brenta, der Sile und Piave sowie deren Nebenarme umgeleitet, um eine Versandung der Lagune zu verhindern. Seit dem 19. Jh. ist Venedig strenggenommen keine Insel mehr, und Thomas Mann weigerte sich denn auch, Venedig »durch die Hintertüre des Bahnhofes« zu betreten. In diesem Jahrhundert wurde die Verklammerung mit dem Festland noch verstärkt. 1933 wurde ein parallel zur Bahnbrücke verlaufender Damm für den Autoverkehr aufgeschüttet. Er sollte der arbeitenden Bevölkerung der Stadt eine schnellere Verbindung zu den im Hinterland entstandenen Industrierevieren schaffen. Venedig hatte sich nämlich schon früh an den industriellen Aufschwung anschließen können. Nach der Eröffnung des Suezkanals 1869 hatte der beinah funktionslos gewordene Hafen überraschend eine neue Schlüsselstellung erlangt. Schon bald wurde das Arsenal reorganisiert. Die Lagunenstadt selbst aber bot nicht den erforderlichen Raum zur Errichtung größerer Betriebe. Darum wich man auf das Festland aus, wo nun die Industriehäfen von Mestre und Marghera entstanden. Nach 1945 sind gewaltige Raffinerieanlagen errichtet worden, denen die Ansiedlung chemischer Fabriken folgte. Diese Industrie aber braucht Süßwasser in großen Mengen, das man durch Bohrungen dem Grundwasser entzieht. Das stetige Abpumpen des Grundwassers hat zur Bildung von unterirdischen Hohlräumen geführt, die das Absinken Venedig beschleunigen. War die Stadt bis zu Beginn unseres Jahrhunderts um etwa 9 cm pro Jahrhundert tiefer in den Grund gesackt, so hatte sich seitdem diese Marke bis zu Beginn der siebziger Jahre verzehnfacht! Das Wasser der Adria, mit dem sich der Doge einst so harmonisch verehelichte, ist dadurch zur lebensbedrohenden Gefahr geworden. Hochwasser war schon immer eine latente Gefahr, die jedoch nur äußerst selten zum Tragen kam. 1102 war die Insel Malamocco in den Fluten versunken, aus dem Jahr 1339 wird von einer verheerenden Springflut berichtet. Während zwischen 1879 und 1959 die Piazza San Marco zwanzigmal höher als einen halben Meter unter Wasser stand, ist sie seitdem schon mehr als vierzigmal in diesem Maße überflutet gewesen. Gegen die Flut war das letzte monumentale Bauwerk der freien Republik errichtet worden, die »murazzi« (1744–82), ein 4 km langer Damm aus istrischen Granitblöcken vor dem Lido von Pellestrina. Die bislang größte Flutkatastrophe hat im November 1966 die Vision vom Untergang Venedigs zu einer bedrückend nahen Realität werden lassen. Die murazzi wurden überspült und zum Teil zerstört, der immer rascher werdende Verfall zahlreicher Bauwerke wurde in jenen Tagen, als der Schirokko, ein heftiger Südwind, das Zurückweichen der Wassermassen verhinderte, sichtbar beschleunigt. Seitdem ist fast mehr debattiert als gehandelt worden. Immerhin ist ein erster schwacher Hoffnungsschimmer zu erkennen. Nachdem die Zahl der artesischen Brunnen reduziert wurde, sinkt die Stadt seit 1975 deutlich weniger. Gegen das Hochwasser ist ein gigantisches Projekt geplant: Die drei Durchgänge von der Lagune durch die Lidi zur offenen Adria sollen durch versenkbare Schleusen geschützt werden, die durch Einpumpen von Luft in Hohlkammern beliebig zu heben und zu senken sind. Aber die Kosten dafür bewegen sich in astronomischer Höhe. Dieses Projekt hat einen gewaltigen Rückschlag erlitten, nachdem die USA 1983 aus der UNESCO ausgetreten sind, die einen Löwenanteil der Kosten tragen wollte.

Aber das Hochwasser ist nicht der einzige Feind. Für die modernen Riesentanker wurden tiefe Fahrrinnen in die Lagune gebaggert, die die Strömungsverhältnisse drastisch verändert haben. Waren früher zahlreiche Kanäle, die ja Relikte einstiger Bäche und Flüsse sind, noch in Bewegung, so ist das Wasser jetzt mehr und mehr zum Stillstand gekommen. Früher konnte sich die Stadt ohne eigenes Zutun selbst reinigen, heute findet kein ausreichender Austausch des Wassers mehr statt. Damit kann wiederum der Industrieschmutz, der sowohl aus der Luft als auch vom Wasser her die Gebäude angreift, sein Zerstörungswerk ungehemmter fortsetzen. Neben diesen korrosiven Beeinträchtigungen sind die erosiven nicht zu übersehen. Die Motorschiffe verursachen eine bei weitem größere Bugwelle als die von Hand oder Wind beförderten Schiffe früherer Zeiten. Und jede Welle, die an die Palazzi des Canal Grande schlägt, nagt an der müde gewordenen Substanz.

Neben den Maßnahmen gegen das Hochwasser und die schädigenden Emissionen aus den Industrieanlagen muß eine konsequente Restaurierung der gesamten Stadt durchgeführt werden. An vielen Stellen arbeiten seit Jahren Franzosen, Deutsche, Amerikaner, Australier und

Engländer. Aber die Spuren der Morbidität werden wohl nie ganz zu tilgen sein. Sie gehören auch zum Erscheinungsbild Venedigs und haben in einer eigenen Kulturrichtung ihren Niederschlag gefunden, die die Stimmung des Untergangs zum ästhetischen Erlebnis hochstilisiert hat. Bereits 1883 hatte sich Richard Wagner, dessen »Tristan« weitgehend in Venedig entstanden war, die Kulisse des Palazzo Vendramin-Calergi als würdigen Rahmen für sein Dahinscheiden erkoren. Gottfried Benn erinnert in einer Zeile seines schwermütigen Gedichtes »Selbsterreger« an dieses Ereignis. Sechs Jahre später starb Robert Browning in der Ca' Rezzonico. Die Melancholie des sterbenden Venedig bildet die Kulisse für Gabriele d'Annunzios Roman »Fuocco« (Feuer) und für Hemingways »Across the river and into the trees« (Über den Fluß und in die Wälder), für Thomas Manns Novelle »Tod in Venedig« und für Daphne du Mauriers Erzählung »Dreh dich nicht um« (vielen vielleicht eher unter dem Titel der brillanten Verfilmung »Wenn die Gondeln Trauer tragen« bekannt). Zuletzt reihten sich der junge Engländer Jan McEwan mit seinem Roman »Der Trost von Fremden« und Patricia Highsmith mit »Venedig kann sehr kalt sein« in diese Kette.

Aber es wäre verfehlt, Venedig heute allein aus diesem einen Blickwinkel des Verfalls zu sehen. Hat nicht Alfred Andersch mit seinem Emanzipationsroman »Die Rote« ein positives Signal gesetzt? Venedig ist nicht nur ein monumentales Schauobjekt. Mit der Biennale hat sich die Stadt in das Spannungsfeld der modernen künstlerischen Richtungen begeben. Noch immer ist das Teatro La Fenice die Bühne großer Premieren. In dieser Stadt leben rund 100 000 Menschen, die ihren alltäglichen Geschäften nachgehen. Kinder gehen zur Schule, Studenten besuchen ihre Kollegs, die Hausfrauen treffen sich auf dem täglichen Markt. Und gelegentlich unterbrechen die traditionellen Feste das Alltagsgeschehen, Feste, von denen man zutiefst spürt, daß sie auch heute noch ihre Ursprünglichkeit bewahren und nicht als Schau für die Touristen aufgezogen werden. Damit beantwortet sich auch die Frage der Skeptiker von selbst, ob es denn Sinn habe, eine dem Verfall ausgelieferte Stadt um jeden Preis zu retten. Venedig braucht die Hilfe, aber auch wir brauchen Venedig. In unserer an Erscheinungen des Wunderbaren so arm gewordenen Welt bietet Venedig ein Erlebnis, das das Leben eines jeden, der es gesehen hat, erfüllter macht.

Exkurs: Der Karneval

Venedigs Karneval ist so alt wie die Stadt selbst. Sein Ursprung liegt, wie bei allen Karnevalsfesten Italiens, in den römischen Saturnalien, großen Maskenfesten, die zur Jahreswende gefeiert wurden. Der offizielle Beginn war der St. Stephans-Tag, der 26. Dezember, den Schluß markierte wie überall der Aschermittwoch. Während das Ende der Karnevalszeit unangetastet blieb, wurde dagegen der Anfang allmählich vorgezogen. Im frühen 18. Jh. schließlich begann der Karneval schon im Oktober, die Weihnachtszeit bildete nur eine kurze Unterbrechung in einer fast ein halbes Jahr währenden Maskerade. Im 14. Jh. war es verboten, sich zu maskieren, weil die Herrschenden fürchteten, daß sich hinter der Anonymität der Vermummung ein Verrat besser inszenieren ließ. Aber das Verbot, das in der Folgezeit ständig wiederholt wurde, stieß offenbar auf taube Ohren.

In der Zeit der österreichischen Okkupation im 19. Jh. geriet dieses bezeichnend venezianische Fest in Vergessenheit. Es gab auch wenig Anlaß mehr zum Feiern. Erst 1980 haben Künstler, namentlich Leute vom Theater, den vergessenen Karneval aus seinem fast zweihundert Jahre dauernden Schlummer wieder zum Leben erweckt. Seitdem strömen die Besucher auch in den sonst wenig beliebten Monaten Februar und März in die Stadt, aber der Karneval ist in erster Linie ein Fest der Venezianer selber. Die zehn Tage vor Aschermittwoch sind eine sinnenbetörende Orgie der Phantasie. Nur selten sieht man konfektionierte Kostüme. Jeder Venezianer bastelt mit Liebe und Hingabe an seiner Verkleidung, dazu trägt man die alten traditionellen Masken oder skurrile Eigenkreationen (siehe Umschlagrückseite sowie Farbt. 17 und 18). Arlecchino, Pulcinella, Pantalone und andere Gestalten der klassischen Commedia dell'Arte tanzen auf der Piazza neben Monstern aus dem Weltall, Briefkästen mit zwei Beinen, Königen aus dem Morgenlande, Schlümpfen oder prachtvoll gewandeten Herrschaften des Rokoko. Auf den Campi spielen Straßentheater und Musikgruppen, die Bühnen der Stadt greifen mit ausgefallenen Inszenierungen ihrerseits in das große Spektakel mit ein. Den ersten Höhepunkt markiert der »giovedi grasso«, der Donnerstag vor Aschermittwoch, an dem in früheren Zeiten öffentliche Stierhatzen stattfanden, die heute mit einem Pappbullen pantomimisch nachvollzogen werden. Am Sonntag und noch einmal am Faschingsdienstag brodelt die ganze Stadt. Ein Feuerwerk beendet den Rausch, in dem die Venezianer die Apotheose ihrer glanzvollen Stadt feiern.

Die »wilden Männer« des venezianischen Karnevals als Musikanten. Stich von F. Bertelli, Venedig 1569

Rundgänge durch die Stadt

Piazza und Piazzetta

Campanile 49 – Loggetta 50 – Procuratie Vecchie 50 – Procuratie Nuove 51 – Ala Napoleonica 52 – Biblioteca Marciana 53 – Die Säulen auf der Piazzetta 54 – Zecca (Münze) 55 – Piazzetta dei Leoncini 55 (Plan S. 48)
Farbt. 4–7, 14; Abb. 2, 12–14

Wer das erste Mal in die Stadt kommt – egal, zu welcher Tages- oder Jahreszeit –, sollte zunächst die Piazza San Marco aufsuchen. Zum einleitenden Genuß zählt es, Venedig so zu erleben, wie es sich dem Ankömmling früherer Zeiten präsentierte: von der Seeseite her. Die Fahrt auf dem Canal Grande gleich zu Beginn ist zwar eine große Verlockung, aber die Vielfalt der Eindrücke wird den Venedigneuling eher verwirren. Besser besteigt man am Bahnhof bzw. am Piazzale Roma das Linienschiff Nr. 5, das durch den Canale della Giudecca zur Riva degli Schiavoni fährt. Kurz bevor das Schiff an der Haltestelle vor der Redentore-Kirche festmacht, gewahrt man – zunächst noch als schemenhafte Kulisse – in der Ferne den Campanile von San Marco, daneben die Kuppel der Salute-Kirche und weiter rechts die Fassade von S. Giorgio Maggiore. Im Näherkommen fügen sich die einzelnen Teile zu jener prächtigen Stadtfassade, mit der Venedig seinen Besuchern seit Jahrhunderten einen festlichen Empfang bereitet.

Vorbei am Dogenpalast gelangt man über die Piazzetta auf den Markusplatz. Für den Venezianer gibt es nur eine Piazza – alle anderen Plätze nennt man Campo. Diese terminologische Unterscheidung leuchtet ein, denn an keiner anderen Stelle der Stadt gibt es eine derart weiträumige Platzanlage, zum anderen markiert der Markusplatz mit seinen begrenzenden Gebäuden das politische und repräsentative Herzstück der einstigen Republik. Napoleon, der Venedig so übel mitgespielt hatte, hat zumindest den Fremdenführern einen guten Dienst erwiesen, indem er den seither immer wieder zitierten Ausspruch tat, daß dies der »schönste Salon Europas sei, würdig, nur den Himmel als Dach über sich« zu haben. Eines trifft an dieser Bemerkung sicher zu: Der Platz ist den Venezianern eine Art »Salon«, er ist das Forum, auf dem man sein Schwätzchen hält, aber auch große Feste feiert. Man wird den Platz niemals menschenleer erleben. Zur unbeschreibbaren Atmosphäre gehört es, daß sich auch der Fremdling diesem wohltuenden Ambiente spontan integriert fühlt.

Dabei ist dieses Meisterwerk städtebaulicher Konzeption keineswegs in einem Zuge entstanden, sondern das Ergebnis eines jahrhundertelangen Wachstumsprozesses. Die Ausdehnung der

Piazza war bereits im 12. Jh. in ihren heutigen Ausmaßen festgelegt, aber von den umgebenden Bauten standen einzig die Markuskirche und der Campanile. Damals war der Platz noch ungepflastert und von dem Lauf eines Kanals quer durchzogen. Eine erste Pflasterung mit Ziegelsteinen erfolgte um 1260, gleichzeitig mit der Gotisierung der Markuskirche. Gegen Ende des 14. Jh., als der Südflügel des Dogenpalastes im Entstehen war, wurde ein zweites Pflaster im Wechsel von roten Ziegeln und weißen Marmorplatten angelegt. Erst im 18. Jh. wurden Piazza und Piazzetta gleichartig mit grauen Platten ausgelegt, in die mit Marmor mäanderförmige Bahnen eingefügt sind.

Die Ostseite des Platzes beherrscht die breitgelagerte Fassade der Markuskirche (Farbt. 4), die beiden Längsachsen mit den Alten und Neuen Prokuratien entstanden im 16. Jh. Den Abschluß nach Westen bildet der zu Beginn des 19. Jh. errichtete Napoleonische Flügel. Der Platz hat einen trapezoiden Grundriß, wie er überall in der venezianischen Baukunst, namentlich in der

Piazza und Piazzetta

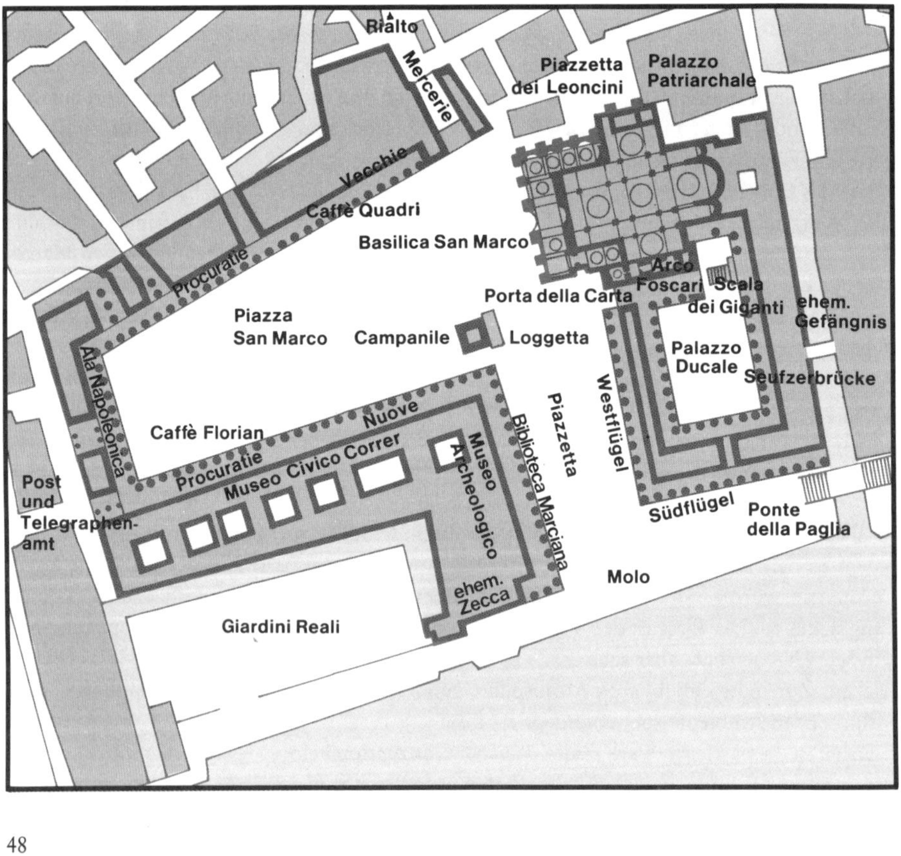

Der Markusplatz, 18. Jh. Foto: Bildarchiv Foto Marburg, Marburg

Palastarchitektur, auftaucht. Beim Campanile beträgt die Breite 82 m, nach Westen verengt sich der Platz auf 56 m. Seine Gesamtlänge mißt 175 m. Von der Markuskirche aus gesehen wirkt die Piazza durch die Verengung noch länger.

Campanile

Farbt. 14; Abb. 2

Der Campanile wurde über älteren, vermutlich karolingischen Fundamenten im dritten Viertel des 12. Jh. errichtet, der Aufbau der Glockenstube mit dem pyramidalen Spitzdach darüber entstand im beginnenden 16. Jh. 1517 wurde die vergoldete Statue des Erzengels Gabriel auf seiner Spitze angebracht, die sich 95 m über den Platz erhebt. Die wuchtige Erscheinung des Turmes mit seinen geschlossenen Wandflächen, die nur durch Lisenen gegliedert sind, was neben der Verjüngung des Bauwerks nach oben das kraftvolle Aufwärtsstreben unterstreicht, ist der westlichen Romanik verpflichtet. Der Campanile ist damit das einzige substantiell romanische Bauwerk der Stadt. Seine Funktion im Zusammenhang mit den umliegenden Gebäuden und im Stadtganzen ist vielschichtig. Zunächst ist er den Ankommenden ein weithin sichtbares Orientierungszeichen, wie er andersherum den Venezianern einen idealen Ausguck in die Ferne bot. Der horizontalen Längsrichtung der Piazza und der Prokuratien zu ihren beiden Seiten setzt er einen entschiedenen Vertikalakzent als Ausgleich entgegen. Seit der Neugestaltung des Platzes im 16. Jh. übernahm er die Funktion eines Bindegliedes zwischen Piazza und Piazzetta, in deren Dreh-

und Angelpunkt er seitdem steht. Durch Hinzufügung der Loggetta im Osten wurde schließlich ein städtebaulich bedeutsamer Zusammenhang zu der Scala dei Giganti im Innenhof des Dogenpalastes hergestellt.

Der beherrschenden Stellung im städtebaulichen Bild verdankt der Campanile seine Bedeutung als Wahrzeichen der Stadt. Er erfüllte auch praktische Funktionen. Im Krieg gegen die Genuesen hatte man Kanonen in der Glockenstube aufgestellt. Hier demonstrierte Galilei dem Dogen seine neueste Erfindung, das Teleskop. Beim Klang des »Maleficio«, der Glocke des schlimmen Omens, wurden Verbrecher auf der Piazzetta hingerichtet. Goethe sah von dort oben das erste Mal das Meer.

Der unerschütterlich scheinende Campanile, dessen Biographie allein genügend Stoff für ein ganzes Buch abgeben würde, war dennoch durch wiederholte Blitzeinschläge zu Beginn unseres Jahrhunderts arg in Mitleidenschaft gezogen. Die Gefahr eines Einsturzes war rechtzeitig erkannt worden, die mittäglichen Salutschüsse und selbst das Spiel der Musikkapellen auf der Piazza wurden verboten. Anfang Juli 1907 wurde die Piazza gesperrt. Am 14. Juli, vormittags kurz vor 10 Uhr, fiel dann der »padron della casa« (der Herr des Hauses) fast lautlos in sich zusammen. Die vorangegangenen Sicherheitsmaßnahmen hatten verhindern können, daß Menschen dabei zu Schaden kamen – einzig eine Katze soll das Opfer des Einsturzes gewesen sein. In neun Jahren Bauzeit wurde der Campanile wieder aufgebaut, »com'era, dov'era« (wie er war und wo er war), allerdings um schätzungsweise 600 Tonnen leichter und im Innern mit einem Aufzug versehen. Die Glocken stiftete Papst Pius X., der vor der Besteigung des Stuhles Petri Patriarch von Venedig gewesen war. Der populäre Papst wurde 1954 heiliggesprochen, und seine sterblichen Überreste wurden fünf Jahre später nach Venedig überführt. Den Venezianern hatte er vor seinem Aufbruch nach Rom versprochen: »O vivo o morto, ritornerò« (ob lebend oder tot, ich kehre zurück). Nun hat Venedig beides wieder: seinen alten Campanile und in Pius X. einen neuen Heiligen.

Loggetta

Abb. 12–14

1536–40 wurde dem Campanile an seiner Ostseite die Loggetta vorgeblendet, ein Werk des *Jacopo Sansovino.* Da die kleine Halle erst später der Palastwache als Standort während der Sitzungen des Großen Rates diente, wird ihr ursprünglicher Zweck ein rein baukünstlerischer gewesen sein. Das Motiv der Arkaden stellt eine Art Überleitung zu der im selben Jahre begonnenen Markusbibliothek und zu den Prokuratien her. Zudem wird die Loggetta in einen inhaltlichen Zusammenhang mit der Scala dei Giganti gestellt, mit der sie in einer Fluchtlinie liegt. Die Anordnung der Arkaden greift das antike Triumphbogenmotiv auf. Die Loggetta bildet damit den Abschluß einer »Via triumphalis«. Diesem übergreifenden Gedanken fügt sich das ikonographische Programm der von Sansovino geschaffenen Nischenfiguren ein. Die Statuen Minervas, Merkurs, Apolls (Abb. 13) und Nikes (Siegesgöttin) symbolisieren die Staatstugenden der Republik, ebenso das mittlere der drei Reliefs in der Attikazone mit einer Allegorie der Gerechtigkeit. Die seitlichen Reliefs beinhalten Anspielungen auf die Herrschaft Venedigs über Zypern und Kreta. Die kleine Balustrade und die kunstvoll verzierte Bronzetür (von *Antonio Gai;* Abb. 12) wurden erst im 18. Jh. hinzugefügt.

Procuratie Vecchie

Farbt. 7

Der Bau der Alten Prokuratien wurde kurz nach 1500 begonnen. Nachdem ein Brand das Projekt vorübergehend zum Erliegen gebracht hatte, wurde nach 1517 unter der Leitung des *Bartolomeo Bon* weitergearbeitet. Das für das ganze venezianische Stadtbild charakteristische Motiv der fortlaufenden Arkadenreihe bestimmt die Fassadengestaltung. Das Untergeschoß öffnet sich in fünfzig Bögen zum Platze hin, die beiden geschlossenen Obergeschosse verdoppeln diese Zahl auf hundert. Als ein typisches Beispiel der Frührenaissancearchitektur wirkt das Gebäude trotz seiner beträchtlichen Abmessungen leicht und locker. Andererseits vermißt man die gliedernden Elemente, die den florentinischen Bauwerken ihre klare Ordnung verleihen. Die Endlosfolge der Arkade ohne erkennbare Zwischenakzente wirkt wie ein spätes Erbe der veneto-byzantinischen Bauweise des 13. Jh. (vgl. z. B. den Fondaco dei Turchi, Abb. 38), zugleich ist sie Ausdruck des der venezianischen Kunst eigenen Irrationalismus.

Die Prokuratoren waren im Mittelalter für alle Belange der Markuskirche zuständig. Seit dem 15. Jh. wurden ihre Kompetenzen zunehmend erweitert, bis daraus ein umfangreicher Verwaltungsapparat entstanden war, der die Aufsicht über alle öffentlichen Bauvorhaben führte. Dazu gehörte unter anderem eine Sparte, die man heute mit dem Schlagwort des sozialen Wohnungsbaus umreißen würde: Errichtung von Häusern für betagte Seeleute, Bau von Pilgerherbergen und ähnliches. Da das Amt eines Prokurators gut besoldet war und zudem eine Einflußnahme auf das politische Geschehen ermöglichte, waren diese Posten sehr begehrt. Die Prokuratoren stellten einen eigenen Baumeister, den sog. Proto, für ihre Belange in Dienst.

Die Prokuratoren hatten schon seit dem 12. Jh. einen Amtssitz an der Stelle der heutigen Alten Prokuratien. Einen Teil dieses ebenfalls aus Arkadenreihen gebildeten zweigeschossigen Vorgängers zeigt die Ansicht des Markusplatzes von Gentile Bellini in der Accademia (vgl. Farbt. 5).

Der große Uhrturm, *Torre dell'Orologio* (Farbt. 7), der die Alten Prokuratien nach Osten beschließt, wurde in den letzten Jahren des 15. Jh. errichtet. Die ihn flankierenden Seitentrakte wurden zwischen 1502 und 1506 aufgezogen. Die ursprünglich zweigeschossigen Flügel wurden erst 1755 durch das dritte, leicht zurückspringende Geschoß erhöht. Der Aufriß der Torre dell' Orologio verdeutlicht einen grundsätzlichen Wesenszug der venezianischen Kunst. Die Sprache der Architektur tritt zugunsten dekorativer Elemente in den Hintergrund. Im Gesamteindruck dominieren das vergoldete Zifferblatt der Uhr, die Nische mit der sitzenden Muttergottes darüber und das Obergeschoß mit dem Markuslöwen vor blauem Hintergrund. Am Epiphanietag (6. Januar) und in der Himmelfahrtswoche setzt ein Mechanismus zu jeder vollen Stunde Figuren der Heiligen Drei Könige in Bewegung, die im Halbkreis um die Muttergottes herumziehen. Auf der Plattform des Turmes stehen die in Bronze gegossenen Mohren (1497), die mit schweren Hämmern die Stunden schlagen. Städtebaulich erfüllt der Uhrturm eine wichtige Funktion. Als Blickfang von Süden, von der Wasserseite her, schafft er eine axiale Durchdringung von Piazza und Piazzetta.

Hinter dem Turm, den man unten durch einen Torbogen durchschreiten kann, beginnen die Mercerie, Venedigs betriebsames Hauptgeschäftsviertel.

Procuratie Nuove

Abb. 2

Der Beamtenapparat der Prokuratoren war gegen Ende des 16. Jh. derart angewachsen, daß gegenüber den Alten Prokuratien ein neuer Trakt angelegt wurde, der auch die Wohnungen der Würdenträger aufnahm. Die Bauleitung hatte zunächst (ab 1583) *Vincenzo Scamozzi,* nach seinem Tode (1616) führte

Baldassare Longhena das Vorhaben zu Ende (1640).

Die Neuen Prokuratien stellen eine ums Eck geführte spiegelbildliche Fortsetzung der Markusbibliothek dar. Allerdings wurde deren zweigeschossiger Aufriß durch ein drittes, leicht zurückspringendes Stockwerk nach oben erweitert. Der bestehende Bau der Neuen Prokuratien ersetzte einen mittelalterlichen Vorgängerbau, der weiter vorgeschoben war und bündig mit dem Campanile abschloß.

Ala Napoleonica

Abb. 2

Die letzte einschneidende Maßnahme, die der Piazza ihr endgültiges Aussehen verlieh, war die Errichtung des Querflügels im Westen. An dieser Stelle stand bis in das beginnende 19. Jh. die Kirche S. Geminiano, die 1807 auf Geheiß Napoleons abgerissen wurde. Der Eroberer Venedigs, inzwischen zum Kaiser der Franzosen aufgestiegen, wünschte eine standesgemäße Residenz in der Lagunenstadt, die ihm in den Neuen Prokuratien eingerichtet wurde. Als monumentaler Eingang zu den kaiserlichen Gemächern wurde die Ala Napoleonica, auch Ala Nuovissima genannt, konzipiert. Sie greift das zweigeschossige System von Sansovinos Bibliotheksbau an der Piazzetta wieder auf. Während sich jedoch die Bibliotheksfassade nach oben in einer Reihe frei stehender Statuen auflockert, lastet auf dem Obergeschoß des Napoleonischen Flügels eine massive Attika. Der westliche Abschluß der Piazza wirkt dadurch ein wenig schwerfällig. Es ist überhaupt die Frage, ob dieser Eingriff in die gewachsene Substanz besonders glücklich war. Die Ala Napoleonica stellt den aus der Sicht des Klassizismus nachvollziehbaren Wunsch nach einer definierten Begrenzung des Platzes dar. Aber diese Schaffung »klarer Verhältnisse« steht im Widerspruch zum venezianischen Kunstwesen, in dem das Fließende, die offene Form als Überraschungsmoment einen durch alle Zeiten und Stilepochen gleichbleibenden Grundakkord bildet.

Die Untergeschosse sämtlicher die Piazza umgreifender Bauten einschließlich der Markusbibliothek sind schon im Urzustand an private Geschäftsleute verpachtet worden, so daß die heute darin befindlichen Geschäfte einen historisch sinnvollen Platz einnehmen. Die Alten Prokuratien beherbergen in ihren Obergeschossen zum Teil öffentliche, zum Teil private Büroräume (Versicherungen, Anwaltskanzleien etc.). Die Obergeschosse der Neuen Prokuratien wurden nach 1918 im Innern umgebaut. In ihren Räumlichkeiten befindet sich heute das *Museo Civico Correr* zur Stadtgeschichte Venedigs. Der Eingang befindet sich im Napoleonischen Flügel, dessen einstiger Ballsaal im ersten Stock heute für besondere Veranstaltungen der Stadt hergenommen wird. Ein weiteres Museum, das *Museo Archeologico,* ist unter einem Dach mit der Markusbibliothek in der Libreria des Sansovino an der Piazzetta vereint worden.

Eine Attraktion ist das *Caffè Florian* im Parterre der Neuen Prokuratien. Es trägt den Namen seines Gründers, Floriano Francesconi, und wurde im Jahre 1720 eröffnet. Es ist damit das älteste Kaffeehaus Italiens. Die heutige Ausstattung stammt von 1858. Jeder der kleinen Räume hat seine eigene thematisch fixierte Dekoration (z. B. Saletta Cinese, Saletta Persiana usw.). Das Caffè Florian hat seinen festen Platz in der Weltliteratur. Hier überarbeitete Marcel Proust seine Ruskinübersetzung; Goethe, Thomas Mann und Ernest Hemingway verkehrten im Florian. Mark Twain, der sich sonst eher distanziert über Venedig äußerte, berichtete, daß er »keine glücklicheren Stunden verlebte als die, welche ich täglich vor dem Caffè Florian verbrachte«. Das schräg gegenüber in den Arkaden der Alten Prokuratien untergebrachte *Caffè Quadri* ist kaum minder berühmt.

Das Caffè Florian. Zeichnung von Guglielmo Stella, 1885

Biblioteca Marciana

Abb. 2

Piazza und Piazzetta bilden über einem L-förmigen Grundriß eine Einheit und beschreiben damit ein in Venedig verbreitetes Muster einer Platzanlage. Bis 1175 war die Piazzetta noch ein Hafenbecken, das dann erst zugeschüttet und zu einem Platz gestaltet wurde.

1537 wurde der Grundstein zur Bibliothek gelegt, die die umfangreiche Sammlung des Kardinals Bessarione aufnehmen sollte, die dieser der Republik vermacht hatte. Die Leitung hatte *Jacopo Sansovino.* Der Bau, der anfangs zügig voranschritt, geriet 1545 ins Stocken, nachdem die Decke des großen Saales eingestürzt war. Sansovino, den man dafür verantwortlich machte, wurde ins Gefängnis geworfen. Es bedurfte der Vermittlung durch Tizian und Aretino, den Architekten wieder aus der Haft freizubekommen. 1554 war der Bau bis zur 16. Arkade (vom Campanile aus gezählt) fertiggestellt. Die von Sansovino offenbar nicht geplante Verlängerung um weitere sieben Arkaden bis zum Molo nahm erst *Scamozzi* 1582 bis 1588 vor.

Die Fassade der Markusbibliothek stellt eine der vollkommensten Schöpfungen der italienischen Renaissance dar. Das Untergeschoß öffnet sich wie bei öffentlichen Bauten Venedigs üblich (Dogenpalast, Prokuratien u. a.) in einer gewölbten Halle. Die Arkadenbögen ruhen auf Pfeilern, ein Motiv, das sich eng an römisch-antike Vorbilder anlehnt. Die Bögen des geschlossenen Obergeschosses dagegen werden von zierlichen Säulen getragen, die frei stehend aus dem Mauerverband gelöst sind. Die Arkaden beider Geschosse werden durch Halbsäulen, die den Pfeilern vorgeblendet sind, gegeneinander abgegrenzt. Die damit verbundene plastische Durchformung der Wand entspringt nicht der florentinischen Renaissance, die die Bauglieder mehr in der Fläche zurückhält, sondern zeigt sich von der Hochrenaissance römischer Prägung inspiriert. Gänzlich unrömisch mutet dagegen die Ecklösung an, die der langen Front keinen entschiedenen Abschluß vermittelt, sondern sich gleichsam in der zierlichen Gestalt flach gehaltener Pilaster verflüchtigt. Dieses »Offenlassen« ist wieder ein venezianischer Wesenszug, ebenso wie die Vielfalt des in Relief gehaltenen Dekors, der nach oben an Fülle zunimmt und in dem abschließenden Fries mit girlandentragenden Putten einen wahrhaft festlichen Abschluß erfährt. Das symbiotische Erscheinungsbild der Bibliothek, in dem römische und venezianische Züge zu einer eigenen Formensprache verschmelzen, ist nur aus der Biographie ihres Schöpfers Sansovino zu erhellen (vgl. S. 349).

Die Säulen auf der Piazzetta

Farbt. 6

Am Südrand der Piazzetta, nur wenige Schritte vom Wasser entfernt, stehen die beiden monolithischen Säulen, an denen in früheren Zeiten große Schiffe festmachten. Der Überlieferung zufolge sollen sie aus dem Orient gekommen und von *Nicolò Barattieri,* dem Erbauer der ersten (hölzernen) Rialto-Brücke, aufgerichtet worden sein. Zwischen den Säulen wurden Hochverräter und Kapitalverbrecher mit dem Schwerte enthauptet. Zugleich sind die Säulen als Herrschaftszeichen der Republik zu verstehen. Auf ihren Spitzen stehen Figuren des »alten« und des »neuen« Patrons von Venedig, Theodor und der Markuslöwe. Während die Marmorstatue Theodors als eine römische

Der einstige staatliche Getreidespeicher vor dem Abriß (im Hintergrund Zecca und Dogenpalast). Stich von Domenico Lovisa, 18. Jh. Venedig, Museo Civico Correr

Arbeit des 2. Jh. n. Chr. gilt, der man nachträglich Schild und Lanze hinzugefügt hat, ist die Herkunft des bronzenen Löwen ungewiß. Er war ursprünglich eine Chimäre und wurde erst durch die Anbringung der Flügel und des Buches zum Markussymbol umgedeutet.

Ein venezianisches Sprichwort rät: »Guardate dell'entrecolumni« (Hüte dich vor dem Platz zwischen den Säulen). Es spielt auf die tragische Rolle des Marino Falier an, von dessen Umsturzversuch bereits die Rede war. Man berichtet, daß Falier in Abwesenheit zum Dogen gewählt worden war, während er auf einer diplomatischen Reise zum päpstlichen Hof in Avignon unterwegs war. Bei seiner Rückkehr herrschte dichter Nebel über der Lagune, und die Prunkgondel, die den neugekürten Dogen in die Stadt bringen sollte, stieß abseits des Dogenpalastes genau zwischen den beiden Säulen an den Kai, an der Hinrichtungsstätte – ein böses Omen! Im Jahr darauf wurde Falier wegen seines angeblichen Umsturzversuches hingerichtet.

Zecca

Farbt. 14

Die staatliche Münzprägestätte (Zecca, von arabisch sicca = Münze), die ihre Fassade der Lagune zuwendet (Farbt. 14), wurde von *Sansovino* im selben Jahr wie die benachbarte Bibliothek begonnen und bereits 1545 fertiggestellt. Der anfangs zweigeschossige Bau erhielt etwa dreißig Jahre später ein drittes Stockwerk. Im Gegensatz zu der ausschließlich vom Motiv der Arkade bestimmten Fassade der Bibliothek weist die Zecca nur im Untergeschoß eine Bogenreihe auf, die beiden darüber liegenden haben hochrechteckige Fenster. Das Gebäude wirkt dadurch massiver und geschlossener, was vielleicht seine Bestimmung als Hort einer staatsschatzähnlichen Institution symbolisiert. Die Prägestätte war noch bis 1870 in Funktion. Heute dient das Bauwerk als Bibliothek, nachdem 1905 ein großer Teil der Biblioteca Marciana hierher transferiert wurde. Die breit angelegte Stadtfassade Venedigs zur Meerseite hat westlich der Zecca einen schmerzlichen Verlust erlitten. Dort stand bis 1807 der staatliche Kornspeicher. Als in den Neuen Prokuratien die Gemächer Napoleons eingerichtet wurden, riß man den alten Kornspeicher ab, um einen freien Ausblick auf die Lagune zu schaffen. Anstelle des Bauwerks wurde ein Park angelegt, die *Giardini Reali* – immerhin eine wohltuende Grünoase in dem sonst ganz von Stein beherrschten Stadtbild.

An der Südwestecke des Parks steht ein neoklassizistischer Pavillon, nach dem Repräsentationsschiff des Dogen *Bucintoro* genannt.

Piazzetta dei Leoncini

Wir kehren auf die Piazza zurück. Links von der Markuskirche setzt sich der Platz in der Piazzetta dei Leoncini fort, die ihren Namen nach den dort aufgestellten Löwen aus rotem Marmor hat (1722 von *Giovanni Bonazza* geschaffen). Der kleine Platz erhielt erst im 19. Jh. sein heutiges Aussehen. Seine östliche Breitseite nimmt der Sitz des Patriarchen von Venedig ein. Er wurde zwischen 1837 und 1850 erbaut, nachdem erst damals der Bischofssitz der Stadt von S. Pietro di Castello nach San Marco verlegt worden war.

Der Rundgang endet wieder vor San Marco. Bevor wir uns der Kirche selbst zuwenden, richten wir noch einen Blick auf die drei Fahnenmasten davor. Sie wurden Ende des 15. Jh. aufgestellt und trugen einst die Flaggen der drei von Venedig eroberten Königreiche Morea (Peloponnes), Kandia (Kreta) und Zypern. So markieren auch diese Fahnenmasten, ähnlich den Säulen auf der Piazzetta, den Machtanspruch der Serenissima. 1505 wurden den hölzernen Schäften bronzene Füße mit figürlichen Reliefs hinzugefügt.

San Marco

Baugeschichte 56 – Der Außenbau 58 – Narthex und Narthexmosaiken 60 – Der Innenraum 62 – Die Mosaiken 63 – Skulpturen und Altäre 81 – Pala d'Oro 82 – Die Bronzetür des Sansovino 83 – Annexräume 83 – Tesoro (Schatzkammer) 84 – Baptisterium 85 – Cappella Zen 86 – Museo Marciano 87
Farbt. 3–5, 31; Abb. 2–10, 24

San Marco ist nicht nur das bedeutendste und am reichsten ausgestattete mittelalterliche Bauwerk Venedigs, die Kirche ist zugleich einer der erstaunlichsten Sakralbauten des europäischen Mittelalters. Neben der ungewöhnlichen Architektur fasziniert die Fülle des Dekors, der in vielen Punkten nirgends einen Vergleich findet: Der Mosaikzyklus ist der umfangreichste des Abendlandes, die Rosse von San Marco stellen die einzige aus der Antike erhaltene Quadriga dar, die Pala d'Oro ist nach dem Klosterneuburger Altar des Nicolaus von Verdun der Welt zweitgrößtes Emailbildwerk.

Auch in seiner Bedeutung nimmt San Marco eine Sonderstellung ein, denn die Kirche war nicht der Sitz des Bischofs, sondern bis zum Ende der Republik Hauskapelle der Dogen und somit zugleich offizielle Staatskirche. Erst im 19. Jh. wurde San Marco Metropolitankirche.

Baugeschichte

Der heutige Bau ist der dritte an dieser Stelle. Die erste Markuskirche, die noch weitgehend aus Holz errichtet worden war, entstand unmittelbar nach der Ankunft der Reliquien des Evangelisten in Venedig. Als der Doge Pietro Candiano 976 ermordet wurde, hatte man den Dogenpalast in Brand gesteckt. Das Feuer griff auf die Markuskirche über und zerstörte sie vollständig. Der Nachfolger des ermordeten Dogen, Pietro Orseolo I. (976–78), ließ den Bau wiederherstellen.

San Marco als Vermittler zwischen Ost und West. Die Grundrisse im Vergleich: links die Apostelkirche in Konstantinopel, rechts die Kathedrale St-Front in Périgueux (Südwestfrankreich), in der Mitte San Marco (nach Dehio/von Bezold)

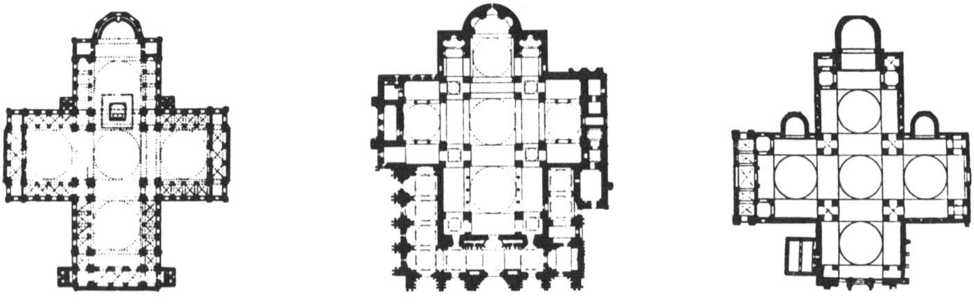

San Marco, Transversalschnitt

Diese zweite Markuskirche wurde im 11. Jh. abgerissen und durch den bestehenden Neubau ersetzt, der im wesentlichen in den Regierungsjahren des Dogen Domenico Contarini (1043–70) entstand und nach ihm auch »Contarini-Kirche« genannt wird. Von den Vorgängerbauten wurde der zentrale Grundriß übernommen. Eine erste Weihe ist aus dem Jahr 1071 überliefert; die Fertigstellung ist spätestens mit der Einmauerung der Markusreliquien unter dem Hauptaltar (1094) anzusetzen. Nach der Eroberung von Byzanz begann eine zweite großangelegte Bauphase, die das Gesicht der Contarini-Kirche nachhaltig veränderte. Die Kuppeln wurden außen erhöht, der Narthex um eine nördliche Vorhalle erweitert. Die bis dahin weitgehend schmucklose Kirche wurde außen, zum Teil auch innen mit Marmorplatten inkrustiert und ausmosaiziert. Am Außenbau fanden zahlreiche Spolien aus der umfangreichen Beute der Kreuzfahrer Aufstellung. Diese repräsentative Ausschmückung ist vor dem Hintergrund der Ereignisse von 1177 (Frieden von Venedig zwischen Friedrich I. Barbarossa und Papst Alexander III.) und 1204 zu sehen, Meilensteine auf dem Weg Venedigs zur größten See- und Handelsmacht im Mittelmeerraum.

Eine dritte einschneidende Veränderung hob gegen Ende des 14. Jh. an und zog sich bis in das anbrechende 16. Jh. hin: die Phase der Gotisierung. Zahlreichen Fenstern wurde gotisches Maßwerk eingezogen, die Bögen im Obergaden des Außenbaus von Wimpergen überfangen, zwischen denen offene Tabernakel mit frei stehenden Statuen hochgezogen wurden. Einen letzten Eingriff in die Bausubstanz bedeutete die Einrichtung der Cappella Zen an der Südwestecke. In der Folgezeit wurden zahlreiche Mosaiken des Mittelalters durch Neuschöpfungen ersetzt, am Bau selber jedoch keine weiteren Veränderungen mehr vorgenommen.

Der Außenbau
Farbt. 3–5; Abb. 2–5, 10, 24

Westfassade (A) (Die Buchstaben und Ziffern verweisen auf den Grundriß.)
Am Contarini-Bau waren die Kuppeln von der Piazza aus nicht zu sehen. Erst die voluminöse Erhöhung rückte sie ins Blickfeld, was seither die orientalisierende Wirkung des ganzen Bauwerks unterstreicht. Die Westwand gliedert sich in fünf Bögen, deren mittlerer mit dem Hauptportal sich über die anderen erhebt. Ihnen entsprechen im Geschoß darüber fünf weitere Bögen in der gleichen Anordnung. Die im Urzustand schmucklose Fassade erhielt im 13. Jh. ihre Mosaiken und im 14. Jh. die plastische Dekoration, die sich in manchem von der französischen Kathedralgotik inspiriert zeigt. Die offenen Tabernakel etwa sind eine Erfindung der Reimser Baumeister. Abweichend aber von den Vorbildern in der Ile de France wurden die Portalgewände anstatt mit Skulpturen lediglich mit Säulen ausgestattet. Dies ist ein deutliches Indiz für Venedigs mangelnden Sinn für plastische Darstellung. Dieselbe Beobachtung gilt für die Tympana. Wo an romanischen und gotischen Kirchen Frankreichs und Deutschlands die Vielzahl der Heiligen körperlich greifbar wird, sind hier die Darstellungen als Mosaik in die Fläche einer Kuppellunette gebannt. Von den Mosaiken des 13. Jh. ist lediglich das über der *Porta di S. Alippio* (links, 1) erhalten (Farbt. 2). Es zeigt die Überführung des Leichnams des hl. Markus in die Kirche. Überraschend detailgetreu ist die Markuskirche in ihrem Aussehen um 1265 wiedergegeben. Man erkennt die zu dieser Zeit bereits vergrößerten Kuppeln und die Bronzepferde. Die weiteren Mosaiken entstammen dem 17. bis 19. Jh. (von rechts nach links: Entführung des Leichnams des hl. Markus aus Alexandria, die Verehrung der Reliquien in Venedig, über dem Mittelportal das Weltgericht, das erst 1836 geschaffen wurde, Ankunft der Markusreliquien in Venedig; in den vier Lunetten des Obergadens ein christologischer Zyklus: Kreuzabnahme, Christus in der Vorhölle, Auferstehung und Himmelfahrt). Den glanzvollen Mittelpunkt der Fassade markieren die *bronzenen Pferde* auf der Galerie (Abb. 24), die die Venezianer 1204 in Konstantinopel erbeutet hatten. Die Originale wurden nach einer Restaurierung 1982 in das Museo Marciano gebracht und draußen durch Kopien ersetzt.

San Marco, Grundriß

A Westfassade mit Hauptportal B Narthexhalle C Sakramentskapelle D Cappella di S. Clemente E Cappella di S. Pietro F Cappella dei Mascoli G Cappella di S. Isidoro H Tesoro I Baptisterium J Cappella Zen ▷

1 Porta di S. Alippio mit Mosaik von 1265 2 Syrische Reliefpfeiler aus Acra 3 Die Tetrarchen 4 Porta dei Fiori 5 Byzantinisches Relief mit der Hetoimasia 6 Genesis-Kuppel 7 Porta di S. Clemente 8 Noah-Mosaiken (Bau der Arche, Sintflut etc.) 9 Fortsetzung des Noah-Zyklus und Turmbau zu Babel 10 Leben des Abraham 11 Porta di S. Pietro 12–14 Das Leben Josephs 15 Szenen aus dem Leben Mosis 16–17 Grab des Dogen Vitale Michiel und seiner Frau Felicità 18–20 Weitere Dogengräber 21 Pfingst-Kuppel 22 Das Passions-Gewölbe 23 Himmelfahrt Christi 24 Die Johannes-Vita 25 Szenen aus dem Leben Jesu 26 Vier Heilige 27 Wiederauffindung der Markusreliquien und Szenen aus dem Leben Mariens 28 Kuppelmosaik im Chor mit der Darstellung des segnenden Christus 29–32 Vier Engelstatuen 33–34 Kanzeln 35 Ikonostase 36 Jakobus-Altar 37–38 Sängerkanzeln Jacopo Sansovinos 39 Hochaltar 40 Pala d'Oro 41 Sakramentshäuschen des Sansovino 42 Bronzene Sakristeitür des Sansovino 43 Marien-Altar mit byzantinischer Ikone der Maria Nicopeia 44 Grab des Dogen Andrea Dandolo 45 Taufbecken 46 Altar der »Madonna della scarpa« 47 Grabmal des Kardinals Zeno 48 Aufgang zum Museo Marciano

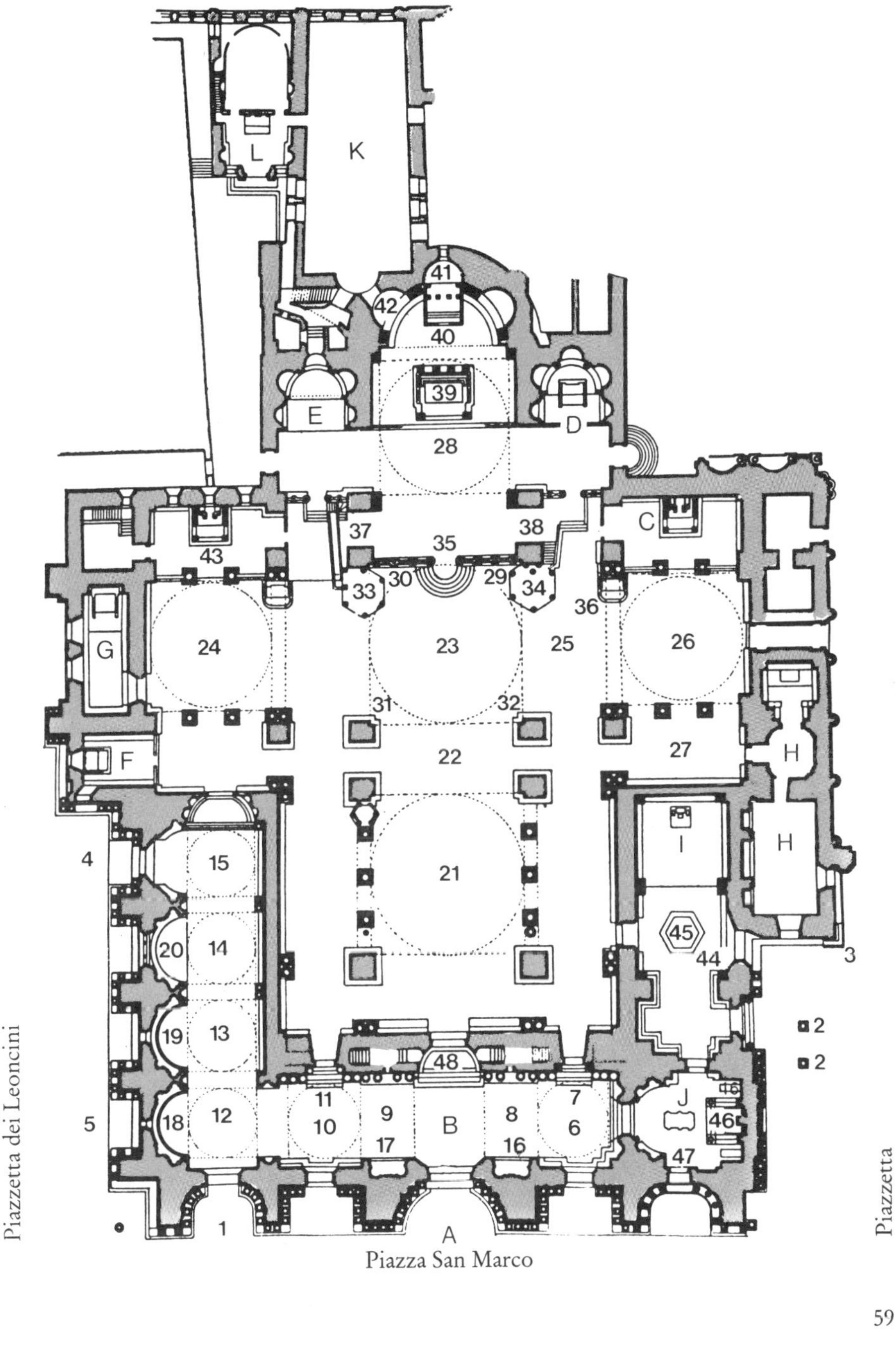
K
L
41
42
40
39
E
D
28
37
35
38
C
43
30
29
33
34
36
24
23
25
26
G
31
32
22
27
F
H
4
15
21
I
H
20
14
45
44
3
19
13
2
2
48
11
7
J
5
18
12
10
9
B
8
6
46
17
16
47
1
A
Piazza San Marco
Piazzetta dei Leoncini
Piazzetta

Den schwachen Versuch zu einer skulpturalen Ausgestaltung lassen die Archivolten des Mittelportals erkennen. Die unterste Archivolte zeigt die für Portale der Romanik bezeichnende ornamentale Verschlingung von Mensch- und Tierfiguren, die oberste führt Stände und Berufe vor. Dieser auffallend profane Aspekt verwundert an einer Staatskirche kaum, da diese nicht zuletzt der Selbstdarstellung diente.

Südwand Die der Piazzetta zugewandte Südseite ist ein Baustein der Gesamtanlage der »Stadtfassade«. Die Fortführung des zweigeschossigen Aufrisses und der gotischen Tabernakel machen die repräsentative Bestimmung dieser Seite ebenso deutlich wie die hier befindlichen Spolien. Wir meinen die beiden reich mit ornamentalen Reliefs überzogenen *Pfeiler* (Abb. 10), die der Überlieferung zufolge nach der Einnahme Acras (1257) durch die Venezianer hierher gelangten (2). Ihre Aufstellung im Winkel zwischen Markuskirche und Dogenpalast legt die Vermutung nahe, daß sie – ähnlich den beiden Säulenmonumenten am Südende der Piazzetta – als Herrschaftszeichen gedacht waren. Ihre Datierung ist unsicher. Allgemein hält man sie für syrische Arbeiten des 6. Jh. n. Chr.

Ebenfalls spätantik sind die *Porphyrfiguren* (Abb. 4), die in die Südwestecke des Tesoro vermauert sind (3). Da der Porphyr in der späten römischen Kaiserzeit so rar geworden war, daß es ausschließlich den Herrschern und deren Familienangehörigen vorbehalten war, sich in diesem edlen Stein darstellen zu lassen, vermutet man in den vier Männern die Tetrarchen (Kaiser Diokletian und dessen Mitregenten Valerius, Maximian und Constantius). Einer alten venezianischen Legende zufolge handelt es sich um vier Bösewichter, die bei dem Versuch, den Schatz von San Marco zu rauben, in Stein verwandelt wurden.

Nordseite Auch die der Piazzetta dei Leoncini zugewandte Nordseite von San Marco ist als Schauwand konzipiert. Geschoßeinteilung und Gliederung entsprechen der Westfassade. Unter der vierten Arkade öffnet sich die *Porta dei fiori* mit einem Relief der Geburt Christi im Tympanon (4). In die Wand sind etliche byzantinische Reliefplatten eingelassen, in der ersten Arkade eine Darstellung des leeren Thrones Christi auf Erden mit zwölf Lämmern als Symbolen für die Apostel (sog. Hetoimasia, 5). Andere Stücke mit Darstellungen des hl. Georg, des hl. Demetrius, der vier Evangelisten, Christi und der Muttergottes sind venezianische Arbeiten des 13. Jh. und stammen möglicherweise von der älteren Ikonostasis der Markuskirche, die um das Jahr 1400 abgebrochen wurde.

Narthex und Narthexmosaiken

Im Zuge der umfangreichen baulichen Veränderungen an der Contarini-Kirche im Verlauf des 13. Jh. wurde die nördliche Vorhalle (B) errichtet und zugleich der bis dahin flachgedeckten westlichen Vorhalle ein Gewölbe eingezogen. Die Mosaiken entstanden über die Spanne eines Dreivierteljahrhunderts etwa zwischen 1220 und 1300. Das Bildprogramm ist ein geschlossener alttestamentarischer Zyklus, der mit der Genesis beginnt und mit dem Leben Mosis endet.

Die erste Kuppel in der Südwestecke (6) schildert die Begebenheiten der Schöpfungsgeschichte. Die Bilder sind in drei konzentrischen Kreisen übereinander geordnet. Es beginnt im inneren Kreis mit der Taube, dem Symbol des hl. Geistes, die über dem Wasser schwebt. Daran schließen sich (gegen den Uhrzeigersinn) an: Trennung von Licht und Finsternis, die Schaffung des Himmelsgewölbes, Trennung von Wasser und Erde, die Erschaffung der Pflanzen. Der innere Kreis umfaßt demnach die ersten drei Schöpfungstage. Im mittleren Streifen folgen die Ereignisse der folgenden drei Schöpfungstage: Erschaffung der Gestirne, der Fische und Vögel, der Säugetiere, schließlich die Erschaffung Adams, dem in der folgenden Szene die Seele in Gestalt einer kleinen geflügelten Figur eingegeben wird. Der äußere Streifen erzählt in elf Feldern zunächst die Namensgebung der Tiere, sodann die Erschaffung Evas aus einer Rippe Adams und in mehreren Abschnitten den Sündenfall, seine Entdeckung und die Vertreibung aus dem Paradies. Im letzten Bild dieser Reihe sieht man das erste Menschenpaar bei der Verrichtung irdischer Arbeiten. Adam ist mit der Feldarbeit, Eva mit dem Spinnen beschäftigt. Eine originelle Orientierung bieten die weißgewandeten Engel, deren Zahl jeweils angibt, um den wievielten Schöpfungstag es sich handelt.

Über dem Eingang zur Kirche, der *Porta di S. Clemente* (7), folgen die Geburt Kains und Abels sowie deren Vorbereitung zum Opfer, über der Pforte zur Cappella Zen das Opfer der beiden Brüder und über der Außentür zur Piazza die Bestrafung Kains.

Der Zyklus setzt sich in den angrenzenden Tonnenwölbungen, die den Lichtschacht vor dem Hauptportal flankieren, mit der Schilderung der Sintflut und des Lebens Noahs in 15 Einzelbildern fort (8, 9). In der linken Tonne wird auf der zur Piazza neigenden Halbseite der Turmbau zu Babel und die Trennung der Menschen in unterschiedliche Sprachgruppen gezeigt. Die anschließende zweite Kuppel führt das Leben Abrahams in 19 Einzelszenen breit aus (10). Auch die Lunetten über der *Porta di S. Pietro* (11) und der Tür nach draußen gehören in diesen thematischen Rahmen. Hier erkennt man Abraham mit den drei Engeln und gegenüber (zur Piazza) die Geburt Isaaks.

In der Kuppel über der Nordwestecke (12) beginnt der umfangreiche Bilderreigen mit Begebenheiten aus dem Leben Josephs, der sich in den zwei folgenden Kuppeln weiter fortsetzt. Er umfaßt insgesamt 40 Einzelszenen. In der ersten Kuppel beginnt der Zyklus mit den Träumen Josephs, worin sich einmal die sieben Garben, ein zweites Mal die Gestirne des Himmels vor ihm verneigen. Des weiteren wird Joseph von seinen Brüdern in die Grube geworfen und schließlich als Sklave an ägyptische Händler verkauft. Der Ring schließt sich mit der Heimkehr der Brüder, die ihrem Vater Jakob das blutbefleckte Gewand Josephs zeigen. Die anschließende Kuppel (13) erzählt, angefangen von dem Verkauf Josephs an Potiphar über seine Rückweisung von Potiphars Frau, seine Gefangennahme bis hin zu den Träumen des Pharaos und Josephs Deutungen derselben. Hier sind auch die Pendentifs mit vier Darstellungen in das Thema einbezogen. In der dritten Josephs-Kuppel (14) endet die Bildfolge mit Darstellungen Josephs als Statthalter in Ägypten, seiner Hilfe für die Brüder und zuletzt der Aussöhnung mit ihnen.

Die letzte Kuppel (15) berichtet aus dem Leben Mosis: Das Knäblein wird von des Pharaos Tochter aus dem Nil geborgen, Moses tötet den Ägypter, schlichtet Streit zwischen zwei Juden, hilft den Töchtern des Jethro, der brennende Dornbusch, der Durchzug des Volkes Israel durch das Rote Meer und das Manna- bzw. Wasserwunder.

Die Reihenfolge der Darstellungen entspricht der chronologischen Entstehung der Mosaiken. Der Zyklus wird durch etwa 50 Heiligen-, Engels- und Prophetengestalten bereichert, die aber nicht alle zur Originalsubstanz gehören, sondern zum Teil Restaurierungsergebnisse vom 16. bis zum 19. Jh. sind.

Im Gewände des Hauptportals sind Figuren der Maria und anderer Heiliger erhalten, die noch zur Dekoration der Contarini-Kirche gehören. Dies führt sehr anschaulich die künstlerische Entwicklung Venedigs vom 11. zum 13. Jh. vor Augen. Die älteren Mosaiken zeigen die Gestalten beengt, in starrer Haltung und akzentloser Reihung. Sie sind ganz der byzantinischen Tradition verpflichtet und wurden wohl auch von griechischen Mosaizisten ausgeführt. Die Werke des 13. Jh. dagegen, von venezianischen Künstlern geschaffen, vollziehen eine Hinwendung zu westlichen Strömungen. Ihr Kolorit ist farbenprächtig, die agierenden Personen sind in einen szenischen Bezug zueinander gesetzt und zeigen – undenkbar im byzantinischen Kunstkreis – perspektivische Überschneidungen. Die Lebendigkeit der kompositorischen Gruppierung verbindet sich mit köstlicher Liebe zum Detail und verblüffend sicherer Erfassung der Anatomie von Mensch und Tier. So gesehen sind die Narthexmosaiken dem abendländisch-romanischen Kunstkreis enger verwandt als dem byzantinischen. Der Sinn für dekorative Wirkung ist dabei wiederum ein charakteristischer Zug venezianischen Empfindens.

Als Vorlagen dienten zum Teil Musterbücher, die auf karolingische und über diese auf spätantike Vorbilder zurückgehen. In der Auswahl ikonographischer Details und vor allem in der streifenförmigen Anordnung besteht eine Parallele zur Buchmalerei des 9. Jh. Dies gilt vor allem für die Genesis-Kuppel.

Über der Betrachtung der Mosaiken vergißt man fast völlig die anderen zum Teil bemerkenswerten Einzelheiten des Narthex. Hervorzuheben ist die aus Byzanz stammende Bronzetür in der *Porta di S. Clemente* (7), die Ende des 11. Jh. als Geschenk Kaiser Alexios Komnenos' nach Venedig gelangte. Ihr wurden zu Beginn des 12. Jh. die Bronzeflügel des Hauptportals nachgebildet. Gleichfalls byzantinischen Ursprungs ist die elegante Gittertür, die die Cappella Zen vom Narthex trennt.

Der aus verschiedenfarbigen Marmorteilen eingelegte Fußboden entstammt noch zu weiten Teilen der Contarini-Kirche und wurde im 13. Jh. erweitert. Fußböden dieser Art sind eine Übersetzung des im Osten verbreiteten Teppichmotivs in das dauerhaftere Material des Steins.

In den Nischen links und rechts vom Haupteingang sind die *Gräber* des Dogen Vitale Michiel I. (1096–1101) und seiner Frau eingelassen (16, 17). Man wird sich der schlichten Form dieser Gräber erinnern, wenn man in S. Zanipolo die Entwicklung und Entfaltung des venezianischen Dogengrabmals erlebt. In der nördlichen Narthexhalle befinden sich weitere Dogengräber (18–20).

Der Innenraum

Abb. 6

Die Markuskirche ist über dem Grundriß eines griechischen Kreuzes errichtet worden. Das Grundmaß bildet das Vierungsquadrat, aus dem alle weiteren Raumproportionen abgeleitet sind. Zu allen vier Seiten grenzen gleichgestaltete, mit Kuppeln überwölbte Raumeinheiten an, lediglich die Ostpartie ist durch das Presbyterium mit einer Hauptapsis und begleitenden Seitenapsiden verlängert. Die Vierungspfeiler sind nicht massiv, sondern durchbrochen und in vier Pfeiler unterteilt. Die über den Vierungspfeilern aufgehenden Tonnengewölbe stellen die Verbindung zu den angrenzenden Kuppelräumen her. Die Durchbrechung der Pfeiler sowie die Arkadenbögen im vorderen Teil der Kirche rufen den Anschein einer Dreischiffigkeit hervor. Obwohl der Zentralbaugedanke im Vordergrund steht, kommt es dadurch zu einer Durchdringung von Zentralbau und längs gerichteten Achsen, was durch die Verlängerung der »Seitenschiffe« in die Seitenkapellen des Chores zusätzlich unterstrichen wird.

San Marco lehnt sich in Grundriß- und Aufrißgestaltung eng an die im 6. Jh. erbaute (und 1453 zerstörte) Apostelkirche in Byzanz an, den ersten Vertreter dieses Fünfkuppeltyps. In Venedig verschleiert jedoch die Abgrenzung der seitlichen Raumteile und das damit sich anbahnende basilikale Denken das Prinzip des Zentralbaus, das bei dem Vorbild in Byzanz unangetastet im Vordergrund stand. Wenn auch der byzantinische Einfluß vorherrscht, ist doch die westliche Komponente in San Marco nicht zu übersehen. Ebenfalls von der romanischen Baukunst des westlichen Abendlandes ist die Hallenkrypta (für Besucher nicht zugänglich) herzuleiten. San Marco nimmt eine Vermittlerrolle ein, indem Formen aus beiden Richtungen zu einer Synthese verschmelzen. Darüber hinaus hat San Marco den byzantinischen Kuppelbau im Westen eingeführt. Seit dem ausgehenden 11. Jh. entstand im südwestlichen Frankreich eine ganze Reihe von Kuppelbauten. In der Kathedrale von Périgueux wurde sogar ein Zentralbau in genauer Übereinstimmung mit dem venezianischen Vorbild errichtet (siehe S. 56).

Das 12. und 13. Jh. haben die Contarini-Kirche in wesentlichen Punkten umgewandelt. Die Emporen, die bis dahin von den Säulen getragen wurden, mußten weichen. Es blieben als Relikte Laufgänge, die sich durch die ganze Kirche ziehen und dem Besucher heute eine willkommene Aussicht auf höher gelegene Mosaiken bieten. Um einheitliche Flächen für den musivischen Dekor zu schaffen, wurden zudem zahlreiche Fenster vermauert, was die Lichtsituation grundlegend veränderte. Heute empfängt San Marco sein Licht ausschließlich von oben durch die Fensteröffnungen in den Kuppeln und aus den großen Bogenöffnungen im Westen und Süden. Ursprünglich erhielt der Raum zusätzliches Licht aus der unteren Zone. Dadurch ist die Gewölbezone, die in der Auffassung des Mittelalters als Abbild des Himmels galt, mit stärkerem Gewicht belegt worden.

Die Mosaiken

Die Mosaiken – sie bedecken eine Fläche von 4240 qm – haben die Architektur restlos überwuchert. Auch in dieser Hinsicht weicht San Marco von byzantinischen Vorbildern ab, in denen »die Architektur das Beherrschende« bleibt (Otto Demus). Die Contarini-Kirche besaß nur einzelne Mosaikikonen (heute zum Teil im Museo Marciano), das heutige Bildprogramm entstand im wesentlichen gegen Ende des 12. und im Verlauf des 13. Jh. Seit dem 15. Jh. wurden wiederholt Restaurierungen und Erneuerungen vorgenommen, etliche Arbeiten nach Entwürfen Tintorettos ausgeführt. Aber diese späteren Mosaiken nehmen sich unvorteilhaft neben den mittelalterlichen aus. Man stellt fest, daß das Medium der musiven Kunst dem Wesen der Renaissance nicht entspricht. Wir gehen deshalb auch nur auf die Mosaiken des Mittelalters ein.

Das Mosaik der ersten Kuppel (21) gehört zu den ältesten und fällt noch in die letzten Jahrzehnte des 12. Jh. Dargestellt ist das Pfingstwunder. Im Zenit schwebt die Taube, von der goldene Strahlen auf die zwölf Apostel ausgehen, die am unteren Kuppelrand thronen. An der Wand des rechts hinter den Säulen angrenzenden Raumteils: Szenen aus der Karwoche und aus der Apostelgeschichte, die in das erste Viertel des 13. Jh. zu stellen sind. Thematisch schließt sich daran das sog. Passionsgewölbe an, jene Tonne (22), die die vordere Kuppel von der im Zentrum scheidet. Man sieht: Judaskuß, Gefangennahme und Kreuzigung (rechts), die Frauen am leeren Grabe (im Scheitel), Christus in der Vorhölle und den Auferstandenen im Kreise der Jünger mit dem ungläubigen Thomas (links). Diese Mosaiken aus der Zeit um 1200 sind ein stilistischer Brückenschlag zwischen den Aposteln der Pfingstkuppel und den Begebenheiten aus der Apostelgeschichte rechts unterhalb davon. Während die Apostel als freiräumige Gestalten ganz auf die Wirkung der Einzelfigur zielen, wird später das Szenarium gedrängter, und die Figuren überschneiden einander. Zugleich verhärtet sich die Kontur. Sind die Apostel der Pfingstkuppel noch in großzügig gebauschte Gewänder gehüllt, so nimmt die Struktur der späteren Gewandungen eine in Zackenlinien und mehr ornamental aufgefaßte Erscheinung an. Dieselbe Entwicklung von einem »barocken« Spätstil der Romanik zu einer in ihren Anfängen starren Gestalt der Gotik hatte sich unmittelbar zuvor in der französischen Skulptur des 12. Jh. abgespielt.

Die Mittelkuppel (23) wurde etwa gleichzeitig mit dem Passions-Gewölbe ausmosaiziert. Das Thema ist die Himmelfahrt Christi. Am Kuppelrand stehen durch Ölbäume (Hinweis auf das Paradies?) voneinander getrennt die Apostel, in der Längsachse der Kirche Maria, die von Engeln umgeben ist. Im Kuppelzenit schwebt Christus in einem Sternenkreis vor blauem Grund, der von Engeln getragen wird. Das Bildprogramm wird durch 16 weibliche Tugendpersonifikationen in den Fensterzwischenräumen bereichert. In den Pendentifs sitzen die vier schreibenden Evangelisten (stark restauriert).

In der Kuppel des linken Querarmes ist die Vita Johannes' des Evangelisten in verschiedenen Bildern dargestellt (24): Johannes erweckt die tote Drusiana zum Leben, Heilung des Stactäus, der Diana-Tempel stürzt auf die Worte des Heiligen hin ein, Johannes soll aus dem Kelch mit Gift trinken (alle diese Darstellungen gehen nicht auf biblische Überlieferung, sondern auf Schilderungen der »Legenda aurea« zurück). Die Johannes-Kuppel fällt noch in das 12. Jh. und ist der Pfingst-Kuppel stilistisch verwandt, die Mosaiken darunter sind überwiegend jüngeren Datums.

In der Kuppel des Südarmes stehen vier Heilige (26): Nikolaus, Clemens, Blasius und Leonhard, von denen die Markuskirche Reliquien besaß. In der Tonne zwischen dieser und der zentralen Kuppel sind weitere Szenen aus dem Leben Jesu zu sehen (25): die Versuchungen, Einzug in Jerusalem, Fußwaschung.

An der nach Westen gerichteten Wand des südlichen Kuppelraumes erkennt man Begebenheiten aus dem Leben Mariens und des Markus (27). Der Legende zufolge waren die Gebeine des Stadtpatrons, die beim Brand der ersten Markuskirche 976 vernichtet worden waren, 1094 durch ein Wunder wiederaufgetaucht. Sie sollen sich selbsttätig aus der gegenüberliegenden Wand gelöst haben. Dort sind jetzt Wunder und Gleichnisse Christi dargestellt.

In der Chorkuppel (28) schließlich erscheint der segnende Christus im Kreise von Propheten und der Muttergottes. Der Christus als Pantokrator in der Apsiswölbung ist eine Rekonstruktion des 16. Jh. (Original: 12. Jh.).

Die Betonung der Ost-West-Achse im Grundriß findet eine auffallende Parallele in der Ikonographie der Kuppelmosaiken. Die der Hauptachse werden als theologisch bedeutsamer gegenüber denen der Seitenkuppeln herausgestellt. Daneben fällt die hierarchische Staffelung nach oben auf. An den Wänden sind zuunterst Einzelfiguren von Heiligen dargestellt. In der nächsthöheren Zone erscheinen die Zyklen des Marien- und Jesulebens; die heilsgeschichtlich bedeutendsten Ereignisse sind in die Himmelssphäre der Kuppelzone gerückt.

Eine andere Art von Mosaik bewahrt den geduldigen Betrachter vor der drohenden Genickstarre: der mit Marmorstücken ausgelegte Fußboden, der unseren Blick wieder nach unten lenkt. In großen Flächen sind teppichartige Ornamentstrukturen geschaffen, die jedoch keinen Bezug auf die architektonische Gliederung des Bauwerks nehmen, wie es später bei Pavimenten dieser Art der Fall werden sollte (z. B. S. Maria della Salute).

1 Luftaufnahme des Stadtkerns mit Canal Grande

2 PIAZZA mit San Marco, Dogenpalast und Campanile. Im Hintergrund S. Maria della Salute ▷

3 Die Westfassade

4 Die Tetrarchen. Porphyrgruppe an der Südseite. 4. Jh.

6 Der Innenraum gegen Osten

◁ 5 Blick vom Campanile auf die Kuppeln

7 Weihrauchgefäß in Form eines Kuppelgehäuses. 12. Jh. Schatzkammer

8 Ausschnitt aus einer der vier Alabastersäulen am Hochaltar

9 Sog. Thron des hl. Markus. Byzantinisch, 6. Jh. Schatzkammer

10 Syrischer Marmorpfeiler vor der Südfassade

11 DOGENPALAST Kopf an einem Säulenkapitell. 15. Jh.

12 LOGGETTA Markuslöwe vom Bronzegitter des A. Gai

13 LOGGETTA Apollostatue von J. Sansovino. 1540

14 LOGGETTA Putto

15 Das Urteil Salomons. 15. Jh. Nordwestecke

16 Die Trunkenheit Noahs. Anfang 15. Jh. Südostecke

17 Innenhof mit ARCO FOSCARI (Mitte) und SCALA DEI GIGANTI (rechts)

18 Innenhof. Die SCALA DEI GIGANTI (1485–1521) mit Mars und Neptun von J. Sansovino

19 SALA DEL SENATO mit Tintorettos Deckengemälde »Venezia als Königin der Meere«

20 PINACOTECA Hieronymus Bosch (um 1450–1516), Der hl. Antonius in der Wüste. Mitteltafel eines Triptychons

21 SALA DELL' ANTICOLLEGIO Tintoretto (1518–1594), Ariadne, Bacchus und Venus. 1578

22 SALA DEGLI SCUDIERI G. B. Tiepolo (1696–1770), »Neptun bietet Venedig die Schätze des Meeres«

23 SALA DEL MAGGIOR CONSIGLIO Deckengemälde von P. Veronese, »Apotheose der Venezia«. 1584

24 SAN MARCO Kopf eines der antiken Bronzepferde vom Hippodrom in Konstantinopel. Originale heute im Museo Marciano

Skulpturen und Altäre
Abb. 8

Obwohl Venedig im allgemeinen kein tieferes Verhältnis zur Skulptur entwickelt hat, zeigt gerade die Markuskirche – besonders im Bereich der Vierung – eine überraschende Vielzahl plastischer Bildwerke. Als die ältesten Skulpturen der Stadt gelten die vier vergoldeten *Engelsstatuen* an den Kanten der Vierungspfeiler (29–32). Sie stehen den Werken Benedetto Antelamis nahe, des bedeutendsten Bildhauers Italiens im ausgehenden 12. Jh., der seinerseits Anregungen der französischen Skulptur aufgenommen hatte. Hieran läßt sich Venedigs allmähliche Öffnung nach Westen erkennen, die auch im Stil der Mosaiken, besonders der des Narthex, zu beobachten ist.

Während diese Engel dem 13. Jh. angehören, ist jener, der die Kanzel links vor der Ikonostasis schmückt (33), ein Werk des anbrechenden 14. Jh. Die Kanzeln selbst – eine weitere rechts vor der Ikonostasis (34) – sind aus älteren Teilen zusammengesetzt und zeigen den in ganz Italien verbreiteten Typ der Säulenkanzel.

Wichtigster Blickfang ist die *Ikonostasis* (35). Sie wurde zwischen 1394 und 1404 von den Brüdern *Jacobello und Pierpaolo dalle Masegne* und deren Werkstatt als Ersatz für eine ältere Chorschranke geschaffen, von der Einzelteile in die Nordwand der Markuskirche (außen) vermauert wurden. In der Stadt der Arkaden erleben wir hier einen der seltenen Fälle einer Kolonnadenreihe. Gedrungene kleine Säulen tragen das waagerechte Gebalk, in dessen Mitte sich ein Bronzekruzifix erhebt. Daneben stehen Freifiguren des hl. Markus, der Muttergottes und der zwölf Apostel.

Weitere qualitätvolle Plastik findet sich am *Jakobus-Altar* rechts vor der Cappella S. Clemente am Vierungspfeiler (36). Dieses Werk der Frührenaissance – gestiftet von dem Dogen Cristoforo Moro (1462–71) – stellt die chronologische Fortsetzung der bisher besprochenen Skulpturen dar und wird der *Werkstatt Pietro Lombardos* zugewiesen.

An der Ostwand des nördlichen Kuppelraumes steht der *Altar der »Maria Nicopeia«* (43). Der heutige Altaraufbau stammt aus dem 17. Jh. Er bildet den Rahmen für eine byzantinische Ikone, die wahrscheinlich auch zur Beute Dandolos gehörte. Jedenfalls wird sie schon 1234 urkundlich erwähnt. Das Bild ist von kleinen Emailplatten mit Darstellungen verschiedener Heiliger eingefaßt. Die Ikone genoß hohes Ansehen. Man schrieb ihr eine Beschützerrolle für Venedig zu und stellte sie an hohen Festtagen auf dem Hauptaltar auf.

Durch die Cappella S. Clemente (D) betreten wir nun den *Chor.* (Das Ticket, das man dort löst, aufbewahren; es gilt auch für die Schatzkammer.) An den Seiten des Vorchores stehen zwei Sängerkanzeln mit Reliefs von *Jacopo Sansovino* (37, 38). Sie schildern Stationen aus dem Leben des hl. Markus. Deutlich klingen in den Arbeiten des aus Florenz stammenden Meisters Erinnerungen an die florentinische Skulptur namentlich Donatellos an (z. B. Sängerkanzeln in S. Lorenzo).

Der *Hochaltar* wurde im 19. Jh. aus verschiedenen Teilen neu zusammengefügt (39). Die Alabastersäulen, die den Altarbaldachin tragen, verdienen eine eingehendere Betrachtung (Abb. 8). Jeder Schaft ist in neun Streifen übereinander mit Reliefs verziert. Die Säule hinten links zeigt Szenen aus dem Leben Mariens von der Geburt bis zu ihrer Vermählung mit Joseph. An der linken vorderen Säule mündet die Bildfolge in einen Leben-Jesu-Zyklus. Dieser Themenbereich setzt sich an den beiden rechten Säulen fort und endet an der vorderen mit der Passion. Das antike Vorbild der Triumphsäule (z. B. Trajanssäule in Rom) wird hier ins Christliche übertragen und zugleich ins Kleinformat übersetzt. Das flach gehaltene Relief erinnert an Elfenbeinschnitzereien, die möglicherweise als Vorbilder gedient haben. Dem Stil nach sind die Säulen spätromanisch (Ende 12./Anfang 13. Jh.). Vielleicht handelt es sich aber auch (zumindest bei dem hinteren Paar) um byzantinische Werke (6. Jh. n. Chr.?), die im Mittelalter überarbeitet wurden.

Pala d'Oro

Farbt. 31

Das bekannteste Werk der Ausstattung ist die Pala d'Oro (40), die heute mit der Schauseite zur Rückwand der Apsis gewendet ist. Die monumentale Altartafel ist kein einheitliches Werk, sondern entstand in vier verschiedenen Phasen. Die ältesten Teile stammen aus der Zeit des Dogen Pietro Orseolo I. (976–78) und wurden von byzantinischen Goldschmieden angefertigt. Es sind dies die kleinen Medaillons, die jetzt die Rahmenleisten zieren. Zu Beginn des 12. Jh. wurden in Venedig selbst die quadratischen Emailplatten mit Szenen aus dem Neuen Testament und aus der Markusvita hergestellt. Rund hundert Jahre danach (1209) entstand der Aufsatz mit Emails, die den Venezianern 1204 in Konstantinopel in die Hände gefallen waren. 1345 erhielt der venezianische Goldschmied *Gianpaolo Buoninsegna* den Auftrag, die Pala d'Oro neu zu gestalten. Aus dieser Zeit stammen die große Mitteltafel mit dem thronenden Christus, die Medaillons mit den vier Evangelisten sowie die großen Propheten-, Apostel- und Engelsfiguren links und rechts davon. Durch die Umarbeitung, Neumontage und Erweiterung des Buoninsegna erreichte die Pala d'Oro ihre gewaltigen Ausmaße von 3,45 m Breite und 1,40 m Höhe.

Die Entwicklungsphasen der Pala d'Oro:

- • *Medaillons, byzantinisch, 10. Jh.*
- ■ *Quadratische Emailplatten, venezianisch, Anfang 12. Jh.*
- ▨ *Emailtafeln, byzantinisch, 12. Jh.*
- *Alles andere von 1345*

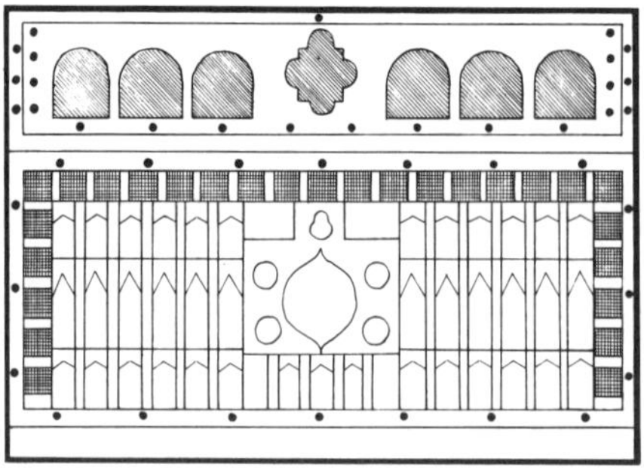

Im Zentrum des unteren Teils thront Christus als Weltenrichter, umgeben von den vier Evangelisten. Darunter stehen die Muttergottes, die byzantinische Kaiserin Irene und der Doge Ordelaffo Falier (1102–18), der die erste Erweiterung veranlaßt hatte. Darüber erkennt man in einem Medaillon die Hetoimasia, links und rechts davon Cherubim und Seraphim, die höchsten Engelwesen. In den 36 Feldern zu seiten des Mittelteils stehen (von unten nach oben gesehen) Propheten, Apostel und Engel übereinander. Die Außenseiten sind mit einer Reihe quadratischer Platten (12. Jh.) gerahmt, die Szenen aus dem Leben des hl. Markus (seitlich) und aus dem Leben Christi (oben) zeigen. Der erzählerische Charakter dieser Emails kommt besonders schön in dem Bild von der Überführung der Markusreliquien mit dem Schiff von Alexandria nach Venedig zum Ausdruck (rechts unten). Die Mitte des Aufsatzes nimmt eine Vierpaßtafel mit der Gestalt der Muttergottes ein. Die drei Emails links davon zeigen den Einzug in Jerusalem, Christus in der Vorhölle und die Kreuzigung, die rechten Himmelfahrt, Pfingsten und den Tod Mariens.

Obwohl es sich um ein heterogenes Werk handelt, verbinden sich die byzantinischen, romanischen und gotischen Teile zu einem harmonischen Ganzen. Das liegt nicht zuletzt in der Beibehaltung derselben Technik. Alle

Emails wurden als Zellenschmelz gearbeitet, das bedeutet, daß in die Metallplatte ein Bild so eingeritzt wurde, daß kleine Stege als Binnenzeichnung stehenblieben. In die Zwischenräume wurde das Glaspulver eingelassen, das dann durch Erhitzung zum Schmelzen gebracht wurde (im Gegensatz zum Grubenschmelz, wo die Farben nicht getrennt sind, sondern ineinanderfließen). Neben den farbenprächtigen Emails, den Filigranornamenten und gepunzten Seitenstreifen ist die Pala d'Oro mit etlichen hundert Perlen, Edel- und Halbedelsteinen übersät (Türkis, Smaragd, Amethyst, Opal, Achat u. a.).

Die Bronzetür des Sansovino

Die Apsisrundung ist in drei halbrunde Nischen ausgebuchtet. In der mittleren befindet sich ein *Sakramentshäuschen* mit einer bronzenen Tür. Sie stammt von der Hand *J. Sansovinos* und zeigt in Relief die Auferstehung Christi (41). Gleichfalls von Sansovino wurde die in Bronze gegossene *Tür zur Sakristei* geschaffen, die sich mit einer leicht konkaven Rundung dem Grundriß der apsidialen Ausbuchtung anpaßt (42). Dieses wichtige Werk des Florentiners war schon in den vierziger Jahren des 16. Jh. gegossen worden, aber noch zwanzig Jahre später befand sich der Guß zur nachträglichen Überarbeitung in der Werkstatt. Erst 1572, zwei Jahre nach dem Tode Sansovinos, erfolgte die Aufhängung.

Die Tür ist in zwei große Relieffelder unterteilt, die von plastisch gestalteten Rahmen eingefaßt sind. Das untere Feld zeigt die Grablegung Christi, das obere seine Auferstehung. Der Auferstandene ist eine triumphierende Gestalt, die, an keiner Stelle überschnitten, einen weiten Freiraum um sich hat. Kreisförmig sind die Soldaten und von oben her der Engelsreigen als bewegte Szenerie um ihn gruppiert. In den senkrechten Rahmenleisten stehen Heilige, in den waagerechten liegen Prophetengestalten. Die sechs kleinen Büsten, die sich in quadratischen Feldern an den Berührungspunkten der Rahmenstücke vollplastisch vom Grund lösen, sind derart porträthaft naturalistisch aufgefaßt, daß man der Überlieferung Glauben schenken möchte, wonach es sich hier um Bildnisse Tizians und Aretinos (oben), Palladios und Veroneses (Mitte) sowie Francesco Sansovinos (ein wichtiger Chronist des 16. Jh.) und ein Selbstbildnis des Meisters (unten rechts) handeln soll. Die großflächige Proportionierung der beiden Bildfelder, die Gestaltung der Rahmenleisten und besonders die Anordnung der Porträtköpfe nehmen direkt Bezug auf die sog. Paradies-Tür des Ghiberti am Baptisterium in Florenz. Während aber das florentinische Vorbild die Konturen des Bildgeschehens mit klarer Linienführung umreißt, fließen bei Sansovino die Begrenzungen ineinander. Dies ist nicht allein durch die zeitliche Differenz zu erklären (die Ghiberti-Tür wurde 1452 aufgestellt), es scheint vielmehr die malerische Grundhaltung der venezianischen Kunst durchzuschlagen, die Sansovino so rasch verinnerlicht hatte.

Annexräume

Cappella dei Mascoli (F) Diese Kapelle an der Stirnseite des Nordarmes entstand erst im frühen 15. Jh. Sie ist ein typisches Beispiel der Spätgotik, als es in Mode kam, den großen Kirchen kleinere, in sich geschlossene Sanktuarien anzugliedern. Ihren heutigen Namen erhielt sie im 17. Jh., nachdem sie zur Bruderschaftskapelle der Junggesellen (= mascoli) geworden war. Die Marmorstatuen des Altares (Muttergottes und die Heiligen Markus und Johannes) stehen im Übergang von der Spätgotik zur Frührenaissance. Sie sind vom Geist des »Internationalen Weichen Stils« der Zeit um 1400 geprägt. Die starke S-förmige Kurvung der Madonna ist noch ganz dem Mittelalter verbunden, die Loslösung aus der Nische und die individualistische Ausprägung der Gesichter weisen jedoch in Richtung der Renaissance. Derselben Stilrichtung gehören die Mosaiken an, die zwischen 1430 und 1450 ausgeführt wurden. Das Rundfenster der Stirnseite flankieren die Gestalten der Verkündigung, in der Tonne sind Geburt und Darstellung Mariens im Tempel (links) sowie Heimsuchung und der Tod der Muttergottes (rechts) wiedergegeben.

Cappella di S. Isidoro (G) Die (leider meist geschlossene) Isidor-Kapelle befindet sich gleich neben der Mascoli-Kapelle. Sie wurde in ihrer jetzigen Form unter dem Dogen Andrea Dandolo (1343–54) gestaltet. Die Reliquien des hl. Isidor (nicht zu verwechseln mit dem gleichnamigen spanischen Heiligen!) hatte man bereits 1125 auf Chios erstanden. An der Stirnwand des Sanktuariums steht in einer Rundbogennische der Sarkophag, auf dem eine Figur des Heiligen ruht (14. Jh.). Die Mosaiken, noch im Originalzustand, sind schöne Beispiele für den erzählerischen Tenor, der von den Narthexmosaiken her geläufig ist.

Der Zyklus mit Szenen vom Leben und Leiden Isidors beginnt rechts oben: der Heilige reist mit seinen Begleitern per Schiff nach Chios, seine Ankunft ebenda, er betet nach seiner Landung auf der Insel, Exorzismus der Valeria und ihrer Tochter Afra (spätere Stadtheilige von Augsburg), die beide anschließend getauft werden. Unten: der Heilige vor König Anumerian, es folgen die Stationen des Martyriums. Zuerst wird Isidor in einen Backofen gesteckt, anschließend von einem Pferd geschleift und zuletzt enthauptet. Besondere Drastik wurde in die Szene mit der Schleifung gelegt. Das Blut strömt in Bächen über den hellen Untergrund. In der linken Hälfte der Tonne ist unten die Grablegung des Heiligen dargestellt. Darüber folgen: Ankunft des Dogen Domenico Michiel in Chios, der Priester Cerbanus versteckt die Reliquien, der Doge überredet Cerbanus, die Reliquien herauszugeben, die Venezianer schiffen sich mit dem Korpus des hl. Isidor ein. Dann wieder unten: die Translation der Reliquien nach San Marco.

Auch die Stirnseiten der Kapelle sind ausmosaiziert. An der Eingangsseite: die Muttergottes mit dem hl. Nikolaus und Johannes dem Täufer; über dem Altar: Christus und die Heiligen Markus und Isidor.

Tesoro

Abb. 7, 9

Der Mascoli-Kapelle gegenüber befindet sich im südlichen Seitenarm der Eingang zur Schatzkammer (H). Da San Marco, wie mehrfach betont, keine Kathedrale, sondern Kirche des Dogen und der Republik war, ist auch der Tesoro in erster Linie ein Staatsschatz gewesen. Den Grundstein legte Enrico Dandolo mit der reichen Beute aus Byzanz. Die Sammlung wurde in den nachfolgenden Jahrhunderten durch fortgesetzte Stiftungen, Schenkungen und Käufe vergrößert. 1797 und in der Säkularisation wurde der größte Teil geraubt oder eingeschmolzen. Dennoch konnten annähernd 300 Stücke gerettet werden, so daß der Tesoro von San Marco auch heute noch den umfangreichsten Kirchenschatz der Welt birgt. Die meisten Exponate sind byzantinischer Herkunft: Reliquiare, Weihrauchfässer, Pokale, Elfenbeinschnitzereien, Emails und andere Erzeugnisse der Kleinkunst.

Der Tesoro besteht aus drei Räumen. Man tritt zunächst in den mittleren, den sog. Anti-Tesoro, in dem sich die Kasse befindet. Im links angrenzenden »Santuario« sind mehr als hundert Reliquiare ausgestellt. In der mittleren Nische stehen mehrere Kreuzreliquiare mit Splittern vom Kreuze Christi (das 313 die hl. Helena, Mutter Konstantins des Großen, wiederaufgefunden hatte). In diesem Raum werden auch die Gebeine Pietro Orseolos I. aufbewahrt, der 1732 heiliggesprochen wurde.

Er war der Nachfolger des 976 ermordeten Dogen Pietro Candiano, hatte aber zwei Jahre nach seiner Wahl dem Amte entsagt und war nach Südfrankreich in das Kloster St-Michel-de-Cuxa gezogen, wo er noch zwanzig Jahre als Mönch lebte.

Auf der rechten Seite des Anti-Tesoro befindet sich der Durchgang zum Hauptraum der Schatzkammer. Er stand bis zur Errichtung des nördlich angrenzenden Baptisteriums im 14. Jh. frei. Es wird vermutet, daß es sich hier um den Rest eines alten Turmes des frühmittelalterlichen Dogenpalastes handelt, der erst später der Markuskirche inkorporiert wurde. Hier steht u.a. der »Thron des hl. Markus« (Abb. 9), der der Überlieferung zufolge im 7. Jh. vom Kaiser in Byzanz dem damals noch in Grado residierenden Patriarchen geschenkt worden sein soll. In den Glasvitrinen sind erlesene Exponate ausgestellt: ein kleiner aus Marmor gearbeiteter Tragaltar in Form eines Kuppelziboriums (6. oder 7. Jh.), ein Weihrauchgefäß in Gestalt einer Kreuzkuppelkirche aus dem 12. Jh. (Abb. 7), das in Miniaturformat übertragene Abbild einer »Idealkirche« ähnlich wie San Marco, einige byzantinische Reliefikonen, unter denen besonders die des Erzengels Michael hervorsticht.

Zu den schönsten Stücken der Sammlung gehören die kostbaren Schalen, Kelche und Pokale aus Bergkristall, Onyx und Achat, die zum Teil mit Gold und Edelsteinen eingefaßt sind.

Baptisterium

Die Errichtung des Baptisteriums (I), das den Freiraum zwischen dem Tesoro und der Markuskirche schloß, fällt in die beiden ersten Jahrzehnte des 14. Jh. Der Raum wird von zwei Kuppeln überwölbt, die – in Abweichung des sonst in der Markuskirche herrschenden Systems – nicht auf der Wand ruhen, sondern auf Säulen, die in den Ecken frei aufgestellt sind. Die Mosaiken wurden unter Andrea Dandolo um die Mitte des 14. Jh. ausgeführt und sind thematisch auf Johannes den Täufer bezogen. Dandolo wurde gegenüber dem Eingang beigesetzt. Er ist der letzte Doge, der in San Marco bestattet wurde. Danach wurden die beiden Kirchen der Bettelorden, vor allem S. Zanipolo, zur traditionellen Grabstätte der Dogen.

Das *Taufbecken* (45) hat einen gewölbten Deckel aus Bronze, der Reliefs mit Szenen aus dem Leben Johannes' des Täufers und den vier Evangelisten zeigt (1545). Die fast völlig nackte Figur des Johannes im Mittelpunkt des Deckels wurde zwanzig Jahre später von dem aus Padua stammenden Bildhauer *Segala* geschaffen. Die Statuette ist in ihrer übertriebenen Längung ein typisches Werk des Manierismus.

Die *Mosaiken* illustrieren die Bestimmung des Raumes als Taufkapelle. Die Kuppel über dem Taufbecken zeigt die Aussendung der Apostel, die, assistiert von Diakonen, die Menschen taufen. In den Zwickeln erscheinen die vier griechischen Kirchenväter (Johannes Chrysostomos, Basilius der Große, Athanasios und Gregor von Nazianz). Ihnen entsprechen im zweiten Kuppelraum die vier abendländischen Kirchenväter (Gregor, Hieronymus, Ambrosius und Augustinus). In der Kuppelkalotte thront Christus inmitten einer Schar von Engeln. An den Wänden erzählen die Mosaiken das Leben Johannes' des Täufers. Die Betonung der Farbenpracht schließt sich an die Werke der Isidor-Kapelle an. Durch den Lichteinfall des gegenüber befindlichen Fensters wird das Mosaik mit dem Tanz der Salome über dem Eingang leuchtend hervorgehoben. Salome ist in ein feuerrotes, eng anliegendes Gewand gekleidet, das die Geschmeidigkeit ihrer Bewegung vorteilhaft unterstreicht. In einer Synopsis zeitlich differenter Ereignisse – erst tanzte Salome, dann wurde auf ihren Wunsch hin der Täufer enthauptet –

trägt die Tanzende bereits das Haupt des Johannes in einer Schale auf dem Kopf.

Cappella Zen

Als 1501 Kardinal Zen, ein Neffe des aus Venedig stammenden Papstes Paul II., starb, beschloß man, dem hohen Geistlichen und Gönner der Stadt, dem man seiner großzügigen Stiftungen wegen verpflichtet war, eine würdige Grablege zu schaffen. Zwischen 1504 und 1515 wurde sie in der Südwestecke der Markuskirche (J) angelegt, wo sich bis dahin das vermutlich reich dekorierte Südportal befunden hatte – für die »Stadtfassade« sicher ein Verlust.

Unter dem Altarbaldachin stehen Markus und Johannes d. T., zwischen ihnen sitzt die Muttergottes. Die Bronzen wurden nach Entwürfen des jüngsten Sohnes Pietro Lombardos, Antonios, gegossen, der in der ruhigen, ausgewogenen Haltung der Madonna den Gipfel seines Schaffens erreichte. Die Statue ist unter dem Namen *»Madonna della scarpa«* (Madonna mit dem Schuh) bekannt (46), denn nach einer alten Legende soll der von zahllosen Besuchern blankgeriebene linke Schuh von einem Armen gestiftet und als Zeichen des Dankes der Himmelskönigin in Gold verwandelt worden sein. Vor dem Altar steht das Grabdenkmal (47). Es ist ein frei stehendes Monument, während sonst in Venedig das Wandgrab dominiert. Darauf liegt in Lebensgröße die Figur des verstorbenen Kardinals.

Die beiden marmornen Löwen neben dem Altar sind möglicherweise Reste des einstigen Südportals. Die Mosaiken entstanden im späten 13. Jh., also etwa gleichzeitig mit den Narthexmosaiken. Allerdings wurden sie im

Napoleon läßt »die Rosse von San Marco« nach Paris abtransportieren. Zeitgenössischer Stich

19. Jh. derart radikal restauriert, daß heute eine Trennung nach Originalsubstanz und Ergänzungen kaum mehr möglich ist.

Museo Marciano

Das Markusmuseum erreicht man über eine etwas abenteuerliche Stiege rechts vom Hauptportal (48). Sie führt in die einstigen Werkstätten der Mosaizisten, die sich über dem Narthex befinden. Hier sind Mosaikikonen, liturgische Gewänder und einige vorzügliche Teppiche ausgestellt. Das auffallendste Exponat ist die einstige Verkleidung der Pala d'Oro, die nur an Festtagen abgenommen wurde. Es handelt sich um ein Polyptychon, das *Paolo Veneziano* unter Mitwirkung seiner Söhne Luca und Giovanni 1345 geschaffen hat.

Von der Orgelempore gelangt man auf die »Katzenstege«, die Überbleibsel der einstigen Emporen, von denen man die höher gelegenen Mosaiken der Markuskirche gut betrachten kann. Im hinteren Raum des Museums sind seit kurzem die *bronzenen Pferde* aufgestellt, die jetzt draußen durch Kopien ersetzt sind (vgl. Abb. 24).

Die Pferde sind Bestandteile einer römischen Quadriga, die ursprünglich einen Triumphbogen in Rom (Trajans?) bekrönte. Im Zuge der Verlegung der Hauptstadt im 4. Jh. n. Chr. gelangten sie nach Konstantinopel, wo sie fortan das Hippodrom schmückten. 1204 fielen sie den Venezianern in die Hände, die sie mitsamt der anderen Kriegsbeute in die Heimat verfrachteten. Zunächst wurden sie im Arsenal deponiert, vielleicht weil man plante, sie einzuschmelzen. Dann aber fanden sie ihren Platz über dem Hauptportal der Markuskirche. Diese Situation gibt bereits das Mosaik der Porta di S. Alippio (1) um 1265 wieder. Napoleon ließ die Rosse 1797 nach Paris bringen, wo sie zwanzig Jahre lang auf der Place du Carrousel standen, bevor sie 1815 wieder an Venedig zurückgegeben wurden. Während der beiden Weltkriege wurden sie abermals entfernt und aus Gründen der Sicherheit ausgelagert. Nach der Restaurierung 1982 hat man sie nun ins Innere gebracht.

Die stolzen, kraftvollen Tiere sind von den Feinden Venedigs immer als Provokation betrachtet worden. Schon die Genuesen, die großen Rivalen der Republik im Mittelmeerhandel, hatten verkündet, daß sie »die Rosse von San Marco an die Leine legen« würden. Napoleons Entführung des Gespanns ist denn auch nicht bloß ein simpler Kunstdiebstahl gewesen, sondern zugleich eine politische Demonstration. Die Venezianer haben bezeichnenderweise das anläßlich der Rückführung aus Paris veranstaltete Fest boykottiert, da die Inszenierung von einem anderen Feind, den Österreichern, ausging.

Die Neuaufstellung der Pferde im Innern ist jedem ein Dorn im Auge. In die sterile Umgebung eines musealen Zusammenhangs gepfercht, wirken die unbändigen Tiere, sinnbildhafter Ausdruck venezianischen Stolzes, wie eingekerkert. Es bleibt zu hoffen, daß die Luft über Venedig eines Tages so frei von aggressiven Stoffen sein wird, daß man den Rossen ihre Freiheit wiederschenken kann.

Der Rundgang endet mit einem Besuch der Terrasse, die man von der Orgelempore aus erreicht. Sie ist schon im Mittelalter als Aussichtspunkt beliebt gewesen. Petrarca hat von dort den Feiern beigewohnt, die aus Anlaß der Unterwerfung Kandias veranstaltet wurden.

Der Dogenpalast

Baugeschichte 88 – Der Außenbau 89 – Seufzerbrücke 90 – Porta della Carta 90 – Innenhof mit Scala dei Giganti 90 – Arco Foscari 91 – Scala d'Oro 92 – Die Staatsräume im 3. Stockwerk 92 – Die Räume des 2. Stockwerks 99 – Prigioni (Gefängnis) 106 – Rückblick 107
Farbt. 6, 14, 23; Abb. 2, 11, 15–23

Baugeschichte

Wie die Markuskirche stellt der Dogenpalast in seiner Gesamtheit das Ergebnis einer über Jahrhunderte gewachsenen Baugeschichte dar. Nach der Verlegung der Staatsverwaltung von Malamocco an den Canal Grande unter Angelo Partecipazio zu Beginn des 9. Jh. entstand bereits an der heutigen Stelle ein erster Sitz des Dogen, der noch ringsum von Wasser umgeben und weitgehend aus Holz errichtet war. Wiederholte Brände legten diesen ersten Dogenpalast und seine Nachfolger immer wieder in Schutt und Asche. Der erste ganz aus Stein erbaute Palast entstand unter Sebastiano Ziani, dem Friedensvermittler zwischen Kaiser und Papst (1177). Durch die Zuschüttung des kleinen Hafenbeckens, an dessen Stelle die Piazzetta angelegt wurde, durch die Ausdehnung der Piazza und die Anlage der ersten Prokuratien entstand ein Zusammenhang, der den Dogensitz fortan im städtebaulichen Erscheinungsbild als Zentrum der politischen Macht definierte. Der Ziani-Bau wurde später wieder abgerissen. In seiner heutigen Gestalt entstand der Dogenpalast erst seit der Mitte des 14. Jh. Die auf 900 Mitglieder angewachsene Zahl der Räte des Maggior Consiglio hatte den Bau eines großen Versammlungsraumes notwendig gemacht. Dieser befindet sich im Südflügel, zu dem 1340 der Grundstein gelegt wurde. Obwohl der Trakt bereits nach eineinhalb Jahrzehnten weitgehend fertiggestellt gewesen sein dürfte, erfolgte die festliche Einweihung erst unter Francesco Foscari (1423–57), der damit seinem Doganat einen glanzvollen Auftakt verlieh. Foscari war zugleich der Initiator des weiteren Ausbaus, indem er den älteren Westflügel durch einen neuen ersetzen ließ, dessen äußere Erscheinung dem Südflügel angeglichen wurde und so dem Dogenpalast sein einheitliches Aussehen schenkte. Die gleichzeitig errichtete Porta della Carta stellte eine bauliche Verzahnung mit der Markuskirche her. So fand die geistig-politische Symbiose beider Bauwerke auch optisch ihren Ausdruck. In einer abschließenden Bauphase, die sich bis in das 16. Jh. hinzog, entstand schließlich nach einem Brand (1483) der Ostflügel zum Rio di Palazzo. Die Bauleitung hatte in diesen Jahren *Antonio Rizzo*, der Meister der Adam-und-Eva-Gruppe am Arco Foscari. Trotz etlicher Brände im 16. Jh. hat das Bauwerk nach außen hin keine nennenswerten Umgestaltungen mehr erfahren. Lediglich im Innern wurden nach den Brandkatastrophen jeweils Neuordnungen vor allem in der Ausstattung erforderlich.

Der Außenbau

Farbt. 6, 14; Abb. 2, 15, 16

Die Gesamtanlage umfaßt drei Flügel, die über einem leicht trapezoiden Grundriß, wie er für Venedig so kennzeichnend ist, um einen Innenhof gruppiert sind. Die schmalste Flanke bildet der Südflügel mit 71,5 m, fast identisch ist der Westtrakt zur Piazzetta mit 75 m Länge. Der Ostflügel erstreckt sich über imposante 100 m. Die Begrenzung nach Norden bildet die Markuskirche.

Der Dogenpalast scheint sinnbildhaft die Situation der ganzen Stadt widerzuspiegeln: Der kubisch geschlossene, lastende Oberteil, der sich nach außen in einigen mächtigen Spitzbogenfenstern öffnet, wird von einer Vielzahl zerbrechlich wirkender Säulchen getragen – Abbild einer Stadt, die auf Pfählen errichtet wurde. Dieser irrationale Eindruck wird heute noch dadurch verstärkt, daß nach einer zweimaligen Anhebung und Neupflasterung der Piazzetta und des Molo die Basen der unteren Arkadenreihe verschwanden. Deren Säulenschäfte wachsen nun übergangslos in den Boden, in dem sie zu versinken scheinen. Der Verzicht auf ein wehrhaftes Äußeres erzeugt eine Wirkung festlich gestimmter Repräsentation.

Die untere Zone ist in zwei gleich hohe Loggiengeschosse unterteilt. Die Zahl der Säulen in der unteren Reihe ist in der Reihe darüber verdoppelt. Die Säulen dieser zweiten Formation sind zierlicher und bilden mit den Kielbögen und Vierpaßöffnungen in den Zwickeln ein ornamentales Geflecht, das in dieser Form zum Vorbild für die ganze venezianische Architektur der Spätgotik wurde. Ebenso wirkte das Motiv der Säulenverdoppelung im Obergeschoß fort (vgl. Alte Prokuratien). Die Wandfläche des oberen Fassadenteils, der etwa gleich hoch ist wie die beiden Loggien zusammen, ist mit farbigem Marmor inkrustiert, der im Wechsel von weißen und rosafarbenen Platten ein Rautenmuster beschreibt. Der ornamentale Eindruck der Loggiengeschosse, der von dem reliefartigen Kontrast zwischen weißem Marmor und dem Dunkel des dahinterliegenden Hohlraumes lebt, wird hier zu einer zartgetönten Malerei in Stein sublimiert. So wird die drückende Last des Obergeschosses durch die Farbigkeit optisch gemildert.

Der *Südflügel* (1340–1400) bildet die Hauptschauseite zur Lagune. Von dem Ziani-Bau wurde im rechten Teil eine Partie in den Neubau übernommen. Das erklärt die unterschiedliche Höhe der Fenster. Aus der einheitlich gehaltenen Fläche springt lediglich der Balkon des Mittelfensters im Obergeschoß hervor, der 1404 nachträglich angefügt wurde. Der Skulpturenschmuck stammt aus der Erbauungszeit. An den beiden Ecken in Höhe des Maßwerks: der Erzengel Raphael mit dem kleinen Tobias, darunter der trunkene Noah (rechts; Abb. 16) und der Erzengel Michael, unter ihm Adam und Eva (links). Auch die Kapitelle der unteren Säulenreihe sind plastisch ausgeformt. In seiner Mischung aus bunt zusammengewürfelten Motiven (römische Kaiser, Tugenden und Laster, Fabelwesen, Tierköpfe etc.) ist das Bildprogramm die Ausbreitung eines typisch mittelalterlichen enzyklopädischen Wissens, wie es auch für viele Kirchenportale charakteristisch ist. Nicht alle sind original, zahlreiche Stücke wurden aus konservatorischen Gründen durch Repliken ersetzt.

Die der Piazzetta zugewandte Seite ist eine spiegelbildliche Entsprechung des älteren Südflügels. Die Bauzeit ist identisch mit der Regierungszeit des ehrgeizigen Francesco Foscari. An der Nordwestecke erscheint ein großes Relief mit dem Urteil des Salomon (Abb. 15), darüber die Gestalt des Erzengels Gabriel.

Seufzerbrücke

Farbt. 23; Abb. 2

An der Südostecke des Dogenpalastes spannt sich der *Ponte della Paglia* (Strohbrücke) über den Rio di Palazzo, eine der ältesten Brücken der Stadt (um 1360), die jedoch im 19. Jh. wegen Baufälligkeit von Grund auf renoviert wurde. Der Name weist auf die Schiffe, die an dieser Stelle ankerten, um Strohballen zu entladen (im Mittelalter war Viehhaltung an der Tagesordnung, außerdem besaßen wohlhabende Familien Pferde).

Von hier hat man den Blick auf die weltberühmte *Seufzerbrücke* (Ponte dei Sospiri), die den Dogenpalast mit den im 16. Jh. errichteten neuen Gefängnissen verbindet. Die Brücke wurde zu Beginn des 17. Jh. erbaut. Der geschlossene, im Innern zweigeteilte Gang wird von einem Korbbogen getragen, dessen Stirnleiste mit Maskeronen besetzt ist. Den eleganten Schwung des Bogens greift der Giebel auf, auf dem sich kleine Voluten zu den Seiten und zur Mitte hin entrollen, erste Anzeichen der Barockkunst in Venedig.

Porta della Carta

Die Porta della Carta ist ein dem hohen Rang des Gebäudes entsprechendes Prunktor, das als Gemeinschaftsarbeit von *Giovanni Bon* aus Bergamo und dessen Sohn *Bartolomeo* geschaffen wurde (1438–42). Es gliedert sich in der Vertikalen in drei Abschnitte: zuunterst der hochrechteckige Durchgang, darüber ein Feld mit dem Markuslöwen und dem vor ihm knienden Dogen Foscari (Kopie von 1885, das Original wurde 1797 zerstört), oben ein spätgotisches Gruppenfenster, das von einem reich verzierten Wimperg bekrönt wird. Zu den Seiten wird das Portal von durchbrochenen Halbsäulen eingefaßt, in deren Aussparungen vier Statuen von Tugendpersonifikationen stehen (unten Besonnenheit und Tapferkeit, darüber Weisheit und Barmherzigkeit). Zusammen mit der Personifikation der Gerechtigkeit, die auf der Wimpergspitze thront, versinnbildlichen sie die ethischen Aufgaben des Staates. Während der Aufriß im Ganzen gesehen noch der Formensprache der Gotik verpflichtet ist, weisen die Statuen schon in Richtung der Renaissance. Sie sollen auch nicht von Venezianern, sondern von toskanischen Bildhauern gearbeitet worden sein.

Ihren Namen (wörtlich: Papiertür) erhielt die Porta della Carta nach den Bittstellern, die den Palast nicht betreten durften, sondern an dieser Stelle warteten, um Ratsmitgliedern ihre schriftlichen Petitionen zu überreichen. Vor der Porta wurden außerdem die Gesetze der Republik öffentlich verlesen. Mit der Porta della Carta begann die prachtvolle Ausgestaltung der Achse, die in der Verbindung der Loggetta mit dem Krönungsplatz der Dogen auf der Scala dei Giganti zur Idee einer »Via triumphalis« erhöht wurde.

Innenhof mit Scala dei Giganti

Abb. 17, 18

Während man unter dem Portico Foscari hindurchgeht, schiebt sich jene Treppe ins Blickfeld, die in der Geschichte Venedigs eine so herausragende Rolle gespielt hat: die Scala dei Giganti. Auf ihrer obersten Stufe wurden die Dogen nach einem althergebrachten Ritus mit der Dogenmütze gekrönt. Die charakteristische Mütze (zoia) stickten übrigens die Nonnen von S. Zaccaria. Dieses großzügige Privileg war die Entschädigung dafür, daß man ihnen im Frühmittelalter einen Teil ihres Grundbesitzes für Erweiterungsbauten des Dogenpalastes genommen hatte. Die Bezeichnung Gigantentreppe leitet sich von den beiden von *J. Sansovino* geschaffenen Kolossalstatuen Mars' und Neptuns ab, die die Herrschaft Venedigs zur See und auf dem Lande versinnbildlichen.

Während die Außenansicht des Dogenpalastes einheitlich gotisch ist (die Renaissancefront zum Rio di Palazzo nimmt man kaum wahr), läßt der Innenhof die unterschiedlichen Bauperioden deutlich erkennen. Süd- und Westflügel wiederholen das von der Außenseite geläufige Motiv der doppelten Loggia. Auch der Ostflügel greift diesen Aufriß auf, seine Obergeschosse sind im Sinne der Renaissance uminterpretiert. Die Flächen zwischen den Fenstern sind von ornamentalen Reliefs förmlich überwuchert. Diese dekorative Note ist wiederum Ausdruck spezifisch venezianischen Empfindens. Nach Norden bilden die Seitenansicht des Arco Foscari und die dreigeschossige Front des Portico Foscari Abschluß und zugleich Übergang des Palastbaus zur Markuskirche, deren Kuppeln dahinter kraftvoll ins Blickfeld rücken.

Arco Foscari

Abb. 17

Durch den kleinen Cortile dei Senatori, den Versammlungsplatz der Senatsmitglieder in der Nordostecke des Palasthofes, gelangt man über eine Treppe in die Loggia des ersten Stockwerks. Von dort hat man den besten Blick auf den Arco Foscari, der der Scala dei Giganti zugewendet ist. Wohl noch unter Francesco Foscari begonnen, wurde er erst unter dem übernächsten Dogen, Cristoforo Moro (1462–71), vollendet. Wie später an der Loggetta, klingt hier gleichfalls das Motiv des römischen Triumphbogens an, allerdings in der schlichteren Form des einbogigen Tores (z. B. Titusbogen in Rom). Anstelle der in der antiken Architektur üblichen Attika hat der Arco Foscari eine Nische, in der sich ursprünglich ein Bildnis des Dogen C. Moro mit dem Markuslöwen befand, ähnlich der Konstellation draußen über der Porta della Carta. Die Skulpturen wurden bei der Erstürmung des Dogenpalastes 1797 zerstört. Die vorspringenden Eckpfeiler sind auf halber Höhe in Nischen ausgemuldet, in denen Statuen von Adam und Eva stehen. Es handelt sich um Repliken, die Originale befinden sich heute im Innern des Dogenpalastes. Die Fialdächer krönen weitere Statuen, Heilige und Tugendpersonifikationen, in ihrer Mitte die Figur des hl. Markus.

Der ikonologische Zusammenhang ist an dieser für das Selbstverständnis der Dogenrepublik so außerordentlich wichtigen Stelle von besonderer Gedankenschwere. Das Staatsoberhaupt kniete in der Stunde seiner Inthronisation mit dem Blick auf die Figuren des Arco Foscari. In dessen unterster Zone vertreten Adam und Eva das irdische, von Erbsünde belastete Menschendasein. Der Doge mit dem Markuslöwen in der Mitte ist dieser irdischen Sphäre entrückt und nimmt eine Mittlerrolle zum himmlischen Bereich ein, der darüber durch die Heiligen und Tugenden in Erscheinung tritt. Der alles überragende Markus, dessen Blick hinunter auf die Krönungsstätte gerichtet ist, scheint den Dogen direkt anzusprechen und ihn zur Einhaltung der in Stein gegenwärtigen Tugenden zu ermahnen. Noch besser verständlich wird die Situation, wenn man sich den Krönungsritus vor Augen hält. Dem Dogen wurde in einer über Jahrhunderte gleichbleibenden Ansprache die Verantwortung seines Amtes in Erinnerung gerufen, bevor er seinen Eid leistete. Die Skulpturen des Foscari-Bogens sind der in Stein gemeißelte Ausdruck dieser Krönungsformel. Die Bedeutung der Gigantentreppe und des Arco Foscari ist deshalb nur im Kontext verständlich, so wie draußen auf der Piazza die auf derselben Achse liegende Porta della Carta und die Loggetta am Fuß des Campanile aufeinander bezogen sind.

Insgesamt addiert sich aus diesen vier optisch nicht gemeinsam zu erfassenden, sondern nur gedanklich untereinander verbundenen Elementen jener Zusammenhang, den wir bereits als »Via triumphalis« beschrieben.

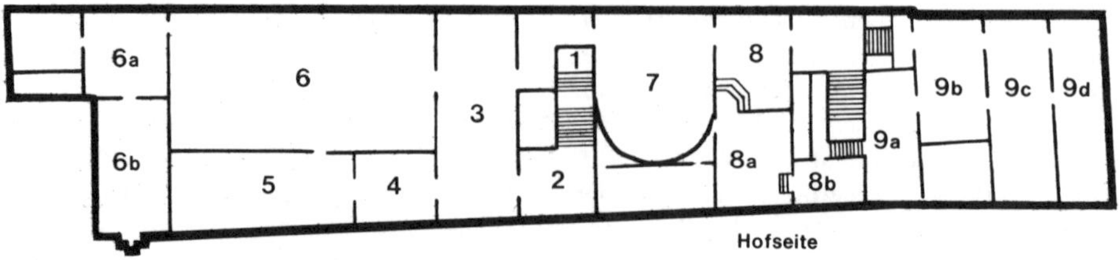

Dogenpalast, Ostflügel, Grundriß des 3. Stockwerks:
1 Scala d'Oro 2 Atrio Quadrato 3 Sala delle Quattro Porte 4 Sala dell'Anticollegio 5 Sala del Collegio 6 Sala del Senato 6a Antichiesetta 6b Palastkapelle 7 Sala del Consiglio dei Dieci 8 Sala della Bussola 8a Sala dei Tre Capi 8b Sala dei Inquisitori 9a–d Sale d'Armi (Waffensammlung)

Scala d'Oro

Die großzügige Prunktreppe (1; vgl. Grundriß des 3. Stockwerks), die von der Loggia in die oberen Geschosse führt, trägt ihren Namen nach der vergoldeten Stukkatur ihrer in Kassetten geteilten Tonnenwölbung. Obwohl bereits um 1500 geplant, entstand sie erst nach 1577 als repräsentativer Aufstieg zu den großen Amts- und Empfangsräumen und war als solcher nur hohen Würdenträgern und Gesandtschaften vorbehalten. Der Entwurf, der einem anderen von Palladio vorgezogen wurde, stammt von *Sansovino.* Die Sagengestalten aus der griechischen Mythologie am Eingang (Herakles und Atlas) können als Hinweise auf Venedigs Herrschaft über Kreta und Zypern zu verstehen sein. Mit ihrem prachtvollen Dekor (Stukkatur von *Alessandro Vittoria*) ist die Scala d'Oro eine der eindrucksvollsten Treppenanlagen der italienischen Renaissance.

Die Staatsräume im 3. Stockwerk

Abb. 19, 21

Atrio Quadrato (2)

Der Rundgang durch die Innenräume beginnt im dritten Geschoß des Ostflügels (die Ziffern verweisen auf den Grundriß). Die Scala d'Oro mündet in einen quadratischen Vorraum, von dessen originaler Ausstattung die Kassettendecke erhalten geblieben ist. Sie zeigt das in den folgenden Räumen wiederkehrende und für ganz Venedig im 16. Jh. charakteristische Prinzip der Kassettierung, das sich aus der antiken Architektur herleitet. Im Gegensatz aber zu dieser mit ihren streng rechtwinklig geordneten Feldern löst die venezianische Kunst der Renaissance die Kassette aus ihrer festen Einbindung in die Architektur. Die Kassetten werden zu Kreisen oder Ovalen gerundet, polygonal gebrochen oder zu Großfeldern geweitet, um so prunkvolle Rahmungen für erlesene Deckengemälde abzugeben. Untereinander sind die einzelnen Kassetten durch Stege verbunden.

Die oktogonale Kassette, die das Zentrum dieser Decke beherrscht, rahmt ein Bild *Tintorettos* (um 1562). Es zeigt den Dogen Girolamo Priuli (1559–67) mit seinem Namenspatron, dem hl. Hieronymus, und dem Markuslöwen. Ihm gegenüber erscheint eine Frauengestalt, Personifikation der Venezia, die dem Dogen durch die Justitia im Bildmittelpunkt das Schwert der Gerechtigkeit überreichen läßt. Justitia als höchste Staatstugend taucht als Einzelfigur mehrfach am Außenbau des Dogenpalastes auf. Hier ist sie kompositorisch und inhaltlich auf die Person des Dogen bezogen. Das Tintoretto-Gemälde im Atrio Quadrato führt damit ein typisches Beispiel venezianischer »Staatsikonographie« vor, in der die Gerechtigkeit eine zentrale Rolle spielt. Die Darstellung des Abstraktums Venezia in Gestalt einer Frau ist eine Erfindung der Renaissance und wird in zahlreichen Bildern des Dogenpalastes wiederholt.

An den Wänden befanden sich ursprünglich mythologische Bilder von Tintoretto, die nun in der Sala dell'Anticollegio hängen. Die religiösen Wandbilder, die jetzt den Raum schmücken, stammen von *F. Bassano* und aus der *Veronese-Schule.*

Sala delle Quattro Porte (3)

1574 hatte ein Brand den Ostflügel des Palastes heimgesucht. Im Zuge der Wiederherstellungsarbeiten wurden die Räume zum Teil grundlegend umgestaltet. Dies gilt vor allem für die Sala delle Quattro Porte, deren Name sich auf die vier großen marmorgefaßten Türen bezieht. Dieser Saal hatte anfangs als Sitzungssaal des Kollegiums gedient und wurde nach der Restaurierung zu dessen Vorzimmer. Hier versammelten sich die Mitglieder ausländischer Delegationen, bevor sie vor das Kollegium traten.

Alle anderen Innenräume des Dogenpalastes sind flach gedeckt. Die Sala delle Quattro Porte und das anschließende Anticollegio machen die einzigen Ausnahmen. Die Sala delle Quattro Porte ist von einer korbbogenförmig gedrückten Tonne überwölbt. Man schreibt diese architektonische Besonderheit dem Einfluß Palladios zu, dessen Sohn 1576 im Zusammenhang mit den Wiederherstellungsarbeiten erwähnt wird.

Die Ausstattung besteht in einer geglückten Verbindung plastischer und malerischer Komponenten. Die Skulpturen über den Portalen und in den Zwickeln zwischen den kleinen Stichkappen des Gewölbes sind teils mythologischen, teils allegorischen Inhalts. Die Mittelachse der Deckenwölbung betont ein langgezogenes Gemälde aus der *Tintoretto-Werkstatt,* das die venezianische Staatsikonographie um einen weiteren Aspekt bereichert. Venezia wird in den Kreis der antiken Götter erhoben. Jupiter überträgt ihr die Seeherrschaft über das Mittelmeer. In dem vorderen der beiden Tondi wird die Thematik fortgesponnen: Juno gibt der Venezia Symbole der Unsterblichkeit (Pfau) und der Macht (Blitz). In den Ovalfeldern erscheinen Allegorien von Städten und Landschaften aus Venedigs Besitz auf der Terraferma.

Die wichtigsten Wandgemälde hängen zwischen den Türen. Auf der einen Seite befindet sich ein Votivbild mit dem Dogen Antonio Grimani (1521–23), das von *Tizian* begonnen und von seinem Schüler *Marco Vecellio* vollendet wurde. Das Bild gegenüber ist eine geeignete Illustration zur Bestimmung dieses Raums als offizieller Rahmen für den Empfang ausländischer Staatsgäste. Es schildert den Besuch Heinrichs III. in Venedig. Heinrich, der jüngste Sohn der Katharina von Medici, war 1573 zum König von Polen gewählt worden. Nach dem überraschenden Tod seines Bruders, Karls IX., dankte er zugunsten der französischen Krone wieder ab. Seine Rückkehr von Polen nach Frankreich führte ihn über Venedig, wo er mit pompösen Feierlichkeiten empfangen wurde. Das Gemälde des *Andrea Vicentino* ist ein bedeutsames zeitgeschichtliches Dokument, da es uns die von Palladio entworfene Triumphbogenkonstruktion zu Ehren des jungen Königs überliefert. Ähnlich ist die Thematik des links neben der Tür zum Anticollegio aufgehängten Bildes aus der *Veronese-Nachfolge.* Es zeigt den Dogen Leonardo Loredan, wie er den Botschaftern der Freien Reichsstadt Nürnberg ein Exemplar der venezianischen Verfassung überreichen läßt.

Sala dell'Anticollegio (4)

Abb. 21

Der kleine Verbindungsraum zwischen der Sala delle Quattro Porte und dem Collegio ist im Rahmen der üppigen Repräsentationsräume nicht nur wegen seiner Intimität eine wohltuende Oase der Beschaulichkeit, er bietet daneben eine erlesene kleine Pinakothek venezianischer Malerei des 16. Jh. Links und rechts der beiden Türen sind jene vier Bilder Tintorettos angebracht, die bis 1713 im Atrio Quadrato hingen. Die beiden Werke Paolo Veroneses und Jacopo Bassanos kamen gleichfalls erst in diesem Jahr durch Stiftung hierher. Über dem Eingang zur Sala del Collegio thront eine Marmorfigur der Venezia, zu ihren Seiten ruhen Personifikationen der Eintracht und des Ruhmes. Die Gruppe stammt von *A. Vittoria*. Überschäumende Ornamentfülle herrscht in den Stukkaturen der leicht gewölbten Decke.

Die vier Bilder *Tintorettos* behandeln mythologische Themen: Venus vermählt Ariadne und Bacchus (Abb. 21); Minerva trennt Krieg und Frieden; Merkur mit den drei Grazien; die Waffenschmiede Vulkans. Tintorettos Kunst erreicht in diesen Spätwerken einen Höhepunkt. Sie sind in ein mattes Licht getaucht, die Konturen der Körper sind weich und von einer greifbaren Sinnlichkeit. Das dargestellte Thema scheint den Meister fast weniger interessiert zu haben als die zum Selbstzweck gelöste Wiedergabe des menschlichen Körpers, den er in unterschiedlichen Ansichten vorführt. Im Gegensatz zu Tintorettos gewohnter Art, Handlungen mit spannungsgeladener Dramatik zu erfüllen, sind die vier Bilder des Anticollegio verhalten und von einem Unterton lyrischer Sanftheit bestimmt.

So ganz ein Spiegel venezianischen Wesens ist der »Raub der Europa« von *Paolo Veronese*. Das Gewalttätige der Entführung weicht einer festlichen Note, die von der Farbenpracht der üppig dekorierten Gewänder bestimmt wird. Anstatt der von der Entführung Bedrohten zu helfen, zupfen ihre Dienerinnen die Kleidung Europas zurecht, derweil der Stier zahm wie ein Lamm am Boden kauert. Die Landschaft dient als stimmungsvoller Rahmen für die Gruppe.

Einen anderen, mehr inhaltlichen als formalen Stellenwert hat die Landschaft auf *Bassanos* Darstellung von der »Rückkehr Jakobs aus Kanaan«. Das biblische Geschehen wird zu einer ländlichen Idylle umgedeutet, in der Mensch und Natur miteinander in Harmonie sind. Das Bild weist auf eine für Venedig im 16. Jh. bezeichnende Richtung. Schon zu Beginn des Jahrhunderts hatte der Philosophen- und Künstlerzirkel um Lorenzo de Medici in Florenz die Vorstellung von der klassischen Landschaft Arkadien wiederbelebt. Die nostalgische Hinwendung zum Landleben, die in der Villenarchitektur eine eigene Ausdrucksform fand, erfuhr durch die Veröffentlichung von Jacopo Sannazaros Pastoralpoem »Arcadia« 1502 in Venedig selbst einen entscheidenden Impuls. Die Landschaftsmalerei wurde seitdem immer beliebter und entwickelte sich schließlich im 17. Jh. im Œuvre des Franzosen Claude Lorrain zu einer eigenen Kunstform.

Sala del Collegio (5)

Hier tagte seit der Neugestaltung des Ostflügels der Staatsrat, den man Collegio oder auch Signoria nannte, und hier wurden u. a. auch ausländische Delegationen empfangen. Von allen Amtsräumen des Dogenpalastes ist dieser sicher der schönste. Er stellt in seiner Gesamtheit ein in sich geschlossenes Kunstwerk dar, in dem die Beiträge verschiedener Künstlerpersönlichkeiten zu einer ausgewogenen Einheit verschmelzen. *Antonio da Ponte*, der Erbauer der Rialto-Brücke, entwarf den äußeren Rahmen, *Paolo Veronese* schuf den Soffitto, und *Jacopo Tintoretto* steuerte die großformatigen Wandbilder bei. Der Raum ist seit seiner Fertigstellung praktisch unverändert geblieben, wenn man von den an den Wänden umlaufenden Sitzbänken absieht, die im 19. Jh. erneuert wurden.

Das Hauptbild über dem Dogenthron von *Paolo Veronese* zeigt das in der venezianischen Malerei beliebte Querformat. In einer von

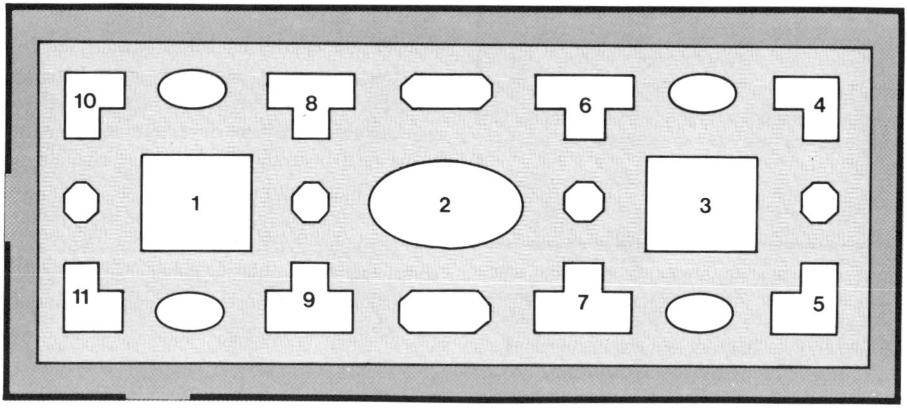

Dogenpalast, Sala del Collegio, Schema der Deckenbilder (alle von Paolo Veronese): 1 Mars und Neptun als Sinnbilder für Venedigs Herrschaft zu Wasser und zu Lande 2 Personifikation des christlichen Glaubens als Grundlage des Staatswesens 3 Personifikation der Venezia zwischen Justitia und Pax als den Sinnbildern für Venedigs gerechte und friedvolle Herrschaft 4–11 Tugendpersonifikationen: 4 Treue 5 Gedeihen 6 Sanftmut 7 Wachsamkeit 8 Schlichtheit 9 Beredsamkeit 10 Freigebigkeit 11 Mäßigung

links oben nach rechts unten verlaufenden Diagonalkomposition ordnet Veronese die Hauptfiguren an: Christus, Venezia und den Dogen Sebastiano Venier (1577–78), der als Oberbefehlshaber der venezianischen Flotte den legendären Seesieg über die Türken bei Lepanto erfochten hatte. Dieses Ereignis ist links unten angedeutet. Eine zweite Kompositionslinie führt links von der allegorischen Figur des Glaubens mit dem Kelch hinüber zur hl. Giustina, an deren Namenstag die Schlacht von Lepanto stattgefunden hatte. Beide Achsen kreuzen sich in der Gestalt der Venezia, die damit als zentrale Erscheinung hervorgehoben wird. In diesem Werk schuf Veronese eine Synthese von privatem Porträt, staatspolitischer Aussage (Verherrlichung des Sieges, Darstellung der Venezia) und der Form des christlichen Andachtsbildes.

An der Schmalseite gegenüber befindet sich ein weiteres Dogen-Votivbild von *Jacopo Tintoretto.* Es zeigt den Dogen Andrea Gritti (1523–38) vor der Muttergottes. Die Heiligen Markus, Bernhard, Marina und Alvise empfehlen den Dogen dem Schutz der Madonna. Nach Entwürfen Tintorettos führten Mitarbeiter seiner Werkstatt die anderen Dogen-Votivbilder an den Langseiten der Sala aus.

Die Deckengemälde von *Veronese* führen einen Bilderzyklus vor, dessen übergreifender Gedanke wiederum von der venezianischen Staatsikonographie diktiert ist (vgl. das Schema).

Sala del Senato (6)

Abb. 19

In der Sala del Senato tagte zweimal wöchentlich jene Institution, die bereits im 13. Jh. aus der Gruppe der sog. Pregadi, der Ratgeber des Dogen, hervorgegangen war. Anfangs gehörten dem Senat 40, später 60 und im 16. Jh. etwa 100 Mitglieder an. Der Sinn der Venezianer für Inszenierungen spielte bis in den politischen Alltag hinein. So saßen die Senatoren in purpurne Roben gekleidet an den Längsseiten des Saales, auf der erhöhten Tribüne nahmen der Doge und das Kollegium Platz.

Die Decke, um einige Jahre jünger als die des vorangegangenen Collegio, ist bewegter und greift plastischer in den Raum als jene.

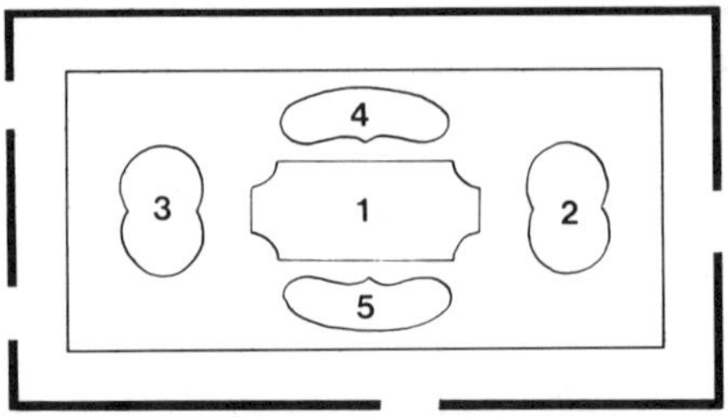

Dogenpalast, Sala del Senato, Schema der Deckenbilder von Jacopo Tintoretto bzw. seinem Umkreis: 1 Einsetzung der Venezia durch die olympischen Götter 2 Der Doge Pasquale Cicogna in Anbetung der Eucharistie 3 Münzprägung in der Zecca 4 Der Doge nimmt Vertreter der Geisteswissenschaften und der Literatur unter seinen Schutz 5 Venus (Allegorie der Venezia) schaut den Zyklopen bei der Waffenschmiede zu

Die Felder der Randzone ordnen sich dem Mittelfeld unter. Diese Zentrierung und der Gewinn an räumlichem Volumen, auch die Zunahme an Bewegung weisen auf die Barockkunst. Der Saal wurde denn auch als einer der letzten erst in den 90er Jahren des 16. Jh. fertiggestellt. Die Deckenbilder stammen von *Tintoretto* bzw. dessen Werkstatt und aus seinem Umkreis. Die Dogen-Votivbildnisse an den Wänden sind Arbeiten *Jacopo Palmas d. J.*

Das Bildprogramm der Decke steht wieder ganz im Dienste der Verherrlichung Venezias (Abb. 19; vgl. das Schema).

Die Leinwandbilder an den Stirnseiten bringen das geläufige Dogen-Votivbild in einer ganz neuen Fassung. Hier sind jeweils zwei Dogen wiedergegeben: Auf der Tribünenseite knien Pietro Lando (1539–45) und Marcantonio Trevisan (1553–54) zu seiten des von Engeln gehaltenen Korpus Christi, gegenüber beten Lorenzo Priuli (1556–59) und Girolamo Priuli (1559–67) eine Gruppe mit dem Erlöser, der Muttergottes und dem hl. Markus an. Das Querformat, ohnehin in der venezianischen Malerei beliebt, erfährt dadurch eine weitere Steigerung. Die Vorhangdraperien zu den Seiten verstärken den bereits vom Bildformat suggerierten Eindruck, das Geschehen sei auf eine Bühne gestellt, die just in diesem Moment den Blicken des Betrachters erst freigegeben wird. Dergestalt wird das offizielle Staatsbild aus der reinen Repräsentation in ein theatralisches Ereignis von bleibender Gültigkeit umgedeutet.

Die rechte Tür auf der Tribüne führt in den Vorraum der Palastkapelle, die sog. Antichiesetta (6 a), daran schließt sich die Kapelle selbst an (6 b). Beide Räume sind in der Regel für den Besucher nicht zugänglich.

Sala del Consiglio dei Dieci (7)

Man erreicht den Sitzungssaal des Zehnerrates durch die Sala delle Quattro Porte und den angrenzenden kleinen Verbindungsraum, den sog. Andito.

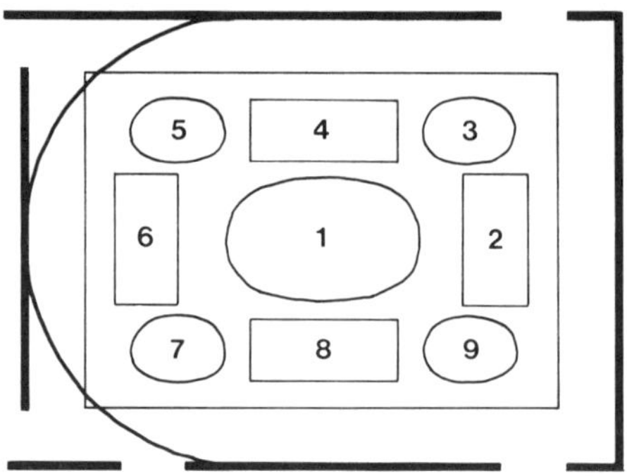

Dogenpalast, Sala del Consiglio dei Dieci, Deckenschema: 1 Jupiter schleudert seine Blitze gegen die Laster 2 Venus (= Venezia) zwischen Mars und Neptun 3 Das Gespann des Neptun 4 Merkur und Minerva 5 Ein alter Mann mit Turban und eine junge Frau (= die Türken bedrängen Venezia) 6 Eine Frau, die Ketten zerbricht (= Venezia als Garantin der Freiheit) 7 Venezia auf dem Erdball mit dem Markuslöwen 8 Juno übergibt Venezia die Dogenmütze 9 Janus und Juno (= Symbol für Venedigs immerwährende Herrschaft). 1, 5 und 9 stammen von P. Veronese, die übrigen von G. B. Celotti und G. B. Ponchino, zwei Manieristen aus dem Veronese-Umkreis.

Die Versammlung des Zehnerrates in der Sala del Consiglio dei Dieci im Dogenpalast. Ölbild von Gabriel Bella, Mitte 18. Jh. Venedig, Galleria Querini Stampalia

Dem nach der Revolte Baiamonte Tiepolos (1310) ins Leben gerufenen Zehnerrat oblag die Aufgabe einer Verfassungsschutzbehörde. Der Consiglio dei Dieci hatte richterliche Befugnisse und bediente sich aller erdenklichen Mittel, verfassungsfeindliche Umtriebe aufzudecken und zu ahnden. Nach einer personellen Erweiterung fungierte der Zehnerrat auch als Inquisitionstribunal. Tendenziöse Berichte und eine oft einseitig gefärbte Geschichtsschreibung haben diese Institution als ein Werkzeug des Schreckens gebrandmarkt. Aber die von diesem Gericht oftmals verordnete Folter als brutale Methode, Geständnisse zu erpressen, war in ganz Europa verbreitet und nahm in Venedig nicht einmal dieselben grausamen Formen an wie etwa im deutschen oder französischen Mittelalter. Es ist jedenfalls festzuhalten, daß der Zehnerrat der beste Garant für die Aufrechterhaltung der verfassungsmäßigen Ordnung war.

Der Raum war von dem Brand 1574 verschont geblieben und hat deshalb seine Ausstattung – vor allem die Decke – von 1553 bewahrt. Während die Tribünen aller anderen Sitzungssäle des Dogenpalastes immer geradlinig angelegt sind, ist die des Zehnerrats apsidial gerundet. Die Deckengemälde stammen zum Teil von dem jungen Veronese.

Die Anordnung der Kassetten im Soffitto zeigt ein einfaches Muster und steht am Beginn dieses Dekorationssystems in Venedig. Die weiteren Stationen markieren die zwanzig Jahre später entstandene Decke der Sala del Collegio und gegen Ende des 16. Jh. die der Sala del Senato. *Paolo Veronese* schuf in diesem

Raum seine ersten Werke in Venedig (1, 5 und 9), die ihn auf einen Schlag berühmt machten und ihm noch im selben Jahr den Auftrag für die Ausmalung von S. Sebastiano einbrachten. Das Bild in dem zentralen Oval (1) – Jupiter schleudert seine Blitze gegen die Laster – veranschaulicht die Aufgabe des an dieser Stelle tagenden Gerichtes. Allerdings handelt es sich um eine Kopie, da das Original 1797 mit zu Napoleons umfangreichem Kunstraub gehörte und später nicht wieder zurückgegeben wurde. Es hängt seither im Louvre.

An den Wänden Historienbilder; rechts: Der Doge Sebastiano Ziani empfängt den Segen Papst Alexanders III. (von *Francesco Bassano* begonnen und nach dessen Tode von seinem Bruder *Leandro* vollendet); links: Venedigs Gesandte treten in Bologna vor Papst Clemens VII. und Kaiser Karl V. (von *Marco Vecellio*); an der Stirnseite: Anbetung der hl. Drei Könige (von *Antonio Vassilacchi*, genannt *Aliense*).

Sala della Bussola (8)

Wörtlich übersetzt bedeutet Bussola Kompaß. Diese Namensgebung des Raumes leitet sich von der äußeren Form des hölzernen Einbaus ab, der 1596 in der rechten hinteren Ecke angelegt wurde. Von den beiden darin befindlichen Türen führt die rechte hinter die Tribüne der Sala del Consiglio dei Dieci, die linke in die Sala dei Tre Capi. In der Sala della Bussola warteten Personen, die vor Gericht geladen waren. Dabei muß es oftmals spannungsgeladen zugegangen sein, denn es gab für diesen Raum eine eigene Gerichtsdienerschaft, die hier für Ordnung zu sorgen hatte. Links neben dem Eingang zum Versammlungsraum des Zehnerrates befindet sich die berüchtigte »Bocca di Leone«, jener Schlitz, in den Denunzianten ihre brieflich verfaßten Anklagen – oder Verleumdungen – anonym einwarfen.

Das Deckengemälde von *Veronese* ist wiederum eine Kopie des in den Louvre verschleppten Originals. Es zeigt den hl. Markus im Kreise der theologischen Tugenden. Künstlerisch zweitrangig, aber historisch interessant sind die Gemälde an den Längsseiten von *Alvise.* Sie schildern die Eroberung Bergamos (rechts) und Brescias (links) durch Carmagnola im Jahr 1427, als Venedig ein – allerdings recht befristetes – Bündnis mit Florenz gegen Mailand eingegangen war. Der 1432 hingerichtete Condottiere erfuhr an dieser Stelle eine späte Ehrung.

Im 16. Jh. wurde dem Verfassungsgericht des Consiglio dei Dieci das Inquisitionsgericht ausgegliedert. Ihm standen drei Richter vor (Tre Capi), die in dem anschließenden Raum (8 a) die Prozesse führten.

In die Sala dei Inquisitori (8 b) zogen sie sich zur Beratung zurück. Gegen das Inquisitionsgericht hatte sich die Aggression der Franzosen 1797 am heftigsten gerichtet. Ihrem Wüten fiel das Deckengemälde mit einer Darstellung von der Rückkehr des verlorenen Sohnes von Tintoretto gottlob nicht zum Opfer. Es wurde nach Paris entführt, 1815 zurückgegeben und wieder an seinem angestammten Platze angebracht. Die kostbare Lederverkleidung dagegen wurde von den Wänden gerissen und vernichtet.

Diese beiden zuletzt genannten Räume sind nicht immer zugänglich.

Sale dei Armi (9 a–d)

In den letzten vier Sälen dieses Traktes ist das Waffenmuseum untergebracht – an historisch sinnvoller Stelle, denn seit 1532 befand sich hier das Waffenarsenal der Palastwache. Obwohl 1797 das meiste verlorenging, konnte doch eine beachtliche Sammlung wieder zusammengetragen werden, die einen informativen Überblick über die Entwicklung der Waffentechnik vom 15. bis zum 18. Jh. vermittelt. Insgesamt umfaßt die Ausstellung etwa 2200 Exponate, von der Ritterrüstung über Hellebarden, Schwerter und Lanzen bis hin zu allen möglichen Feuerwaffen.

Am Ende des Rundganges durch das Waffenarsenal gelangt man an die *Scala dei Censori* (Zensorentreppe), die hinunter in den zweiten Stock des Südflügels führt.

Die Räume des 2. Stockwerks

Abb. 20, 22, 23

Andito del Maggior Consiglio (2) und Liago (3)

(Die Ziffern verweisen auf den Grundriß.) Zunächst gelangt man in den Andito del Maggior Consiglio, der mit dem anschließenden »Liago« einen L-förmigen Korridor bildet. In diesem Vorraum zum Sitzungssaal des Großen Rates wandelten und diskutierten die Mitglieder des venezianischen Parlamentes vor den Sitzungen und während der Pausen.

Im Liago stehen die Figuren Adams und Evas von *Antonio Rizzo,* die einst am Arco Foscari plaziert waren und dort durch Repliken ersetzt wurden. Es sind die wichtigsten bildhauerischen Arbeiten Rizzos, entstanden um 1470. Antonio Bregno, genannt Rizzo, wurde um 1430 in Verona geboren. Er gehört zu dem Kreis von Bildhauern, die das mit eigenen schöpferischen Kräften dieser Kunstgattung nicht gerade gesegnete Venedig an sich zog. 1483 wurde ihm für einige Jahre das Amt

Dogenpalast, Grundriß des 2. Stockwerks:
1 Scala dei Censori (Zensorentreppe) 2 Andito del Maggior Consiglio 3 Liago 4 Sala del Guariento 5 Sala della Quarantia Civil Vecchia 6 Sala del Maggior Consiglio 7 Sala della Quarantia Civil Nuova 8 Sala dello Scrutinio 9 Sala degli Scarlatti 10 Sala dello Scudo 11 Sala Grimani 12 Sala Erizzo 13 Sala degli Stucchi 14 Sala dei Filosofi 15 a–c Pinacoteca 16 Sala degli Scudieri 17 Ponte dei Sospiri (Seufzerbrücke), führt in die ehem. Gefängnisräume

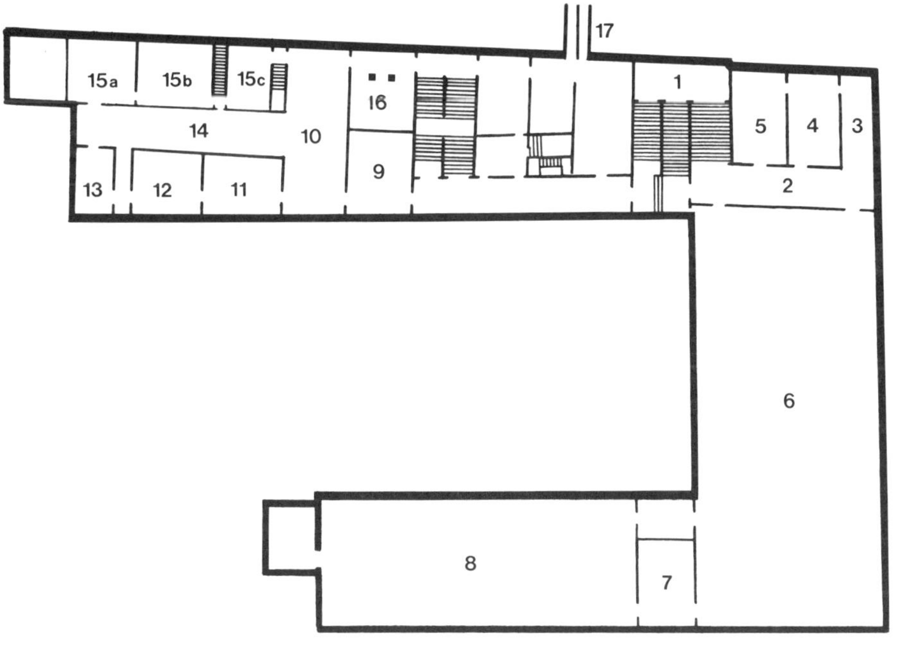

des Proto für den Dogenpalast übertragen. Rizzo blieb für den Rest seines Lebens in Venedig, wo er 1499 starb.

Die etwas überlebensgroßen Statuen des ersten Menschenpaares müssen in Venedig, das sich der Renaissance nur zögernd öffnete, eine revolutionierende Wirkung gehabt haben. Dafür spricht die Tatsache, daß schon zu Lebzeiten Rizzos Gedichte auf sie verfaßt wurden. Albrecht Dürer zeichnete sie während eines seiner beiden Venedigaufenthalte. Obwohl es sich um Nischenfiguren handelt, sind sie doch wie Freifiguren behandelt. Die schamhafte Geste, mit der Eva ihre Blöße bedeckt, und der angewinkelte rechte Arm sind Topoi aus der antiken Gebärdensprache. Ihr Körper ist weich modelliert, das Fließende ihrer Leibeskonturen betont das Demutsvolle ihrer Haltung. Ihr Blick ist nach unten gerichtet. Ihr Gesichtsausdruck und die kleinen runden Brüste wirken sinnlich und lassen das Verführerische anklingen. Adam dagegen hat den Kopf aufwärts gewendet, seine Augen richteten sich auf jene Stelle, wo die Dogenkrönung stattfand. Seine Haltung und sein Gesichtsausdruck wirken trotzig. Die Auflehnung des »aktiven« Mannes – im Gegensatz zu der »passiven« Frau – wird durch die fast knorrige Kontur seines Körpers hervorgehoben.

Bestimmte Unsicherheiten in der Erfassung der Anatomie sind mit der Vorstellungswelt der Renaissance nicht ganz in Einklang zu bringen. So wirkt die Armhaltung der Eva (besonders rechts) leicht verkrampft, artifiziell. Auch der Adam ist zu kantig, als daß er dem Schönheitsideal des anbrechenden humanistischen Zeitalters entsprochen haben könnte. Hierin haftet der Arbeit Rizzos noch ein letzter Hauch des zu Ende gehenden Mittelalters an.

Sala del Guariento (4)

Vom Andito zweigen zwei Räume ab. Die Sala del Guariento hat ihren Namen erst in diesem Jahrhundert erhalten. Der aus Padua gebürtige Maler *Guariento* hatte 1365–67 ein Monumentalgemälde für die Sala del Maggior Consiglio geschaffen. Bei einem verheerenden Brand im Südflügel des Palastes 1577 wurde das Bild beschädigt und verschwand hinter der Leinwand mit Tintorettos Paradiesdarstellung. Erst 1903 wurde das mittelalterliche Bild wieder ans Tageslicht gezogen und an seinen heutigen Platz überführt.

Im Zentrum des Bildes ist nur noch schwach das im Trecento beliebte Thema der Himmelskrönung Mariens auszumachen. Das Monumentalbild mit seiner personenreichen Assistenz leitet sich von einem giottesken Kompositionsschema ab, das die venezianische Malerei aufgegriffen hatte.

Sala della Quarantia Civil Vecchia (5)

In diesem einstigen Gerichtssaal befinden sich Gemälde des 17. Jh., die thematisch auf die Bestimmung des Raumes Bezug nehmen (z.B. Merkur, der jugendliche Verbrecher auf den Pfad der Rechtschaffenheit zurückführt, von Pietro Malombra). Auch Venezia im Kreise der Tugenden darf an einer solchen Stelle natürlich nicht fehlen.

Die Aufgaben der Quarantia, des Zivilgerichtes der Republik, waren im Laufe des 15. Jh. derart gewachsen, daß eine zweite Quarantia eingerichtet wurde, die Quarantia Civil Nuova, die an anderer Stelle tagte; deshalb hier der Zusatz »Vecchia« (alt). Im 16. Jh. wurde dann noch eine dritte Körperschaft gebildet, die Quarantia Criminal, die sich, wie schon der Name mitteilt, mit kriminellen Delikten befaßte.

Sala del Maggior Consiglio (6)

Abb. 23

Der Tagungsraum des Großen Rates erstreckt sich fast über die ganze Länge des Südflügels. Trotz seiner gewaltigen Proportionierung (54 × 25 m) erscheint der Saal nicht grenzenlos. Er war nicht immer so leer wie jetzt; bis zur Auflösung der Republik befand sich in dem Saal das in Reihen über die gesamte Fläche auf-

Die Sala del Maggior Consiglio während einer Sitzung. Stich von G. B. Brustolon nach einem Gemälde von Canaletto. Venedig, Museo Civico Correr

gestellte Gestühl, das bis zu 1800 Personen Platz bot.

Der Große Rat war aus der früheren Volksversammlung, dem sog. Arrengho, hervorgegangen und wurde 1172 als gesetzgebende Körperschaft institutionalisiert. Als 1297 das legendäre Goldene Buch geschaffen wurde, hat man genau festgelegt, wer das Anrecht zur Mitgliedschaft im Großen Rat besaß. Man mußte nachweisen können, daß ein Vorfahre bereits Mitglied gewesen war. Damit wurde das Libro d'Oro zu einem elitären Verzeichnis der führenden Geschlechter. Neureichen war die Mitwirkung an der Politik praktisch unmöglich gemacht. Andererseits konnte man durch überragende Verdienste um den Staat die Aufnahme in das Goldene Buch erreichen. So gelang es etwa einem Pelzhändler, der im Krieg gegen die Genuesen den Unterhalt von eintausend Söldnern aus eigener Tasche übernommen hatte, in den erlesenen Zirkel aufgenommen zu werden. Im 18. Jh. verzeichnete das Buch immerhin die Namen von 1218 Familien, denn in der späten Republik war es möglich geworden, sich die Eintragung in das Buch zu erkaufen. Trotz des allmählichen Zuwachses blieb der Kreis der zur Ausübung der politischen Geschäfte Berechtigten begrenzt und betrug auch im 18. Jh. nicht einmal fünfzehn Prozent der Gesamtbevölkerung.

Die wichtigsten Aufgaben des Maggior Consiglio waren die Beratung und Verabschiedung von Gesetzen, die Dogenwahl sowie die Ernennung der Senatsmitglieder.

Gleich nach Fertigstellung des Saales im späten 14. Jh. wurde mit der Ausmalung begonnen. Aus Padua wurde Guariento berufen und mit der Ausmalung der östlichen Schmalseite beauftragt. Im weiteren Verlauf arbeiteten Bellini, Gentile da Fabriano, Pisanello

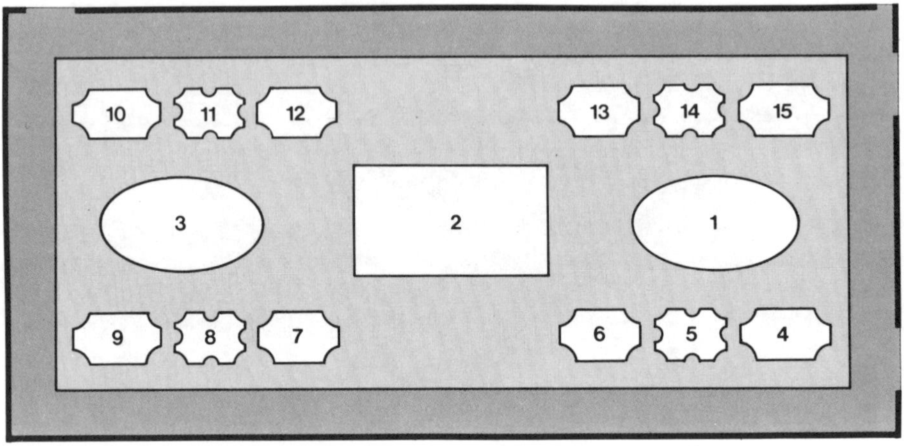

Dogenpalast, Sala del Maggior Consiglio, Deckenschema:
1 Paolo Veronese, Apotheose der Venezia 2 Jacopo Tintoretto u. Werkstatt, Venezia überreicht dem Dogen Nicolò da Ponte einen Ölzweig 3 Jacopo Palma d. J., Die Provinzen huldigen der Venezia 4 P. Veronese, Belagerung von Scutari 5 Francesco Bassano, Sieg über Ferrara, 1482 6 Tintoretto/Werkstatt, Sieg über die Ferraresen bei Argenta, 1482 7 Ders., Die Eroberung von Gallipoli 8 F. Bassano, Sieg der Venezianer über Kaiser Maximilian bei Cadore 9 J. Palma d. J., Die Eroberung Paduas 10 Ders., Sieg über die Mailänder bei Cremona, 1427 11 F. Bassano, Sieg über die Mailänder bei Maclodio, 1426 12 Tintoretto/Werkstatt, Ausfall der Venezianer aus dem belagerten Brescia, 1438 13 Ders., Eroberung Rivas am Gardasee, 1440 14 F. Bassano, Sieg über die Mailänder bei Casalmaggiore, 1446 15 P. Veronese, Die Eroberung Smyrnas, 1471

und Carpaccio an der Dekoration, schließlich Tizian, Tintoretto und Veronese. Der Brand von 1577 vernichtete alle deren Werke. Einzig die Marienkrönung Guarientos überstand in Teilen die Katastrophe, weil es sich nicht wie bei den anderen Werken um ein Leinwandbild, sondern um ein Fresko handelt. Gleich nach dem Brand veranlaßte der damalige Palast-Proto, Antonio da Ponte, die Wiederherstellung des Saales. Es mußten eine neue Decke eingezogen und die Wände wieder mit großformatigen Bildern geschmückt werden. Den bedeutendsten Maler Venedigs, Tizian, konnte man nicht mehr berufen; der greise Meister war im Jahr vor dem Brand gestorben. So wurden nun Tintoretto, Veronese und der Jüngere Palma mit der Neuausmalung betraut. Diese drei schufen die Decken- und einige der Wandgemälde. Daneben arbeiteten Alvise, Leandro Bassano, Andrea Vicentino und andere mit. Die drei größten Deckengemälde haben die Verherrlichung Venedigs zum Gegenstand, die Bilder in den Trabantenkassetten und jene an den Wänden schildern historische Begebenheiten.

Deckengemälde Glanzvoller Höhepunkt der Deckendekoration ist die Apotheose der Venezia von *Paolo Veronese* (1; Abb. 23). Im unteren Teil des Bildes sind Bewaffnete damit beschäftigt, die drängende Masse der Schaulustigen in Schach zu halten. Von diesem irdischen Treiben ist der obere Teil, der wie sakralisiert erscheint, durch eine Balustrade abgegrenzt. Umgeben von den Personifikationen der Tugenden, empfängt die auf einem Thron sitzende Venezia durch einen Engel eine Krone. Dieser Himmelsbote ist in einer kühnen Unteransicht wiedergegeben, wie sie Tintoretto einige Jahre zuvor auf dem Bild »Der hl. Markus befreit einen Sklaven« (in der Accademia) formuliert hatte. Veronese, dem Meister in der Schilderung venezianischen Festgepränges, ist mit der Apotheose der Venezia eines seiner besten Werke gelungen. In extremen Gegensätzen von Licht- und Schattenwirkungen schafft er einen tiefen Illusionsraum, wie er für die spätere Barockmalerei kennzeichnend werden sollte.

Das rechteckige Mittelbild (2) – Venezia überreicht dem Dogen Nicolò da Ponte (1578–85) einen Ölzweig – ist zwar von Tintoretto signiert, dürfte aber weitgehend von Mitarbeitern seiner Werkstatt ausgeführt worden sein. Von *Jacopo Palma d. J.* stammt das zweite große Ovalbild in der Mittelachse (3) mit der Darstellung der Venezia, der die Provinzen huldigen. Es bleibt deutlich hinter der lichterfüllten und farbenfrohen Apotheose der Venezia von Veronese zurück. Zu den weiteren Deckenbildern vgl. das Schema.

Das Paradiesbild des Tintoretto Zunächst hatte Paolo Veronese den Auftrag erhalten, anstelle der durch Brand beschädigten Marienkrönung ein Paradiesbild für die östliche Schmalseite des Saales zu malen. Als Veronese 1588 starb, wurde das Projekt dem damals 70jährigen Tintoretto übertragen. Er schuf das mit den Maßen 22×7 m größte Ölbild auf Leinwand der Welt. Im Mittelpunkt thront Christus, vor ihm kniet Maria, um die Himmelskrone zu empfangen. In ausladenden Kreissegmenten reihen sich in drei Zonen Engel, Heilige und Selige um das Geschehen. Mittels dieser strengen Zentrierung gelingt Tintoretto das fast Unmögliche, der unübersehbaren Vielzahl der Figuren einen struktiven Zusammenhalt zu geben. Dennoch empfand etwa Grillparzer, daß es »von Figuren wimmelt, die kaum ein Ganzes ausmachen«. Es fällt auf, daß selbst ein derartiges Monumentalgemälde nicht als Fresko ausgeführt wurde, wie es in Florenz und Rom zur selben Zeit gang und gäbe war. Man bevorzugte in Venedig das Leinwandbild, das gegenüber den trockenen Farbtönen des Freskos eine größere Entfaltung der koloristischen Möglichkeiten bot. Der Nachteil der Nachdunkelung wurde offenbar nicht einkalkuliert.

Die Wandbilder Den oberen Abschluß der Wände – mit Ausnahme der Paradiesseite – bildet eine Reihe von historisierenden Dogenporträts, die in der Nordostecke mit Obelerio Antenoreo (804–10) beginnt und gegenüber in der Südostecke mit Francesco Venier (1554–56) endet. Von den insgesamt 121 Dogen, die zwischen 697 und dem Ende der Republik 1100 Jahre später regierten, sind hier die ersten 76 versammelt. Nur einer fehlt: der wegen Hochverrats geächtete und hingerichtete Marino Falier, an dessen Stelle in der Südwestecke die lapidare Inschrift angebracht ist: »Hic est locus Marini Falethri, decapitati pro criminibus« (dies ist der Platz Marino Faliers, der wegen seiner Vergehen enthauptet wurde).

Die großformatigen Wandbilder zeigen historische Szenen, beginnend am Eingang zur Hofseite neben dem Paradiesbild Tintorettos:

1. Der Doge Sebastiano Ziani empfängt Papst Alexander III. in Venedig. Als Ort der Begegnung ist der Platz vor der Scuola della Carità (heute Accademia) angegeben *(Veronese-Nachfolger).*
2. Eine Gruppe venezianischer und päpstlicher Gesandter macht sich auf den Weg zu Friedrich Barbarossa, um ihm ein Friedensangebot zu überbringen (*Veronese-Nachfolger*).
3. Alexander stiftet in San Marco heiliges Wachs (über dem Fenster; von *Leandro Bassano*).
4. Die päpstlich/venezianische Friedensdelegation scheitert mit ihren Verhandlungen bei Friedrich I. (Urheberschaft ungesichert).
5. Alexander übergibt dem Dogen Ziani, der mit einer Flotte gegen das kaiserliche Heer

aussegelt, das heilige Schwert *(Francesco Bassano)*.
6. Der Papst segnet Ziani (über dem zweiten Fenster zum Hof; von *Paolo dei Franceschi, genannt Fiamingo*).
7. In einer – historisch nicht belegten – Seeschlacht gerät Otto, der Sohn des deutschen Kaisers, in die Hände der Venezianer *(Domenico Tintoretto)*.
8. Über der Tür: Ziani liefert Otto dem Papst aus *(Andrea Vicentino)*.
9. Alexander entläßt Otto in die Freiheit *(Jacopo Palma d. J.)*.
10. Der Doge huldigt dem Papst vor San Marco *(Federico Zuccari)*.
11. Über der zweiten Tür: Papst und Doge schiffen sich nach Ancona ein *(Girolamo Gambarato)*.
12. Übereck auf der Westwand: Der Doge empfängt von Papst Alexander in der Lateransbasilika in Rom Dankesgeschenke *(Giulio dal Moro)*.

Der zweite Bilderzyklus beginnt ebenfalls bei dem Paradies und führt an der Südseite (zum Molo) entlang. Er führt die Begebenheiten im Zusammenhang mit der Eroberung Konstantinopels durch Enrico Dandolo aus:
1. Dandolo und die Kreuzritter legen in der Markuskirche den Treueeid ab *(Carlo Saraceni)*.
2. Dandolo leitet den Sturm auf Zara *(A. Vicentino)*.
3. Die Kapitulation Zaras *(D. Tintoretto)*.
4. Alexios bittet Dandolo um seine Hilfe gegen den Usurpator *(A. Vincentino)*.
5. Der Sturm auf Konstantinopel *(J. Palma d. J.)*.
6. Die Eroberung der Stadt *(D. Tintoretto)*.
7. Die Kreuzfahrer wählen in der Sophienkirche zu Konstantinopel Balduin von Flandern zum neuen Kaiser Ostroms *(A. Vicentino)*.
8. Übereck auf der Westwand: Balduin von Flandern wird zum neuen Kaiser Ostroms gekrönt *(A. Vicentino)*.
9. In der Mitte der Westwand: der Sieg der Venezianer über die Genuesen vor Chioggia 1380 *(P. Veronese)*.

Sala della Quarantia Civil Nuova (7)
Durch die hintere Tür in der nördlichen Längswand gelangt man in das Amtszimmer der aus der Quarantia Civil hervorgegangenen Gerichtskammer, die für Zivilprozeßsachen in den Städten auf der Terraferma zuständig war. Die malerische Ausstattung aus dem 17. Jh. ist ikonographisch auf das Rechtswesen bezogen.

Sala dello Scrutinio (8)
Dieser imposante Saal liegt über den Loggiengeschossen des Westflügels. Seine ursprüngliche Bestimmung ist unklar. Noch im 15. Jh. wurde die umfangreiche Bücherstiftung des Kardinals Bessarione darin untergebracht, die den Grundstock für die Markusbibliothek bildete. Nach Fertigstellung des Bibliotheksbaus durch Sansovino an der Piazzetta, dem Westflügel des Dogenpalastes gegenüber, wurden die Bücher dorthin überführt. Seitdem wurde der Raum für die in der Geschichte der Stadt so wichtigen Wahlvorgänge benutzt (Scrutinio = Abstimmung).

1577 hatte der große Brand im Südtrakt auch diesen Teil des Dogenpalastes mit erfaßt. Dabei wurden zahlreiche Bilder ein Opfer des Feuers, unter anderem eine großformatige Darstellung der Seeschlacht von Lepanto von Jacopo Tintoretto.

Bemerkenswert ist die Gestaltung der beiden Schmalseiten. An der Wand, die an die Quarantia Civil Nuova angrenzt, hängt ein Ölbild mit dem Jüngsten Gericht von *Palma d. J.* Der Aufbau ist dem Paradiesbild Tintorettos in der Sala del Maggior Consiglio nachempfunden, besitzt jedoch nicht dessen Wucht. Die Gruppierungen Palmas sind lockerer, gefälliger. Gegenüber erhebt sich ein marmorner Triumphbogen, der bis unter die Decke reicht. Er wurde 1694 zum Ruhme Francesco

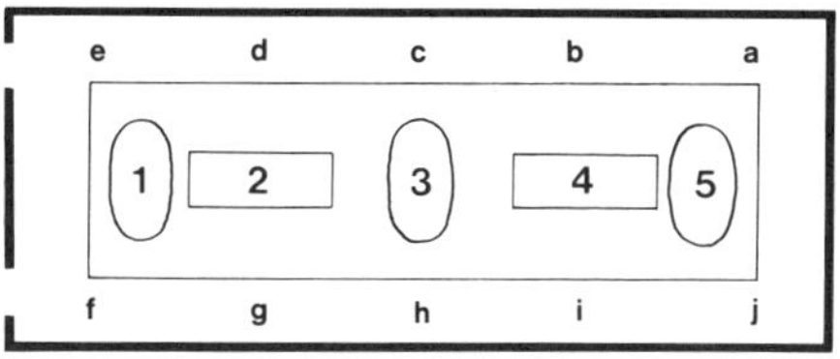

Dogenpalast, Sala dello Scrutinio, Deckenschema und Anordnung der Wandgemälde:
Deckenbilder: 1 F. Bassano, Die Eroberung Paduas, 1405 2 Giulio dal Moro, Die Eroberung von Caffa am Schwarzen Meer, 1296 3 Camillo Ballini, Sieg über die Genuesen bei Trapani, 1265 4 Francesco Montemezzano, Die Venezianer erobern Acra, 1256 5 Andrea Vicentino, Sieg der venezianischen Flotte über die Pisaner bei Rhodos, 1098
Wandbilder: a A. Vicentino, Die Venezianer rüsten gegen die Belagerung durch die Truppen Pippins, 810 b Ders., Pippin führt seine Truppen über eine Schiffsbrücke in Richtung der Rialto-Insel, wo sich die Venezianer verschanzt haben c S. Peranda, Sieg der venezianischen Flotte gegen die Ägypter vor Jaffa, 1123 d Aliense, Die Eroberung von Tyrus, 1124 e Marco Vecellio, Sieg der vereinten venezianischen und byzantinischen Flotte gegen die Normannen unter Roger II. bei Cap Malleo, 1148 f Jacopo Tintoretto, Sieg der Venezianer über die Ungarn vor den Toren von Zara, 1346 – das qualitätvollste Bild in diesem Saal g A. Vicentino, Vettor Pisani erobert Cattaro, 1378 (über dem Fenster) h Ders., Die Seeschlacht von Lepanto, 1571 (Ersatz für das Gemälde J. Tintorettos zum selben Thema, das 1577 beim Palastbrand zerstört wurde) i Pietro Bellotto, Zerstörung der türkischen Festung Margarita (Albanien) nach dem Sieg von Lepanto (über dem zweiten Fenster zum Hof) j Pietro Liberi, Sieg der Venezianer über die türkische Flotte bei den Dardanellen, 1656

Morosinis errichtet, dessen Erfolge über die Türken ein letztes Mal die Hoffnung hatten aufflackern lassen, die einstige Vormachtstellung in der Levante zurückzugewinnen. Dem heutigen Betrachter des Monuments mischt sich ein bitterer Beigeschmack in die Erinnerung an Morosini. Bei der Belagerung Athens durch Morosini (1688) hatte ein Hauptmann aus Lüneburg, der im Sold der Venezianer stand, jenen verhängnisvollen Kanonenschuß abgefeuert, der das im Parthenon verwahrte Pulvermagazin der Türken traf und damit das bedeutendste Bauwerk der griechischen Antike in eine Ruine verwandelte.

Im Fries unter der Decke sind die letzten Dogen der Republik dargestellt. Sie setzen die Reihe der Dogenporträts aus der Sala del Maggior Consiglio fort.

Zu Inhalt und Urheberschaft der weiteren Decken- und Wandbilder vgl. das Schema.

Der Ostflügel

Die folgenden Räume 9 bis 16 sind häufig geschlossen oder dienen als Rahmen für Sonderausstellungen. In diesem Fall führt der Rundgang jetzt zu den Prigioni. Man geht nun durch den Saal des Großen Rates zurück. Links neben dem Paradiesbild führt eine kleine Tür in das zweite Geschoß des Ostflügels, wo sich unter anderem die einstigen Wohngemächer des Dogen befinden.

Sala degli Scarlatti (9) Durch einen langen Korridor gelangt man in jenen Raum, in dem hohe staatliche Würdenträger den Dogen zu erwarten pflegten, um ihn zu den Amtsräumen zu begleiten (scarlatto = purpurrot; ein Hinweis auf die Kleidung). Den reich dekorierten Kamin schufen *Tullio* und *Antonio Lombardo.*

Sala dello Scudo (10) Mit dem Landkartensaal erreicht man den einstigen privaten Wohnbereich des Dogen. Die Landkarten an den Wänden – Kopien des 18. Jh. nach Vorbildern des 16. Jh. – geben einen Überblick über Venedigs einstigen Herrschaftsbereich.

Sala Grimani (11) Der Raum wird nach dem Wappen des Dogen Marino Grimani (1595–1605) benannt, das der quattrocentesken Decke nachträglich eingefügt wurde. Der Bildfries zeigt allegorische Themen (16. Jh.).

Sala Erizzo (12) Der Name hängt ebenfalls mit einem Dogenwappen im Soffitto zusammen (Francesco Erizzo, 1631–46). Beachtenswert ist der schöne Marmorkamin.

Sala degli Stucchi (13) Die Stuckdekorationen stammen aus dem 17. (Gewölbe) und 18. Jh. (Wände). Von den Fenstern dieses Raumes hat man einen guten Blick auf die nahen Kuppeln von San Marco.
Sala dei Filosofi (14) Dieser Korridor dient als Zubringer zu den drei ehemaligen Dogengemächern, in denen heute eine kleine Pinakothek untergebracht ist. Seinen Namen trägt der Flur nach einem Gemäldezyklus, der sich hier bis in das 18. Jh. befand und dann in den Goldenen Saal der Markusbibliothek überführt wurde.

Pinacoteca (15 a–c)
Abb. 20
Das gesamte Mobiliar der Dogenwohnung wurde 1797 geraubt oder zertrümmert. Die in diesen Räumen zusammengetragenen Bilder aus dem einstigen Besitz des höchsten Staatsdieners vermitteln noch anschaulich einen Eindruck vom Reichtum der früheren Ausstattung. Wir fassen summarisch zusammen:
1. Saal (15 a): *Giovanni Bellini,* Pietà, um 1470. Das Bild fällt in jene Schaffensperiode des Meisters, während der er sich mit Vorliebe den Themen der Pietà oder der Passion zuwandte. Er zeigt den menschlichen Schmerz verhalten, gleichsam in einer geistig geläuterten Form. Von *Vittore Carpaccio* stammt die Darstellung des Markuslöwen, 1516.
2. Saal (15 b): Der mittlere der drei Pinakotheksräume verblüfft durch eine stattliche Sammlung von Altarbildern des Niederländers *Hieronymus Bosch.* Sie zeigt, daß man in Venedig nicht nur die Werke der eigenen Meister sammelte, sondern sich auch für Künstler anderer Richtungen begeisterte. Die Bilder sind zwar erst im 18. Jh. im Dogenpalast nachgewiesen, dürften aber schon früher hierhergelangt sein. Dafür sprechen nicht zuletzt Brandspuren, die sie bei einer der Feuersbrünste im 16. Jh. erlitten haben können. Das bedeutendste der hier versammelten Werke ist das Triptychon mit den drei Einsiedlern. Die Mitteltafel zeigt den hl. Antonius in Anbetung des Kruzifixes inmitten einer unwirklichen Landschaft und höllischen Getiers. Links erkennt man den hl. Hieronymus und rechts den hl. Ägidius, den Gründer von St-Gilles in der Provence. Alle Bilder zeigen die für Hieronymus Bosch charakteristische Verbindung von genauer Naturbeobachtung auf der einen Seite mit einer ins Surreale hinüberspielenden Traumhaftigkeit auf der anderen. Ein weiteres Werk eines großen Niederländers ist die Verspottung Christi von *Quentin Massys.*
3. Saal (15 c): Die Bilder des letzten Raumes stammen von weniger illustren Künstlern. Erwähnenswert ist eine Madonna mit dem Christuskind von *Boccaccio Boccaccino* (1465–1524).

Sala degli Scudieri (16) Einstiger Aufenthaltsraum der diensthabenden Wachen. Das Bild *G. B. Tiepolos* – Neptun überreicht Venezia die Gaben des Meeres (Abb. 22) – befand sich ursprünglich in der Sala delle Quattro Porte.

Nun leitet der Führungspfeil über die Seufzerbrücke und durch die ehemaligen Gefängnisse.

Prigioni

Der Gang durch die einstigen Gefängnisräume gehört zum obligaten »Gruselprogramm« des Venedigbesuchers. Ihren üblen Ruf verdanken sie nicht zuletzt zahlreichen Schauermärchen. Casanova dagegen berichtet von einer durchaus erträglichen Haft, aus der ihm bekanntermaßen sogar die Flucht gelang. Balzac sagte von den berüchtigten Bleikammern, daß sie nicht heißer seien als eine beliebige Pariser Dachwohnung. Ursprünglich war der ganze Gefängniskomplex im Dogenpalast selber untergebracht. Erst im 16. Jh. entstand auf der anderen Seite des Rio di Palazzo ein eigener Gefängnisbau, der später mittels der Seufzerbrücke eine direkte Verbindung zu den Zellen im Dogenpalast erhielt. Man unterschied zwischen den »Pozzi« (Pozzo = Brunnen) im unteren Teil – der Name ist als Hinweis auf die Feuchtigkeit zu verstehen – und den »Piombi« (= Bleikammern) im Dachgeschoß, in denen im Sommer eine mörderische Hitze geherrscht haben muß.

Der Rundgang führt vom Dogenpalast über die Seufzerbrücke in die Pozzi und wieder zurück. Die Besichtigung endet am Fuße der Scala dei Censori im Innenhof des Palastes.

Rückblick

Durch die Plünderung 1797 hat der Dogenpalast sein gesamtes Mobiliar verloren. So hat der heutige Besucher die Schwierigkeit, sich die musealen Räumlichkeiten in ihrer einstigen Funktion plastisch vorzustellen. Andererseits sind so zahlreiche Partien der Wand- und Deckendekoration erhalten, daß diese doch eine tragende Brücke aus der Vergangenheit zu uns herüber schlagen.

Am Ende eines Rundganges durch den Dogenpalast wird eine Erkenntnis an erster Stelle stehen: Venedig erreichte den Höhepunkt seiner Selbstverherrlichung zu einer Zeit, da die Macht der Handelsrepublik ihren Zenit längst überschritten hatte, ja, der politische wie wirtschaftliche Niedergang sich bereits deutlich abzuzeichnen begann. Venezia wird erst, als sie nicht mehr die führende Rolle im Mittelmeer spielt, in die olympische Götterwelt und in den christlichen Himmel erhoben. Die Form der Selbstdarstellung spiegelt also nicht mehr die realen Verhältnisse wider, sondern bietet eine verklärte Sichtweise. Und dennoch erscheint diese Tatsache nicht gänzlich unlogisch. Venezia wird als entrückt, von irdischen Maßstäben gelöst gezeichnet. Sie verkörpert in den Bildern Tintorettos, Veroneses und der anderen Meister die Idee von einem höheren Staatswesen, nicht das Abbild eines tatsächlichen politischen Alltagsgeschehens. Der damit verbundene Appell an die menschliche Ethik, das politische Handeln an den unverrückbaren Werten der Tugenden zu messen, ist von bleibender Gültigkeit.

Der Kunst des 16. Jh. ist es zugleich gelungen, die Unwirklichkeit der aus dem Meere geborenen Stadt in das Medium des Bildes zu übersetzen: Venedig als eine Realität gewordene Utopie. In diesem Sinne sind die ständig wiederkehrenden Gestalten der Tugenden zu verstehen. Sie demonstrieren nicht das Verhalten des Staates, wie es tatsächlich ist, sondern wie es in einem Gemeinwesen, das in seiner Geschichte und seiner Geographie von allen anderen unterschieden ist, denkbar wäre. Wer diese tiefgründige Dimension hinter der Kulisse der reinen Repräsentation erkennt, erlebt den Dogenpalast als ein Symbol der ganzen Stadt: Venedig als Elysium, und er wird am Ende seines Aufenthaltes das Gefühl Thomas Manns, Marcel Prousts und vieler anderer, die das Verlassen Venedigs einer Vertreibung aus dem Paradies gleichsetzten, schmerzhaft an sich selber spüren.

Der Frari-Bezirk

S. Maria Gloriosa dei Frari 108 – Campo und Kirche S. Rocco 132 – Scuola Grande di S. Rocco 132 (*Die venezianische Scuola* 132) – Scuola Grande di S. Giovanni Evangelista 138 – S. Nicolò da Tolentino 138 – S. Pantalon 139 Farbt. 32; Abb. 25–28, 30, 31, 54, 81

S. Maria Gloriosa dei Frari

Farbt. 32; Abb. 25–28, 31

Im 13. Jh. gründeten die beiden großen Bettelorden, Dominikaner und Franziskaner, in Venedig ihre Klöster. Da beide Kongregationen sich als Predigerorden immer in Städten ansiedelten, andererseits für ihre stets groß proportionierten Kirchen viel Raum benötigten, konnten sie in Venedig in den damals schon dicht bebauten Vierteln um San Marco oder am Rialto keinen Platz finden. Um 1250 schenkte deshalb der Doge Jacopo Tiepolo (1229–49) den Franziskanern unverbauten Grund in dem damals noch dünn besiedelten Westteil des Bereichs von S. Croce. Derselbe Doge wies den Dominikanern im Norden des Sestiere di Castello ein Stück Land für

Der Frari-Bezirk

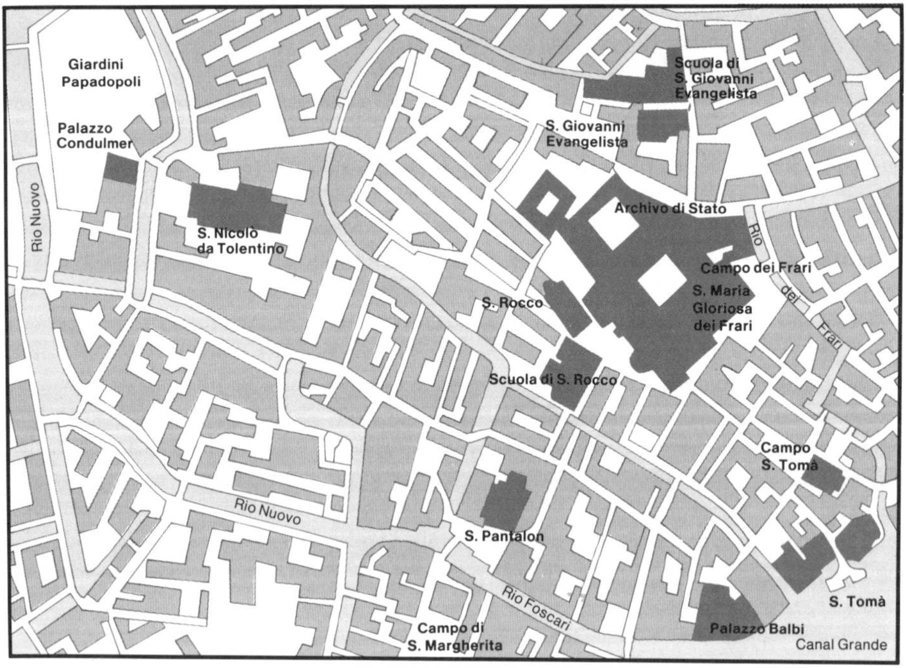

ihr Kloster zu. Schon bald entstanden die beiden größten Sakralbauten der venezianischen Gotik, die im Laufe der Jahrhunderte durch die Beisetzung zahlreicher Dogen, Militärs und Künstler in ihren Mauern sowie die von den jeweils besten Künstlern ihrer Zeit geschaffenen Altäre zu Ruhmeshallen der Republik wurden. Beide Kirchen waren beim Volk beliebter als die strenge, in erster Linie der Staatsrepräsentation dienende Markuskirche. Dieser Umstand drückt sich nicht zuletzt in der Namensgebung aus. Während San Marco immer San Marco blieb, nannte man die Klosterkirche S. Maria Gloriosa dei Frari im Volksmund kurz »I Frari«, die Dominikanerkirche, SS. Giovanni e Paolo, in einer typisch venezianischen Kontraktion der beiden Namensbestandteile, »S. Zanipolo«.

Baugeschichte

Die Franziskanerkirche wurde kurz nach der Mitte des 13. Jh. begonnen und noch vor 1340 fertiggestellt. Es muß sich aber schnell herausgestellt haben, daß dieser Bau den Bedürfnissen nicht ausreichend entsprach, denn schon 1340 wurde mit einem Neubau begonnen. Zuerst wurden der Chor und das Querschiff angelegt, im 15. Jh. wurde das alte Langhaus abgerissen und durch die bestehende basilikale Konstruktion ersetzt, die 1450 stand. 1469 erfolgte die Weihe des Hochaltars.

Der Außenbau

Abb. 25

Dem Armutsideal der Franziskaner entsprechend erscheint das Äußere als ein fast völlig schmuckloser Ziegelbau, den ein mächtiger Campanile, der zweithöchste der Stadt, überragt. Die Fassade, die die Dreischiffigkeit des Innenraumes widerspiegelt, besitzt nur ein einziges Portal. Seine Rahmung mit Statuen (Christus, Muttergottes und der hl. Franziskus) und drei den Giebel bekrönende Fialen sind der einzige bildhauerische Dekor der Frontseite. Weitere Bauplastik findet sich am Fuß des Campanile über dem Eingang zur Cappella Emiliana aus den 1430er Jahren. In dem von spätgotischer Ornamentik umspielten Tympanon thront die in ein üppig drapiertes Gewand gehüllte Muttergottes, zu ihren Seiten zwei Engel.

Der Innenraum

Abb. 31

Die Frari-Kirche entspricht dem in ganz Italien verbreiteten Typ der mittelalterlichen Bettelordenskirche. An ein weiträumiges basilikales Langhaus schließt sich das einschiffige Querhaus an. Den Chor begleiten zu beiden Seiten je drei kleinere Kapellen, die sich zum Querhaus öffnen. Der Aufriß des Mittelschiffs ist zweigeschossig. Über den hoch aufgehenden Arkadenbögen erscheinen die zugespitzten Fenster des Obergadens. Die Säulenschäfte sind unprofiliert, erst über dem Kämpfer werden der Wand kleine Rundstäbe vorgeblendet, die sich im Gewölbe zu den Rippen der aus vier Kappen zusammengesetzten Joche verlängern.

Man erfaßt den Raum am besten von der Fassadenseite. Die Frari-Kirche stellt sich als lichterfüllte, großzügige Anlage dar. Das gotische Höhenstreben ist einer mehr gedrungen wirkenden, in die Breite gehenden Bemessung der Langhausschiffe gewichen. Man fühlt sich eher in einer Halle als in einer Basilika. Einen deutlichen Vertikalakzent setzt dagegen der ältere Chor, dessen vollständige Durchbrechung in vier Fensterzonen eine Lichtsteigerung in Richtung auf den Altar bewirkt.

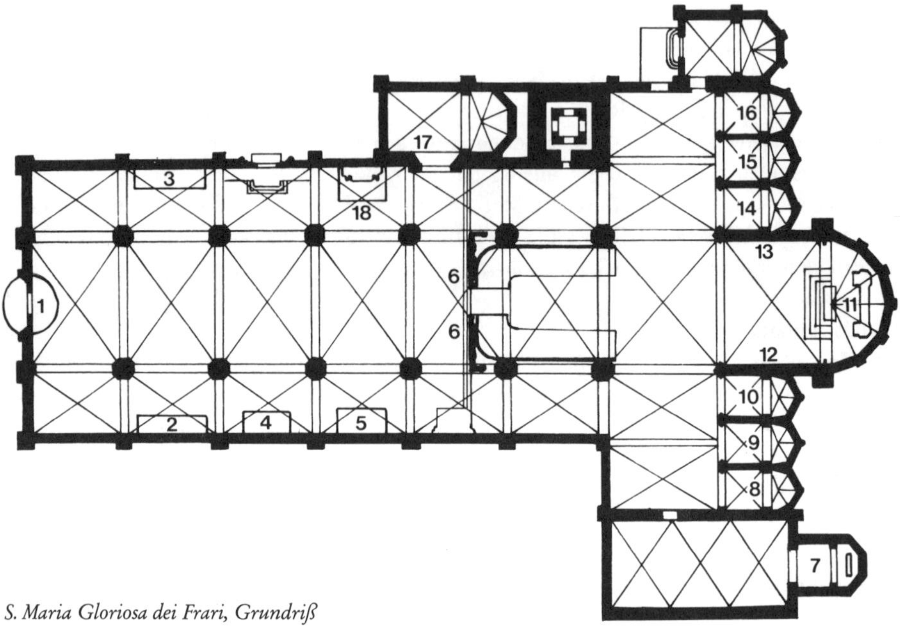

S. Maria Gloriosa dei Frari, Grundriß

Die Ausstattung

Die Frari-Kirche ist ähnlich wie S. Zanipolo ein Pantheon der venezianischen Geschichte. Ihre Grabmonumente sind ein tragender Teil der Ausstattung. Andererseits ist der Bogen in S. Zanipolo weiter gespannt, er reicht dort vom frühgotischen Grabdenkmal bis zu Beispielen des Spätbarock, in der Frari-Kirche ist er etwas enger gefaßt. Wir wollen deshalb die Entwicklung des venezianischen Grabdenkmals erst im Zusammenhang mit der Dominikanerkirche erörtern und die in I Frari versammelten Beispiele nur stichwortartig vorstellen. Dagegen gibt es eine Reihe hochbedeutender Werke der Malerei von so gewichtigem Stellenwert – und in diesem Punkt hat wiederum S. Zanipolo weniger zu bieten –, daß wir ihnen einen breiteren Raum beimessen müssen.

Wir beginnen den Rundgang an der Fassadenseite (die Ziffern verweisen auf den Grundriß). Über dem Portal (1) wächst das kolossale Wandgrab des 1688 im Kampf gegen die Türken gefallenen *Girolamo Garzoni* auf. Der Verstorbene, der von einem Genius gekrönt wird, steht zwischen allegorischen Figuren der Venezia und der Religion. Das Werk lebt von dem Wechselspiel zwischen schwarzem und weißem Marmor. Rechts davon befindet sich das Grab des Prokurators *Pietro Bernardo* (gest. 1538) und links das eines anderen Prokurators, *Alvise Pasqualino* (gest. 1528).

Im zweiten Joch des rechten Seitenschiffes steht das von Schülern Canovas zwischen 1838 und 1854 geschaffene *Grabmal Tizians* (2). Die Beisetzung des Malergenies in der Frari-Kirche spricht gegen die Hypothese, nach der er an der Pest gestorben sein soll. Pesttote wurden grundsätzlich, ohne Ansehen der Person, außerhalb der Stadt beigesetzt. Der Besuch der Frari-Kirche wird zugleich zu einer Pilgerfahrt zu Tizian, da man an dieser Stelle nicht nur am Grabe des Meisters steht, sondern darüber hinaus an Ort und Stelle zwei seiner bedeutendsten Werke erlebt: die weltberühmte Assunta und die sog. Pesaro-Madonna.

Im linken Seitenschiff, dem Tizian-Grab gegenüber, befindet sich das *Grabdenkmal Antonio Canovas,* das auf einen eigenen Entwurf des Künstlers zurückgeht und von dessen Schülern ausgeführt wurde (3). Der geöffneten Tür eines pyramidalen Mausoleums ziehen Trauernde entgegen. Im Innern ist das Herz Canovas in einem Porphyrgefäß beigesetzt. Der Korpus selber wurde in seinen Geburtsort Possagno nahe Treviso überführt. Canova, geb. 1757, gilt neben Bertel Thorvaldsen als der bedeutendste Vertreter der klassizistischen Skulptur. Die längste Zeit seines Lebens verbrachte er in Rom. In Paris porträtierte er Napoleon und Mitglieder der bonapartischen Familie. 1815 setzte er sich engagiert für die Rückgabe der aus Italien nach Frankreich verschleppten Kunstwerke ein. Er starb 1822 in Venedig.

Wir setzen den Rundgang im rechten Seitenschiff fort. Der Altar des dritten Joches zeigt eine Darstellung im Tempel des toskanischen Barockmalers *Giuseppe Salviati* (um 1560) (4).

Vor dem Altar des vierten Joches steht ein Meisterwerk der Spätrenaissanceskulptur, eine Marmorstatue des hl. Hieronymus von *Alessandro Vittoria* (1525–1608) (5). Sie gehörte ursprünglich zu einem großen, in Stuck ausgeführten Altar mit der Himmelfahrt Marias, der im 18. Jh. abgenommen und durch das jetzige Altarbild ersetzt wurde. Vittoria, der aus der Schule Jacopo Sansovinos hervorgegangen war, stand unter dem Einfluß Michelangelos. Der Hieronymus lehnt sich motivisch eng an Michelangelos Moses in S. Pietro in Vincoli in Rom an.

Bei der Betrachtung von Skulpturen machen wir oft den Fehler, ein Werk einzig aus der Frontalansicht anzusehen, und vergessen darüber, daß die Plastik als etwas Dreidimensionales auf verschiedene Ansichten hin gearbeitet ist. Gerade bei einem schon dem Manierismus zuzurechnenden Werk wie dem hl. Hieronymus Vittorias wird eine einseitige Sichtweise das Verständnis für den künstlerischen Wert der Statue blockieren. Es addiert sich nämlich eine Folge von verschiedenen Einzelansichten zu einem ganzen Bewegungsablauf. Um diesen nachvollziehen zu können, muß man sich auf die rechte Seite begeben. Von dort erkennt man, wie der angewinkelte rechte Arm des Heiligen als optischer »Einstieg« in die Komposition gestaltet ist. Er beschreibt eine Aufwärtsbewegung, die den Betrachter einlädt, herumzugehen. Parallel dazu sind das Lendentuch und die Bartlocken angelegt. Diese Bewegung leitet in die Frontalansicht mit dem Blick auf das Haupt des Heiligen über. Erst jetzt entdeckt man den Löwen und erfährt durch dieses Attribut, daß es sich um den hl. Hieronymus handelt. Im Zentrum entsteht nun durch das Zusammenspiel von Handhaltung, Neigung des Kopfes und Gewanddraperie eine ellipsoide Kreisbewegung, die den Betrachter an dieser Stelle verweilen läßt. Sodann führt der nach unten weisende linke Arm aus dem Geschehen wieder hinaus. Der Betrachter folgt dieser Geste und sieht nun die zweite Seitenansicht, die in einer klaren Vertikallinie vom Arm über das leicht vorgestellte Bein nach unten verläuft. Sie markiert das Ende des Ablaufs und entläßt uns gleichsam organisch aus der Betrachtung.

Wir wenden uns nun wieder dem Mittelschiff zu, das im fünften Joch von einer mächtigen Chorschranke (6) geteilt wird, der einzigen dieser Art, die in Venedig erhalten ist. Sie wurde zwischen 1468 und 1475 von *Bartolomeo Bon* und *Pietro Lombardo* geschaffen. Während in den Prophetenreliefs des B. Bon noch spätgotische Elemente anklingen, sind die Kirchenväter des jüngeren Pietro Lombardo Zeugnisse der Frührenaissance. Das reich verzierte Chorgestühl steht gleichfalls zeitlich und stilistisch zwischen Spätgotik und Frührenaissance.

Man ist nun versucht, sich dem strahlenden Höhepunkt der Frari-Kirche, der Assunta Tizians, zuzuwenden. Es empfiehlt sich aber, zum besseren Verständnis der Entwicklung venezianischer Malerei, zuvor den Bellini-Altar in der Sakristei aufzusuchen.

Auf dem Wege dorthin sieht man im rechten Querschiffarm vier wichtige Grabdenkmäler. Das für *Paolo Savelli* ist das älteste (1410) in dieser Gruppe. Es ist zugleich das erste Reiterstandbild eines Condottiere in Venedig. Das von einem wuchernden Blattfries eingefaßte Grab des seligen *Pacifico* schließt sich zeitlich an (1440). Pietro Lombardo schuf das Denkmal für den General *Jacopo Marcello,* der 1484 im Kampf gegen die Türken in Griechenland gefallen war. Diesem Monument im Aufbau verwandt ist jenes des Admirals *Benedetto Pesaro* (gest. 1503) über dem Durchgang zur Sakristei.

Der Pesaro-Altar G. Bellinis (7)

Farbt. 32

In der apsidialen Ausbuchtung der Sakristeiapsis steht eines der Meisterwerke Giovanni Bellinis, ein Triptychon, das 1488 im Auftrage der Familie Pesaro entstand. Die Pesaros besaßen an dieser Stelle ihre Familiengruft. Wir erleben den seltenen Fall, ein Bild sowohl an seinem ursprünglichen Platz als auch in der originalen Rahmung sehen zu können.

Die Mitteltafel zeigt eine thronende Muttergottes mit dem Christuskind, auf den Seitenflügeln sind die Heiligen Nikolaus und Petrus (links), Benedikt und Markus (rechts) zu sehen, Namenspatrone von Angehörigen der Pesaro-Familie. Der ganze Bildaufbau zentriert sich um die Maria, die nach den strengen Kompositionsregeln der Frührenaissance in eine Dreiecksform eingebunden ist. Das mittelalterliche Motiv des Heiligenscheins ist in die Vergoldung der ihr Haupt hinterfangenden Kuppelwölbung übertragen. Die Heiligen, raumfüllende Großfiguren, haben den Blick kontemplativ nach unten gerichtet. Einzig der hl. Benedikt schaut den Betrachter mit nachdenklich-ernstem Blick an. Die individuellen Gesichtszüge der Dargestellten lassen vermuten, daß Bellini bestimmte Pesaros porträtiert hat. Alle Figuren sind von einem Raum von nur geringer Tiefe umgeben, sie stehen gleichsam auf einer recht schmalen »Bühne« – bezeichnend für die Frührenaissance. Die Architektur des Bildrahmens setzt sich in der Malerei fort. Vertikale, horizontale und schräge Linien durchdringen einander, ohne daß das Ganze – bei aller Konsequenz des Aufbaus – starr wirkt. Die feierliche Würde des Altars, die Ruhe, die von ihm ausstrahlt, die Sanftheit der Madonna, die meditative Haltung der Heiligen erzeugen eine Stimmung vollkommener Harmonie. Dürer war von den Heiligen derart beeindruckt, daß er 1526 mit seinen »Vier Aposteln« (München, Alte Pinakothek) noch zwanzig Jahre nach seinem zweiten Venedigaufenthalt ein fast wörtliches Zitat dieses Bildes schuf.

Auf dem Wege von der Sakristei zum Hauptaltar kommt man an den drei Kapellen des rechten Querhausarmes vorbei. In der ersten (8), Cappella Bernardo, steht ein Altarbild *Bartolomeo Vivarinis,* das aus demselben Jahr stammt wie der Madonnen-Altar Bellinis in der Sakristei und gleichfalls die Muttergottes mit Heiligen zeigt. Im direkten Vergleich beider Werke wird der hohe Rang des Pesaro-Altares noch einmal besonders deutlich. In der angrenzenden Cappella del Sacramento (9) wurde der Florentiner Gesandte *Duccio degli Alberti* (gest. 1336) beigesetzt. Die dritte Kapelle (10) war das Oratorium der Florentiner, die hier ihrem Stadtpatron, dem hl. Johannes dem Täufer, einen Altar errichteten. *Donatello* schnitzte dafür eine Johannesfigur (1451), deren erhobene Hand und geöff-

25 S. MARIA GLORIOSA DEI FRARI Venezianische Spätgotik. 14.–15. Jh.

26 S. MARIA GLORIOSA DEI FRARI Der S. Trinità-Kreuzgang (Archivo di Stato) ▷

27, 28 TIZIAN in der Frari-Kirche
links: Assunta, 1516–18 (Hochaltar); rechts: sog. Pesaro-Madonna, 1519–26

29 TIZIAN Pietà. 1573 begonnen und von Palma d. J. vollendet. Accademia

30 KIRCHE und SCUOLA S. ROCCO

31 FRARI-KIRCHE Blick durch den Chorschrankenbogen zum Chor

32 SS. GIOVANNI E PAOLO (gen. S. Zanipolo) 14. Jh.

33 S. ZANIPOLO und SCUOLA S. MARCO (1260 begründet, 1485 durch P. Lombardo neu errichtet)

34 ANDREA DEL VERROCCHIO Reiterstandbild des Condottiere Bartolomeo Colleoni auf dem Campo dei SS. Giovanni e Paolo. 1481–88

35 Relief an der Fassade der SCUOLA S. MARCO

36 S. ZANIPOLO Grabmal des Dogen T. Mocenigo (Pietro Lombardo) ▷

38 FONDACO DEI TURCHI (13. Jh.; r.) und DEPOSITO DEL MEGIO (15. Jh.), der alte Getreidespeicher

◁ 37 S. MARIA DEI MIRACOLI

39 PALAZZETTO CONTARINI-FASAN (um 1475), auch »Haus der Desdemona« genannt, und PALAZZO TIEPOLO (r.)

40 Blick von der Rialto-Brücke in die Salizzada Pio X.

41 Fisch- und Gemüsemarkt nahe der Rialto-Brücke ▷

43 Marmorsockel am Rialto-Markt, getragen vom »Gobbo di Rialto« (dem Buckligen); von dieser Stelle wurden die neuen Gesetze verlesen

◁ 42 FABBRICHE VECCHIE (r.), PALAZZO DEI CAMERLENGHI (Mitte) und FONDACO DEI TEDESCHI (l.); im Hintergrund die Rialto-Brücke und Campanile S. Bartolomeo

neter Mund den Täufer im Augenblick des Predigens zeigen. Die Momenthaftigkeit und der krasse Naturalismus dieses Werkes müssen in Venedig, das sich der Renaissance nur zögernd öffnete und selber keinen tiefen Bezug zur Plastik besaß, Erstaunen hervorgerufen haben.

Tizians Assunta (11)
Abb. 27
Dreißig Jahre nach Bellinis Pesaro-Altar entstand Tizians Assunta, die den Bruch mit der von Bellini vertretenen Tradition darstellt, zugleich aber auch der Kunst neue Wege öffnete – ein epochemachendes Werk.

Das Bildgeschehen ist in drei Zonen übereinander aufgebaut. Zuunterst die bewegte Versammlung der Apostel, im mittleren Bereich die Muttergottes, um die sich Wolken und ein Engelsreigen konzentrisch herumziehen, darüber schwebt die Gestalt Gottvaters. Irdischer und himmlischer Bereich sind kompositorisch und farblich voneinander abgegrenzt. Auf die Apostel fällt ein starker Schlagschatten, der die mittlere Gruppe fast völlig verdunkelt. In den aufwärtsgerichteten Gesichtern drücken sich unterschiedliche Regungen aus; man erkennt Staunen, Ungläubigkeit, Erregung – die ganze Skala menschlichen Empfindens im Augenblick eines überwältigenden Ereignisses. Die in flammendes Rot gehüllte Maria hebt sich leuchtend von dem goldschimmernden Hintergrund ab, der sie wie eine Glorie hinterfängt. Sie steigt »himmelwärts auf ... getragen von der Fülle des Lebens, das ihr innewohnt, und vom Bewußtsein, daß das Weltall ihr gehört und nichts ihren Aufstieg hemmen kann« (B. Berenson in: The Venetian Painters of the Renaissance, London 1957).

Die Assunta hat in der Malerei neue Maßstäbe gesetzt. Allein im Format (6,90 × 3,60 m) hat Tizian etwas bis dahin Unbekanntes geschaffen: Der monumentale Altar als beherrschender Blickpunkt einer Kirche sollte in der Folgezeit, namentlich im Barock, zum festen Typus werden. Hatte die Renaissancemalerei bis dahin klar definierte Räume geschaffen, so durchbricht Tizian dieses Prinzip und läßt die Muttergottes in einen ganz von Licht durchfluteten Illusionsraum aufsteigen. Dieses Licht strahlt aus dem Bilde selber heraus. Es scheint von äußeren Lichtquellen unabhängig zu sein. Auch hierin liegt eine Erfindung Tizians, die in die Barockmalerei weiterwirkte. Diese unterschiedlichen Faktoren haben dazu geführt, daß man die Assunta als »protobarock« bezeichnet hat. Es gilt aber auch zu erkennen, daß das Werk – ungeachtet seiner revolutionierenden Neuerungen – doch der Renaissance verpflichtet bleibt. So behält etwa trotz aller inneren Bewegtheit der Dreiecksgedanke, den wir eben noch bei Bellini sahen, seine Gültigkeit. Von den an den Ecken postierten Jüngern gehen zwei schräg nach oben verlaufende Linien aus, die sich über die Maria hinaus verlängern und im Haupt Gottvaters treffen. Die Hauptfigur ist gemäß den Harmoniegesetzen der Renaissance in den Mittelpunkt gestellt. Desgleichen sind die Farbakzente nach symmetrischen Gesichtspunkten verteilt. Die rotgewandeten Apostel links und rechts markieren die Fußpunkte des Dreiecks, das im Rot des Madonnenmantels fortgeführt wird.

Somit bezeichnet dieses Werk einen zeitlichen Wendepunkt. Ähnlich wie in der Musik Johann Sebastian Bachs, vollendet sich in Tizian eine Epoche, und zugleich wird das Tor zu einem neuen Zeitalter aufgestoßen.

Noch während Tizian an dem Bild arbeitete, erregte es die Gemüter, stieß auf Ablehnung oder fand uneingeschränkte Bewunderung. Die Mönche sollen den Meister wiederholt gestört und die Gewagtheit seines Vorhabens kritisiert haben. Als der kaiserliche Gesandte davon erfuhr, bot er sogleich einen stolzen Preis für das noch unvollendete Werk. Daraufhin kamen die Patres zu der Einsicht, daß »die Kunst nicht ihr Metier sei und das

Studium des Breviers keine Unterweisung in der Malerei böte«, wie sich Carlo Ridolfi, ein Chronist des 17. Jh. ausdrückte. 1817 wurde die Assunta von ihrem Platz entfernt und in die Accademia überführt. Erst 1919 gelangte sie an ihren angestammten Platz zurück.

Die Seitenwände des Chores nehmen zwei monumentale Grabdenkmäler ein. Das rechte von *Paolo und Antonio Bregno* wurde für *Francesco Foscari* (1423–47) errichtet (12). Foscari gehört zu den überragenden Erscheinungen der venezianischen Geschichte. Er hatte den Landbesitz der Republik auf der Terraferma ausgedehnt, als Bauherr war er für den Ausbau des Dogenpalastes verantwortlich (Westflügel, Porta della Carta). Nach 34 Amtsjahren, dem längsten Doganat in der Geschichte der Stadt, wurde Foscari abgesetzt. Die herrschende Adelsclique fürchtete die Machtfülle des großen Dogen, der kurz darauf verstarb.

Gegenüber steht das Grab des Dogen *Nicolò Tron* (1471–73) von *A. Rizzo* (13), dem Meister der Adam-und-Eva-Gruppe im Dogenpalast. Das Foscari-Monument steht noch zwischen ausgehendem Mittelalter und Renaissance, das Tron-Denkmal gehört mit seinen antikisierenden Nischenfiguren der Frührenaissance an.

Der Rundgang führt nun im linken Querschiffarm weiter. Der Altar der ersten, dem hl. Franziskus geweihten Kapelle (14), mit einer von Heiligen umgebenen Madonna, die den Einfluß Tizians erkennen läßt, stammt von *Bernardino Licinio* (1489–1565). In der angrenzenden Kapelle (15) befindet sich das Grabmal des *Melchiore Trevisan* von *Lorenzo Bregno* (kurz nach 1500). In der dritten Kapelle (16) wurde *Claudio Monteverdi* beigesetzt, der mit seinem »Orfeo« der Vater der venezianischen Oper wurde. Auf dem Altar eine Krönung Mariens von *Alvise Vivarini.*

Die an die Stirnwand des linken Querhausarmes anschließende Cappella Corner ist meist geschlossen. Hier befindet sich eine Johannes-Statue *J. Sansovinos.* Im linken Seitenschiff der Basilika öffnet sich die Cappella Emiliana (17), die der Frari-Kirche 1432 angebaut wurde. Ihr Altar ist ein um die Mitte des 15. Jh. geschaffenes Marmorwerk.

Tizian, Selbstporträt. Um 1550. Holzschnitt. Amsterdam, Rijksmuseum

Tizians Pesaro-Madonna (18)
Abb. 28

Wieder im Seitenschiff, tritt man nun vor ein weiteres wichtiges Altarbild Tizians, die Pesaro-Madonna, die in unmittelbarem Anschluß an die Assunta entstand (1519–26). Hier verschmilzt das religiöse Andachtsbild mit dem Typ des profanen Gruppenporträts. Links kniet Jacopo Pesaro, der das Bild in Auftrag gegeben hatte, ihm gegenüber sieht man seinen Bruder Francesco und andere Mitglieder der Pesaro-Familie, die von Heiligen dem Schutz der Muttergottes anempfohlen werden.

Jacopo Pesaro hatte in den Diensten Papst Alexanders VI. gegen die Türken gekämpft. Darauf beziehen sich die Gestalten des gefangenen Türken, des Bannerträgers (Wappen des Papstes) und des hl. Petrus als Vertreter des Papsttums. Der hl. Franziskus (rechts) erscheint als Namenspatron von Jacopos Bruder. Die porträthafte Wiedergabe der Stifter gehört zu Tizians revolutionierenden Neuerungen. Die Personen werden dem Bildganzen als den Heiligen gleichgewichtige Erscheinungen eingebunden, Ausdruck des in der Renaissance erwachten Selbstwertgefühls des Menschen. Ist in der Assunta noch eine klare Trennung zwischen irdischer und himmlischer Sphäre gezogen, so durchdringen sich diese hier. Auch im kompositorischen Aufbau wirft Tizian nun ein ehernes Gesetz der Renaissance über Bord. Die Madonna erscheint nicht mehr im Bildmittelpunkt, sondern wird in die rechte Bildhälfte gerückt. Eine kräftig akzentuierte Diagonale führt den Blick vom Stifter über den Fahnenträger und Petrus auf die thronende Muttergottes, die als Hauptperson den Abschluß bildet. Mit dieser Dezentralisierung und der Diagonalen als kompositorischem Leitfaden hat Tizian einen weiteren bedeutsamen Schritt in Richtung der späteren Barockmalerei vollzogen.

Die Barockkunst ist durch das große Grabmonument des Dogen *Giovanni Pesaro* (1658–59) vertreten (19). Der Entwurf soll von *Baldassare Longhena* stammen. Die Ausführung oblag einem deutschen Künstler, Melchior Barthel (1625–72). Bezeichnenderweise wurde, wie so oft in Venedig, für die Skulptur ein Nichtvenezianer herangezogen. Das Wandgrab, das die Seitentür der Kirche einbezieht, baut sich in zwei Geschossen auf, deren oberes von vier gewaltigen Atlanten getragen wird. In der Mitte sitzt der Doge, in seiner lässigen Haltung die qualitätvollste Figur an diesem Denkmal. In der Wuchtigkeit der ganzen Anlage hat die auftrumpfende Selbstdarstellung der Dogenherrlichkeit einen nicht mehr zu überbietenden Pomp erreicht.

Bevor man die Frari-Kirche wieder verläßt, sollte man noch einmal in das Mittelschiff zurückkehren und sich an jenen Punkt stellen, von dem aus im Durchblick durch die Chorschranke die Assunta Tizians voll sichtbar wird. Mit der frischen Erinnerung an diese großartige Bildschöpfung läßt sich bei einem anschließenden Besuch der Scuola di S. Rocco mit ihren zahlreichen Werken Tintorettos die Weiterentwicklung der Malerei im 16. Jh. lebendig nachvollziehen.

Archivo di Stato
Abb. 26
An die rechte Seite der Frari-Kirche schließen sich die weitläufigen einstigen Klosterbauten mit zwei großen Kreuzgängen der Renaissance an. Dort wurde nach der Säkularisation das Staatsarchiv untergebracht. Der Öffentlichkeit sind einige Räume zugänglich, in denen man verschiedene Urkunden, päpstliche Bullen und andere historisch interessante Dokumente in Vitrinen studieren kann. In den Sommermonaten wird jedes Jahr eine Ausstellung zu einem Einzelthema veranstaltet, die dem Besucher Gelegenheit bietet, Kostbarkeiten kennenzulernen, die sonst unter Verschluß sind.

Campo und Kirche S. Rocco

Abb. 30

Der Campo di S. Rocco wird von einer eindrucksvollen Bautengruppe eingefaßt. Die eine Langseite wird von der gotischen Chorpartie der Frari-Kirche mit ihrer himmelwärts strebenden Fenstergruppe überragt, gegenüber erstreckt sich die breitgelagerte Renaissancefront der Scuola di S. Rocco. Die rückwärtige Schmalseite beschließt die Fassade der Rochus-Kirche, die erst Mitte des 18. Jh. in Angleichung an jene der benachbarten Scuola entstand. Dieses Bautenensemble macht den Campo zu einem der schönsten Plätze Venedigs.

1485 hatte Venedig Reliquien des Beschützers der Seuchenkranken, Rochus, aus Montpellier erworben. Für eine Stadt, in der die Pest immer wieder erbarmungslos zuschlug, war dieser Kauf von großer Bedeutsamkeit. Umgehend wurde deshalb eine eigene Rochus-Kirche erbaut, von der heute nur noch der Chor erhalten ist. Der Rest wich Mitte des 18. Jh. dem bestehenden Saalbau.

Unter den zahlreichen Gemälden, die den Innenraum schmücken, richten wir unser Augenmerk auf zwei großformatige Wandbilder *Jacopo Tintorettos* im Chor. Links ist der hl. Rochus im Kerker von Montpellier dargestellt, gegenüber sieht man den Heiligen bei der Pflege von Pestkranken. Diese um 1550 entstandenen Bilder markieren die Frühzeit des damals etwa 30jährigen Tintoretto. Andere Bilder von ihm in der Kirche sind durch spätere Überarbeitungen und Restaurierungen so verfremdet worden, daß eine kritische Würdigung kaum mehr möglich ist.

Scuola Grande di S. Rocco

Abb. 54, 81

Nach der Einbringung der Rochus-Reliquien in die Lagunenstadt ging aus der Flagellantenbruderschaft der »Battuti« eine Gilde hervor, die sich bereits 1489 als »Scuola Grande di San Rocco« bezeichnete. Sie widmete sich der Krankenpflege und schloß ihrem Bruderschaftshaus ein eigenes Spital an. Das Gebäude entstand wenige Jahre nach der Weihung der Rochus-Kirche 1508. Die Bauarbeiten zogen sich über ein halbes Jahrhundert hin. Daran schloß sich die Ausmalung der Räumlichkeiten durch Tintoretto an, die noch einmal ein Vierteljahrhundert in Anspruch nahm. Da sie vom Vandalismus 1797 verschont blieb, gehört sie neben den Scuole dei Carmini und S. Giorgio degli Schiavoni zu den drei Bruderschaftshäusern, die ihr ursprüngliches Aussehen praktisch unverändert über die Jahrhunderte bewahrt haben.

Exkurs: Die venezianische Scuola

Die Institution der Scuola ist nicht mit »Schule« zu übersetzen. Es handelt sich bei den Scuole vielmehr um karitative Einrichtungen, deren Ursprung im Mittelalter liegt. Am Beginn standen die verschiedenen Büßer- und Geißlerbruderschaften, die im frühen 13. Jh. überall in Italien aufkamen. Diese frommen Vereinigungen hatten zunächst keine eigenen Versammlungsräume, sondern trafen sich in den Sakristeien der verschiedenen Kirchen der Stadt. Schon bald wurden eigene Altäre aufgestellt, und seit dem 15. Jh. bürgerte es sich ein, daß die Bruderschaften ein ihnen gehöriges Versammlungsgebäude in Nähe »ihrer« Kirche errichteten. Im 17. Jh. gab es in Venedig fast vierzig solcher Scuole. In ihrer Geisteshaltung und inhaltlichen Bestimmung erweisen sie sich als dem Freimaurertum verwandt. Alle Mitglieder einer Scuola gehörten entweder derselben Volksgemeinschaft an oder übten den selben Beruf aus. Jede Scuola hatte ihren eigenen Schutzheiligen, dessen Patronat sie sich unterstellte.

Die meisten Scuole widmeten sich der Krankenpflege, einige hatten andere karitative Funktionen. So gab es eine Scuola, die sich um die Aussteuer mittelloser Mädchen kümmerte, eine andere besorgte die Beisetzung hingerichteter Verbrecher. Daneben taten sich die Scuole als Mäzene hervor und ließen sich ihre Gesellschaftsräume von hervorragenden Künstlern ausstatten. Carpaccio, Bellini, Giorgione, Tizian und allen voran Tintoretto arbeiteten für Scuole.

Die Scuola ist ein Phänomen, wie es nur Venedig hervorbringen konnte. Während die Zünfte in allen anderen Großstädten des Mittelalters in Europa zunehmenden Einfluß in der Politik anstrebten und in der Regel auch erlangten, waren die venezianischen Scuole von der Machtausübung ausgeschlossen. Die politische Entmündigung einer breiten Schicht des wohlhabenden Bürgertums wäre an anderer Stelle der beste Nährboden für eine Revolution gewesen. In Venedig fanden die von der Macht abgeschirmten Kreise in der Scuola eine Möglichkeit der Selbstverwirklichung. In ihren sozialen Aufgaben, festlichen Versammlungen und vor allem in der prunkvollen Ausschmückung ihrer Gildehäuser fanden sie zu ihrer eigenen Form der Selbstdarstellung.

Die Fassade der Scuola di S. Rocco

Die reich gegliederte Fassade der Scuola ist sinnbildlicher Ausdruck für das hohe Maß an Repräsentation, auf das eine Institution dieser Art Wert legte. In ihrer Asymmetrie wirkt sie unbekümmert gegenüber den strengen Prinzipien der Baukunst in der Zeit um 1500. Das linke Portal ist im Aufbau anders und zugleich höher als das rechte. Die Wand ist in zwei Geschosse gegliedert, die durch ein kräftig vorspringendes Gebälk voneinander geschieden sind. Kannelierte korinthische Säulen heben sich fast vollplastisch von der Fläche ab.

Die Innenräume

Der Saal im Parterre wird von frei stehenden Säulen, die die flache Holzdecke tragen, in zwei Hälften geteilt. Ihre Berühmtheit verdankt die Scuola dem umfangreichen Gemäldezyklus *Tintorettos*, der an der linken Längswand beginnt.

Verkündigung Dieses erste Bild macht bereits deutlich, wie weit sich Tintoretto von den Harmoniegesetzen der Renaissance entfernt hat. Achtzig Jahre liegen zwischen dieser Verkündigung und dem Madonnen-Triptychon Bellinis in der Frari-Kirche. Der Weg, den die Kunst in diesen Jahrzehnten genommen hat, wird nur verständlich, wenn man sich die zeitlich in der Mitte zwischen diesen Werken stehende Assunta und die Pesaro-Madonna Tizians vergegenwärtigt. Der Erzengel ist an den linken, Maria an den rechten Bildrand gedrängt. Die Verkündigung, in älteren Bildern immer als eine betont verhaltene Begebenheit aufgefaßt, wird von Tintoretto zu einem rauschhaften Ereignis umgedeutet.

Gabriel bricht inmitten dampfender Wolken in die Szene. Der Raum selber ist aufgelöst und erscheint als pittoreske Ruine.

Anbetung der Könige Hier wird gleichfalls eine ungewöhnliche Topographie gewählt. Maria sitzt mit dem Christuskind auf einer brückenähnlichen Konstruktion, durch die sie wirkungsvoll erhöht wird. Von oben her dringen Licht und Wolken in den irdischen Bereich ein. Im Hintergrund wird eine geisterhafte Reiterschar erkennbar. Ihre skeletthafte Struktur scheint auf das bevorstehende Massaker zu Bethlehem anzuspielen, das das Thema des übernächsten Bildes ist.

Flucht nach Ägypten Die Szene, in eine in Dämmerlicht getauchte Landschaft eingebettet, vereint den Gedanken der Flucht und den der Ruhe auf der Flucht. Der kraftvoll ausschreitende Joseph symbolisiert das aktive, bewegungsvolle Vorankommen, die kontemplative Haltung der auf dem Esel sitzenden Maria die Ruhe, die sich auch in dem rechts bereits abgelegten Reisegepäck ausdrückt. Der für Tintoretto überraschend symmetrische Aufbau – die Muttergottes befindet sich im Mittelpunkt des Bildes – erhebt die Darstellung über das erzählende Moment hinaus in den Rang eines Andachtsbildes.

Der bethlehemitische Kindermord Das letzte Bild in dieser Reihe steht mit seiner quirligen Bewegtheit in einem lebhaften Kontrast zu der vorangegangenen Fluchtszene. Verzweifelt versuchen Frauen, sich mit ihren Kindern über eine Mauer zu retten, andere stürzen sich in einen Fluß, um schwimmend das rettende Ufer zu erreichen. Das Mordgeschehen selbst wird vom Dunkel weitgehend überschattet und wirkt gerade dadurch so bedrückend und unheilvoll.

Maria Magdalena und Maria Ägyptiaca Die beiden hochrechteckigen Bilder zu seiten des an der hinteren Schmalseite des Raumes stehenden Rochus-Altares entstanden später als die anderen Gemälde dieses Saales (um 1585). Das linke zeigt die Maria Ägyptiaca, das rechte Maria Magdalena, beide Frauen inmitten landschaftlicher Wildnis. Die menschliche Figur tritt ganz zugunsten der Landschaftsdarstellung zurück und wird als Teil der Natur, der Weltschöpfung gesehen. Beide Bilder verbreiten eine meditative, fast melancholische Stimmung. Sie sind ein Ausdruck der in Venedig in der zweiten Hälfte des 16. Jh. herrschenden nostalgischen Hinwendung zu ländlicher Abgeschiedenheit.

Beschneidung Christi In diesem Bild – zwischen den Treppenaufgängen – flackert wieder die venezianische Lust an theatralischer Inszenierung auf. Das Geschehen wird von rot- und goldfarbener Vorhangdraperie eingefaßt. Hier steht nicht, wie auf allen anderen Bildern des Zyklus, Maria im Mittelpunkt, sondern der Hohepriester mit dem Christusknäblein.

Himmelfahrt Mariens Dieses im 19. Jh. stark überarbeitete Bild stellte Tintoretto vor das Problem, das Motiv der Himmelfahrt in ein Breitformat einzubinden. Es besitzt deshalb auch nicht jenen kraftvollen Höhendrang, der für Tizians Assunta so kennzeichnend ist. Anstatt sich über die Apostel zu erheben, wächst Maria aus deren Mitte empor. Das ist charakteristisch für Tintoretto, der zahlreiche Bilder geschaffen hat, auf denen sich eine Einzelfigur aus dem Knäuel einer Menschengruppe löst.

Das Treppenhaus besteht im unteren Teil aus zwei Aufgängen, die sich auf halber Höhe in einem Absatz vereinen. Von dort führt eine breite Prunktreppe hinauf in den Saal des Obergeschosses. Dieser ist im Zusammenwirken von großzügiger Proportionierung, erlesener Ausmalung und einem prachtvollen Soffitto eine Meisterschöpfung der Hochrenaissance. Die Tintoretto-Pinakothek der Scuola umfaßt allein in diesem Raum mehr als dreißig Bilder, davon einundzwanzig im Soffitto. Tintoretto, der selber Mitglied der Scuola war, hatte 1577 vertraglich zugesichert, jährlich mindestens drei Bilder für die Decke zu liefern. Schon 1581 waren die Arbeiten vollendet.

Die Ikonographie der Deckengemälde zeigt eine Auswahl alttestamentarischer Themen, die sich typologisch auf die Christusbilder an der Wand (z. B. Isaak-Opferung als Hinweis auf den Opfertod Christi) oder auf die karitative Funktion der Rochus-Bruderschaft beziehen (z. B. Elias verteilt Brot). Die zentrale Mitteltafel schildert die Aufrichtung der ehernen Schlange. Dem Gewühl von verschlungenen Menschenleibern, die sich am Boden wälzend mit den todbringenden Reptilien ringen, wirkt der himmlische Reigen der Engel entgegen, die die Gestalt Gottvaters umschweben. Aus diesem barocken Gewoge, das wie eine Vorwegnahme Rubensscher Massenszenen anmutet, ragt am linken Bildrand auf einem Felsen einsam die Gestalt Mosis auf. Tintoretto erhellt den typologischen Bezug zum Neuen Testament mit künstlerischen Mitteln. Moses erscheint von einem Strahlenkranz erleuchtet als Präfiguration Christi, der Stab mit der Schlange ist in Kreuzesform wiedergegeben. Die beiden anderen Großtafeln in der Mittelachse mit dem Mannawunder (nahe dem Altar) und Moses, der aus dem Felsen Wasser schlägt, spielen auf das soziale Engagement der Bruderschaft an. Das Wasserwunder wird zu einer kosmologischen Vision gesteigert, indem die Gestalt des Moses – wiederum Christus ähnlich – den heilsgeschichtlichen Aspekt mit einbezieht, zudem die rechts in einer Andeutung des Erdkreises schwebende Figur Gottes auf das Schöpfungswerk hindeutet.

Die Wandbilder sind eine Fortsetzung des Marienleben-Zyklus im Erdgeschoß und hier dem Leben Jesu gewidmet. Sie entstanden zur selben Zeit wie die des Soffitto. Der Zyklus beginnt gegenüber dem Durchgang zur Sala dell'Albergo mit der Geburt Christi.

Geburt Christi (Abb. 81) Tintoretto schildert in Haltung und Mimik der anbetenden Hirten die ganze Gefühlsskala der Beteiligten im Anblick des Gottessohnes. Sie reicht von der stillen, nachdenklichen Anbetung der Älteren bis zu einem freudig erregten Pathos der Jüngeren.

Taufe Als eine visionäre Synopsis zeitlich differenter Ereignisse ist die Taufe Christi im Jordan zu verstehen. Christus ist weit vornübergebeugt, als ruhe eine schwere Last auf seinen Schultern. Tintoretto deutet in dieser Haltung des Heilands die spätere Kreuztragung an.

Auferstehung Beinhaltet noch das vorige Bild den Hinweis auf den leidenden Christus, so ist die Auferstehung als Triumph des Heilands interpretiert. Als überirdische Lichterscheinung entsteigt der Auferstandene der Gruft. Der Vorgang scheint sich schon nicht mehr im Rahmen des Irdischen zu vollziehen, sondern wird in einen irrationalen Jenseitsbereich verlagert.

Ölberg Den Christus im Garten Gethsemane stellt Tintoretto abweichend von dem traditionellen Bildtyp dar. Während Christus in dieser Szene für gewöhnlich betend und die Jünger – gemäß der diesbezüglichen Bibelstelle – schlafend gezeigt werden, erscheint der Heiland hier in Schlafhaltung, Petrus dagegen ist gerade erwacht und blickt erschreckt zu den im Hintergrund nahenden Soldaten. Wie menschlich wirkt dieser Christus, dem eine letzte Ruhe vergönnt ist, bevor der qualvolle Weg seines Leidens beginnt!

Abendmahl (Abb. 54) Man könnte eine eigene kleine Kunstgeschichte der Abendmahlsdarstellungen Tintorettos in Venedig schreiben. Neben dieser existieren weitere fünf Versionen desselben Themas in verschiedenen Kirchen der Stadt. Die früheste (1547) befindet sich in S. Marcuola (Abb. 50) und zeigt die Tafelrunde noch in symmetrischer Anordnung an einem Tisch, der parallel zum Bildrand steht – ein Zitat nach Leonardo da Vincis Mailänder Abendmahl. In dem etwa acht Jahre später für S. Trovaso gemalten Bild (Abb. 51) stellt Tintoretto den Tisch schräg in den Raum, ein Motiv, das für alle folgenden Fassungen verbindlich blieb. Hier nun ist der Verräter Judas von der Gruppe der übrigen Jünger isoliert, die sich um Christus drängt. Insofern gewinnt dieses Bild in der Scuola gegenüber den älteren an Spannung. Die Krönung unter Tintorettos Abendmahlsbildern ist aber erst die späteste Fassung in S. Giorgio Maggiore (Abb. 53).

Die anschließende Schmalseite nimmt der *Rochus-Altar* ein. Das Altarblatt stammt gleichfalls von *Tintoretto,* die Statuen der Heiligen Sebastian und Johannes d. T. von *Girolamo Campagna.* Auf Staffeleien sind weitere Bilder ausgestellt. Links: Verkündigung Mariens von *Tizian,* ein ausgewogenes Bild voller Anmut. Wie impulsiv nimmt sich dagegen Tintorettos Verkündigung im Erdgeschoß der Scuola aus! *Tintorettos* Heimsuchung (die Begegnung zwischen Maria und Elisabeth) von 1588 zeigt den abgeklärten Altersstil des Meisters, der auf den »Sturm und Drang« der 60er und 70er Jahre folgte. Die Stimmung des Bildes, in dem auf szenisches Beiwerk verzichtet wird (einzig die Ehemänner Zacharias und Joseph rahmen die Gruppe), lebt von der Intimität, mit der die beiden Frauen einander begegnen.

Die zwei Gemälde *G. B. Tiepolos* von 1732 stammen aus einem anderen Zusammenhang und kamen erst 1789 in die Scuola. Sie stellen Hagar in der Wüste und Abraham mit den Engeln dar.

Brotvermehrung Die Bilderreihe der zweiten Langseite beginnt mit dem Wunder der Brotvermehrung, die sich – wie fast immer bei Tintoretto – in der Aura himmlischen Lichtes abspielt. Der irdische Bereich versinkt demgegenüber in tiefem Schatten.

Auferweckung des Lazarus Die Hauptpersonen, der zum Leben Wiedererweckte und der wunderwirkende Christus, sind in einer Diagonale einander gegenübergestellt und haben keinen körperlichen Kontakt miteinander. Der Blick Christi ist nach oben gerichtet, wo zwei Gestalten damit beschäftigt sind, Lazarus aus seinen Leichentüchern zu wickeln. Die sonst in den Werken Tintorettos in dieser Schaffensperiode tonangebende Dramatik weicht dem fassungslosen Staunen vor dem Übernatürlichen des Vorgangs.

Himmelfahrt Die Himmelfahrt ist in thematischem Bezug zu der gegenüber befindlichen Auferstehung zu sehen. Hier wird noch einmal deutlich, wie weit sich Tintoretto von Tizian entfernt hat. Dessen Assunta ist vom Gleichgewicht zwischen irdischer und himmlischer Sphäre bestimmt, die auffahrende Maria steht im Mittelpunkt. Tintoretto dagegen versetzt Christus an den oberen Bildrand, die staunenden Apostel erscheinen als Statisten. Die scharf akzentuierten Lichtreflexe auf den Flügelgraten der Engel staffeln sich zu einem aufsteigenden Akkord, aus dessen Mitte Christus kometenhaft emporfährt. Man könnte an dieser Stelle das abgegriffene Wort »Vision« durch ein treffendes Zitat Hippolyte Taines ersetzen, der in seiner 1874 erschienenen »Voyage en Italie« (2. Band) über die künstlerische Vorstellungswelt Tintorettos bemerkt: »Monde inconnu, fantastique et pourtant réel« (Eine fremde, phantastische Welt und dennoch zugleich real).

Krankenheilung am Teich Bethesda Dieses in der Kunst selten dargestellte Thema hatte Tintoretto schon einmal, etwa zwanzig Jahre zuvor, für die Rochus-Kirche gemalt (stark restauriert und deshalb dort nicht weiter besprochen). Im Gegensatz zu der älteren Version kündigt sich in der Zurückhaltung dieser Fassung der beruhigte Altersstil des Künstlers an.

Die Versuchung Die Versuchung Christi weist in dieselbe Richtung wie das vorangegangene Bild. Satan, in der Gestalt des geflügelten Luzifer, begegnet einem abgeklärten Christus, der in stiller Souveränität der Verführung widersteht.

Sala dell'Albergo

Wir begeben uns nun in den angrenzenden Raum, die sog. Herberge, in der der Vorstand der Bruderschaft zu seinen Sitzungen zusammentrat. Die Bilder an Decke und Wänden sind die ersten Werke, die Tintoretto für die Scuola schuf (1564–67). Der Blick des Eintretenden fällt auf die große Kreuzigung, eines der faszinierendsten Werke des Meisters. Um jedoch im chronologischen Duktus zu bleiben, sollte man sich zunächst umwenden und die Passionsszenen an der Eingangswand betrachten.

Christus vor Pilatus Tintoretto hat den Augenblick festgehalten, in dem das Urteil über Christus gefallen ist. Der Heiland steht vor dem römischen Statthalter, dessen Fragen zu beantworten er sich geweigert hatte. Da er nicht widerrufen hat, der Gottessohn zu sein, gibt Pilatus der Forderung der im Hintergrund dräuenden Menge nach und überantwortet Christus dem Kreuzestod. In ein weißes Gewand gehüllt, erscheint Christus in der Farbe des Opferlamms. Seine Haltung drückt Demut und Entrücktheit zugleich aus. Da das Menschengetümmel um ihn her überschattet ist, hebt er sich isoliert, der Einsamkeit preisgegeben, ab. Das Zitat »Vater, warum hast du mich verlassen?« klingt an.

Schmerzensmann Über der Tür sieht man den gegeißelten und verspotteten Christus auf den Stufen einer Treppe liegen. Erschöpft von der erlittenen Pein, sinkt sein Körper in das Tuch, das zwei der Schergen hinter ihm bereithalten. In den Mittelpunkt dieser Wand gestellt, scheint der Christus im Elend eine Verkörperung der Aufgabe, die sich die Rochus-Bruderschaft gestellt hatte.

Kreuztragung Während Tintoretto in den beiden vorigen Bildern den Ton der Nachdenklichkeit anschlägt, schafft er in der Kreuztragung wieder ein Werk, in dem das bewegte Geschehen dominiert. In einer schraubenförmigen Aufwärtsbewegung lenkt er den Blick des Betrachters über die Kreuze der beiden Schächer im Vordergrund hinauf auf das Antlitz Christi, das von den Spuren des Leidens gezeichnet ist. Als inhaltliche Antipoden sind die beiden Männer links und rechts von Christus zu sehen. Die ungeschlachte Figur dessen, der den Zug anführt, zerrt Christus erbarmungslos wie ein Vieh zur Richtstätte. Sein Blick ist nach unten gerichtet. Der Soldat, der hinterdrein schreitet, blickt dagegen himmelwärts, einer imaginären Offenbarung entgegen. Er ließe sich als jener Hauptmann identifizieren, der später, im Augenblick von Christi Dahinscheiden, zu der Erkenntnis gelangt, daß »dieser Mensch wahrlich Gottes Sohn« gewesen ist. Seine aufrechte Haltung und das im Wind flatternde Banner, das er trägt, sind Ausdruck eines triumphalen Siegesbewußtseins. Ähnlich der Taufe schafft der Künstler eine Synopsis zeitlich differenter Momente. Im Vordergrund steht das Leiden, aber der Triumph Christi kündigt sich zugleich mit an.

Kreuzigung Eine Erzählung mit dem Unterton eines großen Pathos ist die Darstellung der Kreuzigung. Hier vollzieht Tintoretto den zuvor angekündigten Schritt vom Leid Christi zu seinem Triumph. Die Kreuzigung der Schächer zeigt die Stationen der Hinrichtung, die der bereits aufgerichtete Heiland zuvor durchlaufen hat, letzte Hinweise auf seine Qualen. Am Kreuze aber ist der Leib des Geopferten von Licht umstrahlt. Das Leiden ist gewichen, und im Vordergrund steht der Sieg über den Tod. Das ist der Christus, der die Menschheit erlöst.

Auf einer Staffelei steht frei im Raum eine andere *Kreuztragung*, deren Urheberschaft nicht mit letzter Sicherheit feststeht. Früher hatte man an Tizian gedacht, jetzt hat sich die Zuweisung an *Giorgione* durchgesetzt. Christus und Pilatus sind als Halbfiguren wiedergegeben, ihre Köpfe sind nah aneinandergerückt. Der Heiland schaut aus dem Bilde heraus, Pilatus dagegen wendet sich Christus mit einem forschenden Blick zu. Die Intensität des Bildes liegt in der psychologisch eindringlichen Gegenüberstellung unterschiedlicher Charaktere.

Die *Deckenbilder* sind Tintorettos erste Arbeiten für die Scuola gewesen. Im Zentrum erscheint der hl. Rochus in der Verklärung. Mit diesem Bild hatte Tintoretto die Mitbewerber Zuccari, Salviati und Veronese aus dem Feld geschlagen. In den Trabantenbildern erscheinen Personifikationen der fünf weiteren wichtigsten Scuole Venedigs.

Die Tintoretto-Gemälde in der Scuola Grande di S. Rocco sind eine der bedeutendsten Bildersammlungen der Welt und nach Giottos Arena-Kapelle in Padua der umfangreichste biblische Zyklus der italienischen Kunst. Angefangen mit Adam und Eva, hat Tintoretto bis hin zur Erlösung der Menschen durch den Opfertod Christi den ganzen heilsgeschichtlichen Kosmos des christlichen Glaubens entworfen. Die Bilderserie ist insgesamt »von einem so tiefen religiösen Geist erfüllt, wie nur noch die größten künstlerischen Schöpfungen des Mittelalters« (Arnold Hauser).

Scuola Grande di S. Giovanni Evangelista

Eine weitere Scuola findet man unweit der Frari-Kirche in der Calle dell'Olio o del Caffetier. Sie wurde bereits im 13. Jh. gegründet und gehörte zu den sechs »Großen« Scuole der Stadt. Für diese Scuola, deren Patron der Evangelist Johannes war, malten Carpaccio und Gentile Bellini den berühmten Zyklus der Bilder mit den Wundern der Kreuzreliquie, der nach Auflösung der Scuola in die Accademia überführt wurde. Dennoch lohnt der kleine Abstecher hierher, weil der Vorhof ein reizendes Zeugnis der frühen Renaissancearchitektur in Venedig ist. Er wird von drei marmorinkrustierten Wänden eingefaßt, deren mittlere, frei stehende einen Durchgang in den Innenhof besitzt. Linker Hand befindet sich die kleine Kirche S. Giovanni Evangelista aus dem 15. Jh. (im 18. Jh. stark verändert, keine nennenswerte Ausstattung), gegenüber das Bruderschaftshaus, neben dessen Eingang ein spätgotisches Relief in die Wand eingelassen ist. Es zeigt die knienden Mitglieder der Scuola vor ihrem Patron. Der Versammlungsraum des Untergeschosses ähnelt dem der Scuola di S. Rocco; fünf schlanke Säulen in seiner Mittelachse tragen die flache Holzdecke. In den großen Saal des Obergeschosses gelangt man über ein frei an das Gebäude angelehntes Treppenhaus, dessen Fußpunkte und oberer Absatz mit Kuppeln überwölbt sind. Die Räume dienen heute für wechselnde Ausstellungen und werden gewöhnlich in das Programm der Kunst-Biennale mit einbezogen.

S. Nicolò da Tolentino (I Tolentini)

Der Besuch zweier weiterer Kirchen rundet die Streifzüge im Frari-Bezirk ab. Nahe dem Papadopoli-Park wendet die einstige Klosterkirche des Theatiner-Ordens ihre Fassade dem Rio dei Tolentini zu. Dem im letzten Jahrzehnt des 16. Jh. errichteten Kirchenbau wurde im 18. Jh. eine offene Säulenhalle vorangestellt. Dem Bau liegt ein Plan Scamozzis zugrunde, der aber dadurch, daß die Vierungskuppel der kreuzförmigen Anlage nicht ausgeführt wurde, und darüber hinaus durch die überladen wirkende Ausstattung des 18. Jh. wenig überzeugt.

Ein wichtiges Bild des Genuesen *Bernardo Strozzi*, der seit 1630 in Venedig lebte, entdeckt man links vor dem Chor, eine Darstellung des hl. Lorenz, die Strozzis Schulung an den großen Flamen (Rubens, van Dyck) verrät. Rechts davon - ums Eck - hängt ein weiteres Barockgemälde, ebenfalls eines Nichtvenezianers: der hl. Hieronymus von *Johann Liss*. Der aus dem Oldenburgischen stammende Künstler hatte Venedig 1622 zu seiner Wahlheimat gemacht, wo er 1629 erst 32jährig ein Opfer der Pest wurde.

S. Pantalon (S. Pantaleone)

Am Rio Nuovo, der wichtigsten Wasserstraße zwischen Piazzale Roma und dem Canal Grande, steht die Kirche S. Pantalon, deren Fassade unvollendet blieb. Es war eine Marmorverkleidung der rohen Ziegelwand vorgesehen. Im Innern der barocken Saalkirche überrascht das monumentale Deckengemälde, das größte seiner Art in Venedig. Der Maler *Gianantonio Fumiani* arbeitete zweieinhalb Jahrzehnte daran (1680–1704). Gerahmt von einer raffiniert angelegten Illusionsarchitektur ist die Aufnahme des Titelheiligen der Kirche in den Himmel dargestellt. Da es sich nicht um ein Fresko, sondern um Öl auf Leinwand handelt, sind die Farben im Lauf der Zeit beträchtlich nachgedunkelt.

Die große Kostbarkeit der Kirche verbirgt sich in der kleinen Cappella del Sacro Chiudo links vom Chor: ein Altarbild mit der Marienkrönung von *Bartolomeo Vivarini* und dessen Schwager, *Giovanni d'Alemagna* (1444). Es zeigt einen Bildaufbau, der die lang anhaltende Wirkung des von Guariento für den Dogenpalast rund hundert Jahre zuvor geschaffenen Typs der Marienkrönung belegt. Ein dichtes Szenarium von Heiligen, Evangelisten, Kirchenvätern, Aposteln und Engeln drängt sich um das Geschehen, das sich auf einer thronähnlichen Konstruktion vollzieht.

Der Canal Grande

Topographie 140 – *Der venezianische Palazzo* 141 – Die Baudenkmäler am Canal Grande 148
Farbt. 2, 8, 12, 15, 20–22, 24; Abb. 1, 2, 38, 39, 42

Topographie

Der Canal Grande, Venedigs wichtigste Verkehrsader, ist das Relikt eines einstigen Mündungsarmes der Brenta. Er beginnt im Nordwesten der Stadt am Piazzale Roma und durchzieht das Stadtgebiet in einer weit gezogenen Schleife in Form eines umgekehrten S. Bei der einstigen Dogana del Mar (Zollstation) mündet er in das Wasserbecken vor dem Dogenpalast (Bacino di S. Marco). Der Canal Grande ist 3,8 km lang, an der schmalsten Stelle, beim Rialto, 30 m, an seiner weitesten, im Bereich der Mündung, 70 m breit. Die Schiffahrtsrinne ist maximal 5 m tief. Drei Brücken überqueren die Wasserstraße: der Ponte degli Scalzi beim Hauptbahnhof, die Rialto-Brücke auf halber Strecke und der Ponte dell'Accademia, der im Süden der Stadt die Sestieri S. Marco und Dorsoduro miteinander verbindet. Daneben gibt es zahlreiche Traghetto-Stationen mit Booten, die den Personenverkehr außerhalb der Brückenbereiche besorgen. Der

Der Canal Grande im Bereich der Scalzi-Kirche (rechts vorne); links S. Simeone Piccolo; hinten rechts die einstige Kirche S. Lucia, die 1860 dem Bahnhofsgebäude weichen mußte. Stich von Michele Marieschi aus dem 18. Jh.

Canal Grande ist keine Trennungslinie zwischen den Stadtsechsteln, drei im Norden, drei im Süden, sondern erfüllt eher die Aufgabe eines Reißverschlusses, der die beiden Stadthälften miteinander verzahnt, was durch die ihre Fassaden einander zuwendenden Paläste auf beiden Seiten des Kanals zum Ausdruck kommt. Im venezianischen Dialekt wird der Canal Grande auch »Canalazzo« genannt, eine echt venezianische Kontraktion aus »Canal« und »Palazzo«, also ein idiomatischer Hinweis auf die Paläste am Canal Grande. Rund 350 historische Bauten säumen die Ufer, wobei die Palazzi den größten Teil ausmachen. Etwa 70 gehören der gotischen Epoche an, weitere 130 der Renaissance und dem Barock. So vermittelt eine Schiffsfahrt auf dem Canal Grande ein lückenloses Bild von der Entwicklung der venezianischen Palastarchitektur von ihren Anfängen bis zum Ende der Republik.

Exkurs: Der venezianische Palazzo

So wie die ganze Stadt in der europäischen Kunstgeschichte eine Sonderstellung einnimmt, ist auch der venezianische Palazzo mit der Feudalarchitektur im übrigen Europa nicht vergleichbar. Während überall sonst die Frühform aristokratischen Bauens von der Notwendigkeit zur Verteidigung geprägt war, brauchte man in der geschützten Lagune keine Rücksicht auf fortifikatorische Gesichtspunkte zu nehmen. Zudem blieb Venedig der innerparteiliche Kampf erspart, der andere Städte des Mittelalters, namentlich in Oberitalien, so heftig erschütterte und selbst innerhalb umfriedeter Städte Wohnbauten von oft martialischem Aussehen entstehen ließ – die Geschlechtertürme der Toskana sind dafür eindrucksvolle Beispiele. Der venezianische Palazzo ist von Anbeginn offen und zugänglich. Damit wurde zugleich eine Grundhaltung festgelegt, die später nur geringfügige Veränderungen erfuhr. Bei aller Unterschiedlichkeit der aufeinander folgenden Stilperioden blieb die venezianische Palastarchitektur bestimmten Grundprinzipien über Jahrhunderte treu. Sie wurden wohl variiert, aber nicht im Grundsätzlichen umgestoßen.

Bis in das frühe 13. Jh. wurde weitgehend in Holz gebaut. Erst allmählich setzte sich das technisch aufwendigere, aber dafür auch beständigere Baumaterial des Steins durch. Die ältesten Steinbauten befinden sich bezeichnenderweise im Rialto-Bezirk, also dem wirtschaftlichen Zentrum der Stadt.

Da Venedigs Blick in Richtung Osten zu einer Durchdringung mit dem byzantinischen Kunstkreis geführt hatte, während der westlich-romanische Einfluß lange Zeit wirkungslos blieb, zeigen auch die ersten Paläste einen Stil, den man treffend als »veneto-byzantinisch« bezeichnet hat. Der Palazzo dieser ersten Epoche ist zweigeschossig (I). Das Untergeschoß öffnet sich in einer Arkadenreihe, deren Bögen sich gestelzt über schlanken Säulen erheben. Die Fenster im Obergeschoß wiederholen das Motiv der fortlaufenden Arkadenreihe. In der Vertikalen herrscht eine Dreigliederung. Einen breit gelagerten Mittelteil flankieren schmale Seitentrakte, in deren Gestalt die Erinnerung an frühmittelalterliche Turmkonstruktionen wach geblieben ist. Bezeichnenderweise nennt man sie deshalb auch »Torreselli«. Damit hat die Architektur des 13. Jh. bereits Formulierungen festgelegt, die bis in das 18. Jh. verbindlich bleiben sollten. Zum einen ist die Fassade grundsätzlich zur Wasserseite gerichtet – das gilt auch für jene Palazzi, die später an kleineren Seitenkanälen entstanden –, zum anderen blieb die

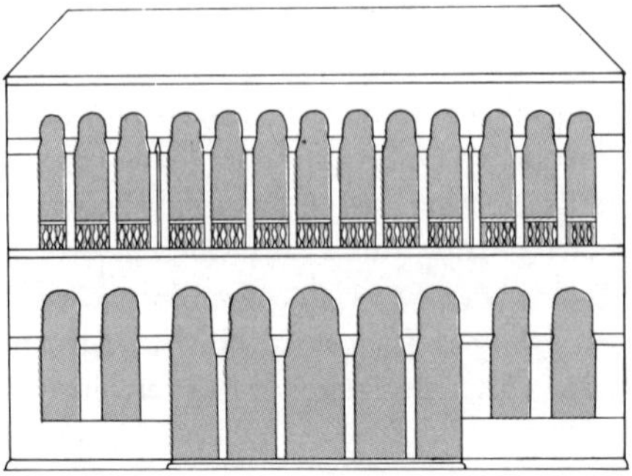

I

Die venezianische Palastfassade

I Veneto-byzantinisch, 13. Jh.
Beispiel: Palazzo Loredan am Canal Grande, Rekonstruktion des ursprünglichen Zustands ohne die beiden später aufgesetzten Geschosse
II Gotik, 14. und 15. Jh.
Beispiel: Palazzo Pisani-Moretta am Canal Grande
III Renaissance, 16. Jh.
Beispiel: Palazzo Contarini delle Figure am Canal Grande

II

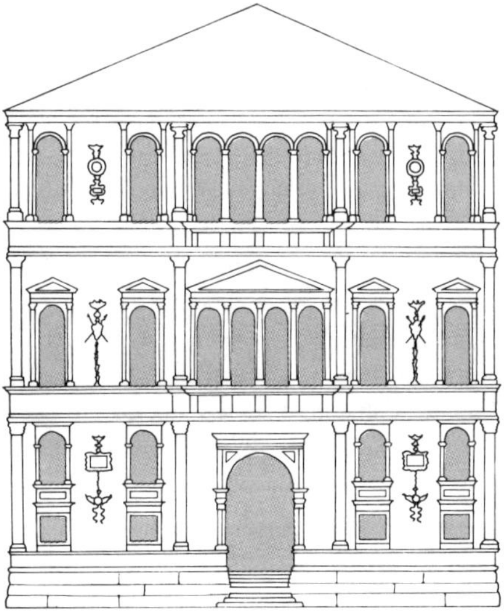

III

Dreiteilung als Grundmuster verbindlich. Desgleichen wurde an dem geraden Abschluß nach oben über alle Jahrhunderte festgehalten. Spitze Giebel, wie sie vor allem in der nordischen Architektur tonangebend wurden, sind der venezianischen Bauweise im profanen Bereich fremd geblieben.

Mit dem Eindringen der Gotik wurde der venezianische Palazzo um ein Stockwerk erhöht. Zugleich wurde das untere Geschoß weitgehend geschlossen, an die Stelle der offenen Arkadenreihe traten ein oder zwei spitzbogige Tore (II). Die Fassade wurde stärker rhythmisiert, indem nun glatte Wandflächen im Wechsel mit Fenstern erscheinen. Die gotische Bauweise bedeutet jedoch keine Abwendung von der Tradition, sie ist lediglich eine Umwandlung der veneto-byzantinischen Stufe in einen neuen Stil. Der nordische Habitus der Gotik mit seiner diaphanen, also räumlich zu verstehenden Struktur wird in Venedig ins Flächenhaft-Dekorative

Formen gotischer Fenster an venezianischen Palästen. Zeichnung von John Ruskin aus: The Stones of Venice, London 1851–53

übersetzt. Träger des dekorativen Ausdruckswillens wurde das Maßwerk, das über dem Grundmuster des Kielbogens und des Vierpasses sich in unterschiedlichen Spielarten und Variationen entfaltete.

Auch die Renaissance brachte nach der Mitte des 15. Jh. keinen grundsätzlichen Gesinnungswandel. Im Gegensatz zum Proportionsideal des neuen Zeitalters, das alle Bauteile als gleichgewichtig in eine ausgewogene Ordnung brachte, blieb die Dreiteiligkeit mit der Betonung des mittleren Abschnitts verbindlich (III). Gliedernde Elemente wie Pfeiler, Säulen, Pilaster erfüllen auch weiterhin in erster Linie schmückende Aufgaben und dienen nur untergeordnet der Sichtbarmachung struktiver Zusammenhänge.

Wie die vorangegangenen Stilepochen erfuhr auch der Barock seine spezifisch venezianische Umwandlung. Die Paläste wurden zwar noch größer, raumgreifender, prächtiger, aber sie

Arbeiter beim Einrammen von Pfählen für das Fundament eines Palazzo. Tuschzeichnung aus dem 18. Jh.

steigern sich nicht zu jenem überladenen Pathos, das für den Barock römischer Prägung kennzeichnend ist. Die Dreiteilung der Fassade jedoch wurde im Barock oftmals zugunsten ihrer Vereinheitlichung aufgegeben.

So erlebt man an der Fassade des Palazzo exemplarisch, wie in Venedig jede europäische Stilrichtung aufgegriffen, letztlich aber immer in einem charakteristisch venezianischen Sinne verarbeitet wurde.

Die beengten Platzverhältnisse auf den Laguneninseln haben den inneren Aufbau des Palastes mitbestimmt. Entweder wurde auf einen Innenhof ganz verzichtet, oder er wurde in nur bescheidenem Umfang gehalten, denn Baugrund war teuer und rar. In der Regel hat der venezianische Palazzo zwei Zugänge: einen vom Wasser, einen anderen von der Landseite. Beide führen in das »Andron«, einen Korridor, der die gesamte Tiefe des Bauwerks durchmißt. Dieser Hausflur dient als Zubringer für die links und rechts angrenzenden Räume, die hauptsächlich als Lager- und Büroräumlichkeiten genutzt wurden. Die Verbindung zu den oberen Stockwerken erfolgte bis in das 15. Jh. vorwiegend über eine Außentreppe. Erst dann wurde das Treppenhaus im Innern üblich. Dem Andron im Parterre entspricht der »Portego« genannte Hausflur im Obergeschoß, das man als »Piano nobile« bezeichnet. Nach außen öffnet sich der Portego in die zentrale Fenstergruppe, die an praktisch keinem Palazzo fehlt. Den Wirtschaftsräumen unten entsprechen oben die Wohnräume. Dieser Aufriß erfuhr bereits in der späten Gotik eine Differenzierung. Den Seitentrakten des Untergeschosses wurden kleinere Zwischengeschosse, »Mezzanin«, eingezogen, die später – in der Renaissance – mittels quer durch das Andron verlaufende Gänge miteinander verbunden wurden. Da diese kleineren Räume leichter zu beheizen waren, wurden sie anfangs Aufbewahrungsorte wertvoller Stoffe, Möbel und Bücher, später, als in der Barockzeit die Seitenräume des Portego zunehmend repräsentative Zwecke erfüllten, auch Wohn- und Schlafräume.

Wie die bauliche Struktur erlebten auch die Bauweise und die verwendeten Materialien über Jahrhunderte keine grundsätzliche Veränderung. Zu Beginn der Errichtung eines Palazzo war es zunächst erforderlich, das Wasser mittels eines Walles aus Holzbohlen abzudämmen. Sodann wurden in den Grund Pfähle von etwa 2 m Länge gerammt. Unebenheiten glich man mit hartem

Lehm aus. Auf diese Fläche wurden sodann Bohlen aus Lärchen-, Walnuß- oder später auch Mahagoniholz gebreitet. Darauf wurde das Fundament aus Ziegelsteinen gelegt, das sich noch unter dem Wasserspiegel befindet. Hierüber folgte eine Lage istrischen Marmors, der nicht nur die Stabilität sicherte, sondern dank seiner Härte auch optimalen Schutz gegen aufsteigende Feuchtigkeit bietet. Auf diesem Sockel wurde der Palazzo hochgezogen, wobei in gotischer Zeit der größte Teil der Wände aus Ziegeln gemauert wurde, aus deren gleichmäßiger Rotfläche sich die eingefügten Marmorteile – Fensterrahmungen, Maßwerk, Balkone etc. – kontrastreich absetzen. In der Renaissance wurde der Ziegel zugunsten einer vollständigen Marmorinkrustation verdrängt.

Byzantinische Reliefplatte von der Ca' da Mosto. 13. Jh.

Wenn wir heute von »Palazzo« sprechen, müssen wir uns vergegenwärtigen, daß diese Bezeichnung ursprünglich verpönt war. In Venedig gab es nur einen Palazzo, nämlich den Amtssitz des Dogen und der Signoria. Alle anderen aristokratischen Bauten hießen schlicht »Casa« (Haus) oder in der Kurzform »Ca'«, ganz unabhängig von ihrer Größe. Dieses terminologische Understatement ist als Ausdruck republikanischen Selbstverständnisses zu sehen. So wie der Doge als ein »Primus inter pares« galt, war auch der Aristokrat im engeren Umfeld seines Wohnbereiches das Haupt unter (scheinbar) Gleichgestellten. Es war z. B. durchaus üblich, daß Arbeiter oder Angestellte den Taufpaten für ein Patrizierkind abgaben, wie umgekehrt ein Patrizier Pate für Kinder aus ärmeren Familien stehen konnte.

Die Bauten am Canal Grande

1 *Bahnhof S. Lucia*
2 *Kirche S. Simeone Piccolo*
3 *Kirche degli Scalzi*
4 *Scalzi-Brücke*
5 *Palazzo Flangini*
6 *Kirche S. Geremia*
7 *Palazzo Labia*
8 *Kirche S. Marcuola*
9 *Fondaco dei Turchi*
10 *Deposito del Megio*
11 *Palazzo Belloni-Battagia*
12 *Palazzo Vendramin-Calergi*
13 *Kirche S. Stae*
14 *Palazzo Barbarigo*
15 *Palazzo Zulian*
16 *Palazzo Ruoda*
17 *Palazzo Gussoni-Grimani*
18 *Palazzo Pesaro*
19 *Palazzo Corner della Regina*
20 *Ca' d' Oro*
21 *Palazzo Pesaro*
22 *Palazzo Sagredo*
23 *Pescheria*
24 *Palazzo Michiel delle Colonne*
25 *Palazzo Mangilli-Valmarana*
26 *Fabbriche Nuove*
27 *Ca' da Mosto*
28 *Fabbriche Vecchie*
29 *Palazzo Civran*
30 *Palazzo dei Camerlenghi*
31 *Fondaco dei Tedeschi*
32 *Rialto-Brücke*
33 *Palazzo Dolfin-Manin*
34 *Palazzo Bembo*
35 *Palazzo Loredan*
36 *Palazzo Farsetti*
37 *Palazzo Grimani*
38 *Palazzo Corner-Contarini dei Cavalli*
39 *Palazzetto Tron*
40 *Palazzo Papadopoli*
41 *Palazzo Bernardo*
42 *Palazzo Corner-Spinelli*
43 *Palazzo Pisani-Moretta*
44 *Palazzo Corner-Gheltof*
45–47 *Gruppe der Mocenigo-Paläste*
48 *Palazzo Contarini delle Figure*
49 *Palazzo Balbi*
50 *Ca' Foscari*
51 *Palazzo Giustinian*
52 *Palazzo Grassi*
53 *Kirche S. Samuele*
54 *Ca' Rezzonico*
55 *Palazzo Loredan degli Ambasciatori*
56 *Palazzo Falier*
57 *Palazzo Giustinian-Lolin*
58 *Palazzo Contarini-Corfu*
59 *Palazzo Contarini degli Scrigni*
60 *Accademia*
61 *Accademia-Brücke*
62 *Palazzo Cavalli-Franchetti*
63 *und* 64 *Gruppe der Barbaro-Paläste*
65 *Palazzo Contarini-Polignac*
66 *Palazzo Venier dei Leoni*
67 *Palazzo Corner della Ca' Grande*
68 *Palazzo Dario*
69 *Palazzo Genovese*
70 *Palazzo Gritti*
71 *Kloster S. Gregorio*
72 *Palazzetto Contarini-Fasan*
73 *Kirche S. Maria della Salute*
74 *Seminario Patriarcale*
75 *Dogana del Mar*

Vaporetto-Stationen:
A Bahnhof S. Lucia
B S. Biasio
C S. Marcuola
D S. Stac
E Ca' d' Oro
F Rialto
G S. Silvestro
H S. Angelo
I S. Tomà (Frari)
J Ca' Rezzonico
K S. Samuele (nur Linie 2)
L Accademia
M S. Maria del Giglio
N S. Maria della Salute

T bedeutet Traghetto

Die Baudenkmäler am Canal Grande

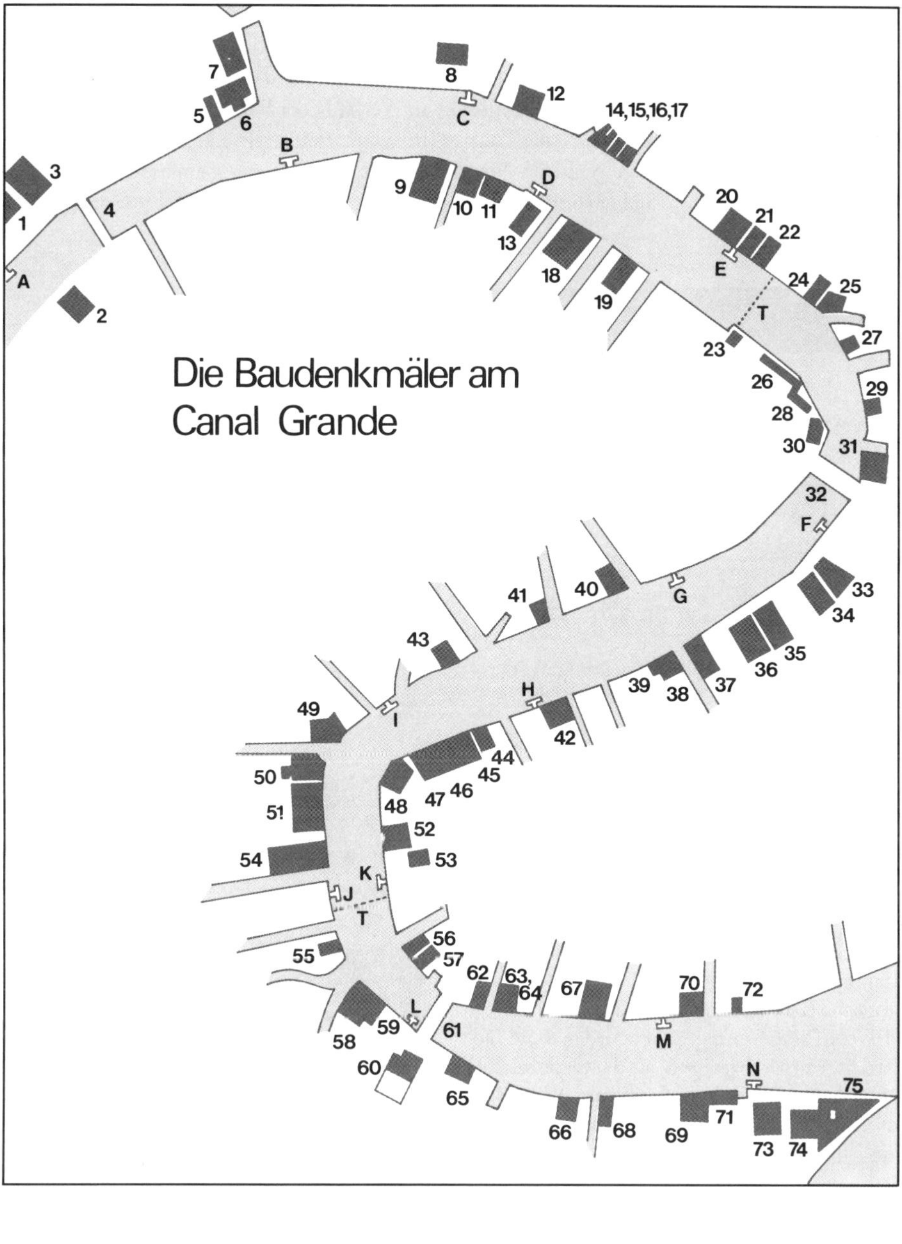

Die Baudenkmäler am Canal Grande

Die Beschreibung der wichtigsten Bauten beginnt am Bahnhof und endet an der Salute-Kirche. Da es praktisch nicht möglich ist, alle Eindrücke im Verlaufe der Fahrt mit dem Vaporetto in sich aufzunehmen, empfiehlt es sich, die Tour an einigen markanten Punkten zu unterbrechen, um Besonderheiten in Ruhe zu genießen. Wer diesem Ratschlag folgt, löst am besten eine Tageskarte für das Linienschiff. Sicher romantischer, aber doch recht kostspielig ist eine Gondelfahrt.

1

1, li. Das Schiff legt am Bahnhof ab, der in seiner heutigen Gestalt in den 50er Jahren entstand. An seiner Stelle stand ursprünglich die gotische **Kirche S. Lucia,** die im 16. Jh. durch *Andrea Palladio* umgebaut worden war. Die Kirche wurde abgerissen, als die Österreicher 1860 den ersten Bahnhof anlegten. Eine Marmortafel mit einer Zeichnung der Kirche ist in das Pflaster vor der Bahnhofstreppe eingelassen.

2, re. Dem Bahnhof gegenüber steht die Kirche **S. Simeone Piccolo** aus dem frühen 18. Jh. mit einer grünpatinierten Kuppel. Der zwischen 1718 und 1738 errichtete Zentralbau ersetzte die mittelalterliche Kirche SS. Simeone e Giuda. Obwohl es sich um einen Bau des Spätbarock handelt, ist die Architektur dem klassischen Erbe der Renaissance verpflichtet. Eine breite Freitreppe führt zu dem von vier Säulen getragenen offenen Portikus, an den sich der Rundbau anschließt. Das Ganze ist ein ins Kleinformat übertragenes Abbild des Pantheon in Rom.

2

3

3, li. Gleich neben der ersten von insgesamt drei Brücken über den Canal Grande erhebt sich die barocke Fassade der **Scalzi-Kirche** (dazu ausführlich S. 286f.).

4 (ohne Abb.) Die **Scalzi-Brücke** wurde 1934 anstelle einer baufällig gewordenen Eisenbrücke aus dem 19. Jh. errichtet.

5

5, li. Kurz vor der Kirche S. Geremia steht der barocke **Palazzo Flangini** aus dem 17. Jh. Da der Palast unfertig blieb – der linke Seitentrakt wurde nicht ausgeführt –, wirkt er unausgewogen und zu steil. Eine alte Klatschgeschichte erzählt, daß zwei Brüder den – angeblich fertigen – Palazzo erbten und sich über die Aufteilung der Wohnräume nicht einigen konnten, worauf der eine seinen Teil im Zorn abriß.

6, li. Zum Canal Grande ist jene marmorverkleidete Kapelle der **Kirche S. Geremia** ausgerichtet, in die nach dem Abriß der alten S. Lucia-Kirche 1860 die Reliquien der Heiligen überführt wurden (ausführlich S. 287).

7, li. Gleich hinter S. Geremia erscheint der **Palazzo Labia** mit der Langseite zum Canale di Canareggio, der an dieser Stelle in den Canal Grande mündet (ausführlich S. 287f.).

6, 7

8, li. (ohne Abb.) An der gleichnamigen Schiffsstation wendet die Kirche **S. Marcuola** ihre unvollendet gebliebene Fassade dem Canal Grande zu (ausführlich S. 291f.). Um den Fondaco dei Turchi und die angrenzenden Bauten in Ruhe betrachten zu können, empfiehlt sich eine Unterbrechung der Schiffsfahrt an der Station S. Marcuola.

9

9, re. S. Marcuola gegenüber steht der **Fondaco dei Turchi,** einer der frühesten Paläste, der stilistisch der veneto-byzantinischen Epoche angehört. Bereits im 13. Jh. von der Familie Pesaro erbaut, wurde er erst 1621 von türkischen Handelsleuten gekauft, die dann bis 1838 ihre offizielle Niederlassung darin hatten. Danach stand das Gebäude längere Zeit leer und verfiel, bis es dank der Initiative John Ruskins nach zehnjähriger Restaurierung noch im 19. Jh. in seiner jetzigen Gestalt wiedererstand.

Es zeigt den Typ des frühen venezianischen Palazzo mit einer offenen Säulenhalle zur Kanalseite, und es ist das einzige erhaltene Beispiel, wo die Torreselli, die Seitentrakte, sich turmähnlich an den Flanken des Gebäudes über den zweigeschossigen Mittelteil erheben. Heute ist im Fondaco dei Turchi ein naturhistorisches Museum untergebracht (vgl. S. 343; Überfahrt von S. Marcuola mit dem Traghetto).

10

10, re. An die einstige Handelsniederlassung der Türken schließt sich der **Deposito del Megio** an, der alte Kornspeicher der Republik. Entsprechend seiner Bestimmung als Lagerhaus öffnet sich der im 15. Jh. errichtete Ziegelbau nur in kleinen, vergitterten Fenstern. Den einzigen Schmuck bilden die Zinnenbekrönung und das große Relief mit dem Markuslöwen im Obergeschoß, eine Rekonstruktion eines 1797 zerstörten Originals.

11

11, re. Neben dem Kornspeicher steht der barocke **Palazzo Belloni-Battagia,** den *Baldassare Longhena* 1647–63 erbaute. Die Fassade kennzeichnet den Übergang von Longhenas früherem, noch der Renaissance nahestehenden Palazzo Giustinian-Lolin (vgl. 57) und dem späteren Monumentalbau des Palazzo Pesaro (vgl. 18). Ein typisch barockes Element sind die durchbrochenen Giebel über den Fenstern des Piano nobile.

Der Bauherr, der sich durch Zahlung von 150 000 Golddukaten die Eintragung in das Goldene Buch erkauft und sich zusätzlich mit dem Bau des Palazzo offenbar finanziell verausgabt hatte, mußte den Besitz schon bald wieder abtreten. Heute befinden sich private Wohnungen in dem Palazzo.

12

12, li. Zu den schönsten Palästen am Canal Grande zählt der **Palazzo Vendramin-Calergi,** den *Mauro Codussi* um 1500 für die Familie Loredan errichtete – ein Paradebeispiel der Renaissancearchitektur. Es lohnt sich, an der Haltestelle S. Stae auszusteigen, um die Fassade genauer zu betrachten. Sie gliedert sich in drei gleich hohe Geschosse, die Seitenteile sind kaum merklich vom Mitteltrakt abgegrenzt, so daß die Gesamterscheinung sehr einheitlich wirkt. Die Gestaltung der Fenster – zwei Rundbögen mit einem kleinen Okulus unter einem übergreifenden Bogen – leitet sich von der toskanischen Renaissance ab, wo dieses Motiv zuerst an Albertis Fassade des Palazzo Rucellai in Florenz auftaucht. Nach mehrfachem Besitzerwechsel wurde der Palazzo 1589 von der für ihren legendären Reichtum berühmten Familie Calergi ersteigert. 1783 vererbte der letzte Calergi Nicolò Vendramin den Palast mit der Auflage, den Namen beizubehalten. Am 13. Februar 1883 starb Richard Wagner in dem Palazzo. Der Tod Wagners am Canal Grande klingt in einer Zeile von Gottfried Benns Gedicht »Selbsterreger« an. Heute ist das Winter-Casino der Stadt in dem Palazzo untergebracht.

13, re. Die im 17. Jh. erbaute, jüngst restaurierte **Barockkirche S. Stae** (von S. Eusta-

13

chius) wendet an der gleichnamigen Schiffsstation ihre blendendweiße Fassade dem Canal Grande zu. Die Stiftung der Fassade verdankt sie dem Dogen Alvise Mocenigo II. (1700–09), der im Innern beigesetzt ist. Vom Platz vor der Kirche hat man einen guten Blick auf eine einheitlich wirkende Gruppe von vier Palazzi am jenseitigen Ufer:

14, li. Gleich neben der Mündung des Rio della Maddalena steht der **Palazzo Barbarigo** aus dem 17. Jh.
15, li. Es folgt der durch seine gelungene Restaurierung auffallende **Palazzo Zulian,** einst Wohnstatt eines Gönners von A. Canova (17. Jh.).
16, li. Daran schließt sich der **Palazzo Ruoda** an, gleichfalls ein Bau des 17. Jh.
17, li. Der letzte dieser Gruppe ist der **Palazzo Gussoni-Grimani** (16. Jh.), dessen einstige Fassadenbemalung von Tintoretto zerstört ist.

14–17

18, re. Bald nach S. Stae ragt rechts der imposante **Palazzo Pesaro** auf, dessen barocke Fassade nach einer erst kürzlich abgeschlossenen Restaurierung in neuem Glanz erstrahlt. An dem Bauwerk, einem der größten der Stadt, wurde ein halbes Jahrhundert gearbeitet. Beim Tode des Architekten *Longhena* (1682) waren erst die zwei unteren Geschosse fertig,

18

die Vollendung zog sich bis 1710 hin. Longhena griff in seinem Spätwerk Anregungen von Sansovinos hundert Jahre zuvor entstandenem Palazzo Corner della Ca' Grande auf (vgl. 67): Vereinheitlichung der Fassade ohne betonte Absetzung der Seitenteile, doppelte Säulen als Gliederungselemente im Piano nobile, sieben Fensterintervalle. Dennoch schuf er ein ganz eigenes Werk mit typischen Äußerungen des Barock: die voluminöse plastische Ausformung der Einzelmotive, die reiche Dekoration mit Bauskulptur etc. Eine originelle Besonderheit sind die Groteskenmasken am Sockel. Die Rustizierung des Untergeschosses mit Diamantquadern ist ungewöhnlich für die venezianische Baukunst.

Der Palast blieb bis zum Tode des letzten Pesaro 1830 im Besitz der Familie. Seitdem durch verschiedene Hände gegangen, wurde das Gebäude 1902 von der Stadt erworben, die darin die beiden Museen für moderne und orientalische Kunst einrichtete (s. S. 341f.).

19

19, re. Wenige Jahre nach Fertigstellung des Palazzo Pesaro entstand der nur durch den Palazzo Donà von diesem getrennte spätbarocke **Palazzo Corner della Regina.** Der Architekt *Domenico Rossi* entwarf eine Fassade, die als Pendant zum Palazzo Pesaro gedacht war. Im Gegensatz zu dem kraftstrotzenden Bauwerk Longhenas bahnt sich jedoch in der nüchterneren Architektur Rossis, die insgesamt steiler wirkt, eine Vorahnung des Klassizismus an. Seinen Namen hat der Palast nach einem Vorgängerbau an dieser Stelle, in dem 1454 Caterina Cornaro, die spätere Königin von Zypern, geboren wurde. Heute ist er im Besitz der Stadt und dient als öffentliches Leihhaus.

20, li. Das bekannteste gotische Bauwerk Venedigs am Ufer des Canal Grande ist die im zweiten Viertel des 15. Jh. entstandene **Ca' d' Oro** mit ihrem herrlichen Maßwerk (den schönsten Blick hat man von der gegenüberliegenden Seite; Traghetto vom Campo S. Sofia zur Pescheria). Die offene Säulenhalle im Untergeschoß, seit der Gotik außer Mode gekommen, erklärt sich in diesem Fall durch die Übernahme von Bauteilen aus einem Vorgänger. Auch in anderer Hinsicht weicht die Ca' d' Oro vom herkömmlichen Schema ab. Sie ist asymmetrisch; der Hauptteil des Gebäudes hat nur nach rechts einen Torresello, ein linker war gar nicht erst geplant. Der Formenreichtum des Maßwerks in den beiden Loggien der Obergeschosse und die polychrome Marmorinkrustation markieren den Gipfel der venezianischen Palastarchitektur in gotischer Zeit. Ein übriges zu der großartigen Wirkung dürfte die verlorengegangene Vergoldung zahlreicher Bauteile beigetragen haben, der das Bauwerk seinen Namen verdankt.

Marino Contarini, Prokurator von S. Marco, ließ die Ca' d' Oro 1421–40 durch *Marco Raverti* errichten, der zuvor am Bau des Mai-

20

länder Domes mitgewirkt hatte. Daneben waren andere lombardische Steinmetze sowie der Venezianer *Bartolomeo Bon* mit beteiligt. Nach einem wechselvollen Schicksal kam der Palazzo 1896 in den Besitz Baron Giorgio Franchettis, der seine wertvolle Kunstsammlung darin unterbrachte. 1916, sechs Jahre vor seinem Tod, stiftete er die Sammlung nebst dem Palazzo der Stadt, die die Ca' d' Oro 1927 als Museum der Öffentlichkeit zugänglich machte. Nach fünfzehn Jahren Restaurierung wurde die Ca' d' Oro erst 1984 wiedereröffnet (s. S. 340).

21, li. Zwei kleinere gotische Palazzi schließen sich rechts an die Ca' d' Oro an. Zunächst kommt der **Palazzo Pesaro** (namensgleich mit 18), der etwa gleichzeitig mit der Ca' d' Oro entstand, in seiner Schlichtheit mit ihr aber nicht konkurrieren kann.

21

22, li. Es folgt der **Palazzo Sagredo,** dessen Fassade unterschiedliche Stilstufen erkennen läßt. Im Piano nobile erscheint noch das gestelzte byzantinische Fenster, das allerdings schon eine leichte, von der beginnenden Gotik inspirierte Zuspitzung aufweist. Im Geschoß darüber hat sich das klassische gotische Kielbogenfenster durchgesetzt. Nach

22

einer Restaurierung 1974 sind heute Büros im Palazzo Sagredo untergebracht.

23, re. Die offene Halle des Fischmarktes **(Pescheria)** ist ein neogotisches Gebäude, das erst 1907 entstand. Die historisierende Architektur fügt sich dem Stadtbild nahtlos ein.

24, li. Innerhalb einer Bautengruppe, die der Familie Michiel gehörte, fällt der **Palazzo Michiel delle Colonne** aus der zweiten Hälfte des 17. Jh. auf. Er hat seinen Namen nach den ungewöhnlich hochgestelzten Arkaden des Untergeschosses.

25, li. Neben dem **Palazzo Mangilli-Valmarana** gibt der Einschnitt des Rio dei SS. Apostoli den Blick auf den Campanile der gleichnamigen Kirche frei.

23

24

26

26, re. Die **Fabbriche Nuove,** ein langgezogener, dreigeschossiger Bau, wurden 1552–55 von *J. Sansovino* erbaut. Als reiner Nutzbau – unten Lagerhallen, oben Amtsstuben – ist er gänzlich schmucklos geblieben.

27, li. Die **Ca' da Mosto** gehört zu den ältesten Bauten am Canal Grande. Die bei-

25

27

den Untergeschosse sind veneto-byzantinisch (13. Jh.), die Aufstockungen nach oben erfolgten erst im 17. Jh. Auffallend ist die reiche Dekoration mit reliefierten Platten über den Fenstern des Piano nobile. In der Ca' da Mosto wurde Alvise da Mosto (1432–88) geboren, der die Kapverdischen Inseln vor der westafrikanischen Küste entdeckt hat. Im 18. Jh. war in dem Palazzo eines der vornehmsten Hotels der Stadt, Leon Bianco (Weißer Löwe), untergebracht.

28, re. (ohne Abb.) Gleich hinter den Fabbriche Nuove tauchen die **Fabbriche Vecchie** auf. 1522 von *Scarpagnino* erbaut, waren sie das Vorbild für Sansovinos späteren Erweiterungsbau der Fabbriche Nuove.

29

29, li. Der **Palazzo Civran** aus dem frühen 18. Jh. fällt in der Stadt der Arkaden durch seine geraden Linien auf. Er besitzt lediglich zwei Rundbögen: das Tor zum Wasser und das große Fenster im Piano nobile darüber.

30, re. Die übereck gebaute Fassade des **Palazzo dei Camerlenghi,** die sich der Biegung des Kanals kurz vor der Rialto-Brücke anpaßt, ist reich mit lombardesken Renaissanceornamenten dekoriert (ausführlich S. 218).

30

31, li. Das letzte Gebäude auf der linken Seite vor der Rialto-Brücke ist der **Fondaco dei Tedeschi,** die einstige Handelsniederlassung der deutschen Kaufleute (ausführlich S. 217f.).

32 Die Reliefs an der Nordseite der **Rialto-Brücke** zeigen die Stadtpatrone Markus und Theodor sowie den Markuslöwen. Es sind Arbeiten von *Agostino Rubini* und *Tiziano Aspetti*, Schülern Alessandro Vittorias (ausführlich S. 215ff.).

31

Von der Rialto-Brücke ziehen sich nach Süden zu beiden Seiten des Canal Grande Fondamenta entlang, so daß man die nachfolgenden Gebäude (bis 36) auch gut zu Fuß erreichen kann. Da die rechte Seite in diesem Bereich keine herausragenden Gebäude aufweist, geht man am besten auf diese Seite (Riva del Vin), um von dort den Blick auf die eindrucksvolle Bautengruppe am linken Ufer zu erleben.

32

33, li. Der **Palazzo Dolfin-Manin,** ein ausgewogenes Werk der Renaissance, wurde nach einem Plan *Sansovinos* erbaut und ist eines der ersten Projekte des großen Florentiners in Venedig gewesen.

Dem Bau des Palastes ging eine juristische Auseinandersetzung voraus. Der Bauherr, Giovanni Dolfin, plante einen Bau, der bis ans Wasser reichen sollte, was an dieser Stelle eine Unterbrechung der für den Verkehr wichtigen Fondamenta bedeutet hätte. Schließlich erhielt er die behördliche Genehmigung mit der Auflage, die Fondamenta trotz Überbauung für den Fußgängerverkehr freizuhalten. So kommt es, daß sich der Palazzo nach Art der alten byzantinischen Paläste im Untergeschoß in einer großen Bogenhalle öffnet, nicht nur zum Kanal, sondern auch an den Schmalseiten.

Dem klassischen Ideal der Renaissance folgend, hat Sansovino an den drei Geschos-

33

sen die antiken Säulenordnungen (dorisch, ionisch, korinthisch) in Form von Pilastern und Halbsäulen zitiert. In diesem Palazzo lebte der letzte Doge, Ludovico Manin. Heute beherbergt er eine Bank.

34, li. Gleich an den Palazzo Dolfin-Manin schließt sich der spätgotische **Palazzo Bembo** aus dem 15. Jh. an. Es handelt sich um einen auffällig breit proportionierten Bau, dessen Andron bzw. Portego verdoppelt ist.

34

35, 36

35, li. Der **Palazzo Loredan** ist eines der besterhaltenen Beispiele für die frühe venezianische Palastarchitektur der veneto-byzantinischen Epoche des 13. Jh. Aus der Gründungszeit stammen die beiden Untergeschosse. Das Andron öffnet sich zum Wasser in einer fünffachen Bogenstellung, die begrenzenden Torreselli sind geschlossen. Das Obergeschoß wird von einer kontinuierenden Arkadenreihe durchlaufen. Nachdem er nacheinander verschiedenen Funktionen gedient hatte (u. a. Druckerei, Gasthaus, Postgebäude), wurde der Palazzo Loredan 1867 von der Stadt erworben, die seitdem Amtsräume ihrer Verwaltung darin unterhält.

36, li. Dem Palazzo Loredan ist der benachbarte **Palazzo Farsetti** eng verwandt. Er stammt ebenfalls aus dem 13. Jh., die Aufstockung aus dem 16. Jh. Heute befindet sich darin das Rathaus der Stadt. Beide Paläste sind im 19. Jh. sehr puristisch restauriert worden.

Die folgenden Bauten (37–39) sind wieder nur vom Wasser aus zu sehen bzw. vom Landesteg der Station S. Silvestro.

37, li. An der Mündung des Rio di S. Luca steht eines der schönsten Beispiele der Hochrenaissance, der **Palazzo Grimani,** das Meisterwerk *Michele Sanmichelis.* Beim Tode des aus Verona stammenden Baumeisters (1546) standen erst die beiden Untergeschosse. Das dritte Stockwerk fügte *Giangiacomo Grigi* hinzu, die endgültige Fertigstellung erfolgte unter der Leitung *Giovanni Antonio Rusconis* (1575).

Die im ersten Eindruck recht massig wirkende Fassade erweist sich bei genauerer Betrachtung als bis ins kleinste Detail logisch durchgegliedert. Das Prinzip der Dreiteilung wird zu einem rhythmischen Wechsel von Arkaden- und Kolonnadenabschnitten umgedeutet, jedoch nicht gänzlich aufgegeben. Dem Höhendrang des gewaltigen Gebäudes wirken die klaren Linien der horizontalen Gebälke ausgleichend entgegen. So bleibt die Anlage trotz ihrer Monumentalität in klassischem Sinne ausgewogen.

Bereits 1807 kaufte die Stadt den Palazzo Grimani, in dem sie zunächst die Hauptpost (heute im Fondaco dei Tedeschi) und jetzt das Appellationsgericht untergebracht hat.

37

38, li. Neben dem Palazzo Grimani steht der gotische **Palazzo Corner-Contarini dei Cavalli,** der um 1445 erbaut wurde. Hier dominiert der Mittelteil so über die Seitentrakte, daß im Gesamteindruck das elegante Maßwerk im Piano nobile den bestimmenden Akzent setzt.

39, li. Daneben lehnt sich der **Palazzetto Tron** an, ein reizendes Beispiel dafür, daß nicht nur Monumentalbauten am Canal Grande Platz fanden.

38, 39

40, re. Dem Palazzo Grimani steht schräg gegenüber ein anderer Vertreter der Hochrenaissance, der **Palazzo Papadopoli.** Sein Baumeister war *Giangiacomo Grigi* aus Bergamo, der an Sanmichelis Palazzo Grimani mitgewirkt hatte. Allerdings ist dieser Bau gegenüber jenem entschieden konservativer, die Gliederung verhaltener, und er folgt stärker dem Prinzip der dreiteiligen Fassade. Das heute darin eingerichtete ozeanographische

40

Institut der Universität spielt eine für die Stadt bedeutsame Rolle, indem es sich in zahlreichen Forschungsarbeiten mit dem Hauptproblem Venedigs, der ständigen Gefahr des Hochwassers, auseinandersetzt.

41, re. Der **Palazzo Bernardo** ist exemplarisch für die gotische Palastarchitektur Venedigs mit seinen zwei Toren im geschlossenen Parterre und feingliedrigem Maßwerk in den beiden Mittelgeschossen.

41

42

Der Palast wurde 1490–1510 erbaut und ist als Vorstufe zum Palazzo Vendramin-Calergi anzusehen. Hier ist das Untergeschoß noch blockhaft geschlossen und dient den darüber befindlichen Arkadengeschossen als Sockel. Die Dreiteiligkeit ist stärker betont als an dem späteren Bau des Vendramin-Palastes, wo sie zugunsten einer toskanisch inspirierten Vereinheitlichung zurücktritt. Auffallend die harmonisch ausgewogenen Proportionen, die in einen nahezu quadratischen Umriß eingebunden sind.

42, li. Neben der Vaporetto-Station S. Angelo erhebt sich der **Palazzo Corner-Spinelli,** ein weiteres Hauptwerk des *Mauro Codussi.*

43, re. Schräg gegenüber steht der gotische **Palazzo Pisani-Moretta,** der dem nahen Palazzo Bernardo eng verwandt, in der Ausbildung des Maßwerks noch reicher ist.

43

44

44, li. Der klassizistisch anmutende **Palazzo Corner-Gheltof,** ein Bau des 17. Jh., bezeugt die lange fortlebende Kunst Palladios in Venedig.

45–47, li. Kurz vor der großen Kurve des Kanals, »la volta del Canale«, reihen sich einige Paläste aneinander, die einst alle im Besitz der Familie Mocenigo standen.

Der erste, **Palazzo Mocenigo-Nero** genannt, entstand im frühen 17. Jh. Es folgt ein langgezogener Doppelpalast aus dem 18. Jh. In seinen Räumen lebte 1818/19 Lord Byron. Der älteste Teil der Palastgruppe ist die abschließende **Casa Vecchia,** die Ende des 16. Jh. einen gotischen Vorgänger ersetzte.

Die Mocenigos waren eine der bedeutendsten Familien der Stadt, aus der sieben Dogen hervorgingen. Bis 1945 war noch die ganze Palastgruppe von Mitgliedern des Mocenigo-Clans bewohnt, heute ist es nur noch ein kleiner Teil, während der Rest in Appartements aufgeteilt und vermietet ist.

45–47

48, li. An die Mocenigo-Bauten schließt sich der **Palazzo Contarini delle Figure** an, ein vornehm zurückhaltender Bau, der 1504 von *Giorgio Spavento* begonnen und 1546 von Antonio Abbondi, genannt *Scarpagnino,* vollendet wurde. Beide Architekten genossen in Venedig selbst hohes Ansehen, wurden aber außerhalb der Stadt kaum bekannt. In der Fassadengliederung blieben sie dem traditionellen venezianischen Schema treu, das sie in die Formensprache der Renaissance übersetzten. Der Palast erhielt seinen Namen nach dekorativen Details, zwischen den Fenstern der Torreselli in die Wand eingelassenen heraldischen Ornamenten.

48

49

49, re. An der Mündung des Rio Foscari ist der hoch aufragende **Palazzo Balbi** eindrucksvoll in Szene gesetzt. Der auf einen Plan *Alessandro Vittorias* zurückgehende Bau wurde in der kurzen Zeit von nur acht Jahren realisiert (1582–90). Selbst im manieristischen Übergang zwischen Spätrenaissance und Frühbarock setzt sich die traditionelle Fassung der venezianischen Palastgestalt durch. Der Manierismus klingt nur im Detail an (doppelte Säulen zwischen den Fenstern des Piano nobile, durchbrochene Giebel über den Fenstern, ovale Fensteröffnungen im Mezzanin oben etc.).

Seiner exponierten Lage verdankt der Palazzo Balbi, daß er auf zahlreichen historischen Ansichten des Canal Grande dargestellt worden ist. Nach wechselhafter Geschichte ist er seit 1973 Sitz der Zentralverwaltung des Veneto, die das Gebäude großzügig restaurieren ließ.

50, re. Die dem Palazzo Balbi auf der anderen Seite der Rio-Foscari-Mündung gegenüberliegende **Ca' Foscari** ist eines der prachtvollsten Beispiele venezianischer Profangotik. Der Palast entstand unter dem Dogen Francesco Foscari, der einen älteren Bau an dieser Stelle im Zuge einer Versteigerung 1452 erworben hatte und ihn anschließend prachtvoll umbauen und vergrößern ließ. Anläßlich des legendären Besuchs Heinrichs III. von Frankreich in Venedig 1574 wählte man den Palazzo Foscari als würdige Bleibe für den jungen König. Schon seit dem 19. Jh. in Staatsbesitz, befinden sich heute Institute der Universität darin.

50, 51

51, re. Mit der Ca' Foscari bildet der angrenzende spätgotische **Palazzo Giustinian** eine eindrucksvolle Kulisse gotischer Palastarchitektur. Der Doppelpalast, der etwa gleichzeitig mit der Ca' Foscari entstand, ist etwas niedriger als jene, aber ebenfalls viergeschossig. Als Baumeister vermutet man *Bartolomeo Bon,* der am Bau des Dogenpalastes und der Ca' d' Oro beteiligt war. Der prominenteste Bewohner des Palazzo Giustinian war Richard Wagner, der hier den zweiten Akt des »Tristan« komponierte.

52

52, li. Der im 18. Jh. errichtete **Palazzo Grassi** ist einer der letzten Paläste, die am Canal Grande entstanden. Bis in die Spätzeit der Republik hielt man unbeirrt an dem tradierten dreiteiligen Fassadenschema fest. Der Palast wurde 1718 nach einem Entwurf *Giorgio Massaris* begonnen, seine Fertigstellung zog sich bis in die siebziger Jahre hin. Die barocke Kraft Longhenas gehört bereits der Vergangenheit an, und der im Palazzo Corner della Regina (s. o. 19) sich abzeichnende Klassizismus hat sich vollends durchgesetzt. Es ist aber nicht mehr der beseelte Klassizismus der Renaissance, sondern eher ein kühler, akademisch wirkender Eklektizismus. Der Palazzo Grassi dient heute als Ausstellungsgebäude.

53, li. (ohne Abb.) Neben dem Palazzo Grassi öffnet sich der malerische kleine Campo von **S. Samuele,** der rückwärtig von der gleichnamigen Kirche begrenzt wird. Das mittelalterliche Bauwerk mit einem schönen romanischen Campanile gehört zu den zahlreichen Kirchen Venedigs, die nach der Säkularisation nicht wieder dem Kultus zurückgegeben, sondern einer anderen Bestimmung zugeführt wurden. Es dient heute wie der benachbarte Palazzo Grassi als Ausstellungssaal.

54

54, re. Vom Campo S. Samuele (dorthin Traghetto von der Station Ca' Rezzonico) bietet sich der beste Blick auf den Palazzo Rezzonico, traditionell **Ca' Rezzonico** genannt. Der barocke Palast, einer der namhaftesten überhaupt, ist ein weiteres Werk *B. Longhenas.*

Longhena begann die Arbeiten 1660, rund ein Jahrzehnt vor dem Palazzo Pesaro. Er ist insgesamt nicht von derselben massiven Kraft geprägt wie jener, wirkt klarer in seiner Gliederung, die jedoch auch wieder nur im Untergeschoß auf die Tradition der Dreiteilung Rücksicht nimmt, während die Obergeschosse zu einer durchgehenden Fensterreihe zusammengefaßt sind. Als Longhena 1682 starb, war das Gebäude bis zum ersten Piano nobile aufgeführt. Die Arbeiten ruhten ein Dreivierteljahrhundert, und erst 1745 führte *Giorgio Massari* das Projekt zum Abschluß.

Der Palast war erst seit 1750 im Besitz der steinreichen Familie Rezzonico, aus der acht Jahre später Papst Clemes XIII. hervorging. Nach ihrem Aussterben 1810 wechselte der Palast mehrfach den Besitzer. Am 12. Dezember 1889 starb in der Ca' Rezzonico der englische Dichter Robert Browning, der seinen Sohn, den damaligen Eigentümer des Palastes, über Weihnachten hatte besuchen wollen. 1931 ging das Gebäude in den Besitz des Staates über, der es 1936 als Museum der venezianischen Kultur im 18. Jh. der Öffentlichkeit zugänglich machte (s. S. 340).

55, re. Der gotische **Palazzo Loredan degli Ambasciatori** ist eine der letzten Äußerungen der Gotik am Canal Grande. Ungewöhnlich sind die beiden Nischenfiguren im Piano nobile, Rittergestalten, die dem Umkreis Antonio Rizzos zugeschrieben werden.

55

56

56, li. Der kleine gotische **Palazzo Falier** besitzt als einziger zwei kleine überdachte Terrassen aus der Renaissance.

57

57, li. Gleich daneben steht der **Palazzo Giustinian-Lolin,** das früheste Werk *Baldassare Longhenas* (1623 begonnen) und einer der ersten Barockpaläste Venedigs.

58, 59

58 u. 59, re. Eine Doppelpalastanlage mit zeitlich differenten Partien ist die Gruppe der **Palazzi Contarini-Corfu** (re.) und **Contarini degli Scrigni** (Scrigni = Schatztruhen) an der Mündung des Rio S. Trovaso. Ersterer gehört der Gotik, der andere dem Barock an.

60

60, re. Unmittelbar vor der Accademia-Brücke öffnet sich nach rechts der Campo vor der einstigen Kirche und Scuola della Carità wo heute die Gemäldegalerie der **Accademia** untergebracht ist (ausführlich S. 302 ff.).

61 (ohne Abb.) Der **Ponte dell'Accademia** ist die dritte Brücke, die den Canal Grande überspannt. Die hölzerne Konstruktion wurde 1932 anstelle einer Eisenbrücke aus dem Jahre 1854 errichtet. Sie ist mittlerweile baufällig und akut vom Einsturz bedroht; seit 1984 wird an der Wiederherstellung gearbeitet.

62, li. Gleich hinter der Accademia-Brücke taucht links der gotische **Palazzo Cavalli-Franchetti** auf, der durch sein reiches Maßwerk auffällt (großenteils Ergebnis einer Restaurierung des 19. Jh.).

63 u. 64, li. Daneben gruppieren sich – wie kurz zuvor auf dem anderen Ufer die Palazzi Contarini – die beiden **Palazzi Barbaro,** der

62

linke gotisch, der rechte zwar zeitlich (17. Jh.), aber nicht unbedingt stilistisch barock, da er in seinen Proportionen auf den älteren Bruder abgestimmt ist.

63, 64

65, re. Nach der Accademia-Brücke steht rechts der **Palazzo Contarini-Polignac** (auch Contarini dal Zaffo genannt), der, in den 1490er Jahren errichtet, eines der ersten Beispiele eines Renaissancepalazzo in Venedig ist. Die dekorative Fassadengestaltung (farbige Inkrustation mit Marmor- und Porphyrscheiben unterschiedlicher Größe), dem Palazzo Contarini delle Figure vergleichbar (s. o. 48), läßt auf einen lombardischen Architekten schließen. Deutlich ist der Unterschied zu den toskanisierenden Werken etwa Mauro Codussis, die eine eher struktive als dekorative Gliederung aufweisen.

65

66, re. Der **Palazzo Venier dei Leoni** mutet wie ein modernes Gebäude an, was daran liegt, daß lediglich das Sockelgeschoß ausgeführt wurde. Der Palast blieb ein Fragment. Der Bau wurde 1749 nach einem Plan *Lorenzo Boschettis* begonnen. Das Modell sah einen Kolossalpalast vor, der als spiegelbildliches Gegenüber zum Palazzo Corner auf der ande-

66

ren Kanalseite gedacht war. Der Name des unfertigen Gebäudes geht auf die großen Löwenmasken am Sockel zurück. 1951 wurde Peggy Guggenheim Besitzerin des Palazzo Venier dei Leoni, den sie nebst ihrer darin untergebrachten bedeutenden Sammlung moderner Kunst der Stadt Venedig vermachte (s. S. 342).

67

67, li. Der dem Palazzo Venier dei Leoni gegenüberliegende Palazzo Corner, genannt **Ca' Grande,** markiert nicht nur den Höhepunkt im Schaffen seines Baumeisters *Sansovino,* er ist zugleich eines der herausragenden Beispiele der venezianischen Palastarchitektur der Renaissance.

Das Bauwerk wurde für Jacopo Cornaro, einen der vier Neffen der Königin von Zypern, 1537 begonnen und nach etwa dreißig Jahren Bauzeit fertiggestellt. Da er alle älteren Paläste an Größe übertraf, hieß er lapidar »Ca' Grande«. In der mächtig aufragenden Fassade verschmelzen venezianische Motive (Arkadengliederung) mit toskanischen (Rustika im Sockelgeschoß) und solchen der römischen Renaissance (Säulenpaare) zu einer neuen Form, die für die nachfolgende Palastarchitektur richtungweisend wurde und ihre Wirkung noch über Longhena hinaus bis in das 18. Jh. behielt. Als revolutionierend muß in der traditionsbewußten Stadt die Aufgabe der herkömmlichen Dreiteilung zugunsten einer einheitlichen Zusammenfassung aller Abschnitte empfunden worden sein. Seit der Vereinigung Venedigs mit Italien ist der Palazzo Corner della Ca' Grande Sitz der Stadtpräfektur.

68, re. 1487 entstand mit dem **Palazzo Dario** einer der ersten Renaissancepaläste in Venedig, der nicht nur durch die Neuartigkeit seines Baustils, sondern auch wegen seines polychromen Dekors Aufsehen und Bewunderung erregte. Der Palast ist asymmetrisch, ähnlich der Ca' d' Oro. Auf eine Gliederung mit architektonischen Mitteln (Säulen, Pilaster etc.) wurde praktisch ganz verzichtet, statt dessen dominieren die in verschiedenen Farben eingelegten Ornamente aus Marmor und Porphyr. Dieser ganz auf den venezianischen Geschmack abgestimmte Kolorismus ist ein spätes Erbe der Mosaiken von S. Marco. Der heute bedenklich schief stehende Palazzo Dario gilt als ein Werk *Pietro Lombardos.*

68

69, re. Mit dem **Palazzo Genovese** erscheint noch einmal kurz vor dem Ende des Canal Grande ein ausgewogener Vertreter der gotischen Bauweise. Er ist allerdings weitgehend das Ergebnis einer Rekonstruktion aus dem 19. Jh.

70, li. Dem Palazzo Genovese liegt der **Palazzo Gritti** gegenüber. Er stammt aus dem 15. Jh. und wurde wie sein Visavis grundlegend restauriert. Auffallend sind die großflächigen Wandzonen zwischen den Fenstern der Mitte und der Seitenteile. Sie sollen einst bemalt gewesen sein. Das bekannte Gritti Palace Hotel in dem Palazzo ist durch Ernest Hemingways Roman »Across the river and into the trees« in die Weltliteratur eingegangen.

69

70

71, re. Der gedrungene, an den Palazzo Genovese anschließende gotische Bau (15. Jh.) gehörte früher zu dem bereits im 11. Jh. gegründeten **Kloster S. Gregorio.** Der Chor der einst dazugehörigen Kirche ragt rechts neben der Salute-Kirche auf.

71

72, li. Ein reizender kleiner Bau der Gotik (15. Jh.) ist der **Palazzetto Contarini-Fasan,** der im Volksmund das »Haus der Desdemona« genannt wird. Das Bauwerk fällt in jeder Hinsicht aus dem Rahmen: Es ist so winzig, daß es lediglich die Breite eines Zimmers einnimmt, zudem besitzt es keinen eigenen Eingang zur Wasserseite (statt dessen besteht im Innern eine direkte Verbindung zu dem rechts anschließenden **Palazzo Tiepolo).** Eine köstliche Einzelheit sind die aus Maßwerkrosetten gebildeten Balkonbrüstungen.

72

73, re. Die breite Mündung des Canal Grande in den Bacino di S. Marco beherrscht weithin sichtbar die **Barockkirche S. Maria della Salute,** das Meisterwerk *Baldassare Longhenas* (ausführlich S. 251ff.).

74, re. Das angrenzende viergeschossige Gebäude geht ebenfalls auf einen Entwurf *Longhenas* zurück, ist aber bewußt in seiner Schlichtheit der prachtvollen Kirche untergeordnet. Früher war es das **Kloster der Trinitarier,** seit 1817 beherbergt es das Seminario Patriarcale (Diözesan-Priesterschule).

73

75, re. Das letzte Bauwerk auf der rechten Seite des Canal Grande ist die flache **Dogana del Mar,** die einstige, im ausgehenden 17. Jh. errichtete Zollstation. Das Ende des nach Osten in einem spitzen Winkel zulaufenden Gebäudes bekrönen zwei Atlanten, die eine vergoldete Erdkugel mit einer Statue der Fortuna darauf tragen.

74, 75

S. Zanipolo und umliegende Bauten

S. Zanipolo 169 – Das Reiterstandbild des Bartolomeo Colleoni 176 – Scuola Grande di S. Marco 209 – S. Maria dei Miracoli 210 – S. Lazzaro dei Mendicanti 212 – S. Francesco della Vigna 212
Farbt. 16; Abb. 32–37

S. Zanipolo
Abb. 32, 33, 36

Der volkstümliche Name der großen Dominikaner-Klosterkirche ist eine Kontraktion aus Giovanni e Paolo. Damit sind jedoch nicht die bekannten biblischen Gestalten gemeint; es handelt sich in diesem Fall um zwei Märtyrer, die während der Pogrome unter Kaiser Decius (249–51 n. Chr.) den Tod fanden. Die gewaltige Backsteinkirche, die angrenzende Scuola Grande di S. Marco und das Reiterdenkmal Colleonis bilden eine Denkmälergruppe, in der – ähnlich wie am Campo S. Rocco – Schöpfungen der Gotik und der Renaissance zu einem harmonischen Ensemble verschmelzen.

S. Zanipolo und umliegende Bauten

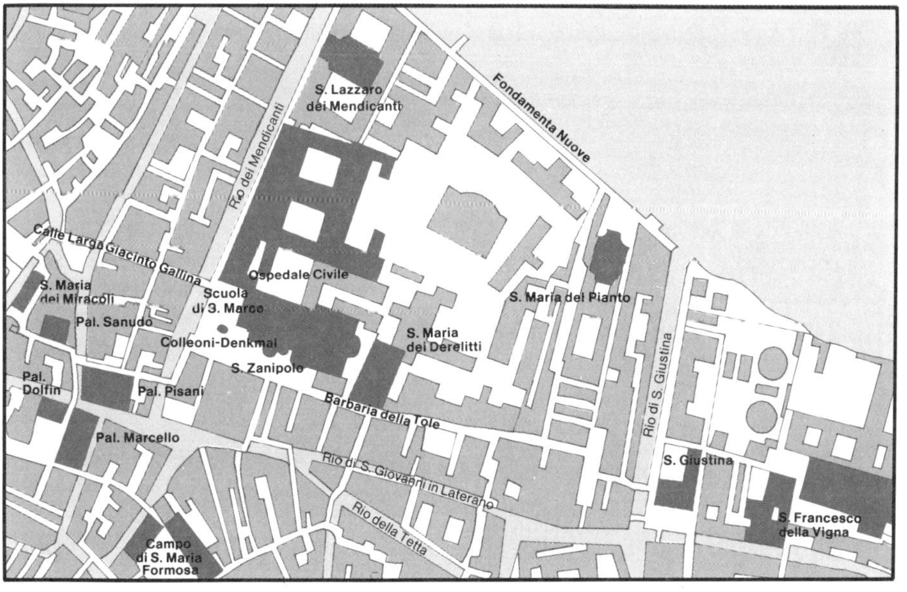

Baugeschichte

Die Kirche ist mit 101,5 m Länge der größte Sakralbau Venedigs. Nachdem der Doge Jacopo Tiepolo den Dominikanern gegen die Mitte des 13. Jh. einen Bauplatz im Norden der Stadt zugewiesen hatte, dauerte es noch einmal etliche Jahrzehnte, bis durch Stiftungen die ausreichenden Mittel für einen monumentalen Kirchenbau zusammengekommen waren. Die Baugeschichte ist nur lückenhaft überliefert. Möglicherweise wurde das Projekt noch im 13. Jh. begonnen, mit Sicherheit war das basilikale Langhaus spätestens seit den 1330er Jahren in Bau. Entgegen der mittelalterlichen Praxis, eine Kirche von Osten nach Westen fortschreitend zu errichten, wurden zuerst die fünf Joche des Langhauses aufgezogen, das nach einer Inschrift 1369 fertiggestellt war. Im dritten Viertel des 14. Jh. entstanden das Querhaus und Teile der Kapellen. Der Bau des Chores zog sich bis in das 15. Jh. hin, als letztes wurde die Vierung um 1450 eingewölbt. Wenn sich auch die Baudaten mit denen der Frari-Kirche weitgehend decken, ist doch S. Zanipolo im Ganzen gesehen mehr dem 14. Jh. verpflichtet. In diesem Jahrhundert entstand mit dem Langhaus der größte Teil, an der Frari-Kirche mit dem Chor nur ein Bruchteil der Gesamtsubstanz.

Außenbau

Abb. 33

Die äußere Erscheinung ist steingewordenes Abbild des dominikanischen Armutsideals. Die Fassade verzichtet auf jede Form plastischen Dekors. Die den Giebel bekrönenden Tabernakel sind spätere Hinzufügungen, dasselbe gilt für das Portal, das in seiner jetzigen Form erst 1460 angelegt wurde. Selbst auf einen Glockenturm wurde verzichtet. So schiebt sich der von starkem Höhenstreben geprägte basilikale Aufriß bestimmend in den Vordergrund. Er vermittelt eine lebhafte Vorahnung von den räumlichen Verhältnissen im Innern.

S. Zanipolo, Querschnitt

Der Innenraum

Das Innere zeigt sich deutlicher der Gotik verbunden, als es bei der Frari-Kirche der Fall ist. Während dort die zeitlich differenten Partien von älterem Chor und jüngerem Langhaus stilistisch unterschieden sind – der Chor steil proportioniert und lichterfüllt, das Langhaus dagegen quattrocentesk hallenartig und breit gelagert –, ist der Eindruck in S. Zanipolo einheitlicher: Langhaus und Chor sind von demselben spezifisch gotischen Vertikalstreben geprägt. Dadurch wird auch der basilikale Aufriß mit dem sich hoch über die begleitenden Seitenschiffe erhebenden Mittelschiff deutlicher herausgebildet. Das Gewölbe erreicht die eindrucksvolle Höhe von 35 m (zum Vergleich: Chartres 36 m). Der Chor, wenngleich schon in das 15. Jh fallend, folgt

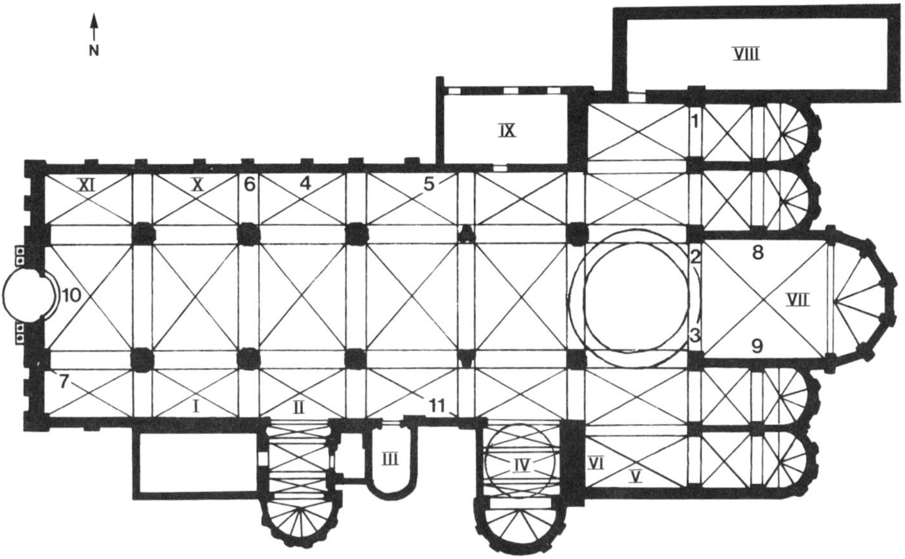

Dominikaner-Kirche SS. Giovanni e Paolo (S. Zanipolo), Grundriß (die römischen Ziffern beziehen sich auf die Denkmäler, die im ersten Rundgang besprochen werden, die arabischen Ziffern auf die Dogengräber)

dem im 14. Jh. festgelegten Plan. Die Zahl der Trabantenkapellen, die den Hauptchor flankieren, ist gegenüber dem Schwesterbau der Franziskaner reduziert, statt drei nur zwei Kapellen auf jeder Seite. Dieser Umstand trägt des weiteren dazu bei, daß S. Zanipolo insgesamt einheitlicher, in sich geschlossener wirkt als die andere Bettelordenskirche. Begünstigt wird dieser Eindruck sicher auch dadurch, daß in S. Zanipolo die einstige Chorschranke entfernt wurde, die sich in der Frari-Kirche als Querriegel in das Mittelschiff schiebt.

Ausstattung (ohne Gräber)

In einem ersten Rundgang widmen wir uns der Ausstattung mit Altären, Bildern und Skulpturen sowie den Annexbauten (vgl. röm. Ziffern im Plan), in einem zweiten ausschließlich den Dogengräbern.

Wir beginnen mit dem rechten Seitenschiff, in dessen zweitem Joch ein großes *Altarbild der Frührenaissance* steht (I). Von der originalen Rahmung eingefaßt, zeigt die Mitteltafel dieses Triptychons den hl. Vinzenz Ferrer (1346–1419), einen spanischen Dominikaner. Ihn flankieren die hl. Sebastian und Christophorus. Die Predella zeigt Szenen aus dem Leben des hl. Vinzenz, den oberen Abschluß bilden drei Tafeln mit der Verkündigung (links und rechts) und einer Pietà (Mitte). Gelegentlich liest man eine Zuschreibung des Bildes an Giovanni Bellini, mit dessen Stil der Altar jedoch nicht in Übereinstimmung zu bringen ist. Die scharfe Kontur, die kantige Anatomie – besonders beim hl. Sebastian – läßt eher an den Umkreis Mantegnas denken.

Im folgenden Joch öffnet sich nach Süden die 1458 errichtete *Kapelle der »Schmerzhaften Muttergottes«* (II). Der spätgotische Raum wurde erst im 17. Jh. ausgemalt, das Altarbild (Kreuzabnahme) entstammt dem 19. Jh. Bemerkenswert ist die in den Boden vor der Kapelle eingelassene *Grabplatte des Ludovico Diedo* (gest. 1466). Sie ist in Niello gearbeitet und zeigt unter einem perspektivisch verkürzten Bogen zwei wappentragende Putten.

Die angrenzende *Cappella della Pace* (III) trägt ihren Namen nach einer hier aufbewahrten byzantinischen Ikone, die den Dominikanern 1349 geschenkt worden war und der man wundertätige Kräfte nachsagte.

Im letzten Joch vor dem Querhaus öffnet sich die *Dominikus-Kapelle,* die als spätester der Annexbauten der Kirche erst zu Beginn des 18. Jh. angefügt wurde (IV). Ihren Ruhm verdankt sie dem Deckengemälde mit der »Apotheose des hl. Dominikus« von *Giovanni Battista Piazzetta.* Das 1727 entstandene Fresko ist eines der Hauptwerke des venezianischen Rokoko. Der von einem Engelreigen himmelwärts getragene Dominikus wird in steiler Unteransicht gezeigt. In dem auf die Engel fallenden Schlagschatten und der Lichtsteigerung nach oben scheint eine entfernte Erinnerung an Tizians Assunta nachzuleben. Piazzetta steigert jedoch die Situation zu einer gleißenden Lichtvision. Die Unwirklichkeit des Geschehens wird durch die metallisch wirkenden Farben bekräftigt. Piazzetta, der als Maler begehrt war, aber seiner bedächtigen Arbeitsweise wegen oft sehr lange zur Fertigstellung eines Werkes benötigte, schuf mit diesem Fresko seinen einzigen Großauftrag.

Im Querschiff wenden wir uns der rechten (südlichen) Stirnwand zu, die sich in ein großes *gotisches Gruppenfenster* öffnet (V). Es ist um 1470 entstanden und hat die von der venezianischen Profanarchitektur der Gotik geläufige Konstellation von Lanzetten und Vierpässen. Die von Muraner Glaswerkstätten geschaffenen Fenster zeigen Heiligengestalten, in deren Habitus sich bereits die aufkeimende Renaissance niedergeschlagen hat. In den Lanzettfenstern erkennt man (von links nach rechts): Georg, die Kirchenpatrone Johannes und Paulus und zuletzt Theodor. In den Kielbögen erscheinen vier weitere Heilige, die aus dem Dominikaner-Orden hervorgegangen sind, in den Vierpässen darüber die abendländischen Kirchenväter und die vier Evangelistensymbole.

Das bedeutendste *Altarbild* der Kirche befindet sich rechts unterhalb des Fensters (VI). Es wurde von *Lorenzo Lotto* (1480–1556) gemalt und zeigt die »Almosenspende des hl. Antonius Pierozzi«, eines Dominikaners (1389–1459), der Erzbischof in seiner Vaterstadt Florenz war und 1523 kanonisiert worden war. Lotto hatte zeitlebens ein unruhiges Wanderdasein geführt. In Venedig stand er im Schatten des alle anderen überragenden Tizian, weshalb sich Lotto 1549 endgültig entschloß, seiner Heimatstadt, in der ihm die Anerkennung letztlich versagt blieb, den Rücken zu kehren. Er übersiedelte nach Loreto, wo er sieben Jahre später starb. In der »Almosenspende« wird der Versuch Lottos erkennbar, sich dem Stil Tizians anzunähern. Haltung und Gruppierung der Armen im unteren Bildteil erinnern lebhaft an die Apostel der Frari-Assunta, wie ebenfalls die Dreigliederung des Aufbaus. Lotto staffelt die unterschiedlichen Gruppen – unten die Armen, in der Mitte zwei Geistliche, die die Gaben austeilen, zuoberst der Heilige – im Sinne einer Bedeutungssteigerung: Die Armen erscheinen als Halbfiguren und verkleinert, die beiden Priester sind zwar auch als Halbbildnisse wiedergegeben, aber perspektivisch gegenüber der anderen Halbfigurengruppe vergrößert. Der hl. Antonius schließlich wird als die Hauptfigur in voller Ansicht und an keiner Stelle überschnitten dargeboten. Gegenüber der festlich-repräsentativen Note zahlreicher Tizian-Bilder – zumindest noch in dieser Periode – formuliert Lotto trotz der Anlehnung an das große Vorbild seine eigene Sprache, die sich durch menschliches Einfühlungsvermögen auszeichnet. Das Flehentliche in Gestus und Mimik der Armen auf der einen, die milde Güte im Antlitz der Geistlichen und des Heiligen auf der anderen Seite sind eine eindrucksvolle psychologische Studie zwischenmenschlicher Beziehungen.

Ein frühes Tafelbild des *Alvise Vivarini* mit der Kreuztragung Christi hängt an der Westwand des Querhausarmes, daneben eine Marienkrönung des *Giovanni da Udine*.

Wir treten nun vor den *Hauptaltar* (VII). Er ist unter Verzicht auf ein Gemälde als monumentale Architektur im Sinne des antiken Triumphbogens aufgebaut. Der Entwurf stammt von Venedigs führendem Barockkünstler, *Baldassare Longhena*, wurde aber erst nach dessen Tode fertiggestellt. Unten stehen die Titelheiligen der Kirche, Johannes und Paulus. Zwischen ihnen gibt die Durchbrechung des Altares den Blick auf die Chorfenster frei, von denen das Licht strahlend in die Altarkonstruktion flutet. Diese Form der Lichtinszenierung weist in Richtung der später im süddeutschen Barock zur Vollendung gebrachten dramatischen Altäre (z. B. Rohr, Weltenburg u. a.).

Vorbei an den Kapellen der Trinität und der Familie Cavalli gelangen wir durch einen von Säulen flankierten Zugang in der Stirnwand des nördlichen Querschiffarmes in die *Cappella del Rosario* (VIII). Sie wurde 1582 als Votivkapelle in Erinnerung an den Seesieg von Lepanto angelegt. Tintoretto und J. Palma d. J. waren an der Ausmalung beteiligt. Aber 1867 vernichtete ein Brand die gesamte Ausstattung. Zwischen 1913 und 1932 wurde der Plafond sorgsam restauriert, an die Stelle der vernichteten Werke Tintorettos und Palmas traten Deckengemälde *P. Veroneses*, die auf ein bewegtes Schicksal zurückblicken. 1838 waren sie aus der säkularisierten Kirche dell' Umiltà nach Wien verschleppt worden, von wo sie erst 1919 wieder nach Venedig zurückfanden. Das Hauptbild über dem Altar stellt eine Anbetung der Könige dar, die drei anderen Himmelfahrt Mariens, Verkündigung sowie die Anbetung der Hirten. Ein weiteres Gemälde Veroneses mit der Geburt Christi, eingefaßt von Arbeiten aus der Veronese-Nachfolge, schmückt die Rückwand. Die thronende Muttergottes des Hauptaltares ist wie die Deckenschnitzerei eine Rekonstruktion Carlo Lorenzettis nach einem Original Alessandro Vittorias.

Als letzten Annexraum lernen wir die *Sakristei* kennen, deren Zugang sich im nördlichen Seitenschiff des basilikalen Langhauses befindet (IX). Über dem Eingang erinnern Büsten an die Maler Jacopo Palma d. Ä. und seinen Neffen, Jacopo Palma d. J.; zwischen beiden eine dritte Büste, die Tizian darstellen soll. Die Sakristei entstand gegen Ende des 16. Jh., in unmittelbarem Anschluß an die Rosenkranz-Kapelle. Im Gegensatz zu dieser hat sich hier die originale Ausstattung (frühes 17. Jh.) erhalten. Die Wände sind mit Schnitzereien aus Nußbaumholz verkleidet, die Decke ist von *Marco Vecellio* ausgemalt: die Heiligen Dominikus und Franziskus in Anbetung der Muttergottes. Das Altarblatt mit einer Kreuzigung stammt von *J. Palma d. J.*

Im vorletzten Joch des nördlichen Seitenschiffs befindet sich ein *Altar* mit einer Kopie nach Tizians Petrus-Martyr-Bild (X), das sich einst in der Rosenkranz-Kapelle befand und dort 1867 ein Opfer der Flammen wurde. Der prominente Dominikaner-Heilige, der 1252 wegen seines fanatischen Eintretens für die Inquisition ermordet und bereits im Jahr darauf kanonisiert wurde, wird im Augenblick seines Todes gezeigt, da sich ihm bereits visionär der Himmel öffnet. Die Kopie läßt ahnen, daß das verbrannte Original eine der Meisterschöpfungen Tizians gewesen sein muß.

Vor dem letzten Altar dieses Seitenschiffs steht eine Marmorstatue des hl. Hieronymus von *Alessandro Vittoria* (XI). Sie ist in Bewegung und Gebärde dem Hieronymus desselben Bildhauers in der Frari-Kirche ähnlich. Nur dieses Mal kniet der Heilige, während er dort steht.

Die Dogengräber

Abb. 36

Als erster Doge wurde Jacopo Tiepolo (1229–49) in – oder besser: an (nämlich außen, an der Westfassade) – S. Zanipolo beigesetzt. Nachdem man mit Andrea Dandolo (gest. 1354) den letzten Dogen in San Marco bestattet hatte, wurde die Dominikaner-Kirche zur beliebtesten Grablege der Staatsoberhäupter. Insgesamt wurden 27 Dogen in S. Zanipolo zur letzten Ruhe gebettet. Diese Bevorzugung einer bestimmten Kirche ist aus der spezifisch mittelalterlichen Sichtweise zu verstehen, wonach man die Fürbitte eines Ordens, dessen Mitglieder besonders entsagungsvoll lebten, höher bewertete als die einer Kongregation mit weniger strengen Regeln.

Aus zunächst bescheidenen Anfängen hat sich ein eigener venezianischer Grabtypus herausgebildet, dessen Entwicklung man am besten nachvollziehen kann, indem man sich entsprechend der Chronologie der Gräber durch die Kirche bewegt. Nachstehend sind elf der wichtigsten ausgewählt (vgl. arab. Ziffern im Plan S. 171). Sie haben zugleich exemplarische Bedeutung im Rahmen der Entwicklung des Dogen-Grabdenkmals.

1 Zuerst wenden wir uns der Cavalli-Kapelle zu. An ihrer linken Wand befindet sich das Grab des Dogen *Giovanni Dolfin* (1356–61). Es besteht lediglich aus einem Sarkophagkasten, dessen Relief (Anbetung der Könige, Doge und Dogaressa vor dem thronenden Christus, Tod Mariens) von dem Bildhauer *Andrea da S. Felice* gemeißelt wurde. Diese schlichte Form markiert die Frühzeit des Dogen-Grabdenkmals.

2 Wir treten nun vor den Chor. Vorne links ist *Marco Corner* (1365–68) bestattet. Das Denkmal ist deutlich aufwendiger als das vorige. Der Tote erscheint als Liegefigur auf dem Sarkophag, darüber befindet sich ein fünfteiliges Retabel mit Statuen der Muttergottes, Petrus und Paulus unter Dreipaßbögen, sowie zwei Engeln in türmchenbekrönten Tabernakeln an den Seiten. Gegenüber dem älteren einteiligen Grab ist dieses also zweiteilig aufgebaut. Die starke S-Kurvung der Madonna und ihr in elegante Schüsselfalten gelegtes Gewand lassen den Einfluß der französischen Kathedralskulptur erkennen. *Nino Pisano,* ein toskanischer Bildhauer, schuf das Werk.

3 Dem Grab Marco Corners gegenüber befindet sich das des *Michele Morosini,* der nach einem kurzen Doganat noch im Jahr seiner Wahl verstarb (1382). Das Denkmal zeigt wieder eine Zweiteilung mit einem Grabkasten, auf dem die Liegefigur des Toten ruht, und einem Retabel darüber. Nun stehen aber beide Teile nicht mehr isoliert, sondern sie werden nah aneinandergerückt. Das wimpergbekrönte Mosaik mit einer Darstellung der Kreuzigung überfängt das eigentliche Grab in Form eines übergreifenden Bogens. Die dreigeschossigen Tabernakel links und rechts setzen einen kraftvollen, gliedernden Akzent. Der Gisant ist das Werk eines venezianischen Bildhauers und zeigt Parallelen zu Arbeiten aus der dalle-Masegne-Werkstatt (Ikonostasis in San Marco).

4 Im mittleren Joch des linken Seitenschiffes führt das Grab *Tomaso Mocenigos* (1414–23; Abb. 36), der durch seine »Rede an die Nation« unsterblich wurde, den Gedanken des Morosini-Denkmals weiter. Die Zweigliederung bleibt bestimmend, nun werden beide Teile miteinander verschmolzen. Vom Retabel fließt ein Stoffbaldachin herab, der Sarkophag und Gisant seitlich umhüllt. Die Anordnung der kleinen Nischen, sowohl am Sarkophag als auch im Retabel darüber, bringt eine Tektonisierung des Gesamteindrucks mit sich. Wiederum waren toskanische Meister, *Piero di Nicolò Lamberti* und *Giovanni di Martino* aus Fiesole, tätig. Dieses Monument ist das letzte der Gotik. In Ansätzen erscheinen bereits Vorahnungen auf die Renaissance (Porträthaftigkeit des liegenden Toten, Muschelnischen, antikisierende Haltung der Figuren).

5 Mit dem Denkmal des *Pasquale Malipiero* (1457–62) im vorletzten Joch des linken Sei-

tenschiffes vollzieht sich der stilistische Wandel zur Renaissance, zugleich wird die bisherige Entwicklung des Dogen-Grabdenkmals zu einem vorläufigen Abschluß gebracht: Der Sarkophag wird in die feste Struktur eines architektonischen Rahmens eingebunden. Die Form des gotischen Retabels lebt in dem Relief im Tympanon fort (Halbfigur Christi von zwei Engeln getragen). Die bisherige Rolle der Heiligen übernehmen die für die venezianische Renaissance charakteristischen Personifikationen der Tugenden über dem Bogen. Dieses mit reicher Ornamentik dekorierte Grab ist die früheste Arbeit *Pietro Lombardos* in S. Zanipolo.

6 Links neben dem Mocenigo-Grab befindet sich das des Dogen *Nicolò Marcello* (1473–74), eine weitere Arbeit *Pietro Lombardos,* die architektonisch noch stärker durchgeformt ist. Sockel, Säulen, Pilaster, Gebälke – alle Details der Monumentalarchitektur werden im Kleinformat der Schaffung eines klar strukturierten Gebildes dienstbar gemacht.

7 Noch im Schaffen des *Pietro Lombardo* selbst vollzieht sich der Schritt von der Früh- in Richtung der Hochrenaissance. Das Grab *Pietro Mocenigos* (1474–76) an der Stirnseite des rechten Seitenschiffes bringt einen völlig neuen Gedanken. Waren alle bisher betrachteten Denkmäler an der Wand »schwebend« angebracht, so ist dieses Grab als erstes bis auf den Boden herabgezogen, auf dem es mit einem Sockel aufsitzt. Die Binnenarchitektur des Grabmals wird zu einem organischen Teil der Gesamtarchitektur des Kirchenbaus. Zugleich erfährt das Format eine Steigerung. Und noch etwas fällt auf: War der verstorbene Doge bislang immer auf dem Sarkophag liegend dargestellt worden, so steht er jetzt aufrecht, lebend, in Heldenpose.

Die Ikonographie beinhaltet eine interessante Verbindung christlicher und heidnisch-antiker Motive. Im bekrönenden Relief erkennt man die heiligen Frauen am Grabe des Auferstandenen, der als Vollplastik auf dem Giebel darüber erscheint. Am Sockel sind die Kämpfe des Herakles gegen den Nemeischen Löwen (links) und gegen die Hydra (rechts) dargestellt. Die Nischenfiguren sind durch ihre Kleidung und Rüstung als römische Krieger zu identifizieren, ebenfalls die drei Sarkophagträger, deren unterschiedliche Physiognomien die drei Lebensalter andeuten. Das Programm ist als Verherrlichung des Dogen und der von ihm vollbrachten Kriegstaten zu verstehen, ein Gedanke, der den älteren Beispielen fremd ist.

8 Wir wenden uns wieder dem Chor und dort dem bekanntesten aller Dogengräber zu, dem des *Andrea Vendramin* (1476–78), einem Hauptwerk *Tullio Lombardos.* Die über einem mehrfach getreppten Sockel aufgehende Grabarchitektur wird in ihrer Eigenwertigkeit noch stärker betont, indem sie sich raumgreifend von der Wandfläche abhebt. Die Idee des Triumphes wird von der Gesamtanlage formuliert, die das römische Triumphbogenmotiv aufgreift. Die Steigerung ins Monumentale wird mit letzter Konsequenz vollzogen. Waren alle bisher betrachteten Figuren (mit Ausnahme der Dogengestalten) unterlebensgroß, so werden sie nun zum Teil in voller Lebensgröße wiedergegeben.

Das ikonographische Programm ist wiederum eine Mischung aus christlichen und antiken Momenten: Muttergottes im Tympanon, Verkündigung links und rechts davon, Tugendpersonifikationen unterhalb des liegenden Dogen, Kriegerstatuen, Seepferde am Sockel (ein klassisches Thema der antiken Sepulkralplastik). Die schönsten Figuren sind die beiden jugendlichen Krieger in den seitlichen Nischen, Meisterschöpfungen Tullio Lombardos. Man bedauert, daß die Abgrenzung des Chores keine Betrachtung der Details aus nächster Nähe erlaubt (an dieser Stelle erweist sich ein Fernglas als große Hilfe).

9 Gegenüber dem Vendramin-Grab veranschaulicht das Denkmal *Leonardo Loredans*

(1501–21; vgl. auch die Umschlaginnenklappe), der die Geschicke der Republik in den schweren Tagen der Liga von Cambrai lenkte, wie der von Tullio Lombardo beschrittene Weg im 16. Jh. fortgesetzt wurde. Das erst 1572 fertiggestellte Monument ist als kolossale Säulenarchitektur gestaltet, eine Formation, die sich von der Einbindung in die Kirchenwand gänzlich loszusagen scheint. Der Doge sitzt zwischen weiblichen Personifikationen der Venezia (links) und der Liga von Cambrai (rechts), zwischen denen er vermittelt. Der Triumphgedanke, von Pietro Lombardo in die venezianische Sepulkralkunst eingeführt, wird in Richtung einer Darstellung des Dogen (dessen Statue von *Girolamo Campagna*) als souveräner Staatsmann, der über den irdischen Dingen zu thronen scheint, uminterpretiert. In einer Zeit, da Venedig den Zenit seiner Macht überschritten hatte, beginnen im Loredan-Denkmal politische Realität und künstlerische Gestaltung auseinanderzuklaffen.

10 Die letztmögliche Steigerung des Formates bringt das Kolossalgrab *Alvise Mocenigos* (1570–77) und seiner Frau, das die gesamte Breite der Mittelschiffwand im Westen der Kirche einnimmt. Es entstand mit Unterbrechungen zwischen 1580 und 1646. Der typisch barocke Illusionismus, der das Portal der Kirche in die Anlage mit einbezieht, läßt die tatsächliche Bestimmung des Denkmals fast vergessen. Man meint an dieser Stelle eher einer ins Innere verpflanzten Kirchenfassade gegenüberzustehen. Historisch interessant ist das rechte Relief, das die Begegnung zwischen dem Dogen und König Heinrich III. von Frankreich zeigt, ein Ereignis, dessen man sich in Venedig mit nostalgischer Freude gerne erinnerte.

11 Das Denkmal *Silvestro Valiers* (1694–1700) rechts neben der Dominikus-Kapelle ist das jüngste und zugleich auch letzte monumentale Dogengrab in Venedig. In seinen Ausmaßen ist es fast noch überheblicher als das zuletzt betrachtete Mocenigo-Denkmal. Wenn auch einige Details künstlerisch zu überzeugen vermögen, ist doch das Ganze in seiner sinnentleerten Pracht am Vorabend des Unterganges der Republik nur noch Theater.

Das Reiterstandbild des Bartolomeo Colleoni

Abb. 33, 37

Auf dem Campo vor S. Zanipolo ist das Reiterstandbild des Condottiere Bartolomeo Colleoni wirkungsvoll in Szene gesetzt. Es ist ähnlich wie der Campanile von San Marco im Angelpunkt einer L-förmigen Platzanlage aufgestellt und dadurch im städtebaulichen Kontext hervorgehoben.

Fast ist es verwunderlich, daß die Rosse von San Marco, die bereits seit der Mitte des 13. Jh. die Fassade der Staatskirche schmückten, lange Zeit keine Anregung zu weiteren plastischen Werken dieser Gattung gegeben hatten. Aber wir haben schon mehrfach festgestellt, daß die Skulptur dem venezianischen Wesen nicht im Blute lag. Bezeichnenderweise ist denn auch das Colleoni-Denkmal nicht das Werk eines Venezianers. Man hatte den Florentiner *Andrea del Verrocchio* damit beauftragt. Er schuf das Wachsmodell, nach seinem Tode (1488) führte Alessandro Leopardi den Guß in Bronze aus. Vierzig Jahre zuvor hatte ein anderer Florentiner

1 Blick vom Molo auf S. GIORGIO MAGGIORE ▷

VE 699

3 SAN MARCO, Porta di S. Alippio Überführung der Reliquien des hl. Markus in die Markuskirche. Mosaik (um 1265) in der Portalnische

◁ 2 Canal Grande und S. Maria della Salute

4 SAN MARCO Westfassade zur Piazza

5 GENTILE BELLINI Prozession der Reliquie des hl. Kreuzes auf dem Markusplatz. 1496. Accademia

6 PIAZZETTA Westfassade des Dogenpalastes und die Säule mit dem Markuslöwen ▷

9 LA GIUDECCA, von S. Giorgio Maggiore gesehen, im Hintergrund die Palladio-Kirche Il Redentore

◁ 7 Blick vom Campanile auf die TORRE DELL'OROLOGIO
◁ 8 Blick von der Vaporetto-Station S. Maria del Giglio auf S. MARIA DELLA SALUTE

10 Campanile von S. GIORGIO DEI GRECI
11 Das Haus Marco Polos am Corte Milione (nahe S. Giovanni Crisostomo)

12 Am Canal Grande
13 Rio di S. Barnabà mit Kirche S. BARNABÀ im Sestiere Dorsoduro

14 CAMPANILE, ehem. ZECCA (Münze) und Südfassade des DOGENPALASTES

16 Rio dei Mendicanti mit SCUOLA DI SAN MARCO ▷

15 Die RIALTO-BRÜCKE, rechts der Campanile von S. Bartolomeo

17, 18 Karnevalsszenen

20, 21 Die Regatta Storica

22 Regatta Storica, im Hintergrund S. Maria della Salute ▷

◁ 19 Der Molo im Winter, im Hintergrund S. Giorgio Maggiore

Garibaldina

23 Vom Dogenpalast führt die SEUFZERBRÜCKE (Ende 16. Jh.) zu den alten Staatsgefängnissen

24 Die CA' D'ORO am Canal Grande ▷

25 Murano-Glasladen

26 Antiquitätenmarkt

27 Kunstschreinerwerkstatt

28 Frauen beim Spitzenklöppeln auf Burano

29 TORCELLO Kathedrale S. Maria Assunta (l.) und S. Fosca (r.)

30 MURANO SS. Maria e Donato

32 GIOVANNI BELLINI Thronende Madonna mit Kind und vier Heiligen, sog. Pesaro-Altar. Frari-Kirche, Sakristei

◁ 31 SAN MARCO, Hochaltar Ausschnitt aus der ›Pala d'Oro‹. Goldener Altar aus Email und Edelsteinen. 10.–14. Jh.

33 PAOLO VERONESE Das Gastmahl im Hause des Levi. 1573. 5,55×12,80 m. Accademia

34 JACOBELLO DEL FIORE Krönung Mariae. 1438. Accademia

36 Großer Saal im PALAZZO LABIA mit Tiepolo-Fresken ▷

35 VITTORE CARPACCIO Der hl. Hieronymus im Gehäus (auch als hl. Augustinus gedeutet). Anfang 16. Jh. Scuola di S. Giorgio degli Schiavoni

Bildhauer, Donatello, in Padua mit dem Standbild des Gattamelata das erste monumentale, in Bronze gegossene Reiterdenkmal der Nachantike geschaffen. Während jenes in der strengen Haltung von Roß und Reiter noch deutlich die Abhängigkeit vom Marcus Aurelius in Rom, dem einzigen erhaltenen Reiterporträt der Antike, erkennen läßt, ist der Colleoni des Verrocchio in einem Moment seiner Bewegung wiedergegeben. Die Köpfe von Pferd und Reiter sind leicht zur Seite gewendet, dem Drängen des Pferdes entspricht der angewinkelte, leicht vorgeschobene linke Arm des Condottiere – eine Geste, die lässig und kraftvoll zugleich ist. Seine ganze Gestalt drückt Selbstbewußtsein, ja Stolz aus. Sie ist eine sinnbildhafte Erscheinung der Renaissance und ihrer Vorstellung vom Selbstwertgefühl des Menschen.

Nach Carmagnola und Gattamelata war Bartolomeo Colleoni der dritte in der Reihe großer Condottiere-Gestalten, denen die Republik ihre Kriegsführung auf der Terraferma anvertraute. Er wurde 1400 auf Schloß Saza nahe Bergamo geboren. Als typischer Condottiere stellte er seine Leistungen in die Dienste unterschiedlicher Herren. Anfangs focht er für Neapel, später für Mailand, wo er wegen des Verdachts auf Hochverrat ein Jahr lang (1447) ins Gefängnis geworfen wurde. Desungeachtet führte er nach seiner Entlassung aus der Haft die mailändische Streitmacht gegen die Franzosen. Seit 1448 stand er im Sold Venedigs, das ihn 1455 zum Generalkapitän seiner Truppen ernannte. Die letzten Jahrzehnte seines Lebens verbrachte Colleoni in überraschender Friedfertigkeit. Mit seinem legendären Vermögen unterhielt er einen aufwendigen Hofstaat auf seinem Schloß Malpaga, wo er 1475 starb. Sein Testament stellte die Serenissima vor eine schwierige Entscheidung. Einerseits wollte man die hunderttausend Golddukaten einstreichen, die Colleoni zu wohltätigen Zwecken gestiftet hatte, andererseits war man nicht bereit, der arroganten Bedingung, die an die Auszahlung geknüpft war, nachzugeben. Colleoni hatte verlangt, daß man ihm ein Reiterstandbild vor San Marco errichten solle. Fünf Jahre wurde der Fall diskutiert, denn das Denkmal eines Condottiere auf der Piazza war mit dem Selbstverständnis der Serenissima unvereinbar. Schließlich fand man die Lösung: Der Erblasser hatte von San Marco gesprochen, aber nicht ausdrücklich die *Kirche* San Marco genannt. Also wurde das Denkmal geschaffen und vor der *Scuola* di San Marco aufgestellt. So war dem Willen Colleonis juristisch korrekt entsprochen, und das Erbe konnte guten Gewissens angetreten werden.

Scuola Grande di S. Marco

Farbt. 16; Abb. 33, 35

Nach Norden beschließt die Fassade der einstigen Scuola di S. Marco den Campo S. Zanipolo. Die Scuola, 1260 gegründet, ließ den bestehenden Bau nach der Vernichtung eines mittelalterlichen Vorgängers durch ein Feuer vermutlich von *Pietro Lombardo* zwischen 1485 und 1495 neu errichten. Heute ist in den vormaligen Bruderschaftsbauten und den Konventsgebäuden des benachbarten Dominikaner-Klosters ein großes Krankenhaus (Ospedale Civile) untergebracht.

Die Fassade gehört neben dem Palazzo Dario am Canal Grande und der Miracoli-Kirche zu den frühesten Äußerungen der Renaissance in der Lagunenstadt. Ihre Zweiteilung ist eine

Illustration der räumlichen Verhältnisse im Innern. Im linken Trakt befanden sich der Bruderschaftssaal und die Kapelle, im rechten der Albergo. Durchgehende Gesimse verbinden beide Abschnitte zu einer organischen Einheit. Die Wand ist mit polychromem Marmor inkrustiert. In der unteren Zone wird mit der von den Florentinern wiederentdeckten Zentralperspektive ein verwirrendes Spiel getrieben: Löwen treten aus illusionistischen Hallen hervor, deren scheinbare Tiefe eine Öffnung des Gebäudes zum Platz vortäuscht. Dagegen sind die im darüber liegenden Geschoß von Pilastern eingefaßten Fenster »real«. Die bekrönenden Rundgiebel sind in dieser Form seit der Gotisierung von San Marco in Venedig heimisch. Insgesamt stellt die Fassade eine originelle Mischung aus der venezianischen Lust am Theaterspielen (unten), logischer Klarheit der Renaissance (Mitte) und tradierten älteren Formen (oben) dar.

Den Saal des Untergeschosses, eine flach gedeckte zweigeteilte Halle, kann man ungehindert betreten. Eine Besichtigung eines Teils des Obergeschosses, der nicht für den heutigen Krankenhausbetrieb genutzt wird, hängt vom Wohlwollen des diensthabenden Personals ab. Wenn es einem gelingt, erreicht man über eine von *Mauro Codussi* entworfene Treppe den Großen Saal, der durch Säulen unterteilt ist. Der Raum ist ebenso wie die angrenzende Kapelle seiner ursprünglichen Dekoration beraubt worden. Die jetzige Ausstattung ist nachträglich zusammengestellt worden.

S. Maria dei Miracoli

Abb. 37

Wer sich vor den Dogengräbern in S. Zanipolo und der Fassade der Scuola di S. Marco von der Kunst Pietro Lombardos und seiner Söhne hat in den Bann ziehen lassen, findet in der nahen Kirche S. Maria dei Miracoli die ideale Abrundung seiner Eindrücke. Aber auch jeder andere Venedigbesucher, sei seine Zeit noch so begrenzt, sollte an diesem Juwel der Frührenaissance nicht vorbeigehen. Anlaß für den Bau war die Schenkung eines angeblich wundertätigen Marienbildes an die Klarissinnen 1477, die innerhalb kurzer Zeit so beträchtliche Mittel zusammenbrachten, daß schon vier Jahre später der Grundstein gelegt werden konnte. In einer angesichts der überreichen Dekoration des Bauwerks kaum vorstellbar kurzen Zeit von nur acht Jahren war die Kirche bereits 1489 fertiggestellt.

Ihre Westseite grenzt an den Rio dei Miracoli. Betrachtet man den kleinen, langgestreckten Bau von dieser Seite, so scheint er wie eine Himmelsarche auf dem Wasser zu schwimmen. Die Kirche ist eines der in Venedig selten vorkommenden Beispiele eines rundum frei stehenden Bauwerks.

Der Außenbau ist an allen vier Seiten in zwei gleich hohe Geschosse unterteilt. Die Wandflächen sind mit verschiedenfarbigen Marmorplatten verkleidet und von Pilastern gegliedert, die unten eine aufgeblendete Kolonnade, oben eine Arkadenreihe tragen. Die üppige Dekoration ist jedoch nur ein Vorspiel auf den Reichtum, der uns im Innern erwartet.

Der Raum ist ein von einer Tonne überwölbter Saal, an dessen nördliche Schmalseite ein überkuppelter quadratischer Chor anschließt. Der Chor liegt erhöht (darunter die – meist geschlossene – Krypta) und ist über zwölf Stufen zu erreichen. Die Wände sind entsprechend der Gliederung am Außenbau in zwei Zonen unterteilt. Die schlichte Form des einschiffigen Saales ist in der oberitalienischen Baukunst des Mittelalters verwurzelt; als bekanntestes Beispiel zitieren wir die Arena-Kapelle in Padua. Auffallenderweise ist auch dort die Architektur der Rahmen für eine kostbare Ausstattung. Was für das Paduaner Beispiel die Fresken Giottos, sind hier die Marmorinkrustation und vor allem die Steinmetzkunst der Lombardi. Fußboden und Wände sind mit vielfarbigen Platten aus Marmor, Serpentin und Porphyr ausgelegt. Die gliedernden Architekturteile, vor allem die durchlaufenden horizontalen Gesimse, tragen minutiös ausgefeilte Ornamente. Die Vielfalt der Bauskulptur erfährt zum Chor eine Steigerung. Auf den Chorschranken erscheinen Halbfiguren der Heiligen Franziskus und Klara sowie einer Verkündigungsgruppe. Überschäumende Phantasie zeigt sich an den Sockeln der Eckpfeiler, die den Chorbogen tragen. Zuunterst erkennt man einen heiteren Reigen aus Putten und Fabelwesen, darüber Greifen, deren Schwänze sich in Blattranken entrollen. Die Überleitung zum Pfeilerschaft erfolgt über die antiken Ornamentmotive des Zahnschnitts und des Eierstabes. Die Pfeiler selbst sind mit zartgliedrigen Renaissancegrotesken geschmückt. Weiter sind die Gebälke, der Chorbogen, die Tondi mit den Evangelisten in den Kuppelpendentifs und die Pilaster zu beachten, alles von

S. Maria dei Miracoli, Fassade und Details vom Chorpfeiler und dessen Sockel. Aus: Eugenio Miozzi, Venezia nei secoli, Venedig 1956

ornamentalen Reliefs überwuchert, die durch Ideenvielfalt ebenso begeistern wie durch ihre perfekte handwerkliche Ausarbeitung.

Die Kunstgeschichte unterscheidet verschiedene Hände: Der Gesamtentwurf geht auf *Pietro Lombardo,* den Leiter der Werkstatt, zurück. Die Halbfiguren auf den Brüstungen der Chorschranke werden seinem Sohn *Tullio,* Teile der Pfeilersockel dessen Bruder *Antonio,* andere Details einem namentlich nicht bekannten Meister zugeschrieben, dessen Mitarbeit auch in S. Giobbe nachzuweisen ist.

S. Maria dei Miracoli ist nicht nur eines der wichtigsten Werke der Frührenaissance in Venedig, die Kirche ist zugleich ein persönliches Denkmal der Lombardo-Familie.

S. Lazzaro dei Mendicanti

Ein kleiner Abstecher führt von der Scuola di S. Marco am Rio dei Mendicanti nordwärts in Richtung auf die Fondamenta Nuove zu der an das Ospedale Civile angrenzenden Kirche S. Lazzaro dei Mendicanti. Die von *Giuseppe Sardi* entworfene, dem Rio zugewandte Fassade (1673) steht in der Tradition Palladios und ist in ihrer klaren Ordnung ein Gegenpol zu den gleichzeitig entstandenen Barockfassaden der Stadt (z. B. S. Moisè). In der einschiffigen Saalkirche mit angrenzenden Kapellenräumen, dem gängigen Muster der venezianischen Barockkirche, erwähnen wir den ersten rechten Seitenaltar von *Paolo Veronese,* eine Kreuzigungsgruppe mit Maria und Johannes, sowie den zweiten Altar links von *Tintoretto,* der die hl. Ursula mit den Jungfrauen zeigt.

Auf dem Wege von S. Zanipolo in Richtung Osten trifft man gleich hinter der großen Klosterkirche auf die barocke Fassade der *Kirche S. Maria dei Derelitti,* auch Ospedaletto-Kirche genannt, die in ihrer überquellenden Fülle des plastischen Dekors ein Spätwerk *Baldassare Longhenas* ist. Hinter der barock überladenen Front verbirgt sich ein schlichter Saal des 17. Jh., der in überraschendem Kontrast zur Wucht der Fassade steht.

Bei der säkularisierten *Kirche S. Giustina* – sie genoß große Verehrung, weil der Sieg von Lepanto auf den Namenstag der Heiligen fiel – überquert man den Rio S. Giustina, wendet sich nach links, bis rechts die Calle S. Francesco abbiegt, die geradlinig auf die Kirche S. Francesco della Vigna zuführt.

S. Francesco della Vigna

Der Name der Kirche weist darauf hin, daß sich in früheren Zeiten in diesem Bereich der Lagunenstadt Weinfelder befanden. Nach der Mitte des 13. Jh. entstand in dem bis dahin unbebauten Gelände das Kloster der Minoriten, das im 16. Jh. eine neue Kirche erhielt. Den Entwurf dafür lieferte Sansovino, dessen Plan jedoch nachträglich vereinfacht wurde. Die Grundsteinlegung fällt in das Jahr 1543, der Bau wurde 1572 mit der Errichtung der Fassade abgeschlossen.

Die *Fassade* ist die erste von drei Kirchenfronten *Andrea Palladios* in Venedig und in ihrer Ausgewogenheit eine der herausragenden Schöpfungen der Architektur des 16. Jh. Den Architekten des humanistischen Zeitalters galt die christliche Kirche als Erbe und Nachfolger des antiken Tempels, dessen bauliche Gestalt sie auf den christlichen Kultbau zu übertragen suchten. Die antike Tempelfront war aber immer als offene Säulenhalle der Cella vorangestellt, während die geschlossene Wand einer nach innen orientierten Kirche nur die reliefartige Aufblendung der Fassade zuließ. Zudem ist der christliche Kirchenraum in der Regel dreiteilig, entweder als dreischiffige Basilika bzw. Halle oder, wie hier im Fall von S. Francesco, als Saal mit angrenzenden Kapellen. Die sich daraus ergebende breitere Proportionierung der Kirche gegenüber dem Tempel machte eine direkte Übernahme der Tempelfront praktisch unmöglich. Palladio bewältigte dieses Problem, indem er einem Mittelrisalit zwei flankierende Seitenteile hinzufügte. Damit wird die Fassade zugleich ein Spiegel der tatsächlichen Raumverhältnisse und erfüllt so gesehen eine der wichtigsten Forderungen der Renaissancearchitektur. Die Ausgewogenheit dieser Lösung erklärt sich aus der Tatsache, daß Palladio alle Teile auf dieselbe Sockelhöhe stellt und damit zu einer Einheit zusammenbindet. Ferner erfüllt Palladio die Forderung nach Harmonie, indem er alle Proportionen aus einem Grundmaß, dem sog. Modulus, entwickelt. Das ist in diesem Fall die kleinere Säulenstellung, deren Schäfte einen Durchmesser von zwei Fuß haben. Die große Säulenordnung bringt die Verdoppelung in Durchmesser und Höhe (= 4 bzw. 40 Fuß). Bei eingehenderer Betrachtung kann man feststellen, daß alle Maße der Fassade aus der Grundeinheit entwickelt sind.

Der *Innenraum* ist ein weiträumiger Saal mit seitlichen Kapellen, zwei den Hauptraum nicht durchdringenden Querhausarmen und einem platt geschlossenen Chor. Er wird von einem segelförmig geblähten Muldengewölbe überspannt. Gliederungselemente in Gestalt von Gebälken und Pilastern werden nur sparsam und kaum von der Wand vorspringend verwendet. So erscheint der Raum großzügig und hell, wenn auch ein wenig nüchtern und sachlich.

Nicht nur die Palladio-Fassade, auch die zum Teil bemerkenswerten Stücke der *Ausstattung* rechtfertigen den Weg in diese entlegene Ecke Venedigs. Beim Eintreten gewahrt man vorne zwei Weihwasserbecken mit Statuetten des hl. Franziskus (links) und Johannes des Täufers (rechts) von *A. Vittoria.* Derselbe Bildhauer schuf den großen Marmoraltar in der zweiten linken Seitenkapelle, ein dreiteiliges Retabel mit Statuen der Heiligen Rochus (links), Antonius Abbas (Mitte) und Sebastian (rechts), unter denen die würdevolle Mittelfigur herausragt. In der letzten Kapelle der linken Seite lehnt sich eine Darstellung Marias mit Heiligen von *Paolo Veronese* an Tizians Pesaro-Madonna in der Frari-Kirche an. Die Muttergottes thront – aus der Bildmitte verrückt – auf einer steil ansteigenden Treppe. Dieses 1552 entstandene Bild war Veroneses erster Auftrag in Venedig.

Im linken Seitenschiff gelangt man durch eine Tür in einen Gang, der nach links einen Blick in den üppig bewachsenen *Kreuzgang* erlaubt (keine Besichtigung, da das Kloster bewohnt ist) und gleich gegenüber in die *Cappella Santa* führt. Deren Altarbild, Maria im Kreise der Heiligen Johannes d. T., Bernhard, Hieronymus und Sebastian mit einem Stifter, wird *Giovanni Bellini* zugeschrieben. Eigenhändig ist sicher die schöne Madonna, die stark dagegen abfallenden übrigen Gestalten dürften von Werkstattgehilfen ausgeführt worden sein.

Wieder in die Kirche zurückgekehrt, gelangen wir links vom Chor in die *Cappella Giustiniani* mit verschwenderischem Reliefdekor aus der Zeit um 1500. An den seitlichen Wänden sind Büsten von Heiligen und den vier

Evangelisten angebracht, darüber schildern je acht Platten Begebenheiten aus dem Leben Jesu (rechts) und Mariens (links). Der Marmoraltar an der Schmalseite rundet dieses kleine Lapidarium ab. Die Arbeiten dokumentieren eindrucksvoll, in welchem Maße Pietro Lombardo die Kunst der Renaissance in Venedig geprägt hat.

Zuletzt erwähnen wir ein großes Madonnenbildnis des *Antonio da Negroponte* im rechten Querhausarm aus der Zeit um 1470. Das farbenprächtige Bild entstand zwischen Gotik und Renaissance, ein echtes Werk des Übergangs. Maria sitzt auf einer komplizierten Thronarchitektur, wie sie für zahlreiche Gemälde der venezianischen Gotik kennzeichnend ist, und wendet sich dem auf ihrem Schoße liegenden Knäblein betend zu. Die Fruchtgirlande und der angedeutete Ausblick in die Natur sind Konzessionen an das neue Zeitalter (die Gestalt Gottvaters ist eine spätere Ergänzung).

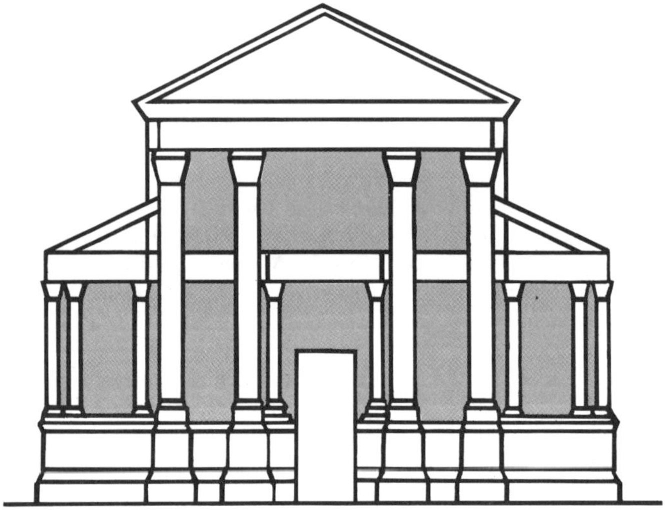

S. Francesco della Vigna, Schema der Palladio-Fassade. Vereinfacht nach: Rudolf Wittkower, Grundlagen der Architektur im Zeitalter des Humanismus, München 1969

Rund um den Rialto

Ponte di Rialto 215 – Fondaco dei Tedeschi 217 – Palazzo dei Camerlenghi 218 – S. Giacomo di Rialto 218 – S. Giovanni Elemosinario 220 – S. Silvestro 220 – S. Bartolomeo 221 – S. Giovanni Crisostomo 221 – S. Lio 222 – S. Maria della Fava 222 – S. Salvatore 222 – S. Giuliano 225 (Plan S. 216)
Farbt. 11, 15; Abb. 40–43

Neben San Marco ist der Rialto-Bezirk die zweite auf das 9. Jh. zurückgehende Keimzelle Venedigs. Während sich um San Marco von Anbeginn die Staatsorgane konzentrierten, war das Rialto-Viertel das Handelszentrum. Daher tritt hier ebenfalls – wie rund um die Piazza – der private Wohnungsbau zugunsten öffentlicher Bauten zurück (Gerichte, Verwaltung, Finanzbehörde, Markthallen etc.). Wegen der dichten Bebauung kam es bei den wiederholten Stadtbränden oftmals zu verheerenden Zerstörungen, so daß von den mittelalterlichen Bauten so gut wie nichts erhalten geblieben ist. Das heutige Erscheinungsbild dieses Stadtteils ist weitgehend das Ergebnis städtebaulicher Maßnahmen des 16. Jh.; sein wichtigstes Bauwerk ist die Rialto-Brücke.

Ponte di Rialto

Farbt. 15; Abb. 42

Die älteste Rialto-Brücke soll von Nicolò Barattieri im ausgehenden 12. Jh. errichtet worden sein. Diese Holzbrücke stürzte 1444 ein. Die anschließend ebenfalls wieder aus Holz konstruierte Brücke ist uns durch eines der Bilder Vittore Carpaccios in der Accademia und durch die erste perspektivische Ansicht Venedigs aus dem Jahr 1500 überliefert. Nach einem Stadt-

Der Entwurf Andrea Palladios für die Rialto-Brücke

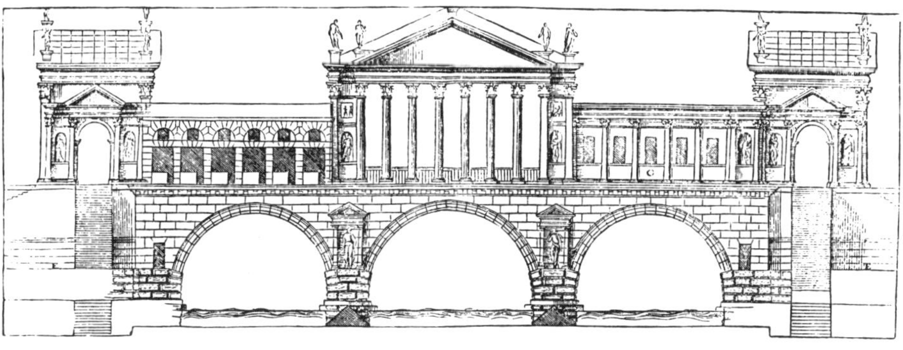

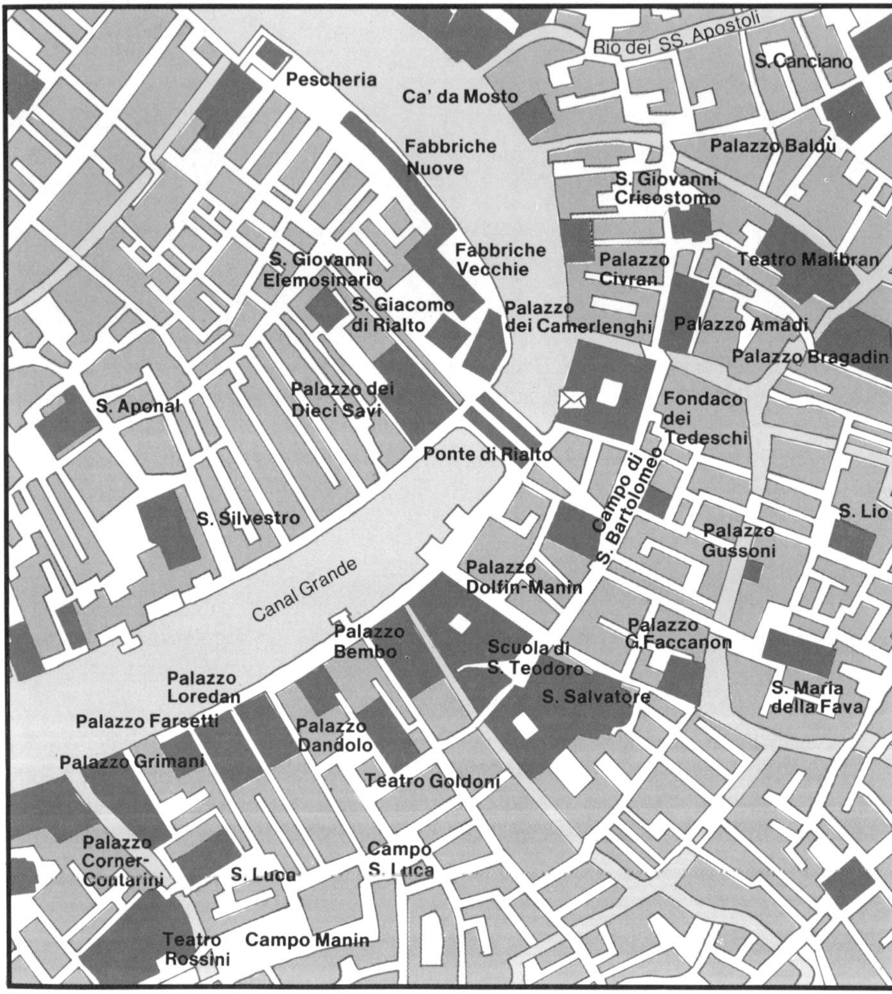

Rund um den Rialto

brand zu Beginn des 16. Jh., der allerdings die Brücke selber nicht beschädigt hatte, kam im Rahmen einer kompletten Neugliederung des Rialto-Bezirks der Plan auf, die hölzerne Brücke durch eine aus Stein zu ersetzen. Es wurden Vorschläge von namhaften Baumeistern eingeholt; Michelangelo, Sansovino und Vignola sollen Entwürfe vorgelegt haben. Aber das Auswahlverfahren schleppte sich über Jahrzehnte hin, bis schließlich Andrea Palladio mit einem kühnen Projekt hervortrat, das in Zeichnungen und einem späteren Gemälde Canalettos bewahrt ist.

Die alte (hölzerne) Rialto-Brücke. Ausschnitt aus dem perspektivischen Plan von Jacopo de Barbari, 1500. Venedig, Museo Civico Correr

Jedoch wurde auch seine Idee nicht realisiert, denn es sprachen mehrere Gründe dagegen: Die von Palladio geplante Dreibogigkeit der Brücke hätte mit ihren massiven Pfeilern eine Behinderung des Schiffsverkehrs bedeutet, zum anderen trugen die von ihm vorgesehenen antikischen Aufbauten der Forderung, Geschäftsräume zu schaffen, wenig Rechnung (die Miete war als Einnahmequelle für den Staat fest einkalkuliert), darüber hinaus wären die zu steilen Treppen dem Transport größerer Lasten hinderlich gewesen. So erhielt endlich 1587 *Antonio da Ponte* den Zuschlag für seinen Plan, der dann, gemessen an dem endlosen Vorspiel, in überraschend kurzer Zeit (1588–91) verwirklicht wurde. Aus 12 000 Eichenpfählen – 6000 auf jeder Seite – wurde ein Fundament in den Schlamm getrieben, das die Last des eleganten Brückenbogens aus istrischem Marmor trägt. Drei durch eine doppelte Ladenreihe getrennte Wege führen über die Brücke. Die von Bögen überfangene Mitte ist unbebaut geblieben, so daß man von der für alle venezianischen Brücken charakteristischen oberen Plattform den Canal Grande in beide Richtungen überschauen kann.

Fondaco dei Tedeschi

Abb. 42

Wenn man an die Brückenbrüstung der Südseite tritt, sieht man links die Palazzi Dolfin-Manin, Bembo, Loredan und Farsetti, rechter Hand die Schmalseite des Palazzo dei Dieci Savi, einst Sitz der obersten Steuerbehörde, und die Geschäfte an der Riva del Vin.

Zur Nordseite grenzt rechts an die Rialto-Brücke der Fondaco dei Tedeschi, die frühere Handelsniederlassung der deutschen Kaufleute. Die bereits im 13. Jh. nachgewiesene Gründung gilt als die älteste ihrer Art in Venedig. Der mittelalterliche Bau fiel dem Brand von 1505 zum

Opfer und wurde anschließend nach Art des venezianischen Palazzo wieder aufgebaut. Dem Kanal wendet sich die dreiteilige Hauptansicht zu, in deren Untergeschoß sich eine Säulenhalle zum Wasser hin öffnet, ein später Nachklang der veneto-byzantinischen Bauweise. Der Verzicht auf eine Gliederung erklärt sich aus der Tatsache, daß die Außenwände einst bemalt waren. So bedeutende Künstler wie Giorgione und der junge Tizian waren daran beteiligt. Leider ist von dieser in den Quellen oft gelobten Dekoration nichts erhalten geblieben. Im 19. Jh. wurde das inzwischen heruntergekommene Gebäude restauriert und als Hauptpost der Stadt in Betrieb genommen.

Palazzo dei Camerlenghi

Abb. 42

Dem Fondaco dei Tedeschi liegt am jenseitigen Kanalufer der Palazzo dei Camerlenghi gegenüber. Der bestehende Bau wurde ebenfalls nach einem Brand (1513) anstelle eines älteren Vorgängers errichtet. Sein Grundriß paßt sich der engen Kurve des Canal Grande an dieser Stelle an. Die reiche Ausstattung mit Reliefs gehört zu den letzten Äußerungen des von den Lombarden in Venedig heimisch gemachten Dekorationsprinzips, das in der Folgezeit von der großformatigen Fassadengliederung der Hochrenaissance abgelöst wurde. Der Palazzo war einst Sitz des obersten Finanzpräsidenten und ist heute Gerichtsgebäude.

S. Giacomo di Rialto

Wir beginnen den Rundgang im Rialto-Bezirk auf der Westseite der Brücke, wo sich der Markt befindet. In dessen malerischem Ambiente steht, angrenzend an den Palazzo dei Camerlenghi, eine der volkstümlichsten Kirchen Venedigs, S. Giacomo di Rialto. Die Gründung reicht in karolingische Zeit zurück. Der Bau gehört im Kern dem 12. Jh. an, er wurde jedoch nach einem der Brände im 16. Jh. im Stil der Renaissance umgebaut und restauriert. Vom mittelalterlichen Vorgänger blieb die von fünf Marmorsäulen getragene Vorhalle erhalten. Der kleine, in seinen Proportionen wunderbar ausgewogene Innenraum erweist sich als eine der zahlreichen Variationen zu dem – seit dem Bau von San Marco – die venezianische Architektur über Jahrhunderte beschäftigenden Thema der Kreuzkuppelkirche. Vier Säulen tragen die zentrale Kuppel, um die sich die zum Teil tonnen-, zum Teil kreuzgratgewölbten Annexe gruppieren.

Von der *Ausstattung* erwähnen wir das Wichtigste. An der rechten Wand hängen zwei Gemälde *Marco Vecellios:* Vermählung und Verkündigung Mariens. Letztere läßt in der Haltung der Maria und in der Farbgebung die Abhängigkeit von Tizians Verkündigung in S. Salvatore erkennen, die am Ende dieses Rundganges vorgestellt wird. Die Marmorstatue des hl. Jakobus auf dem Hochaltar stammt von *A. Vittoria.* Der Namenspatron der Kirche ist durch den langen Wanderstab als Beschützer der Pilger und Reisenden

S. Giacomo di Rialto mit dem Markt. Stich von G. B. Brustolon, 18. Jh.

kenntlich gemacht. Eine andere Statue, der hl. Antonius, von *Girolamo Campagna*, ziert den linken Seitenaltar. Sie ist in Bronze gegossen. Das bei Innendekorationen in Venedig selten verwendete Material erklärt sich an dieser Stelle mit den Stiftern, die der Zunft der Goldschmiede angehörten.

S. Giacomo di Rialto, Grundriß

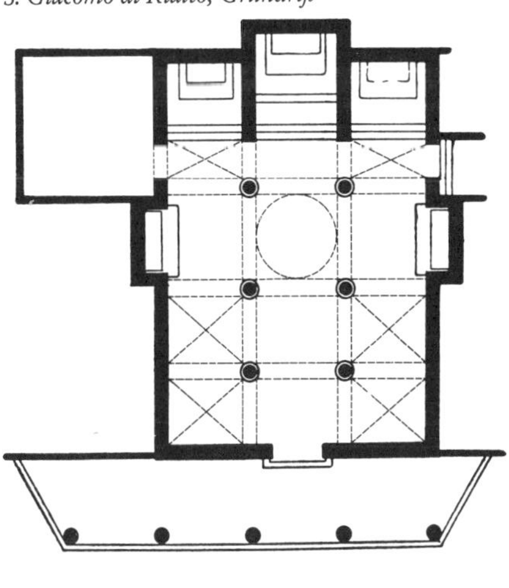

Der Kirche gegenüber entdeckt man die *»Colonna del Bando«*, einen Säulenstumpf, zu dessen abschließender Plattform eine kleine Treppe hinaufführt. Von hier wurden die neuen Gesetzes öffentlich verlesen. An seiner Vorderseite kniet eine Männergestalt, der *»Gobbo di Rialto«* (Abb. 43; der Bucklige vom Rialto).

An S. Giacomo schließen sich rechts die *Fabbriche Vecchie* Scarpagninos, nachfolgend die *Fabbriche Nuove* Sansovinos und links der *Palazzo dei Dieci Savi* an. Diese Gebäude rahmen einen Teil des Marktes, der sich von hier bis zum Rio del Ponte delle Beccarie erstreckt und dort am Fischmarkt mit der neogotischen *Pescheria* endet (Abb. 40, 41). Das

Schlendern über den Markt ist ein reizvolles Kontrastprogramm zum Kunstgenuß. Man beobachtet die ungebrochene Liebe der Venezianer zur gelungenen Zurschaustellung. Die hingebungsvolle Anordnung der in allen Farben leuchtenden Obst- und Gemüsesorten ist eine wahre Augenweide. Nicht minder ästhetisch sind die Auslagen der zahlreichen Lebensmittelgeschäfte ringsum.

S. Giovanni Elemosinario

Am Ende der Ruga degli Orefici (Goldschmiede) ist die kleine Kirche S. Giovanni Elemosinario vollständig von Häusern umbaut und nach außen nur durch den gotischen Campanile auszumachen. Der 1527–39 von *Scarpagnino* errichtete Bau, der einen 1513 durch Brand vernichteten Vorgänger ersetzte, ist als Kreuzkuppelkirche der nahen Kirche S. Giacomo eng verwandt. Anstelle von Säulen wurden hier jedoch Pfeiler verwendet.

Der Stolz des Kirchleins ist ein Altarbild *Tizians* mit der Darstellung des hl. Johannes, Patriarch von Alexandrien, der einem Armen ein Almosen spendet (Elemosinario). Ferner ist in der rechten Seitenkapelle das Bild mit den Heiligen Katharina, Sebastian und Rochus von *Pordenone* zu beachten.

Durch die Ruga Vecchia di S. Giovanni Elemosinario gelangen wir zum *Campo S. Aponal.* Die dem hl. Apollinaris geweihte Kirche an diesem Platz ist ein kleiner gotischer Backsteinbau. Von seiner Fassade hebt sich ein Marmorrelief mit der Darstellung der Kreuzigung ab. Von hier sind es nur wenige Schritte zum Campo S. Silvestro.

S. Silvestro

Der wenig ansprechende Bau wurde erst im 19. Jh. unter Verwendung älterer Teile errichtet. Der Besuch lohnt wegen eines *Tintoretto*-Gemäldes im ersten rechten Seitenaltar. Es zeigt die Taufe Christi im Jordan. Anders als bei der Darstellung desselben Themas in der Scuola di S. Rocco, beschränkt sich hier das Geschehen auf Johannes und Christus, die die ganze Bildfläche großfigurig füllen. Auf den Heiland fällt das volle von der über ihm schwebenden Taube ausstrahlende Licht, der Täufer dagegen ist überschattet. Während der Christus in der Scuola demutsvoll niederkniet, ist hier dieselbe Stimmung nur durch eine leichte Neigung seines Oberkörpers angedeutet. Dem Bildaufbau liegt eine schraubenförmige Aufwärtsbewegung zugrunde – der klassische Fall der »Figura serpentinata« des Manierismus.

Wir gehen nun zur Rialto-Brücke zurück und wenden uns dem östlich davon gelegenen Bezirk zu. Inmitten des geschäftigen Treibens auf dem Campo S. Bartolomeo erhebt sich in lässiger Haltung das bronzene Standbild des Komödiendichters *Carlo Goldoni.*

S. Bartolomeo

Farbt. 15 (rechts im Bild)

An der Südseite des Platzes liegt, vollständig verstellt, die Bartholomäus-Kirche, die den Deutschen als Sanktuarium diente. Der heutige Bau, eine dreischiffige Anlage, stammt aus dem 18. Jh. *Sebastiano del Piombo* (1485–1547), Schüler Bellinis und Giorgiones, bemalte die Orgelflügel, die jetzt im Chor ausgestellt sind (die Heiligen Ludwig, Sinibald, Sebastian und Bartholomäus). Der Hochaltar von *Jacopo Palma d. J.* zeigt den Titelheiligen der Kirche.

S. Giovanni Crisostomo

Von S. Bartolomeo gelangt man, vorbei am Fondaco dei Tedeschi, zur kleinen Kirche des hl. Johannes Chrysostomus, eines der vier griechischen Kirchenväter. Sie wurde an der Wende vom 15. zum 16. Jh. von *Mauro Codussi* erbaut und stellt sowohl in ihrer Architektur als auch in ihrer Ausstattung eines der besonderen Kleinodien der venezianischen Frührenaissance dar. Die Gliederung der Fassade leitet ihre Proportionen aus dem Grundmaß des gerahmten Quadrates um das Portal ab. Die durch Pilaster abgegrenzten Seitenteile bringen dessen Halbierung, die Giebel darüber die segmentförmig durchschnittene Viertelung. Von derselben logischen Struktur ist der Innenraum bestimmt, ein weiterer Vertreter der Kreuzkuppelkirche. Die zentrale Kuppel umstellen vier gleichfalls überkuppelte Trabantenräume und vier tonnengewölbte Raumabschnitte. Im Osten schließt sich das dreiteilige Presbyterium an.

Innerhalb der *Ausstattung* ist das Augenmerk auf drei herausragende Altäre zu richten. Der rechte Seitenaltar ist ein Spätwerk *Giovanni Bellinis* (1513) mit dem hl. Hieronymus, zu seinen Seiten Christophorus und Augustinus. Entgegen früheren Darstellungen dieser Art bindet Bellini die Hauptfigur, Hieronymus, nicht in eine architektonische Rahmung, sondern entrückt den Eremiten in eine giorgionesk anmutende Landschaft. Das Hochaltarbild stammt von *Sebastiano del Piombo* und entstand – etwa gleichzeitig mit den Orgelflügeln in S. Bartolomeo – kurz vor der Übersiedlung des Künstlers nach Rom (1511), wo er als gefeierter Porträtist den Rest seines Lebens verbrachte. Es zeigt den Patron der Kirche, umgeben von weiteren Heiligen. Auffällig ist die unterschiedliche Gewichtung, die vom Ausgewogenheitsideal von del Piombos Lehrer Bellini abweicht: Die Frauengruppe links (Magdalena, Agnes und Katharina) wird gegenüber den männlichen Heiligen betont. Die Komposition ist kennzeichnend für die Zeit um 1510, in der sich der Wandel vom Harmonieideal der frühen Renaissance zur Asymmetrie der Hochrenaissance vollzieht. Wenige Jahre zuvor (1502) entstand das Marmorretabel in der linken Seitenkapelle (gegenüber dem Bellini-Altar). Es ist eine der bedeutendsten Arbeiten *Tullio Lombardos* und zeigt die Krönung Mariens. Kennzeichnend für den älteren der beiden Söhne Pietro Lombardos ist die feierlich getragene Note, die den meisten seiner Werke eigen ist.

Auf dem Wege von der Crisostomo-Kirche nach S. Lio sollte man kurz auf dem Ponte S. Antonio verweilen. Von dort hat man nach rechts den Blick auf die Fassade des *Palazzo Gussoni,* eine der frühesten Palastgestaltungen *Pietro Lombardos* aus den 1470er Jahren, mit vielfältigem Reliefdekor in Marmor.

S. Lio

Die Kirche S. Lio, erst jüngst restauriert, betritt man durch ein kleines Renaissanceportal, das in Form einer antiken Tempelfront angelegt ist. Der Innenraum des 15. Jh. wurde im 17. Jh. im Geschmack der damaligen Zeit zu einem einschiffigen Saal umgebaut. *Pietro Lombardo* schuf im Auftrage der Familie Gussoni die plastische Dekoration der Cappella Gussoni rechts neben dem Chor.

S. Maria della Fava

Der schlichte Saalbau des 18. Jh. bietet zwei vorzügliche Werke der Rokokomalerei. Den ersten rechten Seitenaltar schuf *G. B. Tiepolo;* er stellt die kindliche Maria mit ihren Eltern Anna und Joachim dar. Glänzend ist der Kontrast zwischen dem zarten, jugendlichen Mädchen und der betagten Mutter herausgearbeitet. Das alles ist in leuchtende Farben getaucht. Die Eigenart *G. B. Piazzettas* gegenüber Tiepolo läßt sich im direkten Vergleich feststellen. Der zweite Altar der linken Seite zeigt den hl. Philippo Neri in Anbetung der Muttergottes. Im Gegensatz zu Tiepolos Kolorismus entwickelt Piazzetta ein fast monochromes Gewölk, aus dem er die großfigurigen Gestalten herausmodelliert. Einzig der blaue Mantel der Maria setzt einen farbigen Akzent.

Wenn man wieder aus der Kirche tritt und sich in Richtung des Rialto wendet, fällt der Blick beim Überqueren des Ponte della Fava links auf den gotischen *Palazzo Giustinian-Faccanon,* dem im 18. Jh. marmorne Akroterfiguren aufgepflanzt wurden.

S. Salvatore

Das Kloster der Augustiner, dessen Gründung auf karolingische Zeit zurückgeht, erhielt im 16. Jh. eine prachtvolle neue Kirche, die nach Plänen *Giorgio Spaventos* (gest. 1509) und *Tullio Lombardos* in den Jahren 1507–34 errichtet wurde. Sansovino soll dabei beratend mitgewirkt haben.

Die massive *Fassade,* die dem Bau erst in der zweiten Hälfte des 17. Jh. vorgeblendet wurde, steht in einem gewissen Widerspruch zu der klaren Renaissancearchitektur des Innenraumes. Dieser bringt eine ganz eigene Variante zum Thema der Kreuzkuppelkirche. Drei mächtige Kuppeln reihen sich hintereinander. Ihre Pendentifs lagern auf Pfeilern, denen gleichfalls quadratische, von kleineren Kuppeln überwölbte Annexräume hinterlegt sind. Die Verbindung dieser Quadrate wird – wie in San Marco – mittels Tonnen hergestellt. Der Blick auf den Grundriß zeigt, daß drei große Kuppelräume einander durchdringen und in der Reihung zu einem langgestreckten Saal zusammengefaßt sind. Im Aufriß ergibt sich eine Staffelung, die von den kleinen Kuppeln über die höher gelegenen

Campo und Kirche S. Salvatore (l.) mit der ehem. Scuola di S. Teodoro (r.). Stich von Antonio Visentini, 18. Jh.

Tonnen zu den großen Kuppeln führt. Alle Raumteile, auch die nur geringfügig fluchtenden Querschiffarme und das dreiteilige Presbyterium, ordnen sich den Kuppeln und dem von ihnen gesetzten Vertikalakzent unter. Den Ausgleich in horizontaler Richtung bewirkt die mehrfach profilierte Attika, die den ganzen Bau als Verbindungszone zwischen dem unteren und dem oberen Gewölbebereich durchzieht. Die logische Struktur und die auffallend zartgliedrige Durchformung der Details (schlanke Pfeiler, die mehr gezeichnete als plastisch modellierte Attika etc.) schaffen einen Eindruck von Leichtigkeit und souveräner Eleganz. In diesem Zusammenhang erweist sich die wohl auf Anraten Palladios vorgenommene Hinzufügung der Laternen als sinnvoll: Der Zugewinn an Licht bringt den Charakter des Raumes noch vorteilhafter zur Geltung.

Die Höhepunkte der *Ausstattung* sind der vollendeten Architektur ebenbürtig. Wir wenden uns zuerst der rechten Langseite zu, wo man, vorbei am *Grabmal Andrea* und *Benedetta Dolfins* (Porträtbüsten von *G. Campagna)* und einem Altar mit einer Muttergottesstatue (desselben Bildhauers), vor das *Grabmal des Dogen Francesco Venier* (1554–56) tritt. Der kristallisch klare Aufbau des Denkmals, dessen Entwurf von *J. Sansovino* stammt, erscheint wie ein in das Medium des Wandgrabes übertragenes Spiegelbild der Architektur, in die es eingebunden ist. Über einem einheitlichen Sockel erheben sich vier Säulen, die das Monument in drei Vertikalabschnitte unterteilen. In dem betonten Mittelrisalit liegt der Verstorbene in ruhiger, würdevoller Haltung. Von den beiden weiblichen Statuen in den seitlichen Nischen – Tugendpersonifikationen – ist die rechte (Glaube) durch Inschrift als eigenhändige Arbeit Sansovinos gesichert. Das Gewand der betont femininen Figur dient weniger dazu, ihre wohlgerundeten Proportionen zu verhüllen, als diese vielmehr geschickt herauszumodellieren. Die Drapierung des Stoffes zur Betonung körperlicher Schönheit einzusetzen ist kennzeichnend für die reife Klassik der griechischen Skulptur des 5. Jh. v. Chr. und wurde tausendfach von den Römern kopiert. So gesehen ist die Statue Sansovinos, der sich nachhaltig mit der römischen Antike auseinandergesetzt hatte, eine – wenn auch unbewußte – Renaissance griechisch-antiken Geistes. Von *Alessandro Vittoria* wurde das bekrönende Relief mit dem vor einem Vesperbild knienden Dogen beigesteuert.

Ein Hauptwerk der Malerei birgt der letzte kleine Kuppelraum vor dem rechten Querschiffarm: *Tizians* Verkündigung aus den 1560er Jahren, für die Sansovino den Rahmen geschaffen hat. Die asymmetrische Komposition, seit der Pesaro-Madonna in der Frari-Kirche ein grundlegendes Stilprinzip des Meisters, wird so weit geführt, daß der Mittelpunkt des Bildes gänzlich frei bleibt. Der Erzengel und Maria sind an die Seiten gedrängt, Taube und Engelreigen verteilen sich in die oberen Bildviertel. Alle Bewegungen führen auf Maria zu. Der Reiz liegt darin, daß die Bewegungsabläufe zugleich gebremst werden. Die vor der Brust verschränkten Arme Gabriels etwa oder sein rechter, senkrecht nach unten weisender Flügel sind retardierende Elemente, die im Zusammenklang mit den leuchtenden Goldtönen eine Gesamtwirkung von Feierlichkeit erzeugen.

Die Stirnwände der Querschiffarme nehmen *Wandgräber der Familie Corner* ein. Das rechte ist das der einstigen Königin von Zypern. Es wurde von seinem ursprünglichen Platz in SS. Apostoli hierher überführt.

Eine unerwartete Überraschung, nämlich eine Inszenierung so recht nach venezianischem Geist, bietet der *Hochaltar:* Die vergoldete Treibarbeit des 15. Jh., ein später Nachklang der Pala d'Oro, mit Aposteln und Evangelistensymbolen, die eine Verklärung Christi in der Mitte umstehen, verschwindet, wenn eine entsprechende Zugvorrichtung betätigt wird, hinter einem *Tizian*-Gemälde (offiziell nur 3.–15. August und an hohen Festtagen, gegen Trinkgeld an den Mesner auch außerhalb dieser Daten). Es zeigt in Wiederholung des Goldretabels die Transfiguration. Die Apostel (Petrus, Johannes und Jakobus) und Propheten rahmen als überschattete Randfiguren die strahlende Lichterscheinung des Heilands.

Neben diesem späten Werk Tizians verblassen die beiden seitlichen Bilder in den angrenzenden kleinen Kuppelräumen: Maryrium des hl. Theodor von *Paris Bordone* (rechts) und Christus in Emmaus (links), eine in den Farben frische, in der Komposition etwas steife Darstellung, deren Zuweisung an Bellini kaum zu halten ist.

An der linken Längswand erwähnen wir: Altar *A. Vittorias* mit einer Statue des sich im Schmerz aufbäumenden hl. Sebastian; Orgelflügel, von *Francesco Vecellio* bemalt (dem Bruder Tizians); Grabmal der Brüder Lorenzo und Girolamo Priuli mit Statuen der Heiligen Lorenz und Hieronymus von *Giulio dal Moro;* davor sitzende Marmorfigur Papst Pius' X., des »jüngsten« Heiligen Venedigs, von *Antonio Boggio* (1958).

Wenn man die Kirche wieder verläßt, sollte man einen Blick durch den Eingang rechts von der Fassade in den weiträumigen Kreuzgang riskieren (das Eintreten selbst ist nicht gestattet), in dessen angrenzenden einstigen Konventsgebäuden die Postverwaltung untergebracht ist.

Nach Süden schließt die zweigeschossige Fassade der ehemaligen *Scuola di S. Teodoro* den Campo S. Salvatore ab. Das Bruderschaftshaus dieser jüngsten – 1530 gegründeten – Scuola wurde 1655 nach einem Entwurf Giuseppe Sardis errichtet. An der gegenüberliegenden Schmalseite des Campo erinnert eine im 19. Jh. aufgestellte Votivsäule an die Befreiung von der österreichischen Okkupation.

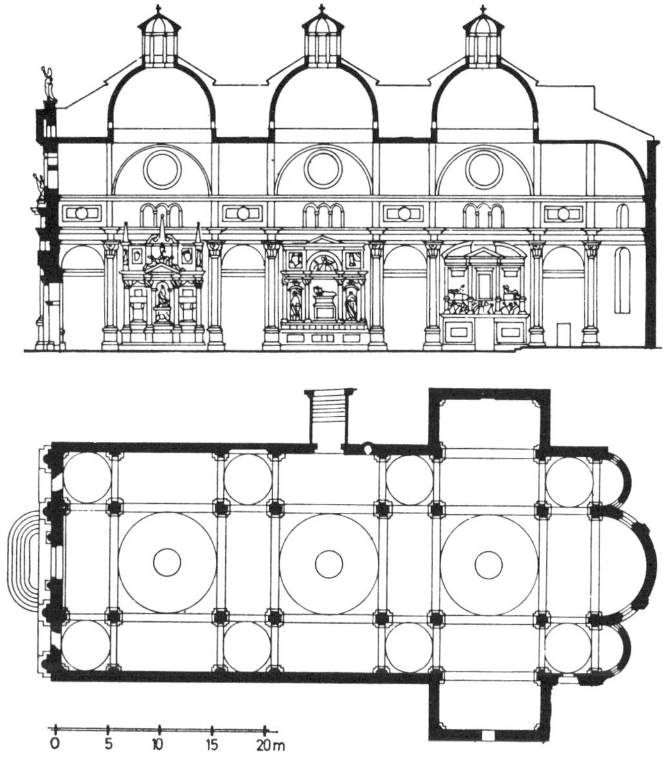

S. Salvatore, Längsschnitt und Grundriß

S. Giuliano (S. Zulian)

Wer von S. Salvatore durch die Mercerie Richtung S. Marco geht (oder umgekehrt), stößt auf halber Strecke auf die Kirche S. Giuliano, die *Sansovino* anstelle eines mittelalterlichen Vorgängers erbaute. Zunächst war nur an eine Neugestaltung der Fassade gedacht (dort über dem Eingang Porträtfigur des Stifters, des Arztes Tommaso Rangone), später wurde dann jedoch die ganze Kirche neu gebaut. Sie stellt sich im Innern als ein kubisches Gebilde dar.

Unter den vielen Altären sind zu beachten: erster Altar rechts eine Darstellung des von Engeln himmelwärts getragenen Korpus Christi von *P. Veronese*, ein stark nachgedunkeltes Bild; zweiter Altar rechts mit Statuen der hl. Katharina und des Propheten Daniel, geschmeidigen Figuren auf der Schwelle zum Barock, von *A. Vittoria;* linke Seitenkapelle, Marmoraltar, interessant die beiden Figuren links und rechts (Maria und Magdalena) von *G. Campagna.* Es handelt sich um Terrakotten, die durch künstlich aufgetragene Patina wie Bronzen wirken.

Die Palladio-Kirchen

S. Giorgio Maggiore 226 – Die Giudecca 229 – Il Redentore 229
Farbt. 1, 9, 19; Abb. 44–49, 53 (siehe Plan auf der vorderen Umschlaginnenklappe)

S. Giorgio Maggiore

Farbt. 1, 19; Abb. 44–46, 48, 49, 53

Der Blick auf die Klosterkirche der Benediktiner macht deutlich, daß man sich Venedig nicht von der Landseite, sondern vom Wasser her nähern sollte. S. Giorgio Maggiore ist ein wichtiger Baustein in der über Jahrhunderte gewachsenen Stadtfassade, der sich neben dem Dogenpalast und den ihn umgebenden Bauten als dritter und letzter bestimmender Akzent im 17. Jh. die Salute-Kirche hinzufügte.

Ende des 10. Jh. ließen sich die Benediktiner auf der Insel nieder und gründeten dort ihr dem hl. Georg geweihtes Kloster. Im 12. Jh. kam Stephanus als zweiter Titelheiliger hinzu. Den bestehenden Kirchenbau entwarf *Andrea Palladio*. Die Arbeiten wurden 1566 begonnen und erst lange nach dem Tode des genialen Architekten zum Abschluß gebracht. Die Weihe ist aus dem Jahr 1610 überliefert.

Die Fassade

Abb. 46, 48

Die aus strahlend weißem istrischem Marmor errichtete Fassade wurde nach einem Modell Palladios ausgeführt. In ihrer Dreigliederung ist sie ein Spiegelbild der basilikalen Raumverhältnisse, jedoch weicht sie deutlich von dem älteren Entwurf für S. Francesco della Vigna ab. An S. Giorgio ist der Mittelteil gegenüber den Seitenpartien hervorgehoben. Seinen Giebel tragen vier aufgeblendete Dreiviertelsäulen (S. Francesco: Halbsäulen), die sich fast vollplastisch von der Wand lösen. Die Gliederung der Seiten mit flachen Pilastern ist demgegenüber zurückgenommen. Auch die Sockelhöhe der drei Abschnitte ist unterschiedlich gewählt (S. Francesco: durchgehend gleich hoch). Während die Ecken bis auf Bodenniveau herabgezogen sind, wird der Mittelteil auf ein hohes Postament gestellt. Daraus ergibt sich eine gewisse optische Verzerrung, die schon Goethe beschrieben hat und die nach ihm in der Kunstgeschichte immer wieder Anlaß dazu gegeben hat, die Fassade von S. Giorgio wegen ihrer Abweichung vom Harmonieideal der klassischen Sichtweise zu kritisieren. Als Grund für die genannten Unstimmigkeiten wird die Tatsache ins Feld geführt, daß die Fassade erst lange nach dem Tode Palladios ausgeführt wurde und deshalb Veränderungen, die von dem Meister nicht beabsichtigt waren, erfahren habe. In dem Zusammenhang gewinnt eine von W. Timofiewitsch zitierte Quelle Bedeutung (in: Die sakrale Architektur Palladios, München 1968). Der Palladio-Biograph Temanza berichtet um die Mitte des 18. Jh., in der Redentore-Kirche ein Holzmodell der Fassade von S. Giorgio gesehen zu haben (heute verschollen), das nur ganz geringfügig

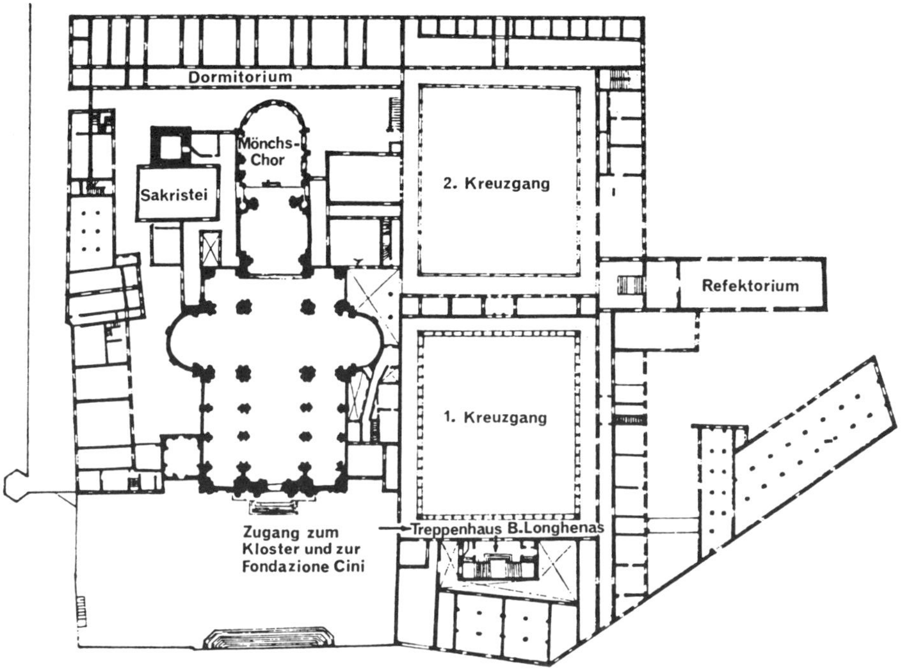

S. Giorgio Maggiore, Grundriß

von dem tatsächlich ausgeführten Bestand abwich. Man muß also davon ausgehen, daß die Absicht des Künstlers ohne Abänderungen realisiert worden ist. Zu einer richtigen Beurteilung kann man nur kommen, wenn man sich die besondere Situation von S. Giorgio vor Augen hält. S. Francesco besitzt eine Fassade, die durch die nahe Umbauung eine Betrachtung nur aus maximal 30 Metern Entfernung erlaubt. Sie ist deshalb greifbar, auf Nahsicht gedacht. Hier kommen die Ausgewogenheit aller Teile und das flache Relief der Gliederung vorteilhaft zur Geltung. Stellt man sich dieselbe Fassade an S. Giorgio vor, sie würde, da an dieser Stelle ganz andere Gegebenheiten herrschen – es ist an eine Fernsicht von der Piazzetta bzw. vom Dogenpalast aus gedacht –, flach und unkonturiert wirken. Die bestehende Fassade von S. Giorgio trägt aber gerade dieser Fernsichtigkeit, dem weniger haptischen als optischen Erlebnis Rechnung. Die fast vollplastisch gerundeten Säulen, die zurückweichenden Pilaster, die tief gemuldeten Nischen ergeben ein bewegtes Relief, in dem die Wechselwirkung von Licht und Schatten ein lebhaftes Spiel inszeniert. Die genannte Verzerrung wirkt deshalb nur aus der Nähe unvorteilhaft. Aus der Ferne aber ist das Ganze in sich stimmig; und nur aus der Distanz will diese Fassade gesehen werden.

Der Innenraum

Abb. 49

Das Eintreten in die Kirche erlebt der Venedigbesucher als einen der festlichsten Augenblicke während seines Besuches in der Stadt. Durch die Zurückhaltung in der Ausstattung, die sich in anderen Kirchen oft bestimmend in den Vordergrund schiebt, kommt hier die reine Sprache der Architektur unverfälscht zur Geltung. Die Kirche ist eine dreischiffige Basilika mit gerundeten Querhausarmen, einer Kuppel im Zentrum und einem quadratischen Presbyterium im Osten, das sich hinter dem Hochaltar in einen apsidialen Mönchschor verlängert. Die ganze Formenwelt ist der römisch-antiken Architektur entlehnt, mit der sich Palladio intensiv auseinandergesetzt hatte: Säulen, Pfeiler, Pilaster, Thermenfenster etc. Wie die Fassade ist auch die Struktur des Innenraumes im Sinne eines monumentalen Reliefs aufzufassen. Den Pfeilern sind halbrunde Säulen vorgelagert, die Ecken der Vierung werden von scharfkantigen Pilastern markiert. In den Querschiffarmen verflacht das Relief in Gestalt der nur wie gezeichnet wirkenden Pilaster. Ein gleichmäßig durchgezogenes Gebälk, das sich an den Pfeilern verkröpft, stellt eine einheitliche Verbindung aller Raumteile her.

Palladio bleibt trotz des basilikalen Schemas einer alten venezianischen Tradition treu, die den Kirchenraum seit San Marco immer wieder unter die Dominanz der Kuppel stellt. So schafft auch hier die von einem Tambour getragene Kuppel eine Zentrierung zur Raummitte hin, der sich alles andere unterordnet.

Ausstattung
Abb. 53
Wir lassen bei der Betrachtung der Ausstattung die Seitenaltäre unerwähnt und konzentrieren uns auf die Glanzpunkte, die im Presbyterium versammelt sind.

Girolamo Campagna schuf den *Hochaltar.* Die vier Gestalten der Evangelisten tragen die Weltkugel, auf der eine Statue Christi steht. Diese ungewöhnliche Schöpfung stellt die in die Skulptur übertragene Version eines aus der mittelalterlichen Malerei bekannten Motivs dar.

An den Seitenwänden hängen zwei großformatige Spätwerke *Tintorettos,* links das Mannawunder, rechts das Abendmahl (Abb. 53). Das Thema des linken Bildes ist kaum erkennbar, der Titel dient als Etikett für eine ländliche Idylle mit tiefem religiösen Gewicht. Nicht das historische Ereignis des Mannaregens steht im Vordergrund, sondern die Bedeutung der von Gott gespendeten Nahrung. Die dargestellten Personen gehen unterschiedlichen Beschäftigungen nach. Man sieht einen Schuster und einen Schmied bei der Arbeit, ferner spinnende und waschende Frauen und dergleichen mehr. Sie alle sind als Abbild der menschlichen Gesellschaft zu sehen, die von der göttlichen Gnade lebt. In dem Abendmahl gelang Tintoretto eine Synopsis aller in seinen früheren Abendmahlsdarstellungen geäußerten Gedanken. Während die Gruppe der Dienerschaft einen Bezug zum Diesseits herstellt, ist die umstrahlte Gestalt Christi eine Erscheinung des unirdisch Wunderbaren. Herrscht bei den Aposteln am vorderen Ende des Tisches noch lebhafte Diskussion über den Verrat, so wird in der Gruppe um den Heiland die Erregung gemildert. An dieser Stelle gibt die demutsvolle Geste der Selbstaufopferung den Ton an. Flackernden Irrlichtern stehen ruhig ausgeleuchtete Partien gegenüber, himmlisches und irdisches Licht werden zu einer Synthese vereint. Dieses kurz vor dem Tode des Künstlers entstandene Meisterwerk ist zugleich ein Vermächtnis und ergreifendes Zeugnis von Tintorettos tiefer Gläubigkeit.

Durch eine Tür links im Mönchschor erreicht man den Aufzug auf den Campanile, von dessen Glockenstube man einen überwältigenden Blick auf Venedig hat.

1799 tagte in S. Giorgio Maggiore das Konklave, das den Nachfolger des in der Haft Napoleons gestorbenen Pius VI. zu wählen hatte. Wenige Jahre später fiel auch S. Giorgio der Säkularisation anheim und wurde in der Folgezeit als Kaserne benutzt, ein Zustand, der bis 1951 andauerte. In diesem Jahr wurde das Kloster auf Betreiben des Grafen Vittorio Cini seiner alten Bestimmung wieder übergeben. Cini, der durch den Tod seines einzigen Sohnes den Erben verloren hatte, finanzierte die vorbildliche Restaurierung des ganzen Klosterkomplexes und gründete zur Erinnerung an seinen Sohn Giorgio die »Fondazione Cini«. Diese Stiftung umfaßt ein Kulturinstitut zur venezianischen Geschichte und eine Schule bzw. Ausbildungsstätten für Waisen und Kinder sozial unterprivilegierter Familien. Deshalb sind auch die ebenfalls von Palladio entworfenen Konventsgebäude allgemein nicht zugänglich. Man kann meist nur einen Blick in die Kreuzgänge werfen (besonders gut kann man sie vom Campanile aus einsehen; vgl. Abb. 44).

In den Blickpunkt der Weltöffentlichkeit wurde S. Giorgio Maggiore zuletzt 1980 gerückt, als auf der Klosterinsel der Weltwirtschaftsgipfel tagte.

Die Giudecca

Farbt. 9; Abb. 44, 45

Von S. Giorgio Maggiore fährt das Linienschiff hinüber zu der benachbarten Insel Giudecca. Der Name des langgestreckten Eilands, das strenggenommen aus einer Gruppe von acht durch Brücken miteinander verbundenen Inseln besteht, hat Anlaß zu der Spekulation gegeben, hier hätten im Mittelalter die Juden Venedigs gelebt, wofür es jedoch keine konkreten Hinweise gibt.

Etwa auf halber Strecke zwischen den Palladio-Kirchen S. Giorgio und Il Redentore wendet die Kirche *S. Maria della Presentazione,* genannt *Le Zitelle* (= die Jungfrauen; vgl. Farbt. 9, Mitte), ihre Front dem Canale della Giudecca zu. Ihrer um 1586 erbauten, flach gehaltenen Fassade soll ein Entwurf Palladios zugrunde gelegen haben, den aber der ausführende Architekt, *Jacopo Bozzetto,* stark vereinfachte. Die Kirche selbst ist weitgehend ein Bauwerk des 18. Jh. Das einst dazugehörige Kloster war ein Stift für Mädchen aus armen Familien. Sie stellten eine besonders feine Spitze her, »punto in aria« genannt, die sehr begehrt war.

Das rechts neben der Kirche durch seine großen spitzbogigen Fenster auffallende Haus ist ein neogotischer Bau aus dem Anfang unseres Jahrhunderts, das sich der Landschaftsmaler Mario de Maria nach einem eigenen Entwurf hatte erbauen lassen.

Il Redentore

Farbt. 9; Abb. 45, 47

Als Venedig 1576 wieder einmal von einer schweren Pestepidemie heimgesucht wurde, gelobte die Signoria den Bau einer Kirche für den Fall einer baldigen Erlösung von der Seuche. Man ersuchte *Palladio* um einen Entwurf, der sogleich, 1577–92, in die Tat umgesetzt wurde. Seitdem wird alljährlich am dritten Sonntag des Monats Juli eine Dankeswallfahrt zur Kirche des Erlösers veranstaltet (in manchen Jahren über eine Pontonbrücke).

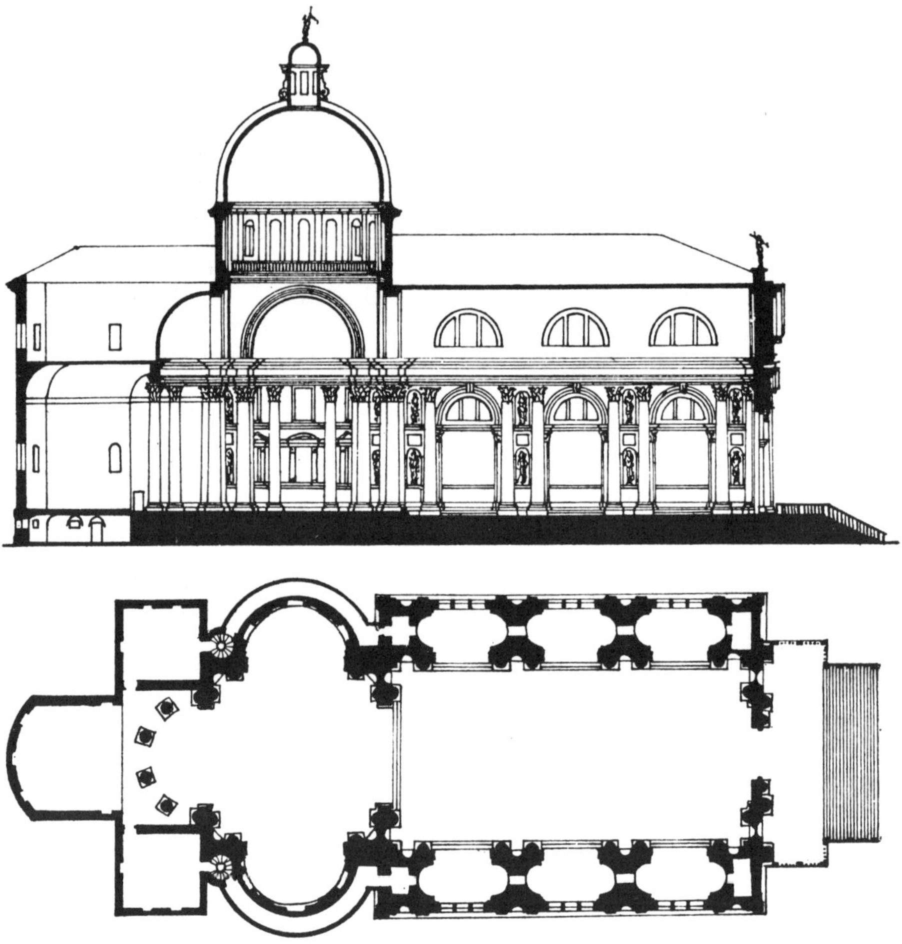

Il Redentore, Längsschnitt und Grundriß

Die *Fassade* ist nicht wie S. Giorgio auf eine Fernsicht gedacht. Die Kirche liegt zu weit vom Molo ab, als daß ein bewegtes Relief noch zur Geltung kommen könnte. Diese Rolle übernimmt die Kuppel, zu der von der Fassade die Schräge des Walmdaches eine geschickte Überleitung herstellt. In seinem Spätwerk präsentiert sich Palladio noch einmal als strenger Klassizist. Die Fassade ist als Tempelfront gebildet und dem Umriß der dahinter aufgehenden Stirnwand der Kirche fest eingebunden. Ihr Relief ist mehr zeichnerisch als plastisch empfunden. Die kleinen Seitenflügel erscheinen fast als Rudimente, was einer sinnvollen Widerspiegelung der tatsächlichen Raumverhältnisse entspricht. Denn im Gegensatz zu S. Giorgio ist Il Redentore keine Basilika, sondern ein einschiffiger Saal mit begleitenden Kapellen. Man erreicht ihn über eine breite Treppe, die als Erbe des römischen Podiumtempels anzusehen ist.

Der gegenüber S. Giorgio vereinfachte Grundriß gab Palladio die Möglichkeit, seine Idealvorstellung eines *Innenraumes*, die sich an der Erfahrung mit den in Rom erhaltenen Thermenanlagen herausgebildet hatte, zu realisieren. Der Raum atmet eine wohltuende Großzügigkeit. Seine Gliederung übernimmt Palladios Lieblingsmotiv, die Säule, die paarweise den Wandpfeilern vorgeblendet ist. Zwischen ihnen öffnen sich die Kapellen, drei zu jeder Seite. Der Grundriß lehnt sich eng an Il Gesù in Rom an. Palladio sondert jedoch im Gegensatz zu dem römischen Vorbild die Seitenkapellen stärker aus, buchtet sie zu den Seiten in halbrunde Nischen, die durchbrochen sind. So kommt eine Verbindung zwischen den kleinen Annexräumen zustande, die ihnen fast den Eigenwert von Seitenschiffen gibt. Durch die links und rechts unterhalb des Chorbogens vorspringenden Zungenmauern wird das Langhaus akzentuiert gegen das Presbyterium abgegrenzt.

Das *Presbyterium* ist als Dreikonchenanlage gestaltet, die rückwärtige Konche in Form eines offenen Portikus, hinter dem der Mönchschor sichtbar wird. In der Trennung von Langhaus und dem Zentralraum des Chores mag einerseits eine Antwort Palladios auf die in der Signoria vorangegangene Diskussion liegen, ob Il Redentore als zentraler oder als längsgerichteter Bau zu erstellen sei (man entschloß sich eben für das letztere, und Palladio bot in seinem Entwurf beide Möglichkeiten in Kombination miteinander), andererseits ist es denkbar, daß die besondere Bestimmung des Bauwerks den Anlaß dazu gab. Die Erlöser-Kirche ist ein Votivbau und in dieser Funktion auch als Memorialbau zu verstehen (zum Gedächtnis der Pesttoten), der in der Antike traditionell über zentralem Grundriß errichtet wurde. Eine optisch gelungene Verbindung zwischen beiden divergenten Raumabschnitten entsteht durch den hoch in das Gewölbe einschneidenden Chorbogen, der den Blick in die Tambourzone der Kuppel und die dort postierte Statue des Erlösers lenkt.

Die Konzentration auf das Wesentliche, der Verzicht auf kleinteilige Architekturdekoration verleihen Il Redentore die Wirkung von erhabener Würde. Die Ausstattung, die überwiegend später dazugekommen ist, hat keine herausragenden Anhaltspunkte zu bieten. Ja, sie macht sich in der souveränen Umgebung fast störend bemerkbar. Es wäre gewiß im Sinne Palladios, wenn einiges überflüssig Erscheinende wieder entfernt würde.

Von S. Zaccaria über das Arsenal zum Campo S. Maria Formosa

S. Zaccaria 232 – S. Giorgio dei Greci 235 – S. Giovanni in Bragora 236 – S. Martino 237 – Das Arsenal 237 – Scuola di S. Giorgio degli Schiavoni 239 – S. Maria Formosa 240
Farbt. 10, 35; Abb. 56, 58

S. Zaccaria
Abb. 56

Das Nonnenkloster ist eine karolingische Gründung, die die besondere Gunst des Staates genoß. Zahlreiche Töchter aus den führenden Geschlechtern waren Nonnen in S. Zaccaria. Obwohl der heutige Klosterkomplex aus der zweiten Hälfte des 15. Jh. stammt, sind Reste der gotischen und der vorgotischen Anlage erhalten geblieben. Seit der Säkularisation dienen die Konventsgebäude als Kaserne; deshalb kann man nur die Kirche – sie ist heute Pfarrkirche – besichtigen. Sie wurde um 1460 mit der Errichtung des Langhauses begonnen und um 1500 mit dem Bau des Chores fertiggestellt.

Von S. Zaccaria über das Arsenal zum Campo S. Maria Formosa

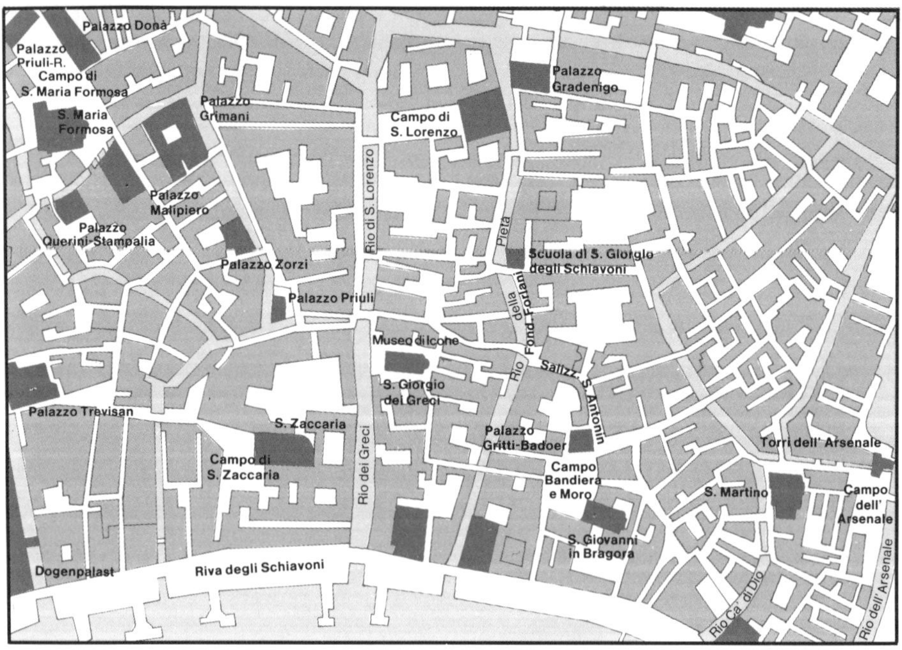

Die alljährliche Osterprozession des Dogen und seines Gefolges nach S. Zaccaria. Stich von G. B. Brustolon nach einem Gemälde Canalettos

Fassade

Die Fassade ist ein Werk des Übergangs, in dem sich Stilelemente der Gotik mit solchen der Renaissance mischen. Die beiden unteren Geschosse wurden von *Antonio Gambello* ausgeführt, dessen Arbeit *Mauro Codussi* zu Ende brachte. Das zweite Geschoß mit seinen kleinen Rundnischen erscheint wie eine späte Erinnerung an die Arkadenreihen der veneto-byzantinischen Paläste. Darüber läßt das Bestreben Codussis nach einer akzentuierteren Gliederung den fortschreitenden Einfluß der Renaissance erkennen. Das deutliche Vertikalstreben, die Vielzahl der Geschosse und die Kleinteiligkeit der Anlage sind der Tradition der Gotik verhaftete Elemente, die Ausführung der Einzelformen (Muschelnischen, Rundbogenfenster, Säulengliederung etc.) gehört der Renaissance an. Die Fassade ist nicht nur eine kurios anmutende Zwittererscheinung, sie ist zugleich das vielleicht eindrucksvollste Beispiel dafür, in welchem Maße sich die konservative Gesinnung der Lagunenstadt noch über die Mitte des 15. Jh. hinaus den »modernen« Strömungen verweigerte.

Der Innenraum

Ähnlich zwischen zwei Welten stehend und dennoch eindrucksvoll präsentiert sich das Innere. Obwohl es sich strenggenommen um eine dreischiffige Basilika handelt, erhebt sich das Mittelschiff nur derart geringfügig über die Seitenschiffe, daß aus der Perspektive des Betrachters der Eindruck einer Halle entsteht. Ein Unikum sind die Säulen: Sie fußen auf

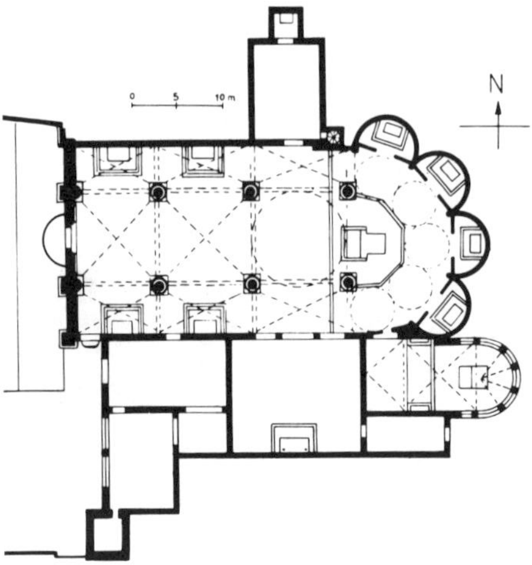

S. Zaccaria, Grundriß

einem kunstvoll gemeißelten Sockel, über dem zunächst ein oktogonaler Pfeiler aufgeht, der sich erst weit über unseren Blicken in den runden Säulenschaft verlängert.

Der Chor ist nach Art der für Venedig ungewöhnlichen Form des Pilgerkirchentyps mit Umgang und Kapellenkranz angelegt. Der Innenraum zeigt dieselbe Mischung von Motiven der Gotik und der Renaissance wie die Fassade. Der Grundriß folgt einem mittelalterlichen Muster, der Aufriß mit Rundbögen, einem eher hallenartigen als basilikalen Gesamteindruck und gratlosen Kuppeln über den fünf Jochen des Chorumgangs zeigt sich von der Renaissance inspiriert. Ein Rätsel bleibt, warum innerhalb der Abgrenzung vom Chorhaupt zum Umgang im oberen Teil noch einmal gotisches Maßwerk erscheint. Ein köstlicher Anachronismus, wenn man bedenkt, daß der Chor als letzter Teil der Kirche erst gegen das ausgehende 15. Jh. entstand.

Ausstattung und Annexräume

Das Juwel der Kirche ist der Altar *Giovanni Bellinis* im linken Seitenschiff (Abb. 56). Er entstand im Jahr 1505, ein Jahr bevor Dürer zum zweiten Mal in Venedig weilte und von dort in einem Brief an seinen Freund Willibald Pirckheimer berichtete, Giovanni Bellini sei »sehr alt, doch im Malen immer noch der Beste«. Der Altar ist eines jener Beispiele, denen man den Behelfstitel »Sacra Conversazione« gegeben hat. Nirgendwo wird die Hilflosigkeit dieses Terminus deutlicher als hier. Maria sitzt still in sich gekehrt auf einem marmornen Thron. Jeder der vier Heiligen, die sie rahmen, erscheint andachtsvoll in sich versunken. Die »Konversation« findet nicht statt, aber gerade durch die stimmungsvolle Ruhe wirkt die Sakralität des Bildes so nachhaltig. Die ganze Gruppe ist in die geometrische Form eines gedrückten Dreiecks eingebunden. Maria, eine großartige Freifigur, wird lediglich von dem zu ihren Füßen musizierenden Engel leicht überschnitten. Die Heiligen dagegen werden enger zusammengerückt, links Petrus und Katharina, rechts Lucia und Hieronymus. Die Farbakzente setzen der gelbe Überwurf Petri, das blaue Gewand der Muttergottes und der schwer herabfließende rote Mantel des Hieronymus. In symmetrischer Verteilung werden diese Farben an anderen Stellen wieder aufgegriffen. Dazwischen funkelt smaragden das Grün auf: am Mantelfutter der Maria, in den Gewandungen der Katharina und des Engels. Darüber wölbt sich ein Kuppelraum mit abschließender apsidialer Rundung. Im Bild wird die Architektur des (originalen) Rahmens aus Marmor fortgeführt. Zu beiden Seiten der Architektur werden Ausblicke in eine Landschaft erkennbar. Die Gesamtwirkung wird von einer Ruhe geprägt, die dennoch nichts Statisches hat.

Wir wenden uns nun der schräg gegenüber liegenden *Sakristei* zu (Eingang im rechten Seitenschiff). Diese einstige, dem hl. Athanasius geweihte Kapelle war früher der Nonnenchor. Die Wände sind mit einem kunstvoll geschnitzten spätgotischen *Chorgestühl* verkleidet. Gegenüber dem Eingang befindet sich der

Altar mit einem Jugendwerk *Tintorettos:* die Geburt Johannes des Täufers. Das Geschehen spielt sich in klar umrissenen Raumverhältnissen ab, lediglich von oben her strömt goldenes Gewölk in die Wöchnerinnenstube. Die Ammen im Vordergrund mit dem Knäblein bilden eine geschlossene Gruppe. Diese »gefügten« Verhältnisse lassen im Zusammenklang mit dem frischen Kolorismus noch nicht die visionären, von extremen Hell-Dunkel-Kontrasten lebenden späteren Werke des Künstlers ahnen. Jugendlich-keck wirkt der Vogel, der auf dem Rand der Kupferschale sitzt, um von dem Badewasser des Säuglings zu trinken.

Durch die ehemalige *Cappella dell'Addolorata,* wo heute Reste des Kirchenschatzes in Vitrinen ausgestellt sind, gelangt man in die *Cappella di S. Tarasio,* den Chor des gotischen Vorgängers der heutigen Kirche. Hier sind drei reich geschnitzte und vergoldete *Altäre* aufgestellt, späte Äußerungen der zu Ende gehenden Gotik (datiert 1443/44). Für die Kunstgeschichte Venedigs von epochaler Bedeutung sind die Fresken in den Gewölbekappen. Sie wurden 1442 von dem Florentiner *Andrea del Castagno* (1421–57) geschaffen und stellen die erste Malerei der Renaissance in der Lagunenstadt dar. Im mittleren Gewölbeabschnitt thront Gottvater, seitlich erscheinen Evangelisten und Heilige. Auch die innere Laibung des Chorbogens mit Brustbildern von Propheten in Medaillons stammen von dem toskanischen Künstler. Die Gestalten sind als frei stehende Großfiguren wiedergegeben. Sie stehen zwar auf Wolken, aber sie schweben nicht, sondern sind in ihrem Stand klar definiert und zudem in schwer fallende, antikisierende Gewänder gekleidet. Eine jede ist als individuelle Persönlichkeit aufgefaßt. Der revolutionäre Realismus dieser Bilder muß in der Kunstszene Venedigs wie ein Paukenschlag gewirkt haben, wenn man sich die etwa gleichzeitigen Werke heimischer Maler (z. B. in der Accademia) vergegenwärtigt. Es kann als sicher gelten, daß diese Kapelle ein Studienort der heranwachsenden Künstlergeneration wurde, die der von Castagno vorgetragenen neuen Gedankenwelt bald zum Durchbruch verhalf.

Eine letzte Kostbarkeit erreichen wir über eine Treppe von der Cappella di S. Tarasio aus: die *Krypta.* Sie ist der älteste Teil von S. Zaccaria und gehört noch zum vorgotischen Bau der Abtei. Da sie vermutlich im 11. Jh. entstand, ist sie eines der frühesten erhaltenen Zeugnisse der Baukunst in Venedig. Kleine kräftige Säulen teilen sie in drei gleiche Schiffe, deren Boden heutzutage meist unter Wasser steht.

Wir verlassen den Campo S. Zaccaria rechts über den schmalen Campo S. Provolo und folgen der Fondamenta dell'Osmarin. An der Mündung des Rio S. Severo steht der *Palazzo Priuli,* ein schönes Beispiel der spätgotischen Palastarchitektur mit einem originellen Eckfenster. Seine Außenwände waren einst mit Fresken J. Palmas d. J. dekoriert, von denen jedoch nichts erhalten ist. Hinter der nächsten Brücke taucht rechts die Kirche S. Giorgio dei Greci auf.

S. Giorgio dei Greci

Farbt. 10

Ihre Lage macht die Kirche der Griechen zu einer der stimmungsvollsten der ganzen Stadt. Sie steht inmitten eines von Oleanderbüschen bewachsenen, umfriedeten Hofes und wendet ihre halb von Bäumen versteckte Fassade dem Rio dei Greci zu. Besorgniserregend wirkt in dieser Idylle der abenteuerlich schiefe Campanile.

Nachdem die Gemeinde der Griechen Ende des 15. Jh. – sie soll damals etwa 10 000 Seelen gezählt haben – die offizielle Genehmigung zur Ausübung des orthodoxen Kultes erlangt hatte, erbaute sie zwischen 1540 und 1560 eine eigene Kirche. Der in seinen Abmessungen ausgewogene Saal wird im Zentrum von einer Kuppel beherrscht. Das Presbyterium ist durch eine hohe, mit zahlreichen Ikonen geschmückte Ikonostasis vom Kirchenraum abgetrennt.

Im angrenzenden *Palazzo Flangini* wurde 1953 ein griechisches Kulturzentrum und zugleich ein sehenswertes Ikonen-Museum eingerichtet (s. S. 342).

S. Giovanni in Bragora

Obwohl noch nicht weit von San Marco entfernt, hat man bei Betreten des *Campo Bandiera e Moro* das Gefühl, das hektische Getriebe des Zentrums bereits weit hinter sich gelassen zu haben. Nur selten verirren sich Touristen in diese Ecke, und man sieht deshalb fast nur Venezianer. Der Name des Platzes, der früher den der Kirche trug, erinnert an zwei Patrioten, die im 19. Jh. im Kampf um die Unabhängigkeit gefallen sind. Der Name »in Bragora« dagegen ist nicht restlos geklärt. Er kommt möglicherweise aus dem venezianischen Dialekt, in dem »Bragola« eine Marktstätte bezeichnet. Die Nordseite des Campo begrenzt die spätgotische Fassade des *Palazzo Gritti-Badoer.* In der daneben auf den Campo mündenden Calle della Morta sollen häufiger Personen, die dem Zehnerrat mißliebig waren, meuchlings ermordet worden sein.

In der Südostecke des Platzes steht die äußerlich unscheinbare gotische Kirche S. Giovanni in Bragora, eine dreischiffige Basilika mit offenem Dachstuhl. Der Raum wirkt durch das viele Holz und aufgrund seiner überschaubaren Dimensionen geradezu anheimelnd. Er birgt ein Hauptwerk der venezianischen Malerei der Frührenaissance: das große Bild an der Schmalseite hinter dem Hochaltar. Es stammt von *Cima da Conegliano* und zeigt eine Taufe Christi.

Das Bild leitet seine von Ruhe und Kontemplation durchwaltete Stimmung aus einem konsequent geometrisch durchdachten Aufbau her. Landschaft und Himmel nehmen je eine quadratische Bildhälfte ein; Taube und Christus markieren die senkrechte Mittelachse. Alle Figuren sind in ein Dreieck eingebunden, das seine Fußpunkte bei dem Täufer und der Engelsgruppe, seine Spitze in dem obersten der Puttenköpfe hat. Unvergleichlich ist die Wiedergabe der Natur. Die Landschaft ist in ein mildes Frühlicht der aufgehenden Sonne getaucht, das eine fast monochrome Stimmung des ganzen Bildes bewirkt. Im Hintergrund erscheint eine Andeutung von Cimas Geburtsort Conegliano. Die genaue Ausarbeitung auch der kleinsten Details läßt die große Liebe des Künstlers zur Natur erkennen.

Der um 1460 geborene Cima kam 1492 nach einer mehrjährigen Ausbildung nach Venedig, wo er den größten Teil seines Lebens verbrachte. Erst 1516 kehrte er in seinen Heimatort zurück und verstarb dort kurz darauf (1517 oder 18). Anfangs unter dem Einfluß Antonello da Messinas stehend (von ihm eine Pietà im Correr-Museum, s. S. 339), geriet er in Venedig in den Bannkreis Giovanni Bellinis. Trotz dieser großen Vorbilder fand Cima zu seiner ganz eigenen Sprache, die ihren

Kompositionsschema der »Taufe Christi« von Cima da Conegliano in S. Giovanni in Bragora

schönsten Ausdruck in seiner Form der Landschaftsdarstellung fand. Bernard Berenson meinte von Cima, er sei der einzige Künstler seiner Zeit gewesen, dem es gelungen sei, »die leichte und weiche Atmosphäre zu erspüren, in die die italienische Landschaft getaucht ist«.

Ferner sind in der Kirche zu beachten: eine Marmorpietà des 15. Jh. (erste rechte Seitenkapelle); Reste des vergoldeten Schreins des hl. Johannes Elemosinario (an der linken Wand der zweiten rechten Seitenkapelle); eine byzantinisierende Reliefikone mit der Muttergottes, 13. Jh. (über dem Durchgang zur Sakristei); Fußwaschung und Abendmahl des Tizian-Schülers *Paris Bordone* (an den Seitenwänden des Chores); ein Triptychon des *Bartolomeo Vivarini* (in der linken Chorkapelle) und zwei Bilder *Alvise Vivarinis,* der Auferstandene und eine Madonna (linke Seitenwand, vor der seitlichen Chorkapelle).

S. Martino

Auf dem Weg zum Arsenal streifen wir die Kirche S. Martino, die um 1550 nach einem Plan *Sansovinos* erbaut wurde. Sie ist S. Giuliano, ebenfalls von Sansovino, eng verwandt: Der Grundriß beschreibt ein Quadrat. Die vier Wände sind mit je einer größeren Mittelkapelle und zwei kleineren zu beiden Seiten gleich gestaltet – nur die Chornische ist etwas tiefer als die anderen. Diese einfache Struktur wird von der Ausstattung des 17. und 18. Jh. unvorteilhaft überdeckt. Zu beachten ist aber der kleine Marmoraltar in der Mittelkapelle der linken Seite. Er wird von vier knienden Engeln getragen und stand einst in der heute zerstörten Kirche S. Sepolcro. Die Engel sind zart empfundene Werke *Tullio Lombardos.*

Das Arsenal

Abb. 58

Die Herkunft des Werftnamens ist nicht restlos geklärt. »Arsenale« leitet sich möglicherweise von dem arabischen »Darsina-a« ab, was soviel wie Werkstatt, Arbeitsplatz bedeutet (nach Lorenzetti). Bis in das 12. Jh. war der Schiffsbau in Venedig eine Angelegenheit privater Werften, wurde aber nach Gründung des Arsenals 1104 mehr und mehr ein Staatsmonopol. Nach wiederholten Erweiterungen umfaßte das Gelände im 16. Jh. mehr als 30 Hektar; rund

Der Eingang zum Arsenal. Stich von Michele Marieschi, 18. Jh.

16 000 Arbeiter waren dort beschäftigt. Da neben dem Schiffsbau auch die Waffenschmiede der Republik im Arsenal untergebracht war, wurde das ganze Gebiet wie eine Festung ummauert, mit Wehrtürmen versehen, und war nur durch zwei Zugänge – einer zu Lande, der andere zu Wasser – zu erreichen.

Der »Ingresso di Terrà« wurde in seiner heutigen Gestalt 1460 angelegt und markiert den Einzug der Renaissance in Venedig. Deutlich klingt das Motiv des antiken Triumphbogens an, das in der Folgezeit in so vielfältigen Variationen (bei Kirchenportalen, Chorbögen, Dogengräbern etc.) aufgegriffen wurde. Das Portal wird von gekuppelten, frei stehenden Säulen eingefaßt. In der Attika darüber symbolisiert ein großes Relief mit dem Markuslöwen die Macht der Serenissima.

Die anderen Löwen, die neben dem Eingang aufgestellt sind, wurden in Griechenland erbeutet. Neben dem Tor flankieren zwei Wehrtürme die Schiffseinfahrt ins Arsenal. In früheren Zeiten verhinderte nächtens eine zwischen den Türmen gespannte Kette die Durchfahrt.

Das Arsenal ist für die Öffentlichkeit nicht zugänglich. Einen guten Eindruck vom Umfang des Geländes gewinnt man vom Vaporetto der Linie 5 aus, das die Becken »Darsena Arsenale Vecchio« und »Canale delle Galeazze« durchfährt.

Einen Einblick in den Schiffsbau und das Seewesen, dieses für Venedig existentielle Kapitel, gewährt das *Museo Storico Navale,* das nur wenige hundert Meter von hier an der Mündung des Rio dell'Arsenale in den Canale di S. Marco liegt (s. S. 343).

Scuola di S. Giorgio degli Schiavoni

Farbt. 35

Wir wenden uns nun wieder dem Stadtzentrum zu und erreichen, über den Campo Bandiera e Moro zurückkehrend, von dort durch die Salizzada S. Antonin und die Fondamenta Forlani die Scuola di S. Giorgio degli Schiavoni. Die Bruderschaft der Dalmatiner wurde im 14. Jh. gegründet und erhielt ihr bestehendes Gildehaus im 16. Jh. Im Untergeschoß ist vollzählig der Gemäldezyklus erhalten, den *Carpaccio* im ersten Jahrzehnt des 16. Jh. für die Scuola gemalt hat.

Der Zyklus schildert Szenen aus den Viten der Heiligen Georg, Tryphon und Hieronymus, den drei Patronen der Bruderschaft. Er beginnt an der linken Längswand. Zwei breitformatige Bilder zeigen den Kampf Georgs mit dem Drachen und anschließend seinen triumphalen Einzug in die Stadt Silena in Libyen. An der Altarseite folgen: Georg tauft das libysche Königspaar, dessen Tochter er von dem Ungeheuer befreit hatte. Das Altarblatt mit einer Darstellung der Muttergottes wird dem Sohn Vittore Carpaccios, Benedetto, zugeschrieben. Das Bild rechts daneben erzählt, wie der hl. Tryphon noch als Kind die Tochter des römischen Kaisers Gordian von einem Dämon (in Gestalt eines Ungeheuers) erlöst. An der rechten Langseite werden zunächst zwei Szenen aus dem Leben Jesu einge-

Vittore Carpaccio, der hl. Hieronymus (oder auch Augustinus?). Vorzeichnung für das entsprechende Gemälde in der Scuola di S. Giorgio degli Schiavoni. London, British Museum

schoben, beide in Hochformat: Christus am Ölberg und die Berufung des Apostels Matthäus. Die drei folgenden Bilder sind dem hl. Hieronymus gewidmet, der in Venedig wegen seines Attributs – des Löwen – ohnehin allgemein geschätzt war und als Nationalheiliger der Dalmatiner (der Kirchenvater wurde 340 n. Chr. in Stridone in Dalmatien geboren) in deren Bruderschaftshaus natürlich besondere Verehrung genoß. Das erste Bild erzählt von der Bändigung des Löwen, im zweiten ist der Tod des Heiligen zu sehen, und das letzte zeigt den Kirchenvater in seiner Studierstube (Farbt. 35; dieses Bild ist auch als Darstellung des hl. Augustinus interpretiert worden, dem nach einer Legende der hl. Hieronymus in einer Lichtvision erschienen sein soll).

Nachdem man im Verlauf des in diesem Kapitel beschriebenen Rundgangs zwei Hauptwerke der frühen Renaissancemaler Bellini und Cima kennengelernt hat, läßt sich die Eigenart Carpaccios im Vergleich zu jenen präzise formulieren. Im Gegensatz zu der kontemplativen Haltung der beiden anderen Hauptvertreter der venezianischen Malerei um 1500 ist Carpaccio ein beredter Erzähler. Mit einer sichtbaren Lust am Fabulieren geht er auch auf die nebensächlichsten Details ein. Besonders deutlich wird dies am »Hieronymus im Gehäus«. Um den gelehrten Kirchenvater sind alle Attribute wissenschaftlicher Tätigkeit verstreut: Bücher, Noten, Lesepult etc. Der Heilige selbst blickt wie fragend aus dem Fenster, durch das ein heller Lichtschein auf seinen Schreibtisch fällt. Neben der sehr sachlichen Beschreibung zeigt sich Carpaccio auch als Humorist. Dem Heiligen schaut ein Spitz neugierig bei der Arbeit zu. Von echter Komik ist die Szene mit der Bändigung des Löwen. Während der Heilige der Bestie in aller Seelenruhe begegnet, stürzen die Mönche in kopfloser Flucht davon. An anderer Stelle steigert sich Carpaccios Realismus ins Makabre. Auf dem Bild mit dem Drachenkampf Georgs scheut er sich nicht, von dem Monstrum angenagte Leichenteile in der Gegend zu verstreuen. Andererseits vermag er dann auch wieder seelische Zustände ergreifend zum Ausdruck zu bringen. In der Darstellung des Todes des hl. Hieronymus etwa knien die trauernden Mönche in sichtlicher Betrübnis um den Leichnam herum. Ähnliche Einfühlsamkeit läßt die Szene mit Christus im Garten Gethsemane erkennen.

Nach Verlassen der Scuola wenden wir uns wieder in Richtung des Stadtzentrums. Etwa auf halbem Wege zwischen San Marco und S. Zanipolo endet dieser Rundgang bei der Kirche S. Maria Formosa auf dem gleichnamigen Campo.

S. Maria Formosa

Der Platz ist von einigen stattlichen Palazzi gerahmt. Seine südliche Schmalseite nimmt der *Palazzo Malipiero-Trevisan* aus dem 16. Jh. ein, ein schönes Beispiel der Renaissance; über die Hälfte der östlichen Langseite erstreckt sich der gotische *Palazzo Donà,* und die schmale Nordflanke schließt der *Palazzo Priuli-Ruzzini,* ein Bauwerk des ausgehenden 16. Jh. Von den Fenstern und Balkonen verfolgten die Bewohner früherer Zeiten die Stierkämpfe und öffentlichen Feste, für die der Campo – wie natürlich auch zahlreiche andere – oftmals als Schauplatz diente.

Die Kirche S. Maria Formosa verdankt ihren originellen Namen einer Legende. Die Muttergottes soll im 7. Jh. dem Bischof Magnus von Oderzo in Gestalt einer dicken (venezianisch: formosa) Matrone erschienen sein und ihm die Errichtung einer Kirche an dieser Stelle aufgetragen haben.

Der Campo S. Maria Formosa. Stich nach Canaletto

Die dem Campo zugewandte Fassade entstand im frühen, der Campanile im ausgehenden 17. Jh. Der Bau selber ist ein Werk *Mauro Codussis* und entstand in den 1490er Jahren. Ungewöhnlich ist es für Venedig, daß die Kirche fast völlig frei steht. Der Innenraum ist als dreischiffige Basilika mit Querhaus und dreiteiligem Presbyterium angelegt. Da jedoch das Langhaus kaum tiefer ist als die beiden Querhausarme, zudem diese beidseitig von Kapellen flankiert und deshalb ebenso breit wie das Langhaus sind, wirkt das Ganze wie ein Zentralraum, in dem denn auch nach altem venezianischem Muster die Vierungskuppel den Mittelpunkt markiert. Die schlanke Gestalt der Pfeiler läßt die Anlage luftig wirken und ihre Ausmaße großzügig erscheinen.

Unter den zahlreichen Altären sind besonders zu beachten: eine Schutzmantelmadonna von *Bartolomeo Vivarini* (erster rechter Seitenaltar), datiert 1473, ein Werk der ausgehenden Gotik; eine Pietà von *Palma d. J.* (zweite rechte Seitenkapelle); ein Altar der hl. Barbara (im rechten Querhausarm) von *Jacopo Palma d. Ä.*, ein sechsteiliges Retabel. In den großen Feldern der unteren Zone erscheinen die hl. Barbara (Mitte), zu ihren Seiten die Heiligen Sebastian und Antonio Abbas, darüber in kleineren Feldern Dominikus und Johannes d. T. zu seiten einer Pietà. Palma, bei seinen Auftraggebern als Meister schöner Frauenporträts geschätzt, schuf mit der Barbara ein geradezu klassisches Frauenideal. Unter dem tizianesken Rot des schweren Gewandes zeichnen sich die kraftvollen Umrisse des Körpers ab. Das Gesicht ist jugendlich glatt, mit einem leicht sinnlichen Zug um die Lippen. Dennoch ist das Bild ohne Anzüglichkeit, es ist sinnbildhafter Ausdruck von Lebensgenuß und Freude an der souveränen Erscheinung einer schönen Frauengestalt.

Wir verlassen die Kirche durch das zweite Portal in der Westwand. Zurückschauend stellt man überrascht fest, daß das Bauwerk zu dieser Seite eine zweite Fassade besitzt (1542), die sich dem Rio zuwendet und vom Campo aus nicht zu sehen ist. Das ist wieder bezeichnend venezianisches »Theater«, eine Kirche mit zwei Gesichtern!

Bauten im Bereich um S. Stefano

S. Moisè 242 – S. Maria del Giglio 243 – S. Maurizio 244 – Campo und Kirche S. Stefano 244 – Campi S. Angelo und S. Benedetto 246 – Palazzo Contarini del Bovolo 247 – Campo und Kirche S. Fantin 247 – Teatro La Fenice 248 – *Die venezianische Musik* 249
Abb. 65

S. Moisè

Wir beginnen diesen Rundgang nahe der Piazza di San Marco, von wo wir durch die Salizzada S. Moisè zur gleichnamigen Kirche gelangen. Die bereits in karolingischer Zeit erwähnte Gründung wurde 1632 von Grund auf neu gebaut, ihre Fassade (1668) aus Stiftungen der Familie Fini finanziert. Sie ist die bewegteste Barockfassade der Stadt und in ihrer an römischen Vor-

Bauten im Bereich um S. Stefano

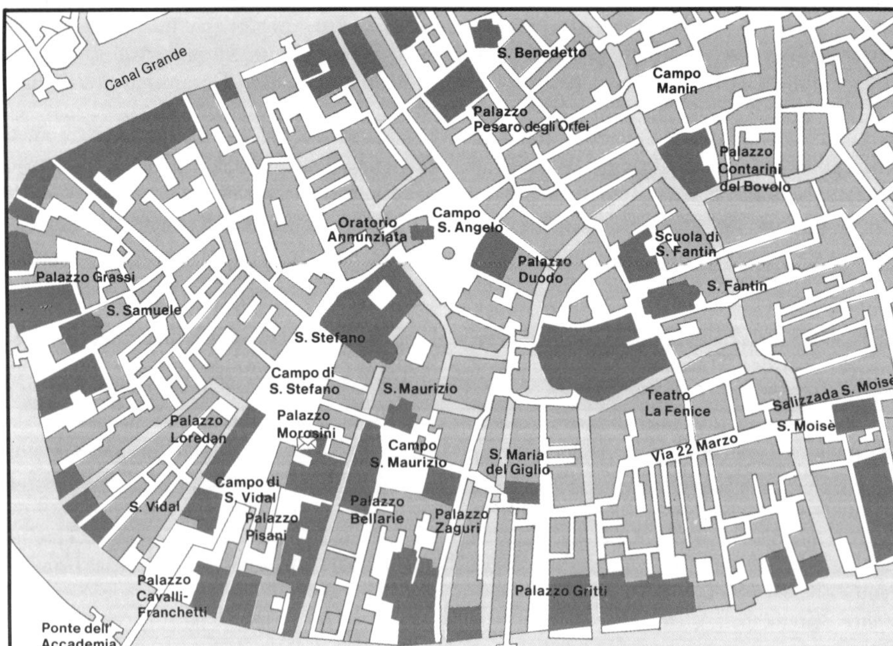

bildern orientierten Monumentalität recht unvenezianisch. Ursprünglich waren sogar noch mehr Skulpturen vorhanden, sie wurden aber im 19. Jh. aus statischen Gründen zum Teil entfernt. Originell sind die beiden über dem Hauptportal ruhenden Kamele, auf deren Rücken sich ein Obelisk erhebt. Die Inschrift darauf nimmt rühmend Bezug auf die Stifterfamilie Fini. Dem geläufigen Muster der Barockkirche folgend ist der Innenraum als Saal mit begleitenden Kapellen und anschließendem Chor angelegt. Die Altäre entstammen überwiegend dem 18. Jh. Erwähnenswert ist eine späte Fußwaschung *Tintorettos* (links neben dem ersten Seitenaltar), die allerdings extrem nachgedunkelt ist und sich so – wenn auch unbeabsichtigt – in das düstere und überladene Gesamtbild der Kirche fügt. Derjenige, der Schwierigkeiten im Zugang zur Kunst des Barock hat, findet hier wenig Hilfe zum Verständnis dieser Epoche; in dieser Hinsicht erweist sich die nicht weit entfernte Kirche S. Maria del Giglio als aufschlußreicher.

S. Maria del Giglio (S. Maria Zobenigo)

Die Fassade entstand nur wenige Jahre nach der von S. Moisè (1678–83). Kräftige Säulenpaare, Nischen mit Statuen und durchgezogene Gesimse sorgen für eine straffe Gliederung. Das ikonographische Programm ist eine einzige Verherrlichung der Familie Barbaro, die in dem zugehörigen Pfarrsprengel wohnte und die Mittel zur Errichtung der Fassade bereitgestellt hatte. Ungewöhnlich ist die Sockelzone. Sie zeigt in Relief (von links nach rechts) Ansichten der Städte Zara, Candia, Padua, Rom, der Insel Korfu und Spalatos (Split), Anspielungen auf Besitzungen Venedigs einerseits und auf die angebliche Abstammung der Barbaros aus altem römischem Adel andererseits. Die vier Statuen im unteren Geschoß stellen verdiente Ahnen des Stifters Antonio Barbaro dar, der selbst im zweiten Geschoß über dem Hauptportal erscheint, zu seinen Seiten Personifikationen des Ruhmes und der Tugendhaftigkeit. Im Zwischengeschoß führen Reliefs verschiedene Seeschlachten vor.

Der *Innenraum* ist ein breit gelagerter Saal mit angrenzenden Kapellen. Es ist das bekannte barocke Schema, das durch Il Gesù in Rom für zahlreiche Kirchen des 17. Jh. verbindlich wurde.

Die große querformatige Abendmahlsdarstellung über dem Eingang gilt als Arbeit *J. Palmas d. J.* Die vier Sibyllen darunter stammen von *Giuseppe Salviati.* Links neben dem Eingang entdeckt man ein reizendes Detail: ein kleines Relief mit dem hl. Hieronymus in einer Grotte, möglicherweise ein Jugendwerk *Pietro Lombardos.* Auf der rechten Seite gelangt man durch einen schmalen Zugang in die Kapelle der Familie Molin. Den Altar ziert eine entfernt an Michelangelo erinnernde Pietà von *Giuliano dal Moro.* Das stolz durch eine Schrifttafel am Eingang angekündigte Bild Peter Paul Rubens' – Maria mit dem Christuskind und dem Johannesknaben – läßt sich bestenfalls der Werkstatt des großen Flamen zuweisen. Der eigentliche Schatz der Kirche sind Bilder der vier Evangelisten von *Tintoretto* in der Sakristei. Sie schmückten vormals den Orgelprospekt. Die Jugendwerke (um 1550) zeigen die Evangelienschreiber als athletische Kolossalfiguren im Sinne antiker Körperlichkeit.

S. Maurizio

An der kleinen Kirche des hl. Mauritius gehen die meisten achtlos vorüber. Dabei ist sie ein historisch bemerkenswertes Denkmal, weil sie, nach 1806 errichtet, eine exakte Nachbildung der zugunsten der Ala Napoleonica (an der Piazza) abgerissenen Kirche S. Geminiano des *J. Sansovino* darstellt. Das weitgehend schmucklose Innere vermittelt eine lebendige Vorstellung von dem zerstörten Werk Sansovinos, das wie eine ins Kleinformat übertragene Kopie der Markuskirche anmutet. Die kreuzförmige Anlage wird von fünf Kuppeln überwölbt, die untereinander durch Tonnenkonstruktionen verbunden sind.

Campo und Kirche S. Stefano

Der Campo S. Stefano gehört mit dem anschließenden Campo S. Vidal wegen seiner Weiträumigkeit und des Ensembles von Kirchenbauten und Palastfassaden unterschiedlicher Epochen zu den schönsten Plätzen der Stadt. Untypisch ist die fehlende Öffnung zu einem Rio,

Messe in San Marco. Anonymes Gemälde von 1690 (im Palazzo Morosini am Campo S. Stefano). Zu beachten sind die Sänger und Instrumentalisten auf den Emporen rechts im Bild

von denen zwei den Campo nur versteckt »bedienen«. Den Abschluß nach Süden, am Campo S. Vidal, bilden die Rückseite des gotischen *Palazzo Cavalli-Franchetti* und die aufgelassene *Kirche S. Vidal,* deren Fassade (um 1700) fast ein Zitat von Palladios S. Giorgio Maggiore ist. Breit lagert sich an der westlichen Langseite des Platzes die zweigeschossige Front des *Palazzo Loredan* aus dem 16. Jh. Seine aus istrischem Marmor erbaute Schmalseite nach Norden gehört dem 17. Jh. an. Ihm gegenüber versteckt sich hinter Vorbauten der mächtige *Palazzo Pisani,* eine der größten Palastanlagen Venedigs, deren schloßhafte Ausmaße zur Erbauungszeit (1615 Grundsteinlegung) heftige Kritik hervorgerufen haben. Heute befindet sich darin die Staatliche Hochschule für Musik. Sehenswert ist der Innenhof, der durch eine quergestellte, mehrstöckige Loggia in zwei Hälften unterteilt ist. Daran grenzt nördlich der *Palazzo Morosini.* Die Bautengruppe um den Campo S. Stefano macht deutlich, daß die Stammhäuser bedeutender Patrizierfamilien nicht zwingend am Canal Grande zu stehen hatten; man begegnet ihnen im ganzen Stadtgebiet. Den nördlichen Abschluß des Platzes bildet die Kirche S. Stefano.

Die im 14. Jh. errichtete Backsteinkirche (1374 vollendet) war Sitz der Augustiner-Chorherren. Durch ein von fein ziselierten Marmorprofilen eingefaßtes Portal an der Westseite betritt man das Innere, eine der verblüffendsten Raumgestaltungen der venezianischen Gotik. Als allgemein spätgotisch kann man die hallenartige Weiträumigkeit der basilikalen Anlage einstufen. Dieser Eindruck wird durch die extrem schlanken Säulen begünstigt, die so zartgliedrig gehalten werden konnten, weil sie nicht die Last eines steinernen Gewölbes, sondern lediglich eine hölzerne Konstruktion zu tragen brauchen. Die Seitenschiffe enden nach oben in den offenen Dachstuhl der Pultdächer, das Mittelschiff wird von einer aus Tonnensegmenten gebildeten (Holz-)Wölbung überfangen, die im Querschnitt das Bild eines Fünfpaßbogens zeigt. Ihr sind winzig kleine Kassetten aufgemalt, was die Originalität der ganzen Konstruktion noch steigert. Lediglich der Chor und seine seitlichen Kapellen sind mit einer steinernen Konstruktion aus Kreuzrippen und Stichkappen eingewölbt. Die Hochschiffwände bestehen aus unterschiedlich farbigen Ziegelsteinen, deren Rautenmuster vom Außenbau des Dogenpalastes abzuleiten ist.

Die *Ausstattung* des Kirchenraumes selbst bietet keine Sensationen. Wir erwähnen für den Musikliebhaber das *Grab Giovanni Gabrielis,* eines der Wegbereiter der Barockmusik, im Boden vor dem ersten linken Seitenaltar. Für Überraschung sorgt dagegen die Sakristei, deren Zugang sich vor der rechten Chorkapelle befindet. Die in einen Renaissancerahmen eingelassenen Türflügel sind moderne Arbeiten in Bronze. Sie zeigen Reliefs mit Darstellungen der beiden letzten aus Venedig stammenden Päpste: Johannes XXIII. (rechts) und Johannes Paul I. (links), der im Herbst 1978 überraschend nach einem kaum vierwöchigen Pontifikat verstarb. Die Sakristei ist eine kleine Pinakothek venezianischer Malerei. Die Gotik ist durch ein erst 1975 hierher überführtes Kruzifix von *Paolo Veneziano* würdig vertreten (datiert um 1330). Der für ein Werk des Trecento überraschende Realismus setzt die Kenntnis Giottos voraus. Aus S. Vidal stammen die beiden Fragmente eines einstigen Polyptychons mit großfigurigen Darstellungen der Heiligen Nikolaus und Lorenz von *Bartolomeo Vivarini.* Aus einer anderen säkularisierten Kirche, S. Margareta, kamen die drei Gemälde *Tintorettos* hierher. Sie zeigen Fußwaschung, Abendmahl und Christus am Ölberg. Die Fußwaschung ist in ein geheimnisvolles Dunkel getaucht, aus dem schlaglichtartig die von einer Fackel beschienenen Köpfe Christi und der Apostel aufleuchten. Das Abendmahl zeigt die von Tintoretto seit dem Bild in S. Trovaso bekannte Schrägstellung des Tisches. Diesmal ist Christus in den Vordergrund gerückt, während die aufgeregt debattierende Versammlung der Jünger in den Bildhintergrund gestaffelt wird. Am eindringlichsten ist die Ölberg-Szene, die der Version in der Scuola di S. Rocco nahesteht. Auch hier wird Christus – abweichend von der biblischen Überlieferung – schlafend statt betend gezeigt. Der Kelch des über ihm schwebenden Engels wird so zu einem Traum umgedeutet. Neben dem Eingang zur angrenzenden kleinen Sakristei entdeckt man eine von *Tullio Lombardo* gearbeitete Büste des hl. Sebastian.

In die Kirche zurückgekehrt, sollte man noch einen Blick in den Chor werfen, in dessen Seitenwände Teile einer einstigen *Chorschranke* vermauert sind (15. Jh.; eventuell Mitarbeit der Lombardo-Werkstatt). Falls offen, verlassen wir die Kirche durch eine Tür im linken Seitenschiff, die in den *Kreuzgang* führt. Er wurde im 16. Jh. angelegt und wirkt durch die Verwendung von Kolonnaden anstatt der gewohnten Arkaden auffallend unvenezianisch. In den einstigen Konventsgebäuden residiert heute das Finanzamt. Durch eine Tür im Nordflügel treten wir hinaus auf den Campo S. Angelo. Das Tympanon über diesem Portal (außen) fällt durch seine ungewöhnliche Ikonographie aus dem Rahmen. Der hl. Augustinus ist dort nach Art einer Schutzmantelmadonna dargestellt. Unter dem ausgebreiteten Mantel drängen sich die Ordensgeistlichen.

Von hier ein paar Schritte auf den Campo S. Angelo hinausgehend, hat man den besten Blick auf den *Campanile* von S. Stefano, einen der höchsten Glockentürme Venedigs. 1902 wurde sein Fundament verstärkt, um einem Einsturz vorzubeugen.

Campi S. Angelo, S. Benedetto und Manin

Während der Campo S. Stefano durch die nahe Accademia-Brücke ein stets betriebsamer Durchgangsplatz ist, erlebt man den nördlich von S. Stefano gelegenen Campo S. Angelo meist in idyllischer Ruhe. Die Kirche des Erzengels Michael, die dem Platz seinen Namen gab, wurde im 19. Jh. abgerissen. Erhalten blieb aber das kleine *Oratorio Annunziata,* eine Stiftung der Familie Morosini. Schräg gegenüber in der Nordostecke des Campo erinnert eine Gedenktafel am gotischen *Palazzo Duodo,* daß in seinen Mauern der Komponist *Domenico Cimarosa* lebte und 1801 dort starb.

Durch die geradlinige Flucht der Calli del Spezier, del Mandola und del Cortesia gelangt man auf den Campo Manin. Wer mit viel Muße unterwegs ist und noch einen ganz intimen Winkel Venedigs kennenlernen möchte, biegt vorher links in den Rio terrà del Mandola ab, der nach wenigen Schritten auf den *Campo S. Benedetto* führt. Den malerischen kleinen Platz fassen die Front der *Benedikt-Kirche* und der gotische *Palazzo Pesaro degli Orfei* ein. Neben verschiedenen Barockbildern fällt in der Kirche der erste Seitenaltar links auf, eine Darstellung des hl. Franziskus von Paola von *G. B. Tiepolo.* In dem Palazzo lebte bis zu seinem Tode (1950) der spanische Designer Mariano Fortuny, ein Allroundgenie, der vor allem durch seine Plisseekleider berühmt wurde. Im Piano nobile ist ein kleines Museum zur Erinnerung an Fortuny eingerichtet, auch finden im Rahmen der Kunst-Biennale Ausstellungen in dem Palazzo statt.

Das Gesicht des *Campo Manin* ist gegenüber anderen Plätzen der Stadt durch die breite Front eines modernen Bankgebäudes vergleichsweise nüchtern. Inmitten des Platzes erhebt sich ein Standbild des Revolutionärs *Daniele Manin,* dessen Versuch, das österreichische Joch abzuschütteln, mißlang.

Palazzo Contarini del Bovolo

Am Campo Manin wenden wir uns nach rechts in die Calle del Vida, von wo kleine gelbe Schilder den Weg zum Palazzo Contarini del Bovolo weisen. Der von anderen Wohnbauten eingezwängte Palazzo der weitverzweigten Familie Contarini, aus der acht Dogen hervorgingen, wurde im 16. Jh. erbaut. Er besitzt die reizvollste *Außentreppe* eines venezianischen Patrizierhauses, eine Wendeltreppe, die sich nach außen in kleinen Arkaden öffnet. Sie verbindet die fünf übereinanderliegenden offenen Loggien des Palazzo miteinander. Heute befindet sich darin die Verwaltung der städtischen Wasserwerke.

Nun geht es um mehrere Ecken: vom Palazzo Contarini del Bovolo zunächst rechts durch die Calle della Locanda bis zu deren Ende, dann rechts in die Calle dei Fuseri, über den Rio dei Fuseri, danach wieder rechts in die Calle dei Barcaroli. Kurz nachdem man den Rio dei Barcaroli überquert hat, landet man auf dem Campo S. Fantin, nicht weit vom Ausgangspunkt unseres Rundganges bei der Kirche S. Moisè.

Campo und Kirche S. Fantin

Drei in Gestalt und Bestimmung unterschiedliche Bauwerke fassen den kleinen Platz ein. Folgt man dem oben beschriebenen Weg, fällt der Blick zuerst rechts auf die Fassade der *Scuola di S. Fantin* aus dem späten 17. Jh. Die Barockfassade, an deren Entwurf *A. Vittoria* mitgewirkt haben soll, gipfelt in einem Tympanon mit dem Relief einer Kreuzigung Christi und drei Akroterfiguren auf dem Giebel darüber (Maria und zwei Engel), Arbeiten von Schülern Vittorias. Die Scuola trug nicht nur den Namen der benachbarten Kirche, man kennt sie auch unter der Bezeichnung ihrer ursprünglichen Titelheiligen, Maria und Hieronymus. Etwas makaber erscheint ihr dritter, volkstümlicher Name: Scuola della buona Morte or della Giustizia (des guten Todes oder der Gerechtigkeit). Diese Bezeichnung erinnert an die Aufgabe der Bruderschaft, die in der seelsorgerischen Betreuung zum Tode verurteilter Delinquenten und ihrer anschließenden Bestattung bestanden hatte. Heute ist die einstige Scuola Sitz des Wissenschaftsinstitutes »Ateneo Veneto«.

Die gegenüber der Scuola liegende *Kirche S. Fantin* entstand in der ersten Hälfte des 16. Jh. Die Bauleitung hatte anfangs *Scarpagnino,* später *Sansovino,* der mit der Errichtung des Chores die Arbeiten 1564 zum Abschluß brachte. Der für venezianische Verhältnisse radikal anmutende

Scuola di S. Fantin. Stich aus dem 18. Jh.

Verzicht auf schmückenden Dekor am Außenbau läßt die Kirche zunächst abweisend, beinahe spröde erscheinen. Um so wohltuender erweist sich dagegen der schmucke kleine Innenraum, der in den ausgewogenen Proportionen der Renaissance gehalten ist. Der Raum erfährt eine Lichtsteigerung zum Chor Sansovinos, dessen Kuppel von vier in den Ecken des Quadrates frei stehenden Säulen getragen wird.

Teatro La Fenice

Dem Kirchenportal schräg gegenüber befindet sich das älteste erhaltene und auch heute noch wichtigste Theater der Stadt, das berühmte Teatro La Fenice. Es wurde als eines der letzten großen Bauprojekte der freien Republik 1790 begonnen und nach nur zwei Jahren 1792 festlich eingeweiht. Nachdem es 1836 bis auf die Grundmauern niedergebrannt war, wurde es originalgetreu wieder aufgebaut. Das Fenice, eines von Italiens schönsten Opernhäusern, war Schauplatz großer Premieren. Hier wurden z. B. die Verdi-Opern »La Traviata« und »Rigoletto« uraufgeführt, und 1951 stellte hier Igor Strawinsky »The Rake's Progress« der Weltöffentlichkeit vor.

Exkurs: Die venezianische Musik

> Man singt auf den Plätzen, auf den Straßen und auf den Kanälen. Die Händler singen, wenn sie ihre Waren anpreisen, die Arbeiter singen, sobald sie ihre Arbeitsplätze verlassen, die Gondolieri singen, während sie auf Kundschaft warten.
>
> *Carlo Goldoni*

Nachdem dieser Rundgang bereits zum Grabe Giovanni Gabrielis, zur Wirkungsstätte Cimarosas und nun schließlich zum Aufführungsort berühmter Opern geführt hat, wollen wir ihn mit ein paar Bemerkungen über die Bedeutung der Musik in Venedig beschließen. Wer den Gesang der Gondolieri gehört, vielleicht auch in einem Hinterhof dem Lied einer Mutter bei der Hausarbeit gelauscht hat, hat eine Ahnung von der sprichwörtlichen Liebe zur Musik bekommen, die die Venezianer auch heute noch beseelt.

Nicht per Zufall wurde gerade in dieser Stadt der Musikaliendruck erfunden. Dennoch war es wiederum – wie z. B. in der Skulptur – ein Ausländer, der den Grundstein zur Entwicklung dieses bedeutsamen Kapitels venezianischer Kulturgeschichte legte. Der Flame *Adrian Willaert* (um 1480–1562) wurde als Domorganist an die Markuskirche berufen, wo er, angeregt durch die zwei Orgeln der Staatskirche, die Aufführungspraxis der Doppelchörigkeit ersann. Seine Nachfolger *Andrea Gabrieli* (1510–86) und dessen Neffe *Giovanni Gabrieli* (1557–1612) entwickelten daraus die Mehrchörigkeit, Grundlage der barocken Polyphonie. Giovanni Gabrieli übertrug dieses Prinzip auch auf die Instrumentalmusik. In dem wichtigen Amt des Organisten von San Marco folgte ihm *Claudio Monteverdi* (1567–1643), der die Oper in Venedig heimisch machte. Monteverdi löste die Einzelstimme aus dem Chorgesang und erfand die Kunstform der Arie, die seine Schüler *Francesco Cavalli* (1602–76) und *Antonio Cesti* (1623–69) weiter differenzierten. Diese Idee des solistischen Musizierens griff *Antonio Vivaldi* (1678–1741) für die Instrumentalmusik auf. In der Form des Concerto grosso wird eine Solistengruppe (Concertino) einem Orchester (Ripieno) gegenübergestellt. Diese schon vor Vivaldi ausgeprägte Kompositionsform hatte anfänglich die Solistengruppe lediglich echoartig auf das Orchester antworten lassen. Vivaldi dagegen hob die Soli als eigenständige Stimmen vom Klangkörper des Begleitensembles ab. Parallel zu der vorangegangenen Entwicklung der Oper mündete dieser Weg folgerichtig in das Solokonzert, in dem der Einzelinterpret virtuos hervortritt. Vivaldis Konzertzyklus »Le quattro Stagioni« (Die vier Jahreszeiten) für Solovioline und Orchester haben geradezu Symbolcharakter für eine ganze Epoche der abendländischen Musikgeschichte erlangt. Andere Komponisten Venedigs, *Tommaso Albinoni* (1671–1750) oder *Benedetto Marcello* (1686–1739), eiferten dem großen Vorbild Vivaldis nach. Es ist das tragische Schicksal Vivaldis, des neben Monteverdi bedeutendsten Komponisten der venezianischen Musikgeschichte, daß seine Musik noch zu seinen Lebzeiten von der Präklassik verdrängt wurde. Er verließ seine Heimatstadt und starb 1741 verelendet in einem Wiener Armenhaus. Seine Musik geriet in Vergessenheit und erlebte erst in unserem Jahrhundert die ihr gebührende Wiederentdeckung und Anerkennung.

Karikaturistisches Porträt von Antonio Vivaldi, dem »prete rosso«, wie man ihn in Venedig seiner roten Haare wegen nannte, von P. L. Ghetti, 1723

Nach Vivaldi wurde die Oper gegenüber der reinen Instrumentalmusik führend in Venedig. Im 18. Jh. gab es sieben Opernhäuser in der Stadt.

Die große Tradition der venezianischen Musik ist bis in unsere Tage nicht abgebrochen. Sie wurde von *Gian Francesco Malipiero* (1882–1973), dessen Schüler *Bruno Maderna* (1920–73) und *Luigi Nono* (geb. 1924), dem Enfant terrible der modernen Musikszene, fortgesetzt. Von Nono, der, mit einer Tochter Arnold Schönbergs verheiratet, in Venedig lebt, stellte Winfried Zillig schon 1959 fest, daß er »der interessanteste Kopf unter den jungen Komponisten Italiens« sei.

Von der Salute-Kirche nach S. Trovaso

S. Maria della Salute 251 – Scuola und Kirche S. Spirito 254 – S. Maria del Rosario (I Gesuati) 255 – S. Maria della Visitazione 256 – *Die Gondel* 273 – S. Trovaso 274
Farbt. 2, 8, 22; Abb. 45, 51

S. Maria della Salute

Farbt. 2, 8, 22; Abb. 45

Als im Sommer 1630 wieder eine der verheerenden Pestepidemien in Venedig wütete, ließ die Signoria in allen Kirchen der Stadt Messen zu Ehren der Muttergottes lesen. Das Abebben der Seuche im beginnenden Herbst hielt man deshalb ihrer Fürbitte zugute und beschloß, zum Dank eine Marienkirche zu erbauen. Den Wettbewerb dafür gewann der damals 33jährige *Baldassare Longhena.* Die Arbeiten an dem gewaltigen Projekt zogen sich mehr als ein halbes Jahrhundert hin. Die Weihe ist aus dem Jahr 1687 überliefert.

Die Salute, Longhenas Hauptwerk und zugleich die bedeutendste Barockkirche der Stadt, verdeutlicht, wie sehr sich die Serenissima, ihres einstigen großen Einflusses längst beraubt, intensiv um die Selbstverherrlichung auch in städtebaulicher Hinsicht bemühte. Mit der voluminösen Kuppel fand die über Jahrhunderte gewachsene Stadtfassade ihren endgültigen Abschluß. Sie vollendete mit den bereits bestehenden Bauten des Dogenpalastes und der

Von der Salute-Kirche nach S. Trovaso

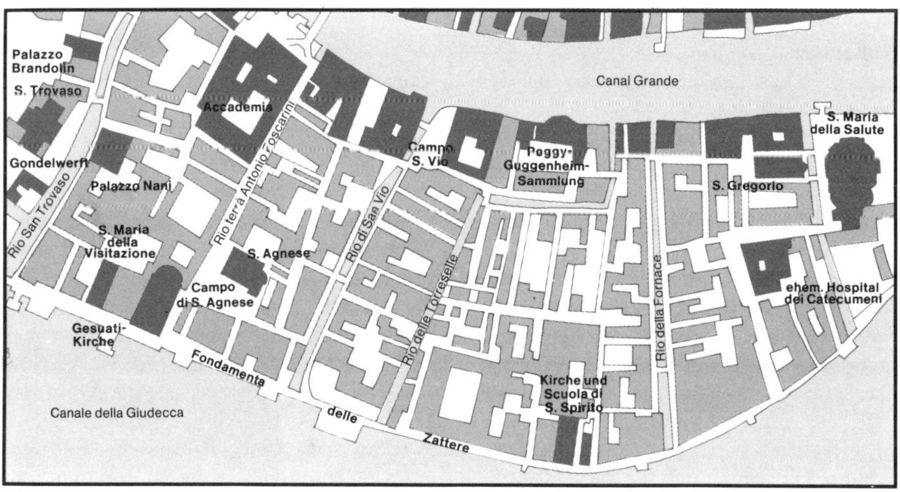

S. Maria della Salute. Stich von Michele Marieschi, 18. Jh.

Palladio-Kirche S. Giorgio Maggiore die unvergleichliche Silhouette. Egal, ob man nun den Canal Grande abwärts fährt, auf der Piazzetta steht oder auf den Inseln S. Giorgio bzw. Giudecca, immer schiebt sich die Salute-Kuppel als kraftvoller Akzent in das urbane Gefüge.

Außenbau

S. Maria della Salute ist ein oktogonaler Zentralbau. Dem Canal Grande wendet sie einen antikisierenden Portikus als Hauptportal zu. Aber auch die Außenseiten der radial angeordneten Kapellen sind wie kleine Fassaden mit Pilastergliederungen, Nischenstatuen und Thermenfenstern behandelt. Die Überleitung von dieser unteren Zone erfolgt über Voluten, die sich an den Tambour lehnen. Die Salute wird wegen dieser Voluten im Volksmund die »Kirche mit den Ohren« genannt. Das Ganze ist im Sinne barocker und spezifisch venezianischer Theatralik auf eine allseitig wirkende Fernsicht angelegt. Diese Beobachtung gilt jedoch nur für die Gesamtwirkung. Im einzelnen stellt man überrascht fest, daß der Bau auffallend konservativ ist. Das beginnt mit dem Grundriß, der dem klassischen Ideal der Renaissance, dem Zentralbaugedanken, folgt, während sonst im Barock der längsgerichtete Bau bzw. das Oval vorherrschten. Auch die Ausführung der Fassadenteile steht der Renaissance näher als der Kunst des Barock. Alles ist in geraden Bahnen gehalten, mit Ausnahme der Voluten beobachtet man an keiner Stelle Schwingungen, Kurvaturen oder Brechungen, wie sie für die Kunst des 17. Jh. charakteristisch geworden sind. Der Portikus ist ein Zitat palladianischen Formengutes. So entpuppt sich die Salute-Kirche wie der als ein Beispiel für Venedigs über Jahrhunderte ungebrochenen Konservatismus. Man duldete den Barock, soweit er den eigenen Intentionen entgegenkam, in diesem Fall der theatralischen Zurschaustellung des Bauwerks, kleidete ihn aber in das Gewand überlieferter Formen der Renaissance, die ja ihrerseits es vordem so schwer gehabt hatten, sich in der Lagunenstadt zu etablieren.

Innenraum und Ausstattung

Dasselbe gilt für den Innenraum, der vollständig dem barocken Mystizismus, der Verunklärung realer Zusammenhänge, abhold ist. Hier herrscht lichtdurchflutete Überschaubarkeit. Kristallisch klar ist der Kuppelraum strukturiert, den acht Pfeiler mit vorgeblendeten Dreiviertelsäulen (Palladio!) tragen. Die zentrierende Wirkung wird dank der kunstvollen Marmoreinlegearbeit des Fußbodens geschickt unterstrichen. Die Chorgestaltung erinnert an die zweite große Pest-Votivkirche, Il Redentore. Nach links und rechts laden apsidial gerundete Annexräume aus, an die sich – hinter dem Altar – der Mönchschor anschließt. Der Altarraum ist von einer zweiten, kleineren Kuppel überfangen, die auch im äußeren Erscheinungsbild mitspricht.

Der Hochaltar ist eine originelle Schöpfung, die an die Entstehungsgeschichte der Kirche erinnert. Über einer kostbaren byzantinischen Marien-Ikone (aus Kreta, 12./13. Jh.) erhebt sich eine Skulpturengruppe, die *Justus Le Court* schuf. Zu Füßen der strahlenden Erscheinung der Muttergottes kniet linker Hand die jugendlich schöne Venezia, nach rechts flieht ein häßliches altes Weib, die Personifikation der Pest.

Als eine Schatztruhe der venezianischen Malerei erweist sich die Sakristei. Die hier aufbewahrten Gemälde stammen überwiegend aus verschiedenen säkularisierten Kirchen Venedigs. Der Altar mit dem erhöht thronenden Markus, um den sich die Heiligen Cosmas, Damian, Rochus und Sebastian gruppieren, ist ein frühes Werk *Tizians* (1511). Es läßt noch die Handschrift seines Lehrmeisters Giovanni Bellini in der Anordnung der Figuren und im Kolorit ahnen. Die Individualität der Einzelgestalt ist jedoch deutlicher hervorgehoben als in den Werken Bellinis. Die später für Tizian stilbildende Asymmetrie bahnt sich in der Säulenstellung rechts im Bild ab, die kein spiegelbildliches Gegenüber hat – eine bei Bellini undenkbare Konstellation.

Die Tondi mit den Evangelisten und Kirchenvätern sowie die Deckengemälde – David und Goliath, Kain und Abel, Abraham und Isaak – stammen gleichfalls von Tizian und sind der mittleren Schaffensperiode des Meisters in den 1540er Jahren zuzurechnen.

Ein Werk *Tintorettos* ist die großformatige Hochzeit zu Kana. Am Ende eines tief in den Raum gezogenen Tisches sitzt Christus der festlichen Gesellschaft voran. Einerseits fühlt man sich an die zahlreichen Abend-

S. Maria della Salute, Grundriß

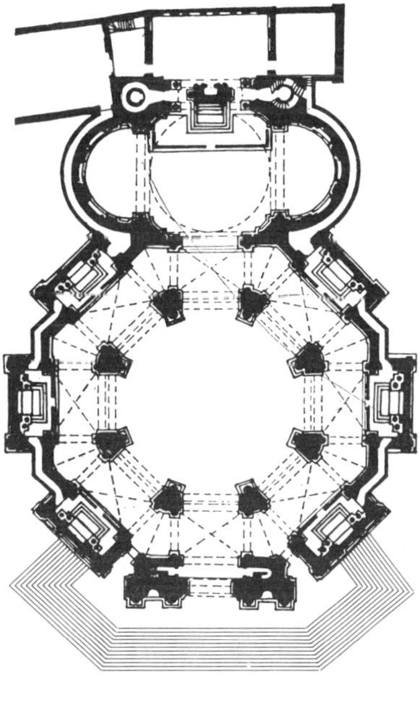

mahlsdarstellungen des Künstlers erinnert, zum anderen schwingt in der Üppigkeit des Gelages und in der Bogenarchitektur im Hintergrund ein Hauch von Veronese mit.

Am schönsten erlebt man die Salute-Kirche im November, wenn Venedig, vom Hauptstrom der Touristen verlassen, wieder ruhig geworden ist. Am 21. dieses Monats wird alljährlich die traditionelle Prozession zum Dank für die Erlösung von der Pest veranstaltet, die sich über eine Pontonbrücke von der Anlegestation S. Maria del Giglio zur Salute hinüberbewegt.

Scuola und Kirche S. Spirito

Rechts neben der Salute schiebt sich der Chor der gotischen *Kirche S. Gregorio* ins Blickfeld. Sie gehörte zu einem aufgelassenen Kloster, von dem noch Reste am Canal Grande stehen, und dient heute der Denkmalbehörde als Restaurierungswerkstätte. Wenige hundert Meter weiter bietet sich der Besuch des *Guggenheim-Museums* an (s. S. 342). Wir wenden uns jetzt in Richtung auf den Canale della Giudecca, dessen Ufer wir an den Fondamenta delle Zattere erreichen. Dort bilden die Fassaden der *Scuola und Kirche S. Spirito* ein Echo auf die gegenüber auf der Giudecca liegende Redentore-Kirche. Es sind Zwillingsbauten der lombardisch beeinflußten Renaissance, die Kirche geringfügig größer als die Scuola. Scuola und Kirche wurden im selben Jahr (1483) gegründet, ihre Bauten entstanden in den ersten Jahren des 16. Jh. Die Kirche ist ein einschiffiger, flachgedeckter Saal ohne Annexräume, der im 19. Jh. einer puristischen Radikalrestaurierung unterzogen wurde.

Auf dem weiteren Weg Richtung Westen machen wir einen Schlenker über den *Campo S. Agnese* mit der gleichnamigen kleinen gotischen Backsteinkirche (meist geschlossen).

Kirche (links) und Scuola (rechts) del S. Spirito am Zattere-Kai. Stich aus dem 18. Jh.

Die Kirche dei Gesuati und S. Maria della Visitazione. Stich von A. Zucchi, 1740

S. Maria del Rosario (I Gesuati)

Der auffallendste Bau auf dem Zattere-Kai ist die Gesuati-Kirche, deren Name an den Orden der Gesuati erinnert (diese heute nicht mehr existierende Kongregation ist nicht mit den Jesuiten – I Gesuiti – zu verwechseln, deren Kirche im Norden der Stadt steht). Dieser hatte hier im 14. Jh. ein Kloster gegründet, das nach Auflösung des Ordens an die Dominikaner überging. Sie veranlaßten den zwischen 1726 und 1736 errichteten Neubau der Kirche.

Die Fassade ist auf den Giudecca-Kanal gerichtet. In der Schlichtheit der Gliederung, die auf das aufwendige Szenarium spätbarocker Fassadendekoration verzichtet, schwingt das Erbe Palladios mit.

Das Innere atmet eine wohltuende Großzügigkeit, die, ähnlich wie die Fassade, eine klassische Grundhaltung vertritt. Den einschiffigen Saal begleiten drei Kapellen je Langseite, die durch schmale Wandstücke mit vorgeblendeten Säulen gegeneinander abgegrenzt sind. Ein mehrfach profiliertes Gebälk setzt den unteren Wandbereich gegen die gedrückte Tonnenwölbung mit Stichkappen ab.

Den Ruhm der Gesuati-Kirche macht ihr malerischer Dekor aus, der von den drei führenden Künstlern des venezianischen Rokoko geschaffen wurde: Tiepolo, Piazzetta und Ricci.

Die Gewölbefresken sind frühe Arbeiten *G. B. Tiepolos* (1738). Das längliche Mittelfeld zeigt die Einsetzung des Rosenkranzes durch die Muttergottes, die im oberen Bildfeld auf einem Gewölk erscheint. Das Bild erfährt aus einer überschatteten unteren Zone, aus der die Ungläubigen als dunkle Gestalten in den Kirchenraum hinunterzustürzen scheinen, eine Lichtsteigerung in Richtung auf die Madonna und den sich über ihr auftuenden Himmel. Der leicht metallische Ton der Farbgebung läßt Tiepolos Orientierung an Piazzetta erkennen (vgl. z. B. Dominikus-Kapelle in S. Zanipolo, S. 172). Die beiden anderen Deckengemälde schildern die Aufnahme des hl. Dominikus in den Himmel (Eingangsseite) und die Apotheose des Dominikanerordens (Altarseite). In ihrer lichterfüllten und strahlenden Farbigkeit sind die Fresken Tiepolos, an denen er nur ungefähr einen Monat gearbeitet haben soll, Ausdruck jugendlich-unbeschwerter Lebensfreude. Die übrigen Deckenfresken sind in Chiaroscuro ausgeführt und beinhalten Szenen aus dem Leben Jesu und Mariens, letztere als Anspielung auf die Geheimnisse des Rosenkranzes.

Gleichfalls von *Tiepolo* stammt das Altarbild der ersten rechten Seitenkapelle mit der Muttergottes und drei heiligen Dominikanerinnen (Katharina von Siena, Rosa von Lima und Agnes). Verglichen mit den Deckenfresken, wirkt dieses zwei Jahre später entstandene Bild überraschend konservativ. In ihrer scheinbaren Teilnahmslosigkeit erinnern die Frauen an die Sacra Conversazione der frühen Renaissance. Weitere Zitate aus dieser Epoche sind die Einbindung der Gruppe in eine Dreieckskomposition und die schmale Bühne, auf der sie steht. Das pastelltönige Kolorit und der Wolkenthron der Maria sind dagegen Ausdrucksmittel des Rokoko. Tiepolo zieht in diesem Bild gleichsam die Summe aus zweieinhalb Jahrhunderten venezianischer Malerei.

Der anschließende zweite Altar zeigt in einer aufwendigen Rahmung (dieser sowie alle anderen Altaraufbauten von dem Österreicher *G. M. Morlaiter*) ein Bildnis des hl. Dominikus von *G. B. Piazzetta* (1743), das sehr schlecht erhalten ist. Besser läßt sich die Meisterschaft Piazzettas am letzten Altar der rechten Seite beurteilen, wo drei Dominikaner-Heilige (Vinzenz Ferrer, Ludovico Bertrando und Giacinto) dargestellt sind. Das Bild verzichtet fast völlig auf die Farbe und lebt von starken Hell-Dunkel-Kontrasten. Die Heiligen wenden sich vom Betrachter ab, was dem Bild trotz seiner Bewegtheit eine kontemplative Note verleiht.

Gegenüber erscheint auf der linken Seite eine Kreuzigung Christi von *Tintoretto* (um 1560). In einer strengen Zweiteilung erhebt Tintoretto den bleichen Korpus des geopferten Gottessohnes über die verschlungene Gruppe der Trauernden, womit er dessen Verlassenheit eindrucksvoll illustriert.

Der dritte große Rokokomaler Venedigs, *Sebastiano Ricci* (1659–1734), ist mit einem Altar in der ersten linken Kapelle vertreten. Er zeigt Papst Urban V. mit den beiden Dominikaner-Heiligen Thomas von Aquin und Petrus Martyr (um 1733). In der Ausgewogenheit zweier übereinandergestellter Dreieckskompositionen – unten die Heiligen, darüber Engel – vertritt das Bild eine ähnliche in Richtung des Klassizismus weisende Tendenz wie der Altar Tiepolos gegenüber. Riccis Auseinandersetzung mit Veronese wird in dem samttönigen Kolorit und der Balustradenarchitektur im Hintergrund ablesbar.

S. Maria della Visitazione

In enger Nachbarschaft der Gesuati-Kirche steht die kleine Kirche S. Maria della Visitazione. Die Dominikaner hatten nach Übernahme des Gesuati-Klosters dessen alte Kirche nicht angetastet. Diese frühere Gesuati-Kirche ist ein kleiner Saalbau aus dem ersten Viertel des 16. Jh. mit einer bemerkenswerten Decke. Sie besteht aus 60 farbig gefaßten Kassetten, in einer jeden das Brustbild eines Heiligen. Beide Kirchen sind durch einen kleinen Kreuzgang miteinander verbunden (in den einstigen Konventsräumen befindet sich heute eine Schule).

44 Blick von S. Giorgio Maggiore über das Kloster auf die Giudecca

45 Venedig von Westen; links vorn S. MARIA DELLA SALUTE, im Hintergrund der MARKUSPLATZ, rechts ▷
vorn IL REDENTORE, im Hintergrund S. GIORGIO MAGGIORE

46 Insel und Kirche S. GIORGIO MAGGIORE

47 IL REDENTORE 1577–92 nach Palladios Plänen auf der Giudecca erbaut

48, 49 S. GIORGIO MAGGIORE 1566–88 nach Palladios Plänen erbaut; Fassade und Innenraum

50 S. Marcuola, 1547

51 S. Trovaso, 1555

52 S. Polo, 1568/69

53 S. Giorgio Maggiore, 1591–94

54 Scuola S. Rocco, 1577–81

55 Tintorettos Wohnhaus am Rio della Sensa (Canareggio Nr. 3399)

57 I GESUITI Tizian, Laurentiusmarter. 1558/59

] 56 S. ZACCARIA Giovanni Bellini, Sacra Conservazione, Madonna mit Heiligen. 1506

58 Renaissanceportal zum ARSENAL

59 PONTE DEI TRE ARCHI über den Canale di Canareggio

60 Gondelwerft am Rio S. Trovaso

61 CAMPO DI S. GIACOMO DELL'ORIO

62 CAMPO DEL GHETTO NUOVO An diesem Platz liegt ein kleines jüdisches Museum

63 Partie am RIO DI S. GIACOMO DELL'ORIO

64 Zugang zum ehem. Ghetto

Auf dem Weg vom Zattere-Kai zur S. Trovaso-Kirche hat man von den Fondamenta Nani den Blick auf eine der letzten Gondelwerften Venedigs, wo man werktags den Werftarbeitern bei ihrer Tätigkeit zusehen kann. Allerdings werden nur noch sehr selten neue Gondeln gebaut. Meist ist man mit Instandsetzungsarbeiten beschäftigt.

Exkurs: Die Gondel

Die Bootsbezeichnung Gondola taucht in einer Quelle des 7. Jh. n. Chr. zum ersten Male auf. Damals hat es sich aber noch um einen bescheideneren Bootstyp gehandelt. Die Gondel, die wir kennen, ist das Ergebnis einer über Jahrhunderte währenden Entwicklung der Bootsbautechnik, die erst im 19. Jh. zu ihrer heutigen Form fand. Sie besteht aus acht verschiedenen Hölzern: Tanne, Eiche, Fichte, Nußbaum, Linde, Lärche, Kirschbaum und Ulme. Sie ist 10,15 m lang und 1,40 m breit, wobei die rechte Hälfte um 24 cm schmäler ist als die linke. Dank dieser Asymmetrie läßt sich das Gefährt auf den engen Kanälen leichter bewegen. Das Ruder liegt lose auf einer Dolle, der *forcola,* die, ganz auf die Statur des jeweiligen Gondoliere abgestimmt, zwischen 50 und 60 cm hoch ist. Ihre kunstvoll geschnitzten Einkerbungen erlauben acht unterschiedliche Stellungen des Ruders. Die Spitze der Gondel ziert ein 20 kg schweres Eisen mit sieben Zacken und einem geschweiften Aufsatz. In seiner Form sind praktische Funktion und symbolische Bedeutung vereint. Die Spitze erleichtert – wie Kimme und Korn eines Gewehrs – das Anpeilen eines Zielpunktes, zugleich dient sie als Stoßstange. Der geschweifte Aufsatz soll die Dogenmütze symbolisieren, die sechs nach vorne gerichteten Sporne stehen für die Stadtsechstel, der rückwärts weisende für die Giudecca. Früher besaß die Gondel in ihrer Mitte einen kleinen überdachten Aufbau, die sog. Felze. Erhaltene Beispiele sind in verschiedenen Museen der Stadt ausgestellt (z. B. im Museo Storico Navale oder in der Ca' Rezzonico). Die einheitliche schwarze Bemalung geht auf ein Luxusgesetz aus dem Jahr 1562 zurück. In der Blütezeit zählte man etwa 10 000 Gondeln in Venedig, heute sind es kaum noch 400.

Gegenüber Motorbooten hat die Gondel immer Vorfahrt. Alle vier bis sechs Wochen muß die Gondel in die Werft zur Überholung. Vor allem müssen Algen und Muscheln, die sich immer rasch am Schiffsboden festsetzen, entfernt werden.

Der Gondoliere bleibt seinem Beruf in der Regel ein Leben lang treu. Das Lenken des Bootes setzt Kraft und Geschicklichkeit voraus. Es gehört zu den unvergeßlichen Venedigeindrücken, den Gondolieri zuzuschauen. Die Eleganz ihrer Bewegungen läßt vergessen, daß sie ein 700 kg schweres Gefährt über das Wasser bewegen. Ein Gondoliere braucht nicht nur eine starke

Muskulatur, eine kräftige Stimme gehört ebenfalls dazu. Vor einer unübersichtlichen Kanalmündung oder Kurve stößt er ein Rufsignal aus, um ein eventuell sich näherndes Boot zu warnen. Mit festgelegten Zurufen dirigieren sich die Boote dann aneinander vorbei. Wenn ein Gondoliere stirbt, strömen alle Gondolieri Venedigs am Rialto zusammen, um ihrem Kollegen auf seiner letzten Fahrt zur Friedhofsinsel S. Michele das Geleit zu geben.

S. Trovaso

Abb. 51

Der Name dieser Kirche ist wieder eine jener für das venezianische Idiom typischen Kontraktionen, in diesem Fall aus den beiden Dedikationsheiligen Gervasio und Protasio. Die mittelalterliche Kirche, die zunächst an dieser Stelle stand, fiel Ende des 16. Jh. einem Brand zum Opfer und wurde anschließend durch den bestehenden Neubau ersetzt. Das schmucklose Äußere ummantelt einen einschiffigen Saal mit weit ausladenden Querhausarmen und einem dreiteiligen Presbyterium. In den seitlichen Chorkapellen finden sich wichtige Werke der Malerei: rechts ein Reiterbild des hl. Chrysigonus von *Michele Giambono* (um 1440), links die Versuchung des hl. Antonius von *Tintoretto* (1577).

Das wichtigste Bild der Kirche ist ein Abendmahl *Tintorettos* im linken Querschiffarm (Abb. 51), das in Nachfolge der ersten Fassung dieses Themas in S. Marcuola zu sehen ist. Hatte der Künstler dort – acht Jahre zuvor – den Tisch noch parallel zum Bildrand plaziert, so stellt er ihn nun schräg in den Raum, ein Motiv, das er in allen folgenden Abendmahlsdarstellungen beibehielt. Das Momenthafte ist gegenüber der älteren Version gesteigert; so liegt etwa der Stuhl eines Jüngers, der erschreckt aufgesprungen ist, umgestürzt am Boden. Die Komposition will aber nicht nur das Dramatische der Situation illustrieren, den Augenblick, da Christus offenbart, daß einer aus der Runde ihn verraten wird, sondern zugleich das theologisch Bedeutsame der Begebenheit zum Ausdruck bringen. Das Brot, Symbol des Leibes Christi, liegt im hell erleuchteten Bildmittelpunkt auf dem Tisch. Hier bahnt sich die vielschichtige Gedankenschwere des späteren Tintoretto an.

Auf der anderen Seite des Rio S. Trovaso liegt der Kirche der spätgotische *Palazzo Nani* gegenüber, dessen Inneres *J. Sansovino* im 16. Jh. erneuerte. Damals gehörte der Palazzo der Dogenfamilie Barberigo. Von hier sind es nur wenige Schritte zur Accademia-Brücke.

Im Sestiere Dorsoduro

S. Maria del Carmelo 275 – Scuola Grande dei Carmini 276 – Palazzi Zenobio und Cigogna 277 – S. Sebastiano 278 – S. Angelo Raffaele 279 – S. Nicolò dei Mendicoli 279
Farbt. 13

Der Name dieses Stadtteils (wörtlich: harter Rücken) ist ein Hinweis darauf, daß hier der Grund solider ist als anderswo in der Stadt. Wir beginnen den Rundgang am Campo S. Margherita, der – ein seltener Fall in Venedig – weder von einem Rio bedient (der frühere Rio dello Scoazzera wurde zugeschüttet), noch von irgendwelchen Palazzi gesäumt wird. Er wirkt dadurch fast festländisch und ein wenig kleinstädtisch, ist aber letztlich, dank seines unregelmäßigen Grundrisses, doch als venezianisch zu erkennen. Das in der Mitte des Platzes stehende Gebäude war ehemals das Gildehaus der Gerber (Scuola dei Varotari).

Das Sestiere Dorsoduro

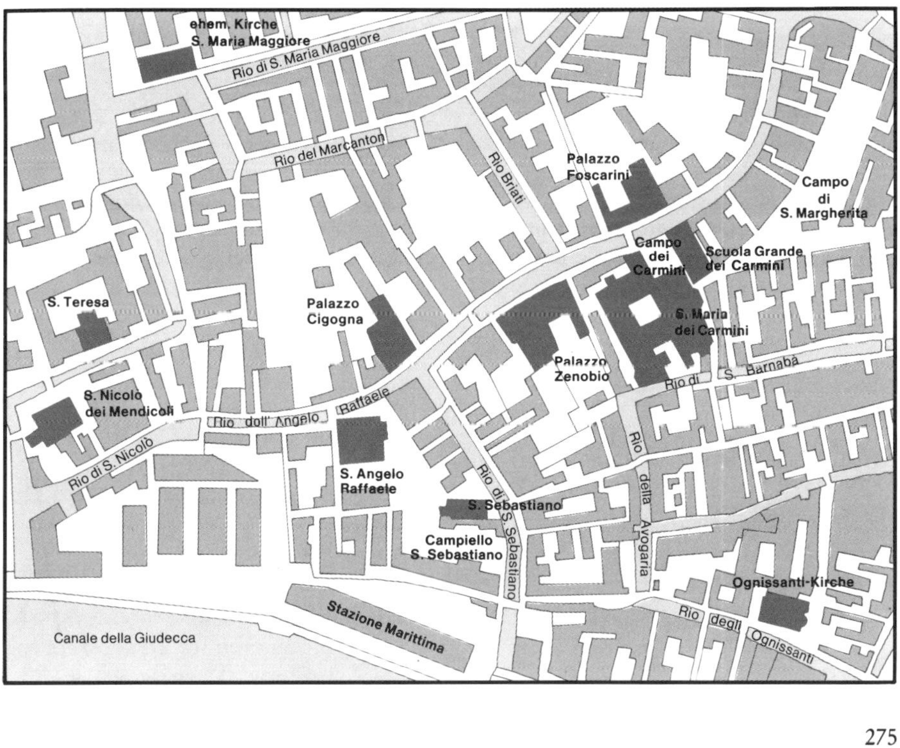

S. Maria del Carmelo (I Carmini)

Die zwischen 1286 und 1348 errichtete einstige Klosterkirche der Karmeliter an der schmalsten Stelle des Campo S. Margherita wurde im 16. Jh. umgebaut und nachhaltig verändert. Deshalb mischen sich im Innern Stilelemente der Gotik und der Renaissance. Wir betreten den Raum durch das kleine überdachte Seitenportal, das dem Campo zugewendet ist. Die Anlage ist überraschend groß, was von draußen wegen der Umbauung nicht zu erahnen ist. Der Bau folgt dem in der Gotik üblichen Schema des basilikalen Aufbaus, wobei sich das Mittelschiff auffallend hoch über die Seitenschiffe erhebt. Die dadurch entstandene freie Wandfläche des Obergadens, der nur in der Wölbungszone durchfenstert ist, wurde im 16. Jh. genutzt, um dort eine Folge von Ölbildern (Heilige des Karmeliter-Ordens) anzubringen.

Von den zahllosen Altären (meist 17./18. Jh.) stellen wir die beiden wichtigsten vor. Prunkstück des rechten Seitenschiffes ist der zweite Altar von *Cima da Conegliano*, eine Anbetung des Christuskindes (1504). Ungewöhnlich ist die Ikonographie: Das Bild verbindet zwei Topoi, die Anbetung der Hirten und eine Sacra Conversazione. Das aus Maria, dem Christuskind, Joseph und zwei Hirten bestehende Szenarium wird durch die Heiligen Helena und Katharina auf der einen und den Erzengel Raphael mit dem kleinen Tobias auf der anderen Seite bereichert. Ebenso weicht der Ort der Handlung vom überlieferten Typus ab. Cima versetzt die Gruppe in eine weite Landschaft und deutet lediglich mit dem über ihr aufragenden Felsen die Geborgenheit der Grotte bzw. des Stalles an. Kennzeichnend für die Naturliebe des Künstlers ist die genaue Wiedergabe der Landschaftsdetails. Auf halber Strecke zwischen der Anbetungsgruppe im Vordergrund und der Stadt weiter hinten (wieder eine Andeutung von Cimas Heimatort Conegliano) erkennt man eine Pastoralszene. Wie aus einem Pflanzenlehrbuch wirken die akribisch gezeichneten Büsche und Bäume, die auf der Felsspitze wuchern.

Schräg gegenüber, im linken Seitenschiff, befindet sich rechts neben dem Eingang ein Werk *Lorenzo Lottos* (1523) mit der Apotheose des hl. Nikolaus, der, auf einer Wolke thronend, zum Himmel auffährt. Engel tragen die Insignien seiner Bischofswürde; Johannes d. T. und die hl. Lucia, gleichfalls auf Wolken sitzend, schauen in andachtsvoller Haltung zu. Typisch für den sensiblen Lotto ist die Güte, die der Heilige spürbar ausstrahlt. Im unteren Bildabschnitt mit einer locker gemalten Landschaft zeigt sich der Künstler von Giorgione inspiriert.

Scuola Grande dei Carmini

Die zu den sechs Großen Bruderschaften zählende Scuola erlebte erst im 18. Jh. ihre Blütezeit. Damals wurde Tiepolo beauftragt, einen Teil des Bruderschaftshauses auszumalen. Der flachgedeckte Saal im Parterre ist mit Chiaroscuro-Bildern des Marienlebens (von Nicolò Bambini) geschmückt. Über ein prachtvoll dekoriertes Treppenhaus erreicht man das obere Stockwerk. Die Deckengemälde des dortigen Versammlungsraums der Bruderschaft schuf *Tiepolo* Anfang der 1740er Jahre. Zu dieser Zeit stand der bekannteste Rokokomaler Venedigs auf der Höhe seines Schaffens. Das Hauptbild zeigt die Übergabe des Ordensgewandes der Karmeliter an den seligen Simon Stock. Aus einer brauntönigen, dichten Engelgruppe hebt sich die in die Karmeliterfarben (Weiß, Schwarz und Gelb) gewandete Muttergottes strahlend ab. Sie ist eine souveräne, fast kühne Erscheinung. Selten nur ist Maria als derart stolze Himmelskönigin interpretiert worden. Die Trabantenbilder zeigen teils Szenen aus dem Leben des Karmeliter-Seligen Simon Stock, teils Tugendpersonifikationen und Engel.

Außerdem sind im Obergeschoß der Scuola die Sala dell'Albergo und der einstige Archivraum der Bruderschaft zu sehen. Links neben dem Durchgang vom Herbergssaal in das Archiv hängt ein Gemälde *Piazzettas*, Judith und Holofernes. Das Mordgeschehen ist nur angedeutet und bleibt zugunsten der Darstellung von Judiths jugendlicher Schönheit im Hintergrund.

Palazzi Zenobio und Cigogna

Von der Carmini-Kirche folgen wir den Fondamenta del Soccorso neben dem Rio di S. Margherita stadtauswärts. Der Weg führt nach kurzem vorbei an der breit gelagerten Front des *Palazzo Zenobio*, den *Antonio Gaspari* im späten 17. Jh. errichtete. Die Nüchternheit der Fassade ist für die Barockzeit ungewöhnlich. Soll man hier von einem Nachklingen der Renaissance oder von einer Vorahnung auf den Klassizismus sprechen? Auf jeden Fall ist der Palazzo Zenobio wieder ein eindrucksvolles Beispiel dafür, wie wenig heimisch die Barockkunst in Venedig wurde.

Fassade des Palazzo Zenobio. Aus der Stichsammlung »Venetian Palaces« von Visentini. London, British Museum

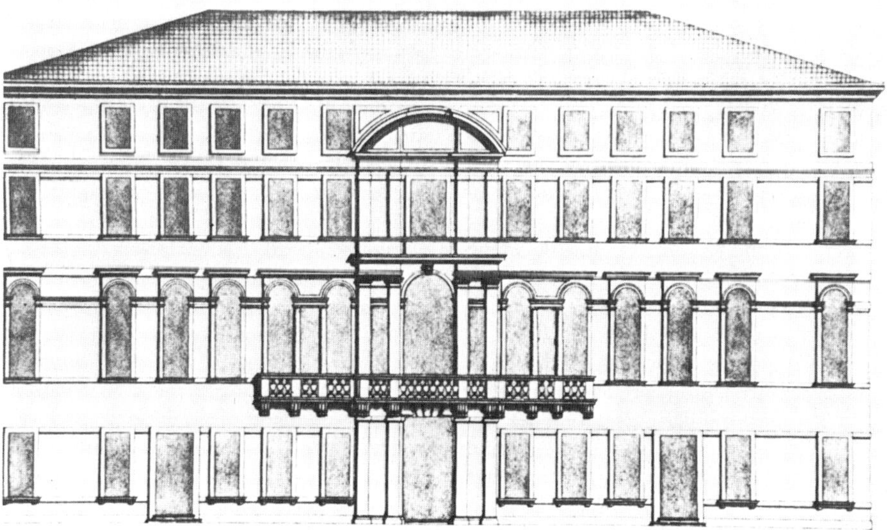

Der Mündung des Rio di S. Sebastiano gegenüber bezaubert der gotische *Palazzo Cigogna* (auch Palazzo Arian genannt) aus dem mittleren 14. Jh. durch sein Maßwerkfenster im Piano nobile, das in seiner Zartgliedrigkeit an ein Spitzentüchlein denken läßt. An dieser Stelle machen die Fondamenta einen scharfen Knick; wir folgen der neuen Richtung bis zur Kirche S. Sebastiano.

S. Sebastiano

S. Sebastiano wurde 1505–46 von *Scarpagnino* erbaut. Äußerlich eher unscheinbar, birgt sie im Innern bedeutende Malereien *Paolo Veroneses,* der mit der Ausmalung von S. Sebastiano seinen großen Ruhm begründete.

Wer chronologisch vorzugehen gedenkt, wird zuerst die Sakristei aufsuchen, in der Veronese 1553 seine Arbeiten begann. Der Zugang befindet sich an der linken Seite unterhalb der Orgelempore. Der kleine Raum ist sehr niedrig, so daß man die Deckenbilder recht genau studieren kann. Die Decke zum Bildträger zu machen war eine Idee, die sich in Venedig erst im zweiten Viertel des 16. Jh. durchsetzte. Die frühesten Deckengemälde entstanden in den 1530er Jahren im Dogenpalast, wo sie aber fast alle noch im 16. Jh. ein Raub der Flammen wurden. So ist der Sakristei-Soffitto von S. Sebastiano heute das älteste erhaltene Beispiel einer mit Malerei dekorierten Kassettendecke in Venedig (neben der Sala del Consiglio dei Dieci im Dogenpalast). Die Kassetten sind als relativ einfaches geometrisches Muster angeordnet und mit Stegen untereinander verbunden.

Das Hauptbild zeigt die Himmelskrönung der Muttergottes, in den Trabanten erscheinen die vier Evangelisten. Veronese übte sich hier in der Unteransicht, die er schon bald zu kühnen Perspektiven steigerte. Nach Fertigstellung der Arbeiten in der Sakristei (1555) wurde Veronese mit der Dekoration des Kirchen-Soffittos beauftragt, der 1556 entstand. Das System der Kassettierung ist hier weiter fortgeschritten; die kunstvoll geschnitzten Rahmungen greifen weit in den Raum aus. Dennoch bleiben die geometrischen Grundformen (Kreis, Quadrat, Oval) erhalten, ebenso die Verbindungen der einzelnen Felder durch Stege. Die drei Hauptbilder schildern Szenen aus dem alttestamentarischen Buch Esther. Zu Beginn (über der Eingangsseite) wird Esther dem König Ahasver (identisch mit dem persischen Großkönig Xerxes; 486–65 v. Chr.) vorgestellt, im Mittelfeld folgt die Krönung Esthers, am Ende steht der Triumph Mardochais.

Bevor wir auf die Bilder selbst eingehen, soll der Hintergrund dieser wenig bekannten Geschichte kurz skizziert werden. Nachdem Xerxes seine Gattin verstoßen hatte, ließ er sich die schönsten Frauen des Königreiches vorführen, um unter ihnen eine neue Gemahlin auszusuchen. Ohne von ihrer jüdischen Herkunft zu wissen, fiel seine Wahl auf Esther (1. Bild). Er heiratete sie und krönte sie zur Königin (2. Bild). Als ein gegen den König geplanter Mordanschlag aufgedeckt wird, gelingt es dem königlichen Ratgeber Haman, der selber am Komplott beteiligt ist, die Schuld auf die Juden und namentlich auf Mardochai, den Ziehvater Esthers, abzuwälzen. Esther aber entlarvt den wahren Verräter und wendet damit die drohende Vergeltung von ihrem Volk und dem Adoptivvater ab. An dem für Mardochai vorgesehenen Galgen wird nun Haman aufgeknüpft, Mardochai aber darf triumphierend durch die kaiserliche Hauptstadt Susa reiten (3. Bild).

Veronese nutzt die Thematik, um festlich bewegte Inszenierungen zu schaffen. Neu sind in der venezianischen Malerei die steilen Unteransichten. Grandios ist die Wirkung der beiden Pferde im Triumph Mardochais, die gleichsam auf den Betrachter niederzusprengen scheinen. Auch die reiche Farbpalette kündigt bereits die Meisterschaft des späteren Veronese an.

Der Hochaltar – die Muttergottes mit den Heiligen Sebastian, Petrus, Katharina und Franziskus – stammt ebenfalls von Veronese, auch die ornamental-dekorative Ausmalung des Obergadens und der Empore, an der sein Bruder Benedetto mitgearbeitet hat. Schließlich bemalte Veronese auch die Orgeltüren, so daß S. Sebastiano zum ganz persönlichen Denkmal Paolo Veroneses wurde, der nach seinem Tode unterhalb der Orgel in dieser Kirche beigesetzt wurde.

S. Angelo Raffaele

Auf dem weiteren Weg stadtauswärts streift man gleich hinter S. Sebastiano die Kirche S. Angelo Raffaele, einen Bau des 17. Jh., den man nur mit etwas Glück geöffnet antrifft. Eine originelle Besonderheit dieser Kirche sind die von *Francesco Guardi* bemalten Orgeltüren. Dieser auf Stadtansichten von Venedig spezialisierte Künstler hat hier eines seiner seltenen Werke religiöser Malerei geschaffen: den Erzengel Raphael mit dem kleinen Tobias.

Von dort folgen wir dem Rio dell'Angelo Raffaele, der ab der nächsten Brücke, dem Ponte della Piova, Rio dei Mendicoli heißt, bis zur Kirche S. Nicolò dei Mendicoli. Man kommt dabei durch einen ärmlichen und kaum besuchten Teil Venedigs, in dem vorwiegend Fischer- und Arbeiterfamilien leben.

S. Nicolò dei Mendicoli

Die Kirche gehört der Überlieferung zufolge zu den frühesten Gründungen auf der Laguneninsel. Der bestehende Bau, dessen älteste Teile im Chor ins 12. Jh. zurückreichen, entstand weitgehend im 14. Jh. Im späten 16. Jh. wurde eine Veränderung ähnlich der in der Carmini-Kirche durchgeführt, denn auch hier sind die Obergadenwände des basilikalen Mittelschiffs mit Malereien geschmückt. Kostbarstes Stück der Kirche ist eine große Figur des hl. Nikolaus hinter dem Hauptaltar. Die holzgeschnitzte und farbig gefaßte Gestalt des sitzenden Heiligen ist ein Werk der Spätgotik.

Mit einem Schlenker nach Norden, in Richtung auf den Piazzale Roma, beenden wir den Rundgang im Dorsoduro. Der Nikolaus-Kirche schräg gegenüber kommt man an der im 17. Jh. erbauten Kirche S. Teresa vorbei. Die Nonnen des an dieser Stelle noch bestehenden Klosters betreiben einen Kindergarten und eine Schule. Weiter nördlich, am Rio di S. Maria Maggiore, dient die einstige Kirche S. Maria Maggiore seit ihrer Profanierung durch die Säkularisation bis heute als Zeughaus für das angrenzende Gefängnis.

Vom Campo S. Polo zum Campo S. Giacomo dell' Orio

Campo und Kirche S. Polo 280 – Casa Goldoni 282 – S. Maria Mater Domini 283 – S. Cassiano 284 – S. Giacomo dell' Orio 284
Abb. 52, 61, 63

Campo und Kirche S. Polo

Abb. 52

Der Campo S. Polo, am »Trampelpfad« der Touristen zwischen der Frari-Kirche und dem Rialto gelegen, ist der zweitgrößte Platz Venedigs nach der Piazza San Marco. Er wird von der Kirche S. Polo und großen Palastfronten gerahmt. Ursprünglich zog sich an seiner östlichen Langseite ein Kanal hin, der später zugeschüttet wurde. Er war das Verbindungsstück zwischen den Rii Priuli und S. Antonio. Man muß sich deshalb anstelle der heutigen Pflasterung einen Wasserlauf zu Füßen des gotischen *Palazzo Soranzo* vorstellen, der fast die ganze Ostseite des Platzes einnimmt. Es handelt sich um einen breiten Doppelpalast, dessen linker Trakt im 14. Jh., der rechte in genauer Entsprechung des älteren Teils im 15. Jh. entstand. Er war der Sitz eines der ältesten Patriziergeschlechter der Stadt, das seine Herkunft auf eine römische Adelsfamilie namens Superanzii in Altinum zurückführte. Noch heute leben – einer der ganz seltenen Fälle in Venedig – Nachfahren der Soranzos in dem Palast.

Gegenüber, an der Westseite des Campo, schließt sich der *Palazzo Corner-Mocenigo* an die Kirche S. Polo an, ein Bauwerk der Renaissance, dessen Entwurf von *Michele Sanmicheli* stammen soll. Die dem Platz zugewandte Seite ist die Rückansicht des Palastes, die Fassade ist auf den Rio di S. Polo ausgerichtet. Dies ist um so bemerkenswerter, als sich gegenüber dem Palazzo keine Fondamenta befinden, von denen aus man die Fassade betrachten könnte. Der Palazzo Corner-Mocenigo, dessen Fassade man nur in Schrägansicht von der kleinen Brücke über den Rio di S. Polo sehen kann, führt damit nachdrücklich vor Augen, daß der Front zum Wasser, selbst wenn sie noch so versteckt lag, größere Bedeutung beigemessen wurde als der zum Land ausgerichteten Seite. Dasselbe gilt für den *Palazzo Albrizzi*, ebenfalls ein Bauwerk des 16. Jh., der sich hinter dem Palazzo Soranzo versteckt. Seine Fassade sieht man nur von der Brücke, die über den Rio della Madonetta führt.

Der Campo war bis in das frühe 19. Jh. häufig Schauplatz rauschender Feste und der in Venedig so beliebten Stierhatzen.

Ältester Teil der *Kirche S. Polo* ist ihr Campanile, der 1362 errichtet wurde. In seinen Sockel wurden liegende Löwen von einem vermutlich romanischen Vorgängerbau eingemauert. Die Kirche selbst, die man durch ein spätgotisches Seitenportal betritt, entstammt dem mittleren

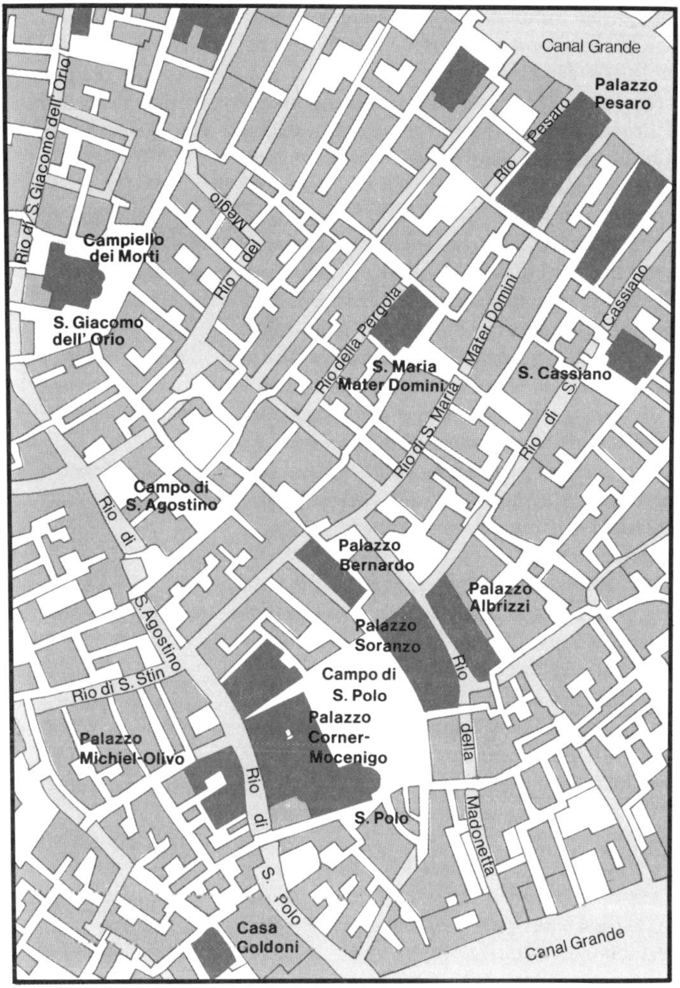

Vom Campo S. Polo zum Campo S. Giacomo dell' Orio

15. Jh., jedoch wurde das Innere der dreischiffigen Basilika im 19. Jh. drastisch verändert. So hat man die alten Arkaden durch klassizistische Kolonnaden ersetzt, was den Raumeindruck empfindlich stört. Mittelalterlich ist noch das hölzerne Gewölbe des Mittelschiffs.

Unscheinbar in eine Ecke gedrückt entdeckt man im Halbdunkel des rechten Seitenschiffs ein wichtiges Werk *Tintorettos*, ein Abendmahl (Abb. 52). Dieses in die zweite Hälfte der 1560er Jahre zu datierende Bild ist seine dritte Version zu diesem Thema. Die älteste Fassung in S. Marcuola zeigt das Geschehen noch rein erzählerisch und in der Anordnung der Personen in klassischem Sinn ausgewogen. In S. Trovaso kommt der symbolische Aspekt hinzu, indem dort das Brot als Bildmittelpunkt die Eucharistie verkörpert. Diesen Weg symbolisierender Hintergründigkeit geht Tintoretto nunmehr entschieden weiter. Indem Christus sich weit vornüberbeugt, um seinen Jüngern das Brot zu reichen, wird der Opfergungsgedanke betont in den Vordergrund gestellt. Ein Jünger gibt einem am Boden liegenden Mann die lebensspendende Speise weiter, eine symbolische Handlung für die Freigebigkeit gegenüber dem Bedürftigen. Der Knabe mit dem Apfel in den Händen bringt die Tilgung der Erbsünde durch Christus zum Ausdruck. Der Frucht haftet, dank Christi Erlösungswerk, nicht länger der Makel der Versuchung an. In seiner Tiefgründigkeit ist dieses Bild ein Meilenstein auf dem Weg Tintorettos zu seiner spätesten und vollkommensten Abendmahlsdarstellung in S. Giorgio Maggiore.

Wenn der Küster anwesend ist, sollte man sich von ihm die Sakristei zeigen lassen (Eingang neben dem Tintoretto-Gemälde im Mittelschiff). An ihren Wänden hängt ein Zyklus mit den Stationen des Kreuzweges von *Domenico Tiepolo,* dem Sohn Giovanni Battista Tiepolos. Die Bilder sind mit dem vom Vater bekannten lockeren Pinselstrich ausgeführt. Eindrucksvoll ist die lückenlose Geschlossenheit des Zyklus.

Wir wenden uns danach dem Hochaltar zu. Den dort befindlichen spätgotischen Kruzifixus flankieren zwei Bronzestatuen Petri und Pauli von *A. Vittoria.*

Der Altar der linken Chorkapelle stammt von *P. Veronese.* Er zeigt eine Vermählung Mariens, in die ein älteres Gnadenbild mitten hineingesetzt ist, eine kuriose Collage. Der Altar der rechten Chorkapelle, eine Muttergottes mit dem hl. Johannes Nepomuk, ist eine Arbeit *G. B. Tiepolos.*

Szenenbild zu Goldonis Komödie »La buona madre«. Illustration aus der Werkausgabe von 1761

Casa Goldoni

Nur wenige Schritte vom Campo entfernt steht in der Calle dei Nomboli der spätgotische *Palazzo Centani,* in dem 1707 Venedigs führender Komödiendichter des 18. Jh., *Carlo Goldoni,* geboren wurde. Nach einem Studium der Rechtswissenschaften hatte er zunächst die Laufbahn eines Advokaten eingeschlagen. Neben seinem Beruf widmete er sich mit Hingabe dem

Theater. Er schrieb zahlreiche Lustspiele, in denen er das Leben der Venezianer und ihre Alltagssorgen immer wieder in den Mittelpunkt stellte. In der besonderen Ausprägung der Sitten- und Charakterkomödie mit unterschiedlichen Handlungsstätten (Szenenwechsel) orientierte er sich an Molière. 1761 hat man Goldoni, der sich mittlerweile ganz dem Theater verschrieben hatte, an das italienische Theater in Paris berufen. Nach Ablauf seines dortigen Vertrages wurde er Erzieher der Töchter Ludwigs XVI. Goldoni starb am 6. Januar 1793 in Paris, zwei Wochen bevor der französische König guillotiniert wurde. Sein großer Kontrahent auf den Bühnen Venedigs war *Carlo Gozzi* (1720–1806), Verfasser bissiger Satiren, in denen er die von Goldoni eingeführte französische Mode aufs Korn nahm. Gozzi selber versuchte in seinen Komödien, die klassische Commedia dell'arte mit ihren stehenden Charaktermasken (Arlecchino, Scaramuccia, Pantalone u. a.) und dem festen Szenarium im Geiste der romantischen Strömung wiederzubeleben.

Heute hat man im Palazzo Centani ein kleines Goldoni-Museum eingerichtet.

Wir verlassen den Campo S. Polo an dessen Nordostecke und kommen an dem spätgotischen *Palazzo Bernardo* vorbei. Nach Überqueren des Rio di S. Maria Mater Domini folgen wir nach rechts der Calle del Cristo nordwärts bis zur Kirche S. Maria Mater Domini.

S. Maria Mater Domini

Die 1502–40 errichtete Kirche ersetzte einen romanischen Vorgänger, der wie der Neubau der Renaissance eine Kreuzkuppelkirche war. Die klar gegliederte Fassade könnte unter Mitwirkung Sansovinos entstanden sein, den man beim Bau der Kirche zu Rate gezogen hatte. Im Innern legen sich um die zentrale Kuppel vier kreuzgrat- und vier tonnengewölbte Trabantenräume. Die Anlage erinnert stark an Sansovinos untergegangene S. Geminiano-Kirche, die uns in der Kopie von S. Maurizio überliefert ist.

Sehenswert sind zwei Bilder unbekannterer Renaissancekünstler. Der zweite Altar der rechten Seite stammt von *Vincenzo Catena* (1520). Der Titel, Martyrium der hl. Christina, trifft nur bedingt zu, denn die Heilige, die ihren Martertod bereits hinter sich hat – sie wurde mit einem Mühlstein beschwert ertränkt –, erwartet kniend ihre Aufnahme in den Himmel. Catena, um 1470 in Venedig geboren und ebenda 1531 gestorben, stand anfangs unter dem Einfluß Bellinis und Cimas. Später ließ er sich von seinem Freund Giorgione und dessen neuartiger Landschaftsauffassung inspirieren.

In demselben zeitlichen Rahmen steht gegenüber der zweite Altar der linken Seite, den *Pier Francesco Bissolo* malte (1512). Er zeigt die Verklärung Christi auf dem Berge Tabor in der von Bellini und Cima bekannten klaren Ordnung der Figuren. Bissolo, wohl im selben Jahr wie Catena in Venedig oder Treviso geboren, war vermutlich ein Schüler Bellinis, dessen Stil er getreulich kopierte. Er starb 1554 in Venedig.

S. Cassiano

Wer von der Kunst Tintorettos begeistert ist, wird von S. Maria Mater Domini einen kleinen Abstecher zur Kirche S. Cassiano unternehmen, um dort weitere Werke des großen Manieristen aufzuspüren. Die außen völlig schmucklos gehaltene Kirche, ein Bauwerk des 17. Jh., ist eine dreischiffige Halle, deren Gewölbe – in den Seiten Kreuzgrate, in der Mitte Tonne mit eingeschnittenen Stichkappen – auf dieselbe Höhe gezogen sind.

Die *Tintoretto*-Gemälde befinden sich im rechteckigen Chor. Das linke Bild zeigt eine Kreuzigung. Der kompositorische Aufbau vollzieht sich in einer klaren Aufwärtsbewegung, die von der am Boden zusammengesunkenen Maria über die Leiter mit den beiden Männern, die die INRI-Tafel am Kreuze befestigen, zu dem Gekreuzigten führt. Ein eindringliches psychologisches Moment ist die Blickbeziehung zwischen Mutter und Sohn. Die dunklen Wolken und der Wald der aufgepflanzten Lanzen im Hintergrund verleihen dem Geschehen eine Aura des Unheimlichen und Bedrohlichen. Dem Tenor von Abschied, Trauer und Tod wird das gegenüber befindliche Bild als positive Antwort entgegengestellt. Wir sehen Christus in der Vorhölle. Als strahlender Sieger über den Tod erscheint der Heiland in der Szenerie. Die Toten sind nur schemenhaft umrissen. Einzig Evas weiß schimmernder Körper ist hervorgehoben, in ihrer makellosen Schönheit einer der vollkommensten Akte der venezianischen Malerei. Die Auferstehung in der Mitte ist kaum richtig zu beurteilen. Durch eine ungeschickte Restaurierung sind die Farben arg verfälscht, der vorherrschende Gelbton ist ein Fremdkörper auf Tintorettos Palette.

Diese Bilder entstanden um 1568, also etwa zur selben Zeit wie das Abendmahl in S. Polo, und sind ebenso wie dieses bezeichnend für die Tiefgründigkeit des reifen Tintoretto.

S. Giacomo dell' Orio

Der Ursprung des Namens dieser Kirche gibt Rätsel auf. Möglicherweise steckt das Wort »lauro« darin. Demnach hätte neben der Kirche einst ein Lorbeerbaum gestanden, in der Zeit ihrer Gründung (9. Jh.) Rest eines heidnischen Brauches (nach Lorenzetti). Der bestehende Bau wurde wiederholt erweitert und verändert. Von 1225 stammt das Querschiff der basilikalen Anlage. Das Langhaus erhielt seine jetzige Gestalt im 15. Jh., das dreiteilige Presbyterium wurde erst nach der Wende zum 16. Jh. angelegt. Man betritt die Kirche durch einen Seiteneingang am Campo. Obwohl S. Giacomo zu den ältesten Kirchen der Stadt zählt, kommt doch schon in dieser Frühzeit ein genuin venezianisches Raumgefühl zum Tragen. Die Anlage atmet trotz ihrer bescheidenen Ausmaße eine überraschende Luftigkeit; nichts ist gedrängt oder massiv. Die lockere Gruppierung der Säulen verwischt den kreuzförmigen Grundriß, der uns erst bei einem Blick in das Gewölbe recht zu Bewußtsein kommt.

Die Ausstattung weist keine Sensationen auf, ist aber in ihrer Vielgestaltigkeit ein lebendiger Spiegel venezianischer Geschichte. Gleich rechts neben dem (Seiten)Eingang führt eine Tür (die der Mesner öffnet) in die neue Sakristei, die der Kirche erst 1903 angebaut wurde.

Campo di S. Giacomo dell' Orio. Ausschnitt aus dem perspektivischen Plan von Jacopo de Barbari, 1500. Venedig, Museo Civico Correr

In ihr ist eine kleine Pinakothek untergebracht. Die Bilder stammen aus dem einstigen Besitz aufgelassener Kirchen. Wir erwähnen hier das Deckengemälde *P. Veroneses* von 1577 mit der Personifikation des Glaubens und den vier Kirchenvätern. Wieder zurück in der Kirche, folgt auf die neue Sakristei die Cappella del Santissimo, die ihre heutige Gestalt mit einer Kuppelwölbung 1753 erhielt. Der Chor hat noch das Aussehen des frühen 16. Jh. bewahrt. Die Sacra Conversazione *L. Lottos* an der Rückwand stand bis zu der von dem Zweiten Vatikanischen Konzil beschlossenen Neugestaltung der Liturgie auf dem Altar. Das 1546 datierte Bild ist ein Alterswerk des Künstlers, etwas kühl und nicht mehr von jener Einfühlsamkeit wie etwa die Almosenspende in S. Zanipolo. Über dem Altar hängt ein goldgrundiges Kruzifix der Gotik. Links ist eine Muttergottes-Statuette aus dem frühen 14. Jh. aufgestellt, die ursprünglich zu einer Verkündigungsgruppe gehörte. Sie stand bis 1972 an der Fassade von S. Maria Mater Domini und wurde dann aus konservatorischen Gründen hierher überführt. Ungewöhnlich ist ein ikonographisch bemerkenswertes Detail: Maria hält in ihrer linken Hand eine Spindel – der Verkündigungsengel überrascht sie beim Spinnen. Dieses Motiv findet sich in der syrischen Kunst. Die Statuette könnte demzufolge nach einem Vorbild aus dem Osten gearbeitet worden sein; dafür spricht auch der byzantinisierende Stil der Figur. Etwa in dieselbe Zeit gehört die kleine Skulpturengruppe mit Muttergottes, Engel und Stifter über dem Eingang zur alten Sakristei (neben der linken Chorkapelle). Dort werden weitere Gemälde aufbewahrt, u. a. zwei Werke *Jacopo Palmas d. J.*, eine Madonna mit Heiligen und das Mannawunder.

Am nordwestlichen Vierungspfeiler verdient ein polychromes Taufbecken aus Marmor Beachtung. Der Rundgang führt im linken Seitenschiff vorbei an der Cappella di S. Lorenzo und dem Baptisterium zurück in den südlichen Querhausarm. Dort fällt eine Säule aus grünem Marmor auf, eine antike Spolie, die dem mittelalterlichen Bauwerk inkorporiert wurde.

Wieder draußen auf dem Campo, beachten wir noch die Außenansicht der Chorpartie. An der Hauptapsis (16. Jh.) erscheint eine kleine Zwerggalerie, ein später Nachfahre dieses Motivs am Chor von SS. Maria e Donato auf Murano. Der kraftvolle Campanile gehört zur ältesten Bausubstanz (1. Hälfte des 13. Jh.).

Dieser Rundgang läßt sich gut mit dem Besuch der Museen in der nahen *Ca' Pesaro* (vgl. S. 341f.) und im *Fondaco dei Turchi* (vgl. S. 343) abrunden.

Im Sestiere Canareggio

S. Maria di Nazareth 286 – S. Geremia 287 – Palazzo Labia 287 – S. Giobbe 289 – Das ehem. Ghetto 290 – *Die Juden in Venedig* 290 – S. Marcuola 291
Farbt. 36; Abb. 62, 64, 66, 67, 82, 84

S. Maria di Nazareth (S. Maria degli Scalzi)

Die nahe dem Bahnhof gelegene Kirche gehörte zum Kloster der Karmeliter (Scalzi = Barfüßer) und ist ein Bau des Spätbarock (1683–1705) mit einer Fassade, die an die Giglio-Kirche erinnert. Ihre zwei Geschosse werden durch doppelte, der Wand frei vorgestellte Säulen und durch Nischen gegliedert. Beim Skulpturenschmuck haben architektonische Motive die führende Rolle. Den besten Blick auf die Fassade hat man vom Ponte degli Scalzi.

Das Sestiere Canareggio

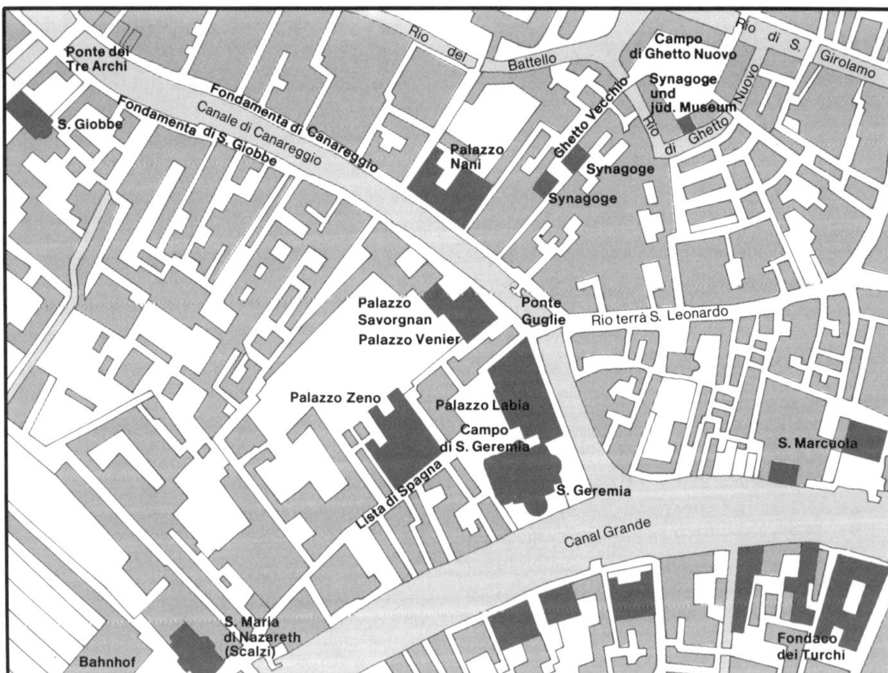

Der Innenraum zeigt das für die Barockarchitektur geläufige Muster eines einschiffigen Saales mit begleitenden Seitenkapellen und einteiligem Chor. Der einstige Ruhm des Bauwerks, das große Deckenfresko *Tiepolos*, ist 1915 untergegangen. Zwei gerettete Fragmente wurden in die Accademia überführt (das heutige Deckenfresko ist eine Rekonstruktion von 1934). Reste von Tiepolos Ausmalung sind noch in der zweiten Kapelle der rechten Seite erhalten. Ohnehin tritt aber die Malerei zugunsten der Skulptur völlig zurück. Die Binnengliederung des Raumes ist eine barocke Variation zum antiken Thema des Triumphbogens. Die Chorseite ist als Typ des einbogigen Tores aufgefaßt, das links und rechts von Nischen mit Statuen und Büsten gerahmt wird. Die beiden Langhausseiten zitieren die monumentalen dreitorigen Anlagen, indem sich der Bogen der mittleren Kapellen über die seitlichen erhebt. Auch hier werden die von Säulen eingefaßten Wandstücke in Nischen mit Statuen und Büsten aufgelockert. Der Altar nimmt die ganze Breite des Presbyteriums ein. Die spiralförmig gedrehten Säulen kopieren den Hochaltar Berninis in St. Peter in Rom. Diese Form des monumentalen Altars wurde im 18. Jh. der bevorzugte Typus in der Kunst des süddeutschen Rokokos.

S. Geremia

Abb. 82

Wir gehen die Lista di Spagna stadteinwärts. Die Straße war ursprünglich ein Rio, der im 18. Jh. zugeschüttet wurde. Ihr Name erinnert an den Sitz der spanischen Botschaft, die einst im Palazzo Zeno (Nr. 168) untergebracht war.

In der zweiten Hälfte des 18. Jh. entstanden, ist S. Geremia ein letzter Beitrag zu dem für die venezianische Baukunst so typischen Thema der Kreuzkuppelkirche. Nach außen relativ unscheinbar, überrascht der Innenraum durch seine großzügigen Abmessungen. Um die Vierung legen sich vier gleich lange Arme, die im vorderen Teil von einer Tonne, über dem apsidial gerundeten Abschluß von einer Halbkuppel überwölbt sind. In den Ecken sind sie durch überkuppelte Trabantenräume miteinander verbunden. Das Ganze wirkt klar und überschaubar und dennoch zugleich seltsam blutleer.

Dem Südarm zum Canal Grande wurde 1863 nach dem Abriß der Kirche S. Lucia ein Oratorium für die hl. Lucia angefügt, in das Fragmente aus Palladios einst an der Stelle des Bahnhofes befindlichen Architektur inkorporiert wurden.

Ikonographisch interessant ist ein Bild *Palmas d. J.* in dem rechten Kuppelraum neben dem Chor. Es zeigt die Krönung der Venezia durch Heilige. Venezia wird hier selbst in den Rang einer Heiligen hochstilisiert.

Palazzo Labia

Farbt. 36; Abb. 82, 84

Der Campanile von S. Geremia bildet das Bindeglied zwischen der Kirche und dem angrenzenden Palazzo Labia, der in zwei Etappen Ende des 17. Jh. und im zweiten Viertel des 18. Jh. ent-

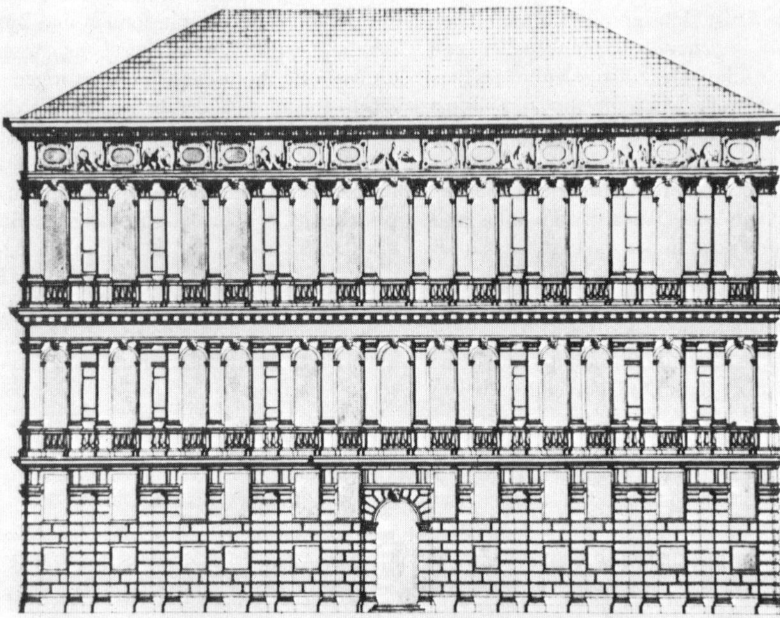

Fassade des Palazzo Labia. Aus der Stichsammlung »Venetian Palaces« von Visentini. London, British Museum

stand. Die bedeutende Kostbarkeit des Gebäudes ist die Dekoration des Ballsaales, den *Tiepolo* freskierte. Zwei große Wandbilder zeigen das Festmahl der Kleopatra zu Ehren Marc Antons und die Einschiffung der ägyptischen Königin nach Rom, eingebettet in eine raffinierte Illusionsmalerei, die die realen Architekturmomente der Eingangsseite aufgreift und fortführt (Farbt. 36; Abb. 84). Die auffallende Ähnlichkeit bestimmter Gesichter in beiden Bildern läßt vermuten, daß Tiepolo Mitglieder der Familie Labia porträtiert hat. Der Künstler hat sich selber in der Bankettszene verewigt (zweite Gestalt von links, ganz in Blau gewandet).

Die Bauherren, die aus Spanien zugezogen waren, genossen wegen ihres unermeßlichen Reichtums Berühmtheit. Ihre Bürgerschaft hatten sie für die stattliche Summe von 100 000 Golddukaten erworben. Mit leuchtenden Augen erzählt man dem Besucher noch heute jene Anekdote, der zufolge ein Labia während eines Festes, bei dem die Gäste über das Besteck und Geschirr aus reinem Gold staunten, sämtliche Gedecke aus dem Fenster werfen ließ mit der Bemerkung: »O l'abbia, o non l'abbia sono sempre Labia« (ob ich das nun besitze oder nicht, ich bleibe doch immer ein Labia). Allerdings wird gemunkelt, er habe zuvor auf dem Boden des Canale di Canareggio, in den das Ganze gefallen war, ein Netz spannen lassen, um nach Beendigung des Festes der kostbaren Gegenstände wieder habhaft zu werden.

1969 hat die Staatliche Italienische Rundfunkanstalt (RAI) den Palazzo erworben und geschickt restauriert.

Am Ponte Guglie wenden wir uns nach links und folgen dem Canale di Canareggio nordwärts. Linker Hand kommt man an den *Palazzi Venier und Savorgnan* vorbei, ersterer aus dem 18., letzterer aus dem 17. Jh. Beide Paläste sind heute im Besitz der Herz-Jesu-Schwesternschaft. Am *Ponte dei Tre Archi* (Abb. 59) biegen wir nach links ab. Die im späten 17. Jh. errichtete und kürzlich restaurierte Brücke ist das einzige Beispiel einer dreibogigen Brückenkonstruktion in Venedig.

S. Giobbe

Abb. 66, 67

Man betritt diesen wichtigen Bau der Frührenaissance durch ein kleines Portal, dessen phantasievoller Rahmenschmuck den ornamentalen Reichtum des Inneren ankündigt (falls geschlossen, rechts neben der Kirche läuten, Eingang durch den Kreuzgang). Der Bau wurde von dem Dogen Cristoforo Moro (1462–71) gefördert, der hier mit seiner Frau bestattet werden wollte. Bereits um 1450 noch in gotischen Formen begonnen, wurde der Bauplan bald unter dem Eindruck der in Venedig Einzug haltenden Renaissance verändert.

Die Anlage zeigt den einfachen Grundriß eines einschiffigen Saales mit einem in zwei Abschnitte unterteilten, platt geschlossenen Chor. Die linke Langseite öffnet sich in fünf überkuppelte Kapellen, vier größere und eine kleine. Die meisten Altarbilder, darunter solche von Bellini und Carpaccio, gelangten im Zuge der Säkularisation in die Accademia. Zu dem wenigen am Ort Belassenen zählt der vierte Altar der rechten Seite. Er stammt von *Paris Bordone* und zeigt den hl. Petrus in dreifacher Gestalt: einmal mit Buch als Schreiber, in der Mitte mit Kreuz und Palmenzweig als Märtyrer und rechts im liturgischen Ornat als ersten Bischof von Rom.

Unser Hauptaugenmerk richten wir auf den Chor, der berühmt ist für seine Bauskulptur. Der vordere quadratische Teil ist von einer Kuppel überwölbt, unter der im Boden Cristoforo Moro ruht. Sein Grab markiert eine gewaltige Steinplatte. Die figürlichen Teile des Reliefdekors stammen aus der Werkstatt *Pietro Lombardos.* Am Chorbogen (außen, zur Kirche hin) erkennt man links und rechts die Gestalten einer Verkündigungsgruppe. In die innere Laibung des Chorbogens sind rechteckige Platten mit Darstellungen von Propheten und Sibyllen eingelassen. In den Kuppelpendentifs zeigen vier Tondi die Evangelisten. Der reiche ornamentale Dekor vor allem der seitlichen Pilaster (Abb. 66, 67) bildet die stilistische Voraussetzung für die Bauplastik der Miracoli-Kirche. Von besonderer handwerklicher und künstlerischer Brillanz ist der linke Pilaster mit einem gerollten Akanthusfries, in dessen Ranken Vögel sitzen und von den Früchten der Pflanze picken. Hubala sieht in dieser Arbeit die eigenständige Leistung eines anderen Meisters als Pietro Lombardo und identifiziert ihn mit demselben, der in der Miracoli-Kirche die Sockelreliefs des Chorbogens gemeißelt hat. Peter Dittmar hat dafür den lombardischen Dekorationskünstler *Ambrogio da Milano* ins Gespräch gebracht (in: Zeitschr. für Kunstgeschichte, 1984). Der hintere, schmucklose Teil des Raumes, der einstige Mönchschor, ist von einem Stichkappengewölbe überfangen.

Unter den Seitenkapellen fällt die vorletzte (vom Chor aus gesehen) auf. Sie ist eine Stiftung der Familie Martini, die aus der Toskana stammte und für die Ausschmückung toskanische Künstler berief. Die farbig glasierten Terrakotten – fünf Tondi mit dem Heiland und den vier Evangelisten – in der Kuppelkalotte stehen den Arbeiten der della Robbia-Werkstatt in Florenz nahe. In der angrenzenden letzten Kapelle macht die Dekoration mit Reliefornamentik den Unterschied zwischen toskanischem und venezianischem Formempfinden im direkten Vergleich deutlich. Die toskanischen Arbeiten nebenan sind kraftvoll und scharfkantig gehalten, die venezianischen Reliefs dagegen haben weichere Konturen und wirken eher malerisch.

Zum Abschluß werfen wir noch einen Blick in die Sakristei. Dort hängt ein Porträt Cristoforo Moros, der möglicherweise auch das Altarbild von *Antonio Vivarini* – eine Verkündigung in der Mitte, seitlich davon die Heiligen Antonius von Padua und Michael – stiftete.

Das ehemalige Ghetto

Abb. 62, 64

Über den Ponte dei Tre Archi (Abb. 59) gelangt man auf die andere Seite des Canale di Canareggio. Die zweite Gasse nach dem *Palazzo Nani,* einem Renaissancebau, führt in das ehemalige Judenviertel.

Exkurs: Die Juden in Venedig

Als brillante Geschäftsleute waren die Juden den Venezianern im Mittelalter gefürchtete Konkurrenten. Im 14. Jh. wurde ihnen deshalb der Aufenthalt in der Stadt untersagt, und sie mußten sich auf das Festland nach Mestre zurückziehen. Erst 1516 wurde dieses Verbot wieder aufgehoben. Seitdem kehrten die Juden zurück, wurden aber in einem eigenen, ihnen zugewiesenen Stadtteil kaserniert. Anfangs hat man ihnen nur ein paar Gassen zugestanden, das sogenannte Alte Ghetto; als dieses aus allen Nähten platzte, kam das Neue Ghetto hinzu, das sich auf einer Insel befindet, auf der zuvor eine Gießerei in Betrieb war. Das italienische Wort getto steht für Gußarbeit oder auch Gießerei; so war die Bezeichnung Ghetto zunächst ein neutraler Begriff für das Judenviertel, dem erst durch die Schrecknisse der jüngeren Geschichte das Odium des Grauenerregenden anhaftet. Da sich etwa 5000 Juden auf engstem Raum zusammendrängen mußten, entstanden im Ghetto die höchsten Wohnhäuser Venedigs, einige bis zu acht Stockwerke hoch. Abends wurden die Tore zum Judenviertel geschlossen. Tagsüber durften die Juden zwar in der Stadt verkehren, sie hatten aber für jedes Verlassen des Ghettos einen Tribut zu entrichten. Ihre Handlungsfreiheit war durch weitere Reglementierungen eingeengt. So durften sie etwa nur die Berufe des Arztes oder Kaufmanns ausüben, der Handel mit Christen war offiziell untersagt. Trotz dieser Schikanen herrschte in Venedig eine größere Toleranz gegenüber Juden als anderswo in Europa. Das kann man nicht zuletzt aus den Schriften der 1590–1641 in Venedig lebenden jüdischen Dichterin *Sara Coppio* schließen, deren Korrespondenz mit dem genuesischen Geistlichen Ansaldo Céba einen wichtigen Beitrag zum Verständnis zwischen Christen und Juden darstellt.

Der wirtschaftliche Niedergang Venedigs erwies sich als besonders verhängnisvoll für die in ihrer Betätigung ohnehin stark eingeschränkten Juden. Im 17. Jh. lebten lediglich etwa 500 von ihnen im Ghetto, heute sind es nur noch rund zwanzig von etwa 700 in Venedig ansässigen Juden. Dem faschistischen Holocaust fielen 200 Juden Venedigs zum Opfer. Zu ihrem Gedächtnis wurden in eine Wand in der Nordecke des Campo Ghetto Nuovo Bronzereliefs des französischen Bildhauers Alexandre Blatas eingelassen, die völlig unsentimental und vielleicht gerade deshalb so erschütternd das Leiden der Verfolgten zeigen: Deportation, Zwangsarbeit, Hinrichtung und Massenvernichtung.

Rundgang durch das Ghetto

Von den fünf Synagogen des Ghettos kann man drei besichtigen. Eine weitere wird derzeit restauriert, die fünfte ist geschlossen. Wir beginnen den Rundgang in der Südecke des Campo Ghetto Nuovo (Abb. 62), wo sich über einem kleinen *Museum zur jüdischen Geschichte* die einstige Synagoge der deutschen Juden befindet (Möglichkeit zur Teilnahme an einer Führung), die als die älteste des Ghettos 1528 erbaut wurde. Ebenso wie die anderen Synagogen ist sie in einem vielstöckigen Haus untergebracht und von außen nicht zu erkennen – eine Auflage der damaligen Baubehörde. Echt venezianisch mutet ihr trapezoider Grundriß an. Die schön geschnitzte Frauenempore kam erst im 17. Jh. hinzu.

Die beiden anderen Synagogen liegen im Alten Ghetto. Wir suchen zunächst jene auf, in der sich die orientalischen Juden versammelten und die deshalb Scuola Levantina hieß. Ihre Kassettendecke und die reich dekorierte Kanzel schnitzte *Andrea Brustolon,* von dem auch Möbel in der Ca'Rezzonico zu sehen sind. Schräg gegenüber befindet sich die ehemalige Scuola Espagnol, in der sich die Juden spanischer und portugiesischer Herkunft trafen. Den großen, prachtvoll dekorierten Saal entwarf Venedigs führender Barockbaumeister, *Baldassare Longhena.*

Wir verlassen das Ghetto am Campo Ghetto Nuovo und wenden uns nach Süden, in Richtung auf den Canal Grande. Der Rundgang endet bei S. Marcuola.

S. Marcuola

Abb. 50

Die Kirche ist nach den beiden Titelheiligen Ermagora und Fortunatus benannt. Das Bauwerk wurde zu Beginn des 18. Jh. nach einem Plan von *Giorgio Massari* aufgeführt. Die dem Canal Grande zugewandte Fassade wurde nur im Sockelbereich mit Marmorplatten verkleidet, der Rest blieb unvollendet.

Der Innenraum ist ein einschiffiger Saal, in diesem Fall ohne begleitende Kapellen, mit einem platt geschlossenen Chor. Die Ausstattung stammt sehr einheitlich aus der Erbauungszeit. Aus dem Rahmen fällt lediglich das an der linken Seite des Chores hängende Abendmahl von *Tintoretto* (Abb. 50). Es ist die schon mehrfach erwähnte erste Version des Künstlers zu diesem Thema (datiert 1547). In seinem frühesten Abendmahlsbild ordnet Tintoretto den Tisch noch parallel zum Bildrand, während er in allen späteren Fassungen dieses entscheidende Requisit schräg stellt, um einen illusionären Tiefenraum zu erzeugen. Rückt später der eucharistische Gesichtspunkt mehr in den Mittelpunkt der Interpretation, so steht hier die Äußerung Christi, daß einer unter den Jüngern ihn verraten werde, im Vordergrund. Die Jünger sind in lebendigem Disput einander zugewendet. Dennoch überwiegt die Ruhe, die von Christus in der Mitte und den beiden weiblichen Randfiguren ausgeht. In der Wahl des Breitformates erweist sich der junge Tintoretto als Sproß der venezianischen Malerei. Diesem äußeren Rahmen sollte er auch in der Folgezeit treu bleiben; in der Art der Darstellung aber beschritt er schon bald gänzlich neue Wege, deren visionäre Kraft im letzten Abendmahl in S. Giorgio Maggiore ihre Vollendung fand.

Im Norden der Stadt

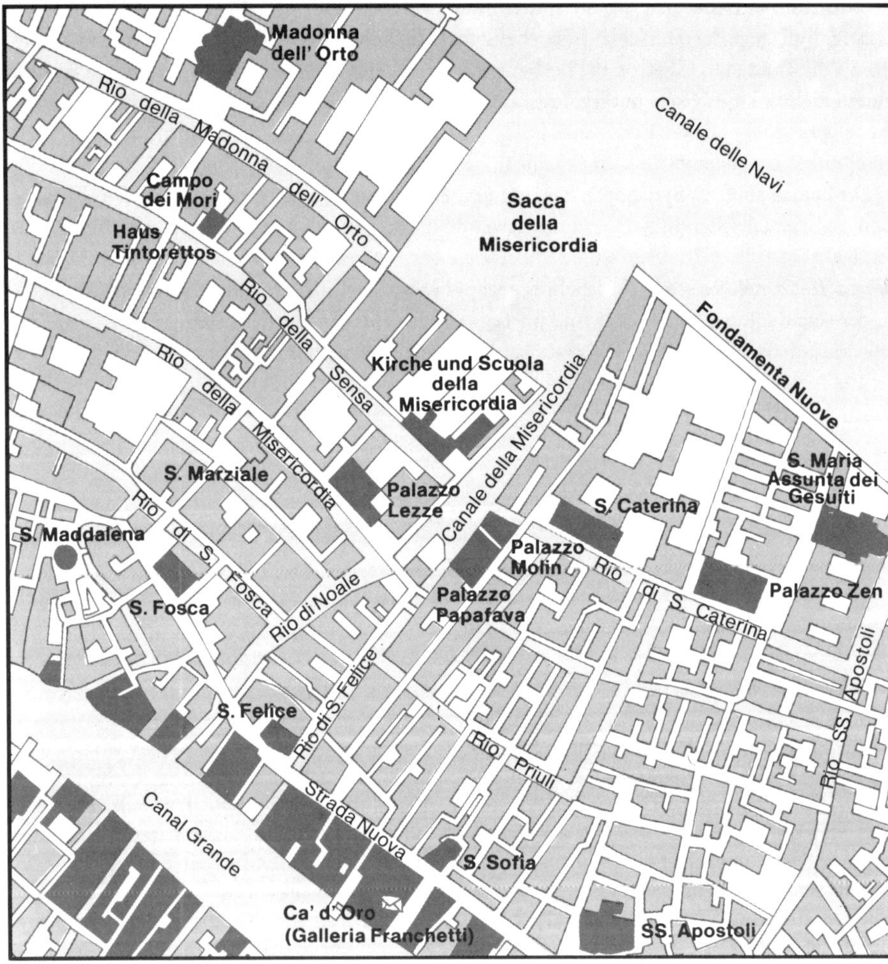

Im Norden der Stadt: von der Jesuiten- zur Madonna dell'Orto-Kirche

S. Maria Assunta dei Gesuiti 293 – SS. Apostoli 294 – S. Sofia 295 – S. Felice 295 – S. Fosca 295 – S. Maddalena 295 – Vom Rio S. Felice zum Campo dei Mori 296 – Madonna dell'Orto 296 – S. Alvise 298
Abb. 55, 57, 68, 70, 83

S. Maria Assunta dei Gesuiti
Abb. 57

Die Jesuiten erhielten erst 1657, rund hundert Jahre nach Gründung ihres Ordens, die Genehmigung, in Venedig ein Kloster einzurichten. Dessen einstige Konventsgebäude dienen heute anderen Zwecken, die Kirche ist als Pfarrkirche in Gebrauch. Sie entstand 1714–29. Die Fassade ist in ihrer Anlehnung an den monumentalen Barock römischer Prägung mit Kolossalsäulen und zahlreichen Statuen ein echtes Zeugnis jesuitischer Baugesinnung.

Auch der Innenraum folgt ohne nennenswerte Abwandlungen dem Vorbild der Stammkirche des Ordens, Il Gesù in Rom, der zugleich richtungweisend für die gesamte Sakralbaukunst des Barock war. Der einschiffige Saal wird von drei Kapellen je Seite begleitet. Langhaus und Querschiffarme kreuzen sich in einer ausgeschiedenen Vierung, im Osten schließt sich ein einteiliger Chor an. Die Tonnenwölbung, in die Stichkappen einschneiden, ist leicht gedrückt; dasselbe gilt für die Vierungskuppel und die Wölbung im Chor. Die Wände zeigen ein bewegtes Relief aus Säulen, Pilastern und Stukkatur. Man könnte die Jesuitenkirche als den am stärksten vom Barock geprägten Bau Venedigs bezeichnen, der sich hier, wo dieser Stil sich nicht recht durchsetzte, seltsam fremd ausnimmt.

Das wichtigste Altarbild befindet sich in der vordersten linken Seitenkapelle, eine Laurentius-Marter von *Tizian,* aus den späten 1550er Jahren (Abb. 57). Das Geschehen ist in nächtliches Dunkel getaucht, einzig der Heilige, der auf einen glühenden Rost gelegt ist, wird von einem himmlischen Licht erhellt, dem er sich entgegenreckt. Die schemenhafte Andeutung der Folterknechte, die Anonymität des Bösen verleihen der Szenerie etwas Bedrückendes. Die Schilderung vermittelt eine tiefe Einsicht in die ungezügelte Aggressions- und Zerstörungsbereitschaft, die der menschlichen Natur innewohnt. Die himmelwärts ausgestreckte Hand des Gemarterten symbolisiert demgegenüber das Prinzip der Hoffnung.

Tizian war über achtzig, als er das Bild zum Gedenken an seinen kurz zuvor verstorbenen Freund Lorenzo Massolo malte. Der Gedanke an den Tod wird dem Greis nichts Fremdes mehr gewesen sein. Nur so ist die Laurentius-Marter zu verstehen, als eine Rückschau auf die Wirren des Lebens und als Ausdruck der Zuversicht, daß jenseits der irdischen Qualen die Erlösung wartet.

Der Marienaltar im linken Querschiffarm zeigt eine Assunta *Tintorettos.* Kennzeichnend für den persönlichen Stil des großen Manieristen ist die Art, wie er die himmelfahrende Muttergottes aus einem Menschenknäuel herauslöst. Wir erwähnen ferner den von gewundenen Marmorsäulen getragenen Altarbaldachin, ein Werk des Bildhauers *Giuseppe Pozzo*, im mittleren Seitenaltar der rechten Seite die Statue der hl. Barbara des Österreichers *G. M. Morlaiter*, der zahlreiche Altarrahmungen und plastische Bildwerke in barocken Kirchen Venedigs geschaffen hat, und schließlich in der ersten rechten Seitenkapelle ein Altarblatt mit einer Darstellung der Schutzengel von *J. Palma d. J.*

Ein kleiner Abstecher führt von der Gesuiti-Kirche am Rio di S. Caterina entlang. Zunächst kommt man an der langgezogenen Front des *Palazzo Zen* vorbei, einem Bau der Hochrenaissance, dem möglicherweise ein Plan des Architekturtheoretikers *Sebastiano Serlio* zugrunde liegt. Am Ende der gleichnamigen Fondamenta liegt die *Kirche S. Caterina*, die man nur mit etwas Glück geöffnet antrifft. Im Innern befinden sich Gemälde *Tintorettos* zur Katharinen-Legende und eine Kopie von *Veroneses* heute in der Accademia hängender mystischer Vermählung der hl. Katharina.

SS. Apostoli

Die im 16. Jh. erbaute Kirche der Apostel ist weithin erkennbar durch den hoch aufragenden Campanile, der ihr im 17. Jh. hinzugefügt wurde. Der äußerlich schmucklose Bau ist auch im Innern – kastenförmiger Saal, flach gedeckt, mit dreiteiligem Presbyterium – auffallend nüch-

Der Campo SS. Apostoli. Stich nach Canaletto

tern. Ein Kleinod der Renaissancearchitektur ist die der Südseite angebaute *Cappella Corner.* Ihre Kuppel wird von vier in den Ecken frei aufgestellten Säulen getragen. Hier befand sich die Grablege der Königin von Zypern, Caterina Cornaro, vor ihrer Überführung nach S. Salvatore. Die Gräber ihres Vaters Marco und ihres Bruders Giorgio blieben in situ erhalten. Im Altar der Kapelle zeigt ein Bild *G. B. Tiepolos* die Kommunion der hl. Lucia (1748). Die Heilige ist in einer Stimmung verzückter Hingabe dargestellt, ihr strahlendes Weiß hebt sie von den dunkler gehaltenen Begleitfiguren ab. – Nun folgen wir der Strada Nuova in Richtung auf den Bahnhof.

S. Sofia

Die kleine Renaissancekirche an dem belebten Hauptweg zwischen Rialto und Bahnhof ist vollständig umbaut und fällt nach außen nur durch ihren Campanile auf. Der Raum ist in der klaren Übersichtlichkeit der frühen Renaissance gehalten. Schlanke Säulen auf hohen Sockeln tragen die Arkadenreihen der Halle. Die Gewölbe der drei Schiffe – in der Mitte eine Tonne, in den Seiten Kreuzgrate – sind auf dieselbe Höhe geführt. An das querhauslose Langhaus schließt sich der einteilige Chor an. Die Kirche ist ein charakteristisches Beispiel für die Eigenart der venezianischen Baukunst, in der selbst noch so kleine Bauten Weiträumigkeit und Transparenz atmen.

Von hier aus sind es nur wenige Schritte zur *Ca' d' Oro* (Farbt. 24; Abb. 69), deren Kunstsammlung man bei dieser Gelegenheit besuchen kann (vgl. S. 340).

S. Felice

Ähnlich in der Klarheit der Formen, aber im Grundriß unterschieden ist die Kirche S. Felice (gleichfalls 16. Jh.), die wieder den klassischen venezianischen Typ der neunzelligen Kreuzkuppelkirche vertritt. Ihre einstige Ausstattung wurde im 19. Jh. weitgehend entfernt.

S. Fosca

Die Kirche S. Fosca wurde nach einem Brand 1733 von Grund auf neu gebaut. Reizvoll ist der kleine Campo, an dem sie liegt. Die Kirche, ihr Campanile und der spätgotische *Palazzo Corner* gruppieren sich zu einem malerischen Ensemble. In der Mitte des Platzes steht ein 1892 errichtetes Denkmal des Humanisten *Paolo Sarpi,* des Freundes Tizians, der auf dem Konzil zu Trient (Mitte 16. Jh.) die Interessen der Republik vertrat.

S. Maddalena

Die Gruppe kleinerer Kirchenbauten entlang der Strada Nuova beschließt der klassizistische Bau von S. Maddalena. Die Kirche des 18. Jh., ein Zentralbau mit vorgelegtem Portikus palladianischer Prägung, markiert die Überwindung des Spätbarock in Venedig.

Vom Rio S. Felice zum Campo dei Mori

Abb. 68, 83

Der direkte Weg von hier zur Madonna dell'Orto-Kirche führt nordwärts, zunächst zurück über den Campo S. Fosca, dann weiter über den Campo S. Marziale und nach Überquerung zweier Kanäle über den Campo dei Mori.

Wer Muße hat, sollte einen Umweg entlang dem Rio di S. Felice machen. Kurz vor dessen Mündung in den Canale della Misericordia sieht man die einzige Brücke der Stadt, die kein Geländer besitzt (Abb. 83). In früheren Zeiten gab es mehr solch halsbrecherisch anmutender Brücken. Ein paar Schritte weiter überquert man den Rio di Noale. Von der Brücke sieht man auf die Fassade des *Palazzo Lezzo,* die sich nach links dem Rio della Misericordia zuwendet. Wir folgen den Fondamenta della Misericordia nordwärts. An deren Ende führt eine hölzerne Brücke auf den Campo della Misericordia, wo im rechten Winkel zueinander die Fassaden der *Kirche S. Maria della Misericordia* (auch S. Maria Valverde genannt) und der einstigen gleichnamigen Scuola stehen. Ein Sottoportego unter der Scuola erlaubt das ungehinderte Weitergehen in westlicher Richtung am Rio della Sensa entlang. Bald nach Überqueren des Rio dei Muti gelangt man vor das *Haus Tintorettos,* das dieser mit seiner vielköpfigen Familie bis zu seinem Tode bewohnt hatte (Abb. 55). Eine Gedenktafel erinnert an den bedeutenden Manieristen.

Wenige Schritte weiter gelangt man auf den *Campo dei Mori.* Der kleine Platz trägt seinen Namen nach vier in die Außenmauern der Häuser eingelassenen Männerstatuen, die durch Turbane als Orientalen kenntlich gemacht sind (Abb. 68). Sie gehörten ursprünglich zu dem heute verschwundenen Fondaco degli Arabi, der an dieser Stelle gestanden hatte. Dem Volksglauben nach stellt die Figur an der Ecke Sior Antonio Rioba dar. An dessen Eisennase wurden früher anonym Pamphlete gegen die Obrigkeit angebracht. Die anderen Statuen sollen Mitglieder der Familie Mastelli sein, die an diesem Platz einen Palazzo besaß.

Madonna dell'Orto

Abb. 70

Der eher unscheinbare Norden der Stadt wartet in Gestalt der Madonna dell'Orto-Kirche mit einer Überraschung auf. Schon die Fassade ist ein Juwel für sich und das schönste Beispiel einer gotischen Kirchenfassade in Venedig. Ihre Dreiteilung in einen größeren Mittelabschnitt mit begleitenden kleineren Seitenteilen entspricht dem basilikalen Aufriß des Innenraums. Ungewöhnlich ist die den Flanken aufgesetzte Galerie mit Apostelstatuen. Die bekrönenden Tabernakel dagegen sind ein bekanntes Motiv, das uns schon an San Marco und an den beiden großen Bettelordenskirchen begegnete. Den geschweiften Bogen über dem Portal zieren Figuren der Verkündigungsgruppe (links und rechts) und des hl. Christophorus (Mitte).

Links von der Kirche wendet die einstige *Scuola dei Mercanti* ihre Fassade dem Campo zu. Das von *Palladio* entworfene Bauwerk ist, verglichen mit seinen anderen Werken, verblüffend nüchtern. Die Fenster bilden das einzige Gliederungselement in der rohen Ziegelwand.

Madonna dell' Orto, Fassade. Aus: Eugenio Miozzi, Venezia nei secoli, Venedig 1956

Innenraum und Ausstattung

Das Mittelschiff des basilikalen Langhauses ist mit einer flachen Holzdecke eingezogen, in den Seitenschiffen sieht man den schrägen, offenen Dachstuhl der Pultdächer. Die durch das fehlende Gewölbe problemlose Statik des Bauwerks erlaubte es, besonders schlanke Säulen aufzustellen. So entsteht der für die venezianische Sakralbaukunst immer wieder typische Eindruck von Leichtigkeit und räumlicher Weite.

In ihrer *Ausstattung* erweist sich die Kirche als ein Schatzhaus der venezianischen Malerei. Den Reigen hervorragender Werke eröffnet gleich der erste rechte Seitenaltar mit einer Darstellung Johannes' des Täufers und anderer Heiliger von *Cima da Conegliano.* Das Bild entstand etwa zur gleichen Zeit wie Cimas Taufe Christi in S. Giovanni in Bragora (d. h. 1494/95). Der Täufer, umgeben von Petrus, Markus, Hieronymus und Paulus, steht unter einer Architektur, die durch die eingestürzte Kuppel als Ruine aufgefaßt ist. So gelingt es Cima selbst dort, wo er einen baulichen Rahmen schafft, durch einen ungewohnten Ausblick seinem Lieblingsthema, der Naturdarstellung, zu frönen. Man beachte etwa die kleine Eule am vorderen Kuppelrand.

Ebenfalls im rechten Seitenschiff beginnt, etwas weiter hinten, die Reihe großformatiger *Tintoretto*-Bilder, die als Geschenk des Künstlers in die Kirche kam. Im vorletzten Joch hängt der Tempelgang Mariens, der ursprünglich die beiden Orgeltüren schmückte. Beide Teile wurden später abgenommen und zusammengefügt. Die monumentale Treppe nimmt im unteren Teil die ganze Breite des Bildes ein. Die winzig kleine Maria wirkt keineswegs zerbrechlich auf dieser gewaltigen Bühne. In ihrer würdevollen Ruhe erscheint sie wie ein Sendbote des Himmels unter den dem Erdenwesen verhafteten großen Menschengestalten, die sie umgeben. Das Bild ist ein Werk des jungen Tintoretto und um 1552 datiert. In der anschließenden rechten Chorkapelle ist Tintoretto bestattet. 1937 wurde hier eine Büste des Künstlers angebracht.

Vier weitere Jugendwerke Tintorettos (um 1546) sind im Chor zu sehen. Zu beiden Seiten des Chorbogens: Jüngstes Gericht (rechts) und die Anbetung des Goldenen Kalbes (links), an den polygonalen Wandflächen der Apsisrundung: Martyrium des hl. Christophorus (rechts) und die Vision des hl. Petrus vom Kreuz (links). In der Monumentalität der Menschendarstellung zeigt sich der Einfluß Michelangelos, das Spannungsverhältnis zwischen Licht und Schatten dagegen läßt bereits die persönliche Handschrift des jungen Manieristen erkennen. Die fünf Personifikationen von Tugenden in den Lünettenfeldern darüber machen deutlich, daß Tintorettos Stärke nicht in der Darstellung der Einzelfigur lag, sondern in der Wiedergabe bewegter Gruppen. Das mittlere Bild mit einer Verkündigung stammt von *Palma d. J.*

Im linken Seitenschiff öffnet sich die Cappella Contarini, in der Angehörige dieser bedeutenden Patrizierfamilie beigesetzt sind. Die Porträtbüsten Tomaso und Gaspare Contarinis sind Arbeiten *A. Vittorias.* Das Altarbild, ein weiteres Werk *Tintorettos,* zeigt die hl. Agnes, wie sie den Sohn eines römischen Präfekten wieder zum Leben erweckt. Dieses 1569 entstandene Bild verdeutlicht, wie Tintoretto sich seit seinen frühen Arbeiten, die man hier so zahlreich studieren kann, entwickelt hat. Die auf dramatische Effekte zielende Bewegtheit der frühen Periode ist einer stärkeren Verinnerlichung gewichen. In psychologischen Einzelstudien ergründet Tintoretto die Vielschichtigkeit der menschlichen Gefühlsskala: Agnes kniet in furchtloser Demut, der Präfekt weicht erschrocken zurück, voller Neugier beugen sich von rechts drei Gestalten zu dem Geschehen, etc.

Vorbei an den beiden kleineren Kapellen der Familien Morosini und Vendramin gelangen wir in die vorderste Kapelle der linken Seite. Sie wurde 1526 von den Veniers gestiftet und enthält ein Madonnenbildnis *Giovanni Bellinis,* das nach der Restaurierung der Kirche in dem nun von allem unpassenden Beiwerk freien Raum wirkungsvoll zur Geltung kommt. Das Bild stammt von 1480, aus einer Zeit, in der sich Bellini mit dem Realismus seines Schwagers Mantegna auseinandersetzte; davon zeugen das relativ scharf geschnittene Profil der Muttergottes und das Momenthafte in der Bewegung des Christuskindes. Dieses Werk ist ein kleiner Exkurs im Schaffen Giovanni Bellinis, der seine große Meisterschaft in Darstellungen von zeitloser Ruhe erreichte.

S. Alvise

Der Rundgang im Norden der Stadt läßt sich bei der Kirche S. Alvise abschließen. Allerdings riskiert man, vor verschlossenen Türen zu stehen, da S. Alvise in der Regel nur zu den Messen geöffnet wird. Im Innern der im 17. Jh. umgebauten gotischen Kirche ist noch die alte Nonnenempore über dem Eingang erhalten. Eine weitere Kostbarkeit sind drei Gemälde *G. B. Tiepolos* mit Szenen aus der Passion. Geißelung und Dornenkrönung an der rechten Langhauswand sind Jugendwerke mit klar umrissener Kontur. Die sehr viel mehr malerische Kreuztragung im Chor zitiert die Darstellung Tintorettos zu diesem Thema in der Scuola di S. Rocco, stellt jedoch das Erbarmungswürdige am Leiden Christi stärker in den Vordergrund.

Wem der Fußweg von hier zurück in die Stadt zu weit erscheint, findet nahebei die Anlegestation des Linienschiffes 5 (Circolare).

Im Sestiere di Castello

S. Maria della Pietà 299 – S. Pietro di Castello 300 – Das Biennale-Gelände 301 – S. Elena 301 (siehe Plan auf der vorderen Umschlaginnenklappe)

S. Maria della Pietà (S. Maria della Visitazione)

Wir beginnen unseren letzten Rundgang wiederum am Dogenpalast und folgen der Riva degli Schiavoni stadtauswärts. Kurz nach dem Ponte Sepolcro (Rio dei Greci) erreicht man die spätbarocke, 1745–60 von *Giorgio Massari* errichtete *Kirche S. Maria della Pietà.* Ihre palladianisch-klassisch gehaltene Fassade war zunächst unfertig geblieben und wurde erst 1906 genau nach dem Massari-Plan vollendet.

Der Innenraum ist wie die meisten Kirchen des Barock ein einschiffiger Saal. Die Abrundungen der Ecken nähern den Grundriß dem im römischen Barock geborenen Oval an. Dieser Eindruck wird durch das gemuldete Gewölbe noch verstärkt, dessen Fresken *G. B. Tiepolo* nach seiner Rückkehr aus Würzburg (1754/1755) ausgeführt hat.

Das Bild im Hauptraum zeigt Personifikationen von Frieden und Stärke sowie die Aufnahme der Muttergottes in den Himmel. Das Deckengemälde im Chor ist eine Allegorie des Glaubens und der Kirche. Die Kompositionen sind gedrängter und in sich geschlossener als in den rund zwanzig Jahre früher entstandenen Fresken der Gesuati-Kirche (vgl. S. 255).

Die an die Kirche angrenzenden Baulichkeiten waren einst Sitz einer bereits im 14. Jh. gegründeten karitativen Institution. Jedes Jahr am Palmsonntag stattete der Doge ihr seinen Besuch ab. Seit dem 16. Jh. beherbergte das Ospizio eine Musikschule, die ihre große Blüte erlebte, als 1703 *Antonio Vivaldi* als Chorleiter und Violinlehrer ihre Führung übernahm. Der musizierende Engelreigen in Tiepolos Deckenfresko ist als Anspielung auf diese Funktion des Instituts zu verstehen. An Vivaldi erinnert auch eine Gedenktafel an der Außenwand der Kirche zur Calle della Pietà.

Von der Brücke aus, die über den Rio dell'Arsenale führt, blickt man auf den kleinen Campo S. Biagio. Linker Hand erhebt sich das *Museo Storico Navale,* im rechten Winkel dazu die Fassade der einstigen *Kirche S. Biagio.* In ihr wurden nach der Säkularisation private Wohnungen eingerichtet. Von dort folgen wir der breiten Via Garibaldi, einem zugeschütteten einstigen Kanal, die sich nach Osten in die Fondamenta S. Anna verlängert. Diese führt geradlinig auf die einstige Bischofsinsel mit der ehemaligen Kathedrale. Auf dem Wege dorthin kommt man durch ein malerisches Viertel, in dem früher in erster Linie die Familien der Dockarbeiter lebten, die im nahen Arsenal beschäftigt waren.

S. Pietro di Castello

Hier am Ostrand der Stadt, auf der Insel Olivolo, hatte der Bischof von Venedig – seit dem 15. Jh. Patriarch genannt – bis zum Ende der Republik seinen Sitz. Erst im 19. Jh. wurde San Marco in den Stand einer Kathedralkirche erhoben. Die periphere Lage von S. Pietro führt nachdrücklich vor Augen, daß die Staats- und die Bischofskirche nicht den gleichen Rang hatten; die Dominanz lag eindeutig bei San Marco.

Der bestehende Bau entstand nach 1619 über den Grundmauern eines mittelalterlichen Vorgängers. Die Fassade war bereits einige Jahre zuvor errichtet worden; nachdem man zunächst einen Entwurf von Palladio eingeholt hatte, wurde dann aber der weniger bekannte *Francesco Smeralda* mit der Ausführung beauftragt, der Anregungen Palladios aufgriff.

Der Innenraum ist eine dreischiffige Basilika mit weit ausladenden Querhausarmen und dreiteiligem Chor. Über der Vierung erhebt sich eine Kuppel. Obwohl in seinen Proportionen ausgewogen, durch die großen Fensteröffnungen von Licht durchflutet und nach einer Restaurierung in einen vorzüglichen Zustand gesetzt, wirkt der Raum merkwürdig seelenlos. Die wenig akzentuierte Gliederung, die phantasielose Verwendung der Pilaster und Gebälke, die lediglich wie aufgesetzt erscheinen, ohne eine prägende Kraft zu erreichen, bewirken einen Gesamteindruck von sinnentleerter, kalter Pracht. Hier wird noch einmal spürbar, welche untergeordnete Rolle der Bischof im Leben Venedigs spielte. Für seine Kirche wußte die sonst an schöpferischen Genies reiche Stadt nichts Besseres, als eine von zweitrangigen Künstlern produzierte hohle Kulisse zu errichten.

Auch die Ausstattung vermittelt keine bleibenden Eindrücke; lediglich zwei Dinge sind erwähnenswert: eine *Veronese* zugeschriebene,

Die Bischofsinsel S. Pietro di Castello. Ausschnitt aus dem perspektivischen Plan von Jacopo de Barbari, 1500. Venedig, Museo Civico Correr

möglicherweise jedoch von seinen Epigonen geschaffene Darstellung der Heiligen Johannes, Petrus und Paulus im linken Seitenschiff, die in satten, warmen Farbtönen gehalten ist, und die Cappella Vendramin an der Stirnseite des linken Querhausarmes. Ihre einheitliche skulpturale Ausstattung stammt von *Baldassare Longhena.*

Das Biennale-Gelände

Wir verlassen die alte Bischofsinsel und wenden uns in Richtung Süden, wo wir schon bald in die *Giardini Pubblici* mit dem Ausstellungsgelände der Biennale gelangen. In den dortigen Pavillons findet alle zwei Jahre die große Internationale Kunstausstellung statt, die 1895 ins Leben gerufen wurde. Sie vermittelt einen Überblick über die aktuellen Strömungen der Gegenwartskunst. Anfangs unter einem Dach vereinigt, haben mittlerweile die großen westlichen Nationen ihre eigenen Ausstellungspavillons.

S. Elena

Durch die ausgedehnten Grünanlagen des Parco delle Rimembranze erreicht man den äußersten Südostzipfel der Stadt. Dort steht in völliger Abgeschiedenheit die spätgotische *Kirche der hl. Helena,* der Mutter Kaiser Konstantins des Großen, die der Legende zufolge das Kreuz Christi wiederaufgefunden hat. Nach der Säkularisation stand das Gebäude leer, bis es 1926 restauriert und wieder als Kirche eingerichtet wurde. In dem schlichten Saal ist von der alten Ausstattung nichts erhalten geblieben. Das *Portal* hat jedoch ein bemerkenswertes Stück der Bauplastik bewahrt. Im Tympanon ist der Admiral Vittore Cappello in Anbetung der hl. Helena dargestellt. Cappello war 1467 im Kampf gegen die Türken gefallen. Die Figuren sind Arbeiten *Antonio Rizzos,* der die Statuen Adams und Evas am Arco Foscari des Dogenpalastes geschaffen hat. Ähnlich wie bei jenen Hauptwerken des Künstlers geht es Rizzo auch in dieser Gruppe nicht nur um das Porträthafte, das für sich allein schon eine der großen Errungenschaften des 15. Jh. war, sondern auch um den Gefühlsausdruck des knienden Kommandanten im Anblick der Heiligen. Die andächtige Demut, ja hingebungsvolle Zuwendung paart sich in reizvollem Kontrast mit der äußeren Erscheinung der virilen Gestalt. Diese psychologische Studie ist in der eben aufkeimenden Renaissance Venedigs eine bahnbrechende Leistung gewesen.

Wer nicht wieder den langen Fußweg zurück in die Stadt auf sich nehmen möchte, hat nur wenige Schritte zur nahen Vaporetto-Station S. Elena.

Die Museen

Öffnungszeiten siehe Seite 369

Accademia

Farbt. 5, 34; Abb. 29, 71–75, 78, 80; Pläne Seite 147, Nr. 60, und Seite 251

Bereit 1750 schlossen sich die Maler und Bildhauer Venedigs auf Initiative G. B. Piazzettas in einer Künstlerakademie zusammen. Sechs Jahre später erlangte die Vereinigung unter ihrem ersten Präsidenten, G. B. Tiepolo, die staatliche Anerkennung. In dieser Frühzeit ihres Bestehens hatte die Akademie ihren Sitz im Fondaco della Farina neben der einstigen Zecca. Nach Auflösung der Republik und der Säkularisation wurde die Akademie an ihren heutigen Platz am Canal Grande verlegt. Hatte sich die Institution bis dahin als Lehranstalt und Organisator wechselnder Ausstellungen betätigt, kam nun das systematische Kunstsammeln als tragende dritte Aufgabe hinzu. Den Grundstock der Sammlung bildeten viele aus aufgelassenen Kirchen der Stadt in die Akademie überführte Bilder. Einen beträchtlichen Zuwachs erfuhr sie, als zahlreiche von Napoleon entführte Werke den Habsburgern 1815 zurückgegeben wurden. Umfangreiche Stiftungen von privater Seite – 1816 die Sammlung der Molin, 1838 die der Contarini, 1850 die der Renier, um nur die wichtigsten zu nennen – ließen die Accademia rasch zu einem Museum von Weltrang avancieren.

Das Museum umfaßt drei unterschiedliche Bauten. Zum einen dient die einstige Kirche S. Maria della Carità als Ausstellungsraum. Dem spätgotischen Ziegelbau wurde im 19. Jh. ein Zwischengeschoß eingezogen. Rechts von der Kirche erhebt sich die marmorinkrustierte Fassade der einstigen Scuola Grande della Carità, in der die gleichnamige Bruderschaft ihre Räumlichkeiten besaß. Im rückwärtigen Teil des Gebäudeensembles schließen sich die Konventsbauten der Lateranensischen Kanoniker an, die Andrea Palladio entworfen und zum Teil ausgeführt hatte. Nach einem Brand im 17. Jh. blieb bei dem folgenden Umbau nur ein Fragment des Palladio-Baues übrig (Fassade des Ostflügels im großen Hof). Diese drei zum Teil baulich separaten Komplexe wurden durch die Einrichtung neuer Säle zwischen 1821 und 1856 zu dem heutigen Museum zusammengefaßt. Nachdem derart ein Rahmen geschaffen worden war, richteten die Akademiepräsidenten Giulio Cantalamessa (1894–1904) und Gino Fogolari (1906–41) ihr Augenmerk auf eine systematische Erweiterung des Bestandes. Es konnten so wichtige Werke wie Jacopo Bassanos Hieronymus, die Pietà Giovanni Bellinis und allen voran die berühmte Tempesta Giorgiones als ideale Ergänzung zu dem bereits Vorhandenen erworben werden. Der Akademiepräsident Vittorio Moschini (1941–61) führte eine Neuordnung der Sammlung durch. Geschlossene Zyklen erhielten eigene Räume, die Sammlung wurde ins-

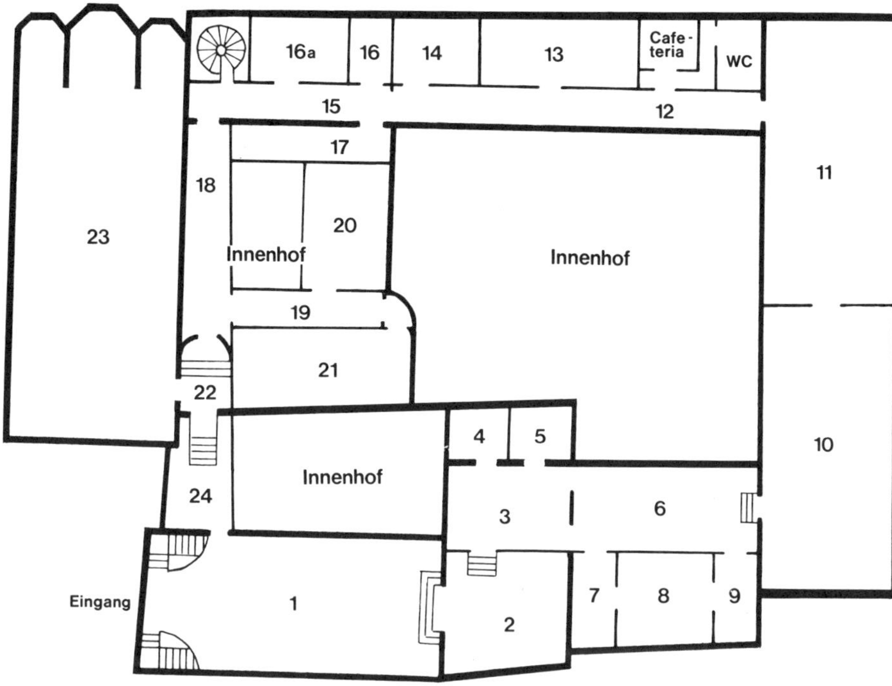

Die Accademia, Plan der Räume des Museums

1 Spätgotik: Paolo Veneziano, Lorenzo Veneziano, Niccolò di Pietro, Jacobello del Fiore, Michele Giambono 2 Frührenaissance: Giovanni Bellini, Cima da Conegliano, Vittore Carpaccio 3 Giorgione-Nachfolger 4 Italienische Renaissance des 15. Jh. 5 Bellini und Giorgione 6 Venezianische Malerei des 16. Jh., u. a. Paris Bordone und B. de Pitati 7 L. Lotto und G. Savoldo 8 J. Palma il Vecchio, B. de Pitati, Girolamo Romanino 9 Venezianische Malerei der ersten Hälfte des 16. Jh. 10 Hauptwerke der venezianischen Malerei der Hochrenaissance und des Manierismus: Tizian, Paolo Veronese, Jacopo Tintoretto und Pordenone 11 Paolo Veronese, Werke des italienischen Barock (B. Strozzi, L. Giordano, Pietro da Cortona), G. B. Tiepolo 12 Landschaftsmalerei des 18. Jh. 13 Porträts des 16. Jh., J. Bassano 14 Barock 15 Spätbarock und Rokoko 16 Tiepolo 16a Rokoko 17 Malerei des 18. Jh. 18 Malerei des 18. Jh. 19 Malerei des 16. Jh. 20 Gemäldezyklus »Wunder der Kreuzreliquie« (G. Bellini, Carpaccio u. a.) 21 »Ursula-Legende« von Vittore Carpaccio 22 (Korridor) 23 Ehemalige Kirche S. Maria della Carità. Werke der venezianischen Frührenaissance (Giovanni Bellini, Gentile Bellini, Alvise Vivarini u. a.) 24 Tizian

gesamt nach chronologischen Gesichtspunkten gegliedert. So vermittelt ein Rundgang durch das Museum in seiner jetzigen Erscheinung einen lückenlosen Überblick über die Entwicklung der venezianischen Malerei von ihren Anfängen bis in das 19. Jh.

Nachfolgend werden rund siebzig herausragende Exponate beschrieben (in Klammern die Inventarnummern des Museums).

Saal 1

Im einstigen Bruderschaftssaal der Scuola Grande della Carità sind die Werke der gotischen Tafelmalerei ausgestellt. Ausgewählte Bilder führen den Weg der venezianischen Malerei vom 14. zum 15. Jh. vor Augen, der sich aus der byzantinischen Tradition löst und westlichen Kunstströmungen zuwendet.

Paolo Veneziano, Polyptychon (21)

Das großformatige, mehrteilige Altarbild gleich gegenüber dem Treppenaufgang zeigt im Zentrum eine Marienkrönung. Die begleitenden acht Tafeln schildern Szenen aus dem Leben Jesu. Links: Geburt, Taufe, Abendmahl und Gefangennahme; rechts: Kreuztragung, Kreuzigung, Auferstehung (im rechten Bildteil zugleich das Noli me tangere) und die Himmelfahrt. In den sechs bekrönenden Täfelchen sind (von links nach rechts) zu sehen: Pfingsten, Einkleidung der hl. Klara, der hl. Franziskus von Assisi gibt seinem Vater das kostbare Gewand zurück, die Stigmatisation des hl. Franz, Tod des hl. Franz und Christus als Weltenrichter.

Das Bild ist noch ganz der »maniera bizantina« verpflichtet. Die konsequente Anwendung des Goldgrundes als Symbol überirdischen Illusionsraumes schafft flächige Darstellungen ohne räumliche Tiefe. Die Gesichter der Personen sind idealtypisch allgemein und zeigen keinerlei individualisierte Ausprägung. In Ansätzen ahnt man jedoch den beginnenden westlichen Einfluß; namentlich die kleinen Tafeln mit den Szenen aus dem Leben der Heiligen Klara und Franziskus lassen bereits eine gewisse Erzählfreude erkennen. Der lebendige Kolorismus mutet zugleich wie eine Vorahnung auf die Palette der späteren venezianischen Malerei an.

Paolo Veneziano gilt als die erste große Malerpersönlichkeit der Lagunenstadt. Über seine Lebensdaten ist wenig bekannt. Sein Wirken ist in den Jahren zwischen 1333 und 1358 belegt. Das hier besprochene Polyptychon stammt von 1350, gehört also zu den späteren Werken des Künstlers, in denen die ansatzweise Abwendung von der byzantinischen Tradition spürbar wird.

Lorenzo Veneziano, Polyptychon (10)

Im rückwärtigen Teil des Saales verdeutlicht ein gleichfalls frei aufgestelltes Polyptychon des Lorenzo Veneziano die Weiterentwicklung der venezianischen Trecento-Malerei. Die Mitteltafel zeigt eine Verkündigung, darüber Gottvater (spätere Ergänzung). In den seitlichen Abschnitten erscheinen in zwei Streifen übereinander diverse Heilige. Läßt der Rundbogen an der Altartafel des Paolo Veneziano noch Erinnerungen an die Goldschmiedekunst aufkommen (vgl. z.B. die Pala d'Oro in San Marco), so setzt sich hier der auch in der gleichzeitigen Architektur Venedigs heimisch gewordene gotische Spitzbogen durch. Die Heiligen erscheinen als großfigurig aufgefaßte Nischenstatuen. Auffallend ist die Darstellung der Beziehung zwischen Gabriel und Maria in der Verkündigungsszene; hier wird das Erbe Giottos erstmalig in der Kunst Venedigs sichtbar.

Lorenzo Venezianos Wirken ist in den Jahren zwischen 1356 und 1372 belegt. Es gilt als sicher, daß er bei Paolo Veneziano in die Lehre gegangen ist. In seinem Œuvre verbinden sich letzte Nachwirkungen byzantinischer Tradition mit den im späten Trecento in Venedig rasch an Einfluß gewinnenden naturalistischen Tendenzen der westlichen Spätgotik. Als charakteristisch venezianisch kann Lorenzos Bestreben nach dekorativer Wirkung gelten.

Nicolò di Pietro, Madonna mit Kind (19)

Dieses Bildnis (in der Raummitte links, frei stehend) ist kennzeichnend für das ausgehende Trecento. Waren die Figuren bislang noch körperlos wirkende Gestalten, so haben die Gottesmutter und das Christuskind nun ein greifbares körperliches Volumen gewonnen. Das heiter lächelnde Gesicht der beiden ist direkt dem Betrachter zugewandt. Das Bildgeschehen ist nicht mehr wie in früheren Werken als von irdischer Realität gelöst aufgefaßt, sondern mehr in eine diesseitige Wirklichkeit eingebettet.

Nicolò di Pietro tritt mit diesem 1394 datierten Bild erstmalig in Erscheinung; sein Wirken ist bis um 1430 nachzuweisen. Seine Bilder markieren die endgültige Abwendung der venezianischen Kunst von byzantinischen Typen und lassen sich dem sogenannten Internationalen Weichen Stil der Zeit um 1400 zuordnen.

Jacobello del Fiore, Triptychon mit der Justitia (15)

Über dem Treppenaufgang hängt dieses dreiteilige Bild mit der Justitia auf einem Löwenthron in Begleitung der Erzengel Michael und Gabriel. Bemerkenswert ist allein die Ikonographie, die in der Trecento-Malerei noch so gut wie undenkbar gewesen wäre. Sie erklärt sich nicht zuletzt aus der ursprünglichen Bestimmung des Werkes, das 1421 für den Magistratssaal des Dogenpalastes entstanden war. Die üppigen, in weich ausladenden Falten gebauschten Gewänder zeigen die damals in ganz Europa vorherrschende Richtung des Internationalen Weichen Stils. Der Goldgrund ist erstmals zugunsten eines blaugetönten Bildhintergrundes aufgegeben.

Jacobello del Fiore, dessen Schaffen durch die Eckdaten 1394 und 1439 einzugrenzen ist, stand in seinen frühen Werken – etwa der Schutzmantelmadonna von 1415 hier im selben Raum – noch deutlich unter dem Einfluß der byzantinischen Tradition. Durch die Begegnung mit Gentile da Fabriano, der 1409 im Dogenpalast für die Sala del Maggior Consiglio die Seeschlacht zwischen der Republik und Otto III. gemalt hatte (1577 durch Brand zerstört), fand er zum spätgotischen Stil westlicher Prägung.

Jacobello del Fiore, Marienkrönung (1)

Farbt. 34

Dieses 1438 für den Dom von Ceneda entstandene Werk scheint eine Rückwendung in der Entwicklung Jacobello del Fiores zu sein. Die auf räumliche Tiefe verzichtende sterotype Reihung zahlloser Heiliger und Engel um den monumentalen Thron, auf dem sich die Himmelskrönung vollzieht, erinnert wieder stärker an das zu dieser Zeit schon fast überwundene byzantinische Erbe. Die konservative Haltung läßt sich möglicherweise mit der Bestimmung des Bildes als repräsentativer Hochaltar für eine Bischofskirche erklären.

Michele Giambono, Marienkrönung (33)

Giambonos Marienkrönung von 1448 zitiert wie Jacobello del Fiores Version die nur noch im Fragment erhaltene Darstellung Guarientos im Dogenpalast. Der Thron im Zentrum wird von Heiligen und Engeln gerahmt. Insgesamt aber ist die Interpretation freier und bewegter als bei del Fiore. In der Versammlung der die Leidenswerkzeuge Christi tragenden Putten unterhalb der Thronarchitektur ist deutlich das Streben nach räumlicher Tiefenillusion erkennbar. Die Figuren sind nicht mehr parallel, sondern in Gruppen angeordnet, einzelne im Gespräch einander zugewendet. Auch lassen ihre Gesichter bereits individuelle Ausprägung erkennen.

Die Tätigkeit Michele Giambonos ist zwischen 1420 und 1462 urkundlich belegt. Vermutlich ein Schüler Jacobello del Fiores, geriet er wie sein Lehrer unter den Einfluß Gentile da Fabrianos. Die hier besprochene Marienkrönung lehnt sich eng an die Darstellung desselben Themas durch Bartolomeo Vivarini und Giovanni d'Alemagna in S. Pantalon an, die nur drei Jahre zuvor entstanden war.

Saal 2

Dieser Raum wurde in den 1880er Jahren eigens für Tizians Assunta eingerichtet, die aber 1919 an ihren angestammten Platz in der Frari-Kirche zurückgeführt wurde. Seitdem sind hier wichtige Werke der Frührenaissancemalerei ausgestellt, die eindrucksvoll den weiteren Weg der venezianischen Malerei vom 15. zum 16. Jh. belegen.

Giovanni Bellini, Sacra Conversazione aus S. Giobbe (38)
Obwohl nicht einmal drei Jahrzehnte jünger als das zuletzt betrachtete Bild Michele Giambonos, offenbart die Sacra Conversazione G. Bellinis von 1487, daß im dritten Viertel des 15. Jh. eine wahre Revolution in der Kunst Venedigs stattgefunden hat. Trotz ihrer Lösung von der byzantinischen Tradition blieben die Bilder der ersten Hälfte des 15. Jh. weiterhin kleinteilig, in viele Einzelbilder aufgesplittert, und lassen ein langes Nachleben der Goldschmiedekunst erkennen. Nun aber vollzieht sich die Hinwendung zum großformatigen Altarbild mit lebensgroßen Gestalten. Das Geschehen erhält einen architektonischen Rahmen, der die von den Florentinern wiederentdeckte Zentralperspektive berücksichtigt. Vergessen ist der mittelalterliche Illusionsraum. Im Zentrum sitzt die Muttergottes auf einem steinernen Thron, zu ihren Füßen eine lebendige Gruppe von drei Engeln. Sechs Heilige runden die Szenerie zu den Seiten hin ab. Links wendet sich der hl. Franziskus dem Betrachter direkt zu, den er mit einer einladenden Geste zur Anbetung der Madonna aufzufordern scheint. Von ihm fast vollständig verdeckt, ist von Johannes dem Täufer nur der Kopf zu erkennen, der sich dem Jesuskind zuneigt. Hiob, der Patron der Kirche, für die das Bild einst bestimmt war, ist in Anbetung der Gottesmutter und ihres Sohnes wiedergegeben. Gegenüber liest der hl. Dominikus, Sinnbild der Gelehrsamkeit, in einem Buch. Die jugendliche Gestalt des Märtyrers Sebastian erscheint, nur mit einem Lendentuch bekleidet, als Inbegriff körperlicher Schönheit. Hinter ihm repräsentiert der hl. Ludwig von Toulouse im Bischofsornat die Kirche. Jede Figur ist nicht nur als charaktervolle Einzelerscheinung aufgefaßt, sie vertritt zugleich einen übergeordneten Gedanken. Das alles ist in eine kristallisch klare Ordnung geometrischer Formen von Dreieck, Quadrat bzw. Teilungen dieser Grundmaße eingebunden.

Die Farbskala ist auffallend verhalten. Lediglich das Blau des Marienmantels und die grünen Gewänder der Engel heben sich von der brauntönigen Grundstimmung ab. Erst in den späteren Werken entfaltete Bellini jenen Farbenreichtum, der die venezianische Malerei so nachhaltig geprägt hat. Charakteristisch für die Malerei der frühen Renaissance ist, daß die Figuren auf einer schmalen Bühne zusammengedrängt sind, wodurch, trotz der Andeutung eines Tiefenraumes, eine eher flächenhafte Gesinnung zum Ausdruck kommt.

Giovanni Battista Cima da Conegliano, Madonna mit dem Orangenbaum (36)
Das um 1495 datierte Bild besitzt nicht die gesammelte Konzentration der Bellinischen Komposition. Sein Gehalt liegt in der beschaulichen Stimmung des ländlichen Ambiente. Die Muttergottes ist auf einen Felssockel plaziert, zu ihren Seiten die Heiligen Hieronymus und Ludwig von Toulouse. Im Hintergrund erkennt man Joseph, der einen Esel weidet. In diesem Motiv klingt die Ruhe auf der Flucht nach Ägypten an. Die Stadtsilhouette auf der Anhöhe ist eine Andeutung von Cimas Geburtsort Conegliano, wie sie der Künstler auf zahlreichen seiner Bilder dargestellt hat. Cimas persönliche Handschrift ist die liebevolle Wiedergabe der Natur. Besonders originell ist der die Mittelachse der Komposition markierende Orangenbaum, nach dem man das Bild benannt hat. Das Bild hat exemplarischen Charakter für die venezianische Malerei. Die menschliche Figur wird in die Natur verwoben und als ein Teil der Schöpfung interpretiert. Die Landschaft selbst ist nicht mit den klaren Lokalfarben der Flo-

rentiner erfaßt, sondern in gedeckten Tönen gehalten.

Cima da Conegliano, Der ungläubige Thomas (611)
Die reife Spätphase Cimas führt das um 1505 entstandene Altarblatt mit dem ungläubigen Thomas vor Augen. Hier tritt die Landschaftsdarstellung zugunsten einer stärkeren Hervorhebung der menschlichen Gestalt in den Hintergrund. Ein marmorner Bogen überfängt die Gruppe, der sich neben Christus und Thomas der hl. Magnus hinzugesellt. In der Wahl der leuchtenden Farben und der stillen Statuarik der Figuren zeigt sich Cima von Bellini abhängig, während ihn die moderne Strömung, die Giorgione in die Kunst des anbrechenden 16. Jh. einbrachte, weniger tangierte.

Vittore Carpaccio, Darbringung Christi im Tempel (44)
Das Bild befand sich ursprünglich in enger Nachbarschaft mit Bellinis Sacra Conversazione in S. Giobbe. 1510, also gut dreißig Jahre nach Bellinis Pala di S. Giobbe entstanden, lehnt sich Carpaccio an jenes Vorbild an, ohne jedoch dessen Genialität zu erreichen. Die Personengruppen haben nicht die Geschlossenheit, die für Bellini so bezeichnend ist. Dies wird besonders deutlich an den drei musizierenden Engeln, die isoliert, jeder für sich, auf ihren Instrumenten spielen. Carpaccios Stärke liegt weniger in der Erfassung eines zeitlosen Zustandes, seine Meisterschaft entfaltete sich in der erzählenden Darstellungsweise, die er auch in dieses Bild einzubringen versuchte. Spielen Bellinis Engel etwa auf gleichartigen Saiteninstrumenten, so stellt Carpaccio ein Kammerorchester mit Krummhorn, Laute und Violine zusammen.

Marco Basaiti, Christus am Ölberg (69)
Dieses Gemälde von 1516 ist ein weiterer aus S. Giobbe stammender Altar. Der Blick geht durch eine Bogenarchitektur, unter der vier männliche Heilige stehen, in eine in abendliches Dämmerlicht getauchte Landschaft. Im Vordergrund ruhen drei schlafende Apostel, Christus kniet dahinter auf dem ansteigenden Fels. In der Ferne sind die Mauern von Jerusalem zu erkennen, von wo bereits die Häscher aufgebrochen sind. Mit Ausnahme der leuchtenden Gewänder der Apostel sind keine weiteren Farbakzente in dem überwiegend brauntönig gehaltenen Kolorit gesetzt. Das starke Gewicht, das auf die Wiedergabe der Landschaft gelegt wird, könnte auf einen Einfluß Cimas schließen lassen. Im Gegensatz zu ihm aber geht es Basaiti weniger um die Gestaltung der Details als vielmehr um eine beinahe romantisch anmutende Gefühlsbetontheit. Der nackte Fels und die entlaubten Baumgerippe illustrieren die Verlassenheit des Heilands. Diese Emotionalisierung der Landschaft ist nur von Giorgione abzuleiten.

Basaitis Schaffen ist zwischen 1496 und 1521 in Venedig nachzuweisen. Vermutlich aus der Schule Alvise Vivarinis hervorgegangen, übernahm er zunächst Anregungen von Antonello da Messina und Giovanni Bellini. In den späteren Arbeiten wird der Einfluß Giorgiones spürbar. Seine Meisterschaft erreichte Basaiti in der Landschaftswiedergabe, wie das gleichfalls in diesem Raum ausgestellte Bild mit der Berufung der Söhne des Zebedäus (39) zeigt.

Saal 3

Hier sind kleinformatige Bilder des 16. Jh. vorwiegend aus der Nachfolge Giorgiones ausgestellt. Erwähnenswert ist die Darstellung der Ehebrecherin vor Christus von **Rocco Marconi** nach einem Vorbild Giorgiones.

Saal 4

Dieser kleine Raum weitet die Sicht des Betrachters über den Rahmen der venezianischen Kunst hinaus, indem man drei Werke anderer bedeutender Maler der italienischen Renaissance kennenlernt.

Piero della Francesca, Der hl. Hieronymus (47)
Das kleinformatige Bild eines der großen Vertreter der Frührenaissance macht den Unterschied zwischen venezianischem und toskanischem Empfinden deutlich. Während die Venezianer bestrebt waren, Gefühlswerte zum Ausdruck zu bringen, eine Tendenz, die im schwärmerischen Irrationalismus Tintorettos ihren Gipfel erreichte, baut der toskanische Künstler sein Bild streng rational auf. Der Heilige sitzt unbewegten Gesichtes auf einer Steinbank und mustert beinahe kühl den vor ihm knienden Stifter, der in scharfer Umrißzeichnung im Profil wiedergegeben ist. Die Landschaft – Baum, Hügel und die Stadtsilhouette – erscheint wie gemeißelt.

Andrea Mantegna, Der hl. Georg (588)
Die Darstellung ist etwa zeitgleich mit Piero della Francescas Hieronymus um die Mitte des 15. Jh. bzw. kurz danach entstanden. Der Ritter-Heilige steht in einer Türöffnung, hinter der der Blick auf eine Berglandschaft freigegeben ist. Die souveräne, selbstbewußte Haltung des geharnischten Siegers über das Untier, das zu seinen Füßen liegt, ist geradezu ein sinnbildhafter Ausdruck für das Verständnis vom Menschen im Zeitalter des Humanismus. Dieses Werk Mantegnas erscheint wie ein Brückenschlag zwischen toskanischen und venezianischen Auffassungen. Der wie mit einem spitzen Bleistift gezeichnete Umriß der Statue, die metallische Härte seines Nimbus und des Himmelblaus zeugen von toskanischen Anregungen, die dekorative Komponente – die Fruchtgirlande, die roten Stoffaufsätze an der Rüstung des Heiligen – lassen venezianische Einflüsse aufblitzen. Der zupackende Realitätssinn ist zugleich die ganz persönliche Sprache Mantegnas, der nicht nur die italienische Malerei seiner Zeit, sondern bis zu Dürer hin die Kunst des 16. Jh. in Europa befruchtet hat.

Cosmè Tura, Madonna (628)
Noch im originalen Rahmen ist die Darstellung der Muttergottes mit dem schlafenden Christuskind des aus Ferrara stammenden Künstlers zu bewundern. In dem etwa 1453 entstandenen Werk zeigt sich eine gewisse Eigenständigkeit der ferraresischen Schule gegenüber der Toskana und Venedig. Ist die toskanische Kunst linear, zeichnerisch, die venezianische weich und malerisch, so scheint der Künstler aus Ferrara seine Figuren dreidimensional plastisch zu behandeln. Fast greifbar strecken sich die Beine des schlafenden Knaben dem Betrachter aus dem Bild entgegen. Leicht verspielt wirken die naturalistisch erfaßten Vögel, die links und rechts des Madonnenhauptes an Weintrauben picken.

Cosmè Tura wurde um 1430 in Ferrara geboren und starb dort 1495. Wiederholte Reisen führten ihn nach Padua und Venedig. Die dort gewonnenen Eindrücke verarbeitete er in seinem Werk, das als führend im Rahmen der Schule von Ferrara anzusehen ist.

Hans Memling, Porträt eines jugendlichen Mannes (586)
Eines der ganz wenigen Werke eines Ausländers in der Accademia ist dies Bildnis eines Unbekannten von der Hand des großen Niederländers. Scharf beobachtender Realitätssinn verbindet sich mit feiner Empfindsamkeit. Das Brustbild wird gleichsam in die umgebende Natur eingebettet. Memling war bei den in Brügge ansässigen Italienern als Porträtist hochgeschätzt; so erklärt sich die Präsenz eines seiner schönsten Bildnisse in Venedig.

Jacopo Bellini, Madonna (835)
Um 1455 datiert, zeigt dies Bildnis, wie stark noch über die Mitte des 15. Jh. hinaus Prin-

zipien der Spätgotik in der venezianischen Malerei wirksam blieben. Der Gesichtsschnitt der Muttergottes sowie ihre würdevoll-strenge Haltung sind letzte Äußerungen der Feierlichkeit byzantinisierender Malweise. Die Körperlichkeit von Mutter und Kind dagegen und nicht zuletzt die Aufgabe des Goldgrundes, der hier durch eine dicht gedrängte Puttenschar ersetzt wird, dokumentieren das Aufkeimen der Renaissance, die dann im Œuvre des Sohnes Giovanni vollends zum Durchbruch kam.

Giovanni Bellini, Madonna mit segnendem Christuskind (583)
Das etwa 1470 entstandene Bild hing einst im Magistratssaal des Palazzo dei Camerlenghi. Es ist eines der frühesten Madonnenbildnisse Giambellinos und steht unter dem Einfluß seines Schwagers Mantegna. Die leuchtenden Farben kündigen bereits den späteren Bellini an.

Giovanni Bellini, Madonna mit schlafendem Kind (591)
Die ca. drei Jahre spätere Fassung der Madonna, die das auf ihrem Schoße schlafende Christuskind anbetet, verdeutlicht, wie weit sich Bellini nun von Mantegna gelöst und zu seiner eigenen weichen und zartfühlenden Darstellungsweise gefunden hat.

Giovanni Bellini, Madonna mit den Heiligen Katharina und Magdalena (613)
Rund zwei Jahrzehnte liegen zwischen der frühen Madonna (583) und diesem Werk. Hier hat Bellini endgültig zu seiner unverwechselbaren Handschrift gefunden. Obwohl sich die Figuren silhouettenhaft als leuchtende Erscheinungen vor dem dunklen Hintergrund abzeichnen, haben sie nicht mehr die scherenschnitthafte Härte der Madonna Nr. 583. Alles ist in weich modellierten Übergängen erfaßt. Die heiligen Frauen sind Idealschöpfungen weiblicher Schönheit.

Saal 5

Die stattliche Sammlung an Gemälden Giovanni Bellinis setzt sich hier mit weiteren Werken dieses wichtigsten Vertreters der venezianischen Frührenaissance fort. Andere Glanzpunkte sind zwei Arbeiten Giorgiones, darunter das weltberühmte »Gewitter«.

Giovanni Bellini, Madonnenbildnisse (596, 610, 612, 881)
Abb. 78
Die Sammlung der Bellini-Madonnen macht deutlich, welche Bandbreite der Künstler diesem Thema abzugewinnen vermochte. Mal herrscht die innige Verbindung zwischen Mutter und Kind vor (z. B. 612, Madonna mit den roten Engeln), dann liegt die Betonung wieder mehr auf dem Christuskind (z. B. 596, Madonna mit den Bäumen), mal beschränkt sich das Szenarium auf die Zweiergruppe, oder es kommen Assistenzfiguren hinzu (z. B. 881, Madonna zwischen den Heiligen Johannes d. T. und Magdalena). Mit zunehmendem Alter wird die Palette des Künstlers reicher und leuchtender. Diese Entwicklung gipfelt in der großen Sacra Conversazione in S. Zaccaria (Abb. 56).

Giovanni Bellini, Pietà (883)
Abb. 72
Das Thema der trauernden Muttergottes mit dem Leichnam des Sohnes (datiert 1505) legte dem Künstler in diesem Fall einen Verzicht auf Farbenpracht nahe. Die Einbettung der Gruppe in eine Landschaft – im Hintergrund ist eine Vedute der Stadt Vicenza erkennbar – macht deutlich, wie bereitwillig Bellini Anregungen der jungen Generation, namentlich Giorgiones, aufgriff.

Giorgione, Das Gewitter (915)
Abb. 73
Die Tempesta, eines der wenigen Bilder, deren Zuschreibung an Giorgione außer Zweifel steht, ist ein epochemachendes Werk der

abendländischen Malerei. Um 1507 entstanden, läßt es den klassisch ausgewogenen Stil Giovanni Bellinis weit hinter sich und prägt ein vollkommen neues Verständnis vom Menschen und der Natur. Das Hauptthema ist die Landschaft, in die die menschlichen Figuren, links ein Mann, rechts eine stillende Frau, eingebunden sind. Es soll hier gar nicht erst versucht werden, den zwei Dutzend kunstgeschichtlichen Interpretationen eine weitere Version hinzuzufügen.

Betrachten wir den Spannungsgehalt, der die Faszination des antithetisch komponierten Werkes ausmacht. Der Mann am linken Bildrand ist Ausdruck kraftvollen Handelns, zugleich in seiner isolierten Stellung Sinnbild des Fremden, die Frau mit dem Säugling verkörpert dagegen das Prinzip warmer Mütterlichkeit und Geborgenheit. Dem Frieden der arkadischen Landschaft ist die Bedrohung durch das heraufziehende Gewitter gegenübergestellt. Dem Entstehen neuen Lebens (der Säugling) antwortet die Vergänglichkeit (Ruinen). Stadt und Land, Feuer und Wasser, Idylle und die ungestümen Gewalten der Natur – alle tiefen menschlichen Erfahrungswerte werden in ihrer extremen Gegensätzlichkeit vereint. Die Brücke im Zentrum erscheint deshalb wie eine Verbindung zwischen zwei Welten. Abgesehen von der revolutionären Ikonographie bedeutet auch Giorgiones Malweise einen Bruch mit allen Traditionen. Hatte in der frühen Renaissance der Disegno, der zeichnerische Umriß, selbst in der malerischen Gesinnung eines Bellini vorgeherrscht, so löst Giorgione die Linie zugunsten einer weichen Pinselführung auf. Die Farben werden nicht mehr blockhaft gegeneinander abgegrenzt, sondern fließen zum Teil ineinander über. Im blauen Gewölk des Himmels spiegelt sich das Grün der Bäume wider, wie umgekehrt im Laub Blautöne aufschimmern. Diese neue Malweise trägt einen wesentlichen Anteil an der dichten Atmosphäre der Gesamtkonzeption. Form und Inhalt werden in ein wechselvolles Zusammenspiel gebracht. Mit diesem Werk hat der junge Giorgione das Tor zur Hochrenaissance in Venedig aufgestoßen.

Giorgione, Porträt einer alten Frau (272)
Ähnlich wie bei dem Gewitter ist wohl auch das Porträt einer alten Frau in einem symbolisch-allegorischen Sinn zu verstehen. Das entscheidende Indiz dafür ist der Zettel, den die Alte in Händen hält, mit der Aufschrift »Con il tempo«. Das Bild ist ein Beitrag zum Thema der Vergänglichkeit. Der krasse Verismus der Darstellung wirkt weniger drastisch als in der nordalpinen Malerei – man denke etwa an die Folterknechte bei einer Geißelung Christi des Hieronymus Bosch oder bei deutschen Malern –, sondern läßt in einem milden Licht die Versöhnung mit dem Menschenlos spürbar werden.

Saal 6

In diesem Raum sind Werke weniger bekannter Künstler des 16. Jh. ausgestellt.

Paris Bordone, Der Doge und der Fischer (320)
Das Bild schildert eine Legende, die sich in Venedig besonderer Beliebtheit erfreute. Danach soll der hl. Markus sich von einem Fischer zum Lido hinausrudern haben lassen, wo er ein Schiff voller Dämonen versenkte. Zum Dank für seine Dienste überließ der Heilige dem Fischer einen kostbaren Ring, trug ihm jedoch auf, diesen dem Dogen zu überbringen. Das Bild zeigt den Augenblick der Übergabe des Kleinodes an das Oberhaupt der Republik. Die samtige Farbgebung und der gesammelte Ernst des Dogen lassen den Einfluß Giorgiones und Tizians erkennen. Die Gebärde des Fischers dagegen wirkt leicht gestelzt und kündigt den Manierismus an. Dasselbe gilt für die endlose Tiefe der Arkadenhallen im Hintergrund des Bildes.

Paris Bordone wurde 1500 in Treviso im Veneto geboren und arbeitete nach seiner Ankunft in Venedig unter Anleitung Tizians. Seine frühen Werke stehen unter dem Eindruck des Lehrmeisters und Giorgiones. Die Sensibilität seiner früheren Werke, zu denen das oben beschriebene Bild von 1534 zu rechnen ist, wich im Alter einer eher auf Effekthascherei bedachten, manieristischen Oberflächlichkeit. Bordone starb 1571 in Venedig.

Bonifazio de' Pitati, Lazarus im Hause des Reichen (291)
Um 1540 entstand diese Darstellung des biblischen Gleichnisses vom armen Lazarus und dem reichen Prasser. Der theologisch-moralisierende Aspekt – Lazarus erscheint im wahrsten Sinne des Wortes als Randfigur – wird von der Zurschaustellung der vornehmen Gesellschaft fast völlig überdeckt. Man erlebt die gesellige Runde einer venezianischen Patrizierfamilie, die der Musik eines Trios lauscht. Die Szenerie ist in das Atrium einer zeitgenössischen Villa gestellt. Dieser chronistische Gesichtspunkt weist in Richtung der späteren prachtvollen Gastmähler Veroneses.

Bonifazio de' Pitati, den man auch unter den Namen Bonifazio Veronese oder B. Veneziano kennt, wurde 1487 in Verona geboren. Sein Aufenthalt in Venedig ist spätestens seit 1529 zu belegen, doch vermutlich war er schon früher in die Lagunenstadt gekommen, wo er in das Atelier Palmas des Älteren eintrat, das er nach dessen Tod weiterführte. In seinem Werk vollzieht sich der Wandel von der Hochrenaissance – für diese Phase steht exemplarisch das Lazarus-Bild – zum Manierismus, was nicht zuletzt mit Pitatis engem Kontakt zu Tintoretto zu erklären ist. Er starb 1553 nach langer Krankheit.

Saal 7

Hier wird die Sammlung von Gemälden aus der ersten Hälfte des 16. Jh. fortgesetzt.

Lorenzo Lotto, Porträt eines jungen Adligen (912)
Lotto, der zeitlebens im Schatten des alle überragenden Tizian stand, schuf mit diesem Bildnis (um 1525) ein Meisterwerk der Porträtkunst. Der sensible, schmalgesichtige junge Mann schaut nachdenklich vor sich hin. Um ihn her sind Attribute geistiger Beschäftigung ausgebreitet: ein aufgeschlagenes Buch, Schreibutensilien, Musikinstrumente etc. Vor dem dunklen Hintergrund zeichnet sich die vornehme Blässe des Aristokraten wirkungsvoll ab.

Girolamo Savoldo, Die Heiligen Antonius und Paulus Eremita (328)
Die Darstellung erscheint wie eine Synthese im Spannungsfeld zwischen Bellini und Giorgione. Von ersterem ist die naturalistische Detailtreue inspiriert, von letzterem die rauchige Farbgebung. Die leichte Sentimentalisierung dagegen weist auf Lorenzo Lotto. Im Zusammenspiel dieser unterschiedlichen Komponenten entsteht eine Form von gefühlsbetontem Realismus, der wie eine Vorahnung auf Caravaggio und die Malerei des 17. Jh. anmutet.

Girolamo Savoldo (1480–1550) stammte aus Brescia und arbeitete 1525–35 in Mailand. Danach zog er nach Venedig, wo er seine lombardischen Erfahrungen mit den Anregungen aus der venezianischen Malerei verband.

Saal 8

Neben weiteren Werken **Bonifacio de'Pitatis,** darunter ein bemerkenswerter Bethlehemitischer Kindermord (319), fallen in diesem Raum vor allem eine Madonna **Palmas d. Ä.** und eine Pietà **Girolamo Romaninos** auf.

Jacopo Palma il Vecchio, Madonna mit Heiligen (147)
Das traditionelle Thema, das Giovanni Bellini und Cima so oft behandelt haben, wird von

Palma d. Ä. in diesem Spätwerk von 1525 völlig neu interpretiert. Die Heiligen (Johannes d. T., Katharina und Jakobus d. Ä.) stehen nicht wie gewohnt, sondern umlagern die Muttergottes sitzend oder kniend – eine ganz eigene Bilderfindung des Künstlers. In der Komposition erweist er sich als von Tizian beeinflußt, etwa in der asymmetrischen Anordnung (Verschiebung der Maria in die rechte Bildhälfte, vgl. Tizians Pesaro-Madonna in der Frari-Kirche). Dasselbe gilt für die Farbgebung, in der nicht zuletzt auch ein Hauch vom Geiste Bellinis nachlebt.

Jacopo Negreti, genannt Jacopo Palma il Vecchio – in Unterscheidung zu seinem Großneffen Jacopo Palma il Giovane (der Jüngere) – wurde 1480 in dem Dorf Serina bei Bergamo geboren. Bereits in den 1490er Jahren erhielt er seine künstlerische Ausbildung in Venedig, wo er seit 1512 mit ersten eigenen Werken an die Öffentlichkeit trat. Wie aus seinem Testament hervorging – er starb 1528 –, gehörte er zu den bestbezahlten Malern seiner Zeit. Mit seinen wohlhabenden Auftraggebern aus der konservativen Aristokratenschicht Venedigs ist der Klassizismus seiner Kunst erklärt worden. In der Tat scheinen, von der Übernahme gewisser Anregungen durch Tizian abgesehen, die bahnbrechenden Neuerungen Giorgiones fast spurlos an ihm vorübergegangen zu sein.

Girolamo Romanino, Pietà (737)

Schon mit seinem frühesten datierten Bild (1510) machte der aus Brescia stammende Romanino seine Abkehr vom venezianischen Schönheitsideal deutlich, indem er sich dem lombardischen Realismus zuwandte. Schwarze Gewitterwolken überschatten die Gruppe der Männer und Frauen, die den Leichnam Christi halten. Dieser ist mit kräftigen Pinselstrichen als Elendsfigur gezeichnet. Sein Kolorismus dagegen erweist sich von venezianischen, speziell tizianesken Einflüssen abhängig.

Girolamo Romano, genannt Romanino, lebte zwischen 1484 und 1562 in Brescia. Er ist neben Savoldo und Alessandro Moretto (von diesem die »Madonna del Carmelo« – 321 – in Saal 6) der dritte Vertreter einer Kunstrichtung, die man veneto-lombardisch benannt hat.

Saal 9

In diesem Raum sind weitere Bilder aus der ersten Hälfte des 16. Jh. ausgestellt. Wir erwähnen eine Himmelfahrt von **Francesco Vecellio** (219), dem Bruder Tizians, sowie Darstellungen der vier Evangelisten aus dem **Tizian-Umkreis** aus der Scuola Grande di S. Giovanni Evangelista.

Saal 10

Die Flucht der beiden größten Räume der Accademia, der Säle 10 und 11, wurde erst in den Jahren 1821–25 errichtet, nachdem der Bestand des Museums sprunghaft zugenommen hatte. Hier sind jetzt Hauptwerke der Hochrenaissance und des Manierismus ausgestellt.

Paolo Veronese, Gastmahl im Hause des Levi (203)

Farbt. 33

Die ganze Breite der rückwärtigen Schmalseite des Raumes nimmt das riesenhafte Bild (5,55 × 12,80 m) ein, das als letztes der großen Gastmähler im Jahr 1573 entstand. Unter einer dreitorigen Portikusanlage ist die langgezogene Tafel aufgebaut. Im Mittelpunkt sitzt Christus, im Gespräch mit dem jugendlichen Johannes leicht nach rechts gewendet, während ihn von links der Gastgeber bewirtet. Die ganze Szenerie ist auf einer Art erhöhter Bühne arrangiert, zu der von den Seiten Treppen hinaufführen. Durch die Portikusbögen wird eine Stadt erkennbar, zeitgenössische Palazzi (ganz links), antike Bauten (ganz rechts) und Phantasiearchitekturen (z. B. die Turmkonstruktion in der Mitte mit einem

Abbild des Campanile von San Marco als Bekrönung). Trotz seiner gewaltigen Dimensionen bleibt das Bild überschaubar. Die kraftvolle architektonische Gliederung schafft einen stringenten Zusammenhalt, und die Farben sind in dezenten Tönen aufeinander abgestimmt.

Infolge der lebendigen Gruppierung und dadurch, daß Veronese alle Personen in die Mode seiner Zeit kleidet, wird der religiöse Gehalt der Darstellung zugunsten schwelgerischer Wiedergabe eines venezianischen Festes in den Hintergrund gedrängt. Eben dies brachte Veronese in arge Bedrängnis: Das Bild wurde zum Gegenstand eines Prozesses vor dem Inquisitionsgericht. Veronese hatte es im Auftrag der Dominikaner für das Refektorium von S. Zanipolo gemalt. Das Thema lautete eigentlich: das Abendmahl. In der Anklage wurde dem Künstler vorgeworfen, daß es unschicklich sei, ein so heiliges Thema durch die Darstellung deutscher Hellebardiere (ganz rechts im Bild), eines Narren (links vor der Brüstung), eines Mannes mit Nasenbluten (auf der linken Treppe) und von Hunden zu entweihen. Man erkennt in dieser moralisierenden Beanstandung das geistige Klima in der Zeit der Gegenreformation. Ein eindrucksvolles Zeugnis für das Selbstverständnis eines Künstlers im 16. Jh. ist andererseits Veroneses unerschrockene Erwiderung vor dem Inquisitionstribunal (die Prozeßakten sind erhalten). Er wies das Gericht darauf hin, daß die beanstandeten Partien als »Ornamentum« zu verstehen seien, als schmückende Ergänzung, die die künstlerische Freiheit ihm darzustellen gestatte. Desungeachtet wurde Veronese dazu verurteilt, Änderungen an dem Bild vorzunehmen. Veronese, der dadurch seine Integrität als Künstler beeinträchtigt sah, reagierte mit einem genialen Schachzug. Er änderte keinen Pinselstrich an dem Werk, sondern verlieh ihm lediglich einen neuen Titel. Seitdem heißt dieses Gemälde das »Gastmahl im Hause des Levi«.

Jacopo Tintoretto, Der hl. Markus befreit einen Sklaven (42)

Abb. 80

Das Bild entstand 1548 als erstes eines Zyklus, den Tintoretto für die Scuola Grande di S. Marco schuf. Dargestellt ist eine der zahlreichen Legenden, die sich in Venedig um den hl. Markus gewoben hatten. Demnach wurde ein Sklave, der seinen Herrn unerlaubt verlassen hatte, um in Venedig an den Reliquien des Heiligen zu beten, zur Folter verurteilt. Ihm sollten die Knochen gebrochen und die Augen ausgestochen werden. Als man aber mit der Marter beginnen wollte, eilte der hl. Markus dem frommen Sklaven zu Hilfe. Tintoretto zeigt den Delinquenten am Boden liegend, neben ihm die zerbrochenen Hämmer und Äxte, die wirkungslos an dem von dem Heiligen geschützten Körper abgeprallt sind. Einer der Henkersknechte zeigt dem rechts auf einem erhöhten Thron sitzenden Richter, der sich ungläubig staunend vornüberbeugt, seinen zerbrochenen Hammer. In kühner Unteransicht, wie sie für die spätere venezianische Deckenmalerei richtungweisend werden sollte (vgl. P. Veronese in S. Sebastiano), stürzt der hl. Markus raubvogelgleich vom Himmel hernieder. Tintoretto offenbart in diesem frühen Werk seine große Gabe zu spannungsgeladener Erzählweise.

J. Tintoretto, Entführung des Leichnams des hl. Markus (831)

Nach langer Unterbrechung nahm Tintoretto die Weiterarbeit an dem Markus-Zyklus erst 1562 mit diesem Bild wieder auf. Es schildert die Entführung der Markus-Reliquien durch die Venezianer aus Alexandria. Im Hintergrund ist ein Scheiterhaufen aufgerichtet, auf dem die Heiden den Korpus des Evangelisten verbrennen wollen. Als aber ein Unwetter aufzieht, flüchtet alles in die schützenden Häuser, und den Venezianern gelingt es, den Leichnam zu entwenden. Zwei konträre Stimmungen leben in diesem Werk nebeneinander. Auf der einen Seite erfährt man die Bedrohung, die von dem Gewitter mit den zuckenden Blitzen ausgeht, die kopflose Panik der Flüchtenden, auf der anderen vermitteln die kraftvollen, sicher zupackenden Gestalten der Venezianer und das milde Licht auf dem Leichnam des Heiligen ein Gefühl der Zuversicht und Geborgenheit – eine späte Antwort Tintorettos auf die Tempesta von Giorgione. Während in dem früheren Markus-Wunder mit der Errettung des Sklaven bei aller Bewegtheit der Bildaufbau symmetrisch ist, ist dieses Bild ein reines Beispiel für den Manierismus. Das Hauptgeschehen wird in die rechte untere Bildecke gedrängt, links davon wird eine endlose Tiefenillusion erzeugt. Die extreme Gegensätzlichkeit der sich aus den perspektivischen Verhältnissen ergebenden Größe der Venezianer im Vordergrund und der Flüchtenden ist ein weiteres Stilmerkmal dieser Epoche.

J. Tintoretto, Der hl. Markus errettet einen Sarazenen aus Seenot (832)

Ebenfalls 1562 entstanden ist diese Darstellung eines weiteren Markus-Wunders – der Heilige trägt einen gläubigen Sarazenen aus einem gesunkenen Schiff in das rettende Boot –, ein neuerliches Beispiel für Tintorettos erregte Schilderungsgabe, zugleich in der überdehnten Längung des Geretteten und der in sich gedrehten Aufwärtsbewegung der Komposition ein unverwechselbares Werk des Manierismus.

Tizian, Pietà (400)

Abb. 29

Zu den ergreifendsten Momenten eines Venedigaufenthaltes gehört die Begegnung mit Tizians Pietà, dem letzten Werk des greisen Meisters (1576), das dieser für sein eigenes Grab in der Frari-Kirche bestimmt hatte. Wer sich die strahlende Lebensfülle der Assunta in Erinnerung ruft, kann den weiten Weg ermessen, den der Künstler bis zu diesem gedankenschweren, melancholischen Alterswerk gegangen ist. Die Farbe hat ihre Leuchtkraft verloren, aber zugleich in der Gedämpftheit einen anderen, verinnerlichten Wert erlangt. Tizian grenzt zwei Seinsbereiche gegeneinander ab. Die schwer gefügte Architektur des Hintergrundes mit den Statuen des Moses und einer Sibylle steht für das Immerwährende, die Gruppe der Trauernden mit dem Leichnam Christi dagegen ist Ausdruck der Vergänglichkeit. Die Figuren sind in einer stark abfallenden Schräglinie angeordnet, die sinnbildhaft das Absinken vom Leben zum Tode auszudrücken scheint. Alle Formen menschlicher Trauer durchlaufen die Gestalten. Die stehende Magdalena schreit ihre Verzweiflung laut heraus. Der kniende Hieronymus wendet sich dem toten Heiland in fassungsloser Ungläubigkeit zu. Die sitzende Maria wirkt wie im Schmerz versteinert. Hat Bellini noch die Tragik einer Pietà durch Einbettung in eine liebliche Landschaft abgemildert, so stellt Tizian die Unerbittlichkeit des Todes schonungslos zur Schau (vgl. Abb. 72).

Pordenone, Der hl. Lorenzo Giustinian und andere Heilige (316)

Zur Gruppe jener Künstler, die zeitlebens im Schatten Tizians standen, gehört auch Pordenone. Seine Sacra Conversazione mit dem hl. Lorenzo Giustinian als beherrschender Figur in einer apsidialen Nische – seit Bellini ein beliebter Topos in der venezianischen Malerei – zeigt dennoch eine ganz eigene Handschrift. Dies ist nicht zuletzt mit der regen Reisetätigkeit Pordenones zu erklären. Bei wiederholten Romaufenthalten hatte er Gelegenheit, sich mit Raffael und Michelangelo auseinanderzusetzen. Namentlich die athletische Gestalt Johannes' des Täufers ist deutlich von den Werken Michelangelos in der Sistina beeinflußt.

Pordenone, er hieß mit bürgerlichem Namen Giovanni Antonio de' Sacchi und nahm erst später den Namen seines Geburtsortes im Friaul an, wurde 1483 oder 84 geboren. Im Anschluß an seine Ausbildung arbeitete er zunächst in Ferrara. Nach mehreren Romreisen gelang ihm zu Beginn der 1530er Jahre der Durchbruch in der venezianischen Kunstszene. Neben den Arbeiten für verschiedene Kirchen wurde er auch mit Aufträgen für den Dogenpalast bedacht. Pordenone starb 1539, wenige Tage nachdem er einem Ruf an den Hof von Ferrara gefolgt war.

Saal 11

Im vorderen Teil des Raumes klingt die Renaissancemalerei mit Werken Tintorettos und Veroneses aus. Die Barockmalerei, zu der Venedig selber keine Künstler von nennenswertem Rang hervorgebracht hat, ist durch den Genuesen **Bernardo Strozzi** (Gastmahl im Hause des Simon; datiert 1629; 777), den Neapolitaner **Luca Giordano** (Kreuzigung Petri; datiert um 1660; 751) und den toskanischen Maler **Pietro da Cortona** (Daniel in der Löwengrube; 754) vertreten. Im rückwärtigen Teil hängen Arbeiten **G. B. Tiepolos.**

Paolo Veronese, Mystische Vermählung der hl. Katharina (883)

Veroneses Begabung in der Darstellung festlicher Repräsentation erlebt in dem Altarbild von 1575 einen triumphalen Höhepunkt. Katharina und die umgebenden Engel sind in kostbarste Gewänder gekleidet, in deren Samtbrokat silberne und goldene Stoffe eingewebt sind. Die Leuchtkraft der Blau- und Rottöne steigert die festlich-heitere Grundstimmung des Bildes. Dabei wird der Eindruck des Konventionellen vollkommen vermieden, die Heiligen agieren in zwangloser Menschlichkeit.

Veronese ist mit weiteren Werken vertreten, die einst als Deckengemälde die Räumlichkeiten verschiedener Gebäude in Venedig zierten. Ceres beschenkt Venezia (45) etwa stammt aus dem Dogenpalast, der Empfang des hl. Nikolaus als Bischof von Myra (661) aus der Kirche S. Nicolò della Lattuga.

Jacopo Tintoretto, Adam und Eva (43)

Das um 1550 datierte Frühwerk mit Eva in Vorder- und Adam in Rückenansicht ist eine Huldigung an die Schönheit des menschlichen Aktes. Das Bild entbehrt der Bedrohlichkeit des Sündenfalls und der Vertreibung aus dem Paradies, die lediglich flüchtig skizziert und miniaturhaft winzig wie ein Zitat im Hintergrund erscheint.

Giovanni Battista Tiepolo, Auffindung des Kreuzes Christi (642)

Der großformatige Tondo (Durchmesser 4,90 m) befand sich ursprünglich an der Decke des Kapuzinerinnen-Klosters. Die Darstellung schildert folgende Situation: Die hl. Helena, Mutter Kaiser Konstantins des Großen, hatte einen Mann namens Judas, der als einziger die Stelle kannte, an der das Kreuz Christi vergraben war, so lange ohne Nahrung gefangengehalten, bis dieser sein Geheimnis preisgab. Man grub an der von ihm bezeichneten Stelle nach und fand drei Kreuze. Als diese nach Jerusalem hineingetragen wurden, begegnete man einem Leichenzug. Der Tote wurde nacheinander mit allen drei Kreuzen berührt, beim Kontakt mit dem letzten erwachte er wieder zum Leben. So hatte man das wahre Kreuz Christi identifiziert. Tiepolo zeigt den Moment, wie der zum Leben Wiedererweckte sich aus seinen Leichentüchern erhebt, während das Kreuz in triumphaler Pose vor Helena aufgerichtet wird.

Wer von hier noch einmal auf die Mystische Vermählung der hl. Katharina im selben Raum zurückschaut, erkennt, wieviel Tiepolo dem Kolorismus Veroneses verdankt.

Nach der schöpferischen Pause des 17. Jh. schenkte Venedig im letzten Jahrhundert seiner Unabhängigkeit der europäischen Malerei noch einmal einige große Begabungen. Die überragende Gestalt des Rokoko ist Tiepolo, der in der Accademia noch mit weiteren Werken vertreten ist. Die seitlich von dem Tondo befindlichen Zwickelfragmente aus der Scalzi-Kirche machen aber zugleich schmerzlich bewußt, wieviel ein Kunstwerk verlieren kann, wenn es aus seinem ihm zugedachten Rahmen herausgerissen und in die sterile Umgebung eines Museums überführt wird.

Saal 12

Saal 12 ist ein schmaler, langer Korridor, an den einige Kabinette grenzen, und gehört zu dem von Palladio entworfenen Teil des einstigen Kreuzganges. Im Korridor ist Landschaftsmalerei des 18. Jh. ausgestellt. Nachdem Giorgione im frühen 16. Jh. das Tor zur Landschaftsmalerei aufgestoßen hatte, entwickelte sich dieses Thema im Laufe des 17. Jh., vor allem in der römischen Kunst der Barockzeit, zu einer eigenen Gattung. Entscheidende Anstöße gaben auch die Franzosen Claude Lorrain und Nicolas Poussin.

Unter den venezianischen Künstlern erwähnen wir **Marco Ricci** mit einer stimmungsvollen Landschaft mit Wasserfall (454) und **Francesco Zuccarelli,** einen toskanischen Maler, der die längste Zeit seines Lebens in Venedig verbrachte, mit einem heiter beschwingten Bacchanal (859).

Saal 13

Hier sind vorwiegend Porträts aus dem 16. Jh. – mehrere von **Tintoretto** – versammelt, unter denen das Bildnis des Prokurators Jacopo Soranzo von Tintoretto als eindrucksvolle Charakterstudie ins Auge fällt.

Jacopo da Ponte, genannt Bassano, Der hl. Hieronymus (652)

Der Zeitgenosse Tintorettos (ca. 1510–92) modelliert in erdigen Farben einen bestechenden Realismus. Jede Falte, jede Ader an dem von Entbehrungen gezeichneten Körper des alten Mannes werden präzise herausgearbeitet. Gedankenschwer stützt der Greis den Kopf auf den Arm. Bassano löst sich bereits vom Manierismus tintorettoscher Prägung und bewegt sich in Richtung der Barockkunst.

Saal 14

Die hier ausgestellten Bilder sind Arbeiten des 17. Jh. von Nichtvenezianern. **Domenico Fetti** (1589–1623) machte den Realismus Caravaggios in Venedig heimisch – sehr lebendig und frisch z. B. der David (669). **Johann Liss** aus Oldenburg (1595–1629) brachte Anregungen der nordischen Kunst, namentlich der Malerei Rubens', in die Lagunenstadt, wie die Darstellungen von der Schindung des Marsyas (674) oder von Adam und Eva, die den Leichnam Abels beweinen (913), belegen.

Saal 15

Saal 15 ist die Verlängerung des Korridors von Saal 12. Die hier befindlichen weniger bedeutenden Bilder markieren den stilistischen Übergang von der spätbarocken Malerei zur heiter-problemlosen Kunst des Rokoko.

Saal 16

Dieser Raum ist dem Rokoko und dessen Hauptvertreter **Tiepolo** gewidmet. Vier mythologische Szenen aus der Frühzeit des Künstlers sind in kühlen Tönen gehalten: Raub der Europa (435), Diana und Aktäon (440), Diana entdeckt Calypso (712) und der Wettstreit zwischen Apoll und Marsyas (711).

Saal 16 a

Auch im anschließenden kleinen Raum wird Rokokomalerei gezeigt. Das auffallendste Werk ist **Piazzettas** Wahrsagerin (483) von 1740. Der Bildtitel, der sich auf die Handhaltung der linken Frau bezieht, ist irreführend;

eigentliches Thema ist eine pastorale Idylle. Die eine Frau versucht der anderen, die die Szenerie beherrschend einnimmt, ein Hündchen zu entlocken, das sie kokett unter dem Arm eingeklemmt hat. Charakteristisch für den reifen Piazzetta ist der Verzicht auf Farbeffekte zugunsten eines mit den Mitteln der Chiaroscuro-Malerei erzeugten lebhaften Wechselspiels von Licht und Schatten.

Saal 17

Die drei Kabinette des Saales 17 zeigen die Bandbreite schöpferischer Ausdrucksmöglichkeiten der Kunst des 18. Jh.

Antonio Canal, genannt Canaletto, Perspektive (463)

Canaletto entwickelte sich zum unvergleichlichen Chronisten des Aussehens Venedigs im 18. Jh. Das hier ausgestellte Bild gibt allerdings keine konkrete Situation wieder, sondern ist eine Phantasie-Vedute, die der Künstler als Probearbeit anläßlich seiner Bewerbung um Aufnahme in die Akademie 1765 einreichte. Die Meisterschaft Canalettos, der zahlreiche Nachahmer gefunden hat, liegt in der photographisch exakten Beobachtung.

Francesco Guardi, S. Giorgio Maggiore (709)

Ebenso wie Canaletto hat sein Zeitgenosse Guardi Venedig in zahllosen Ansichten gemalt. Ihm ging es jedoch nicht um die gleichsam zeitlose Fixierung eines Zustandes, er versuchte vielmehr in einem impressionistischen Sinne Augenblickssituationen einzufangen. Die Wiedergabe von S. Giorgio Maggiore hält die dunstige Atmosphäre einer Abendstimmung fest.

Rosalba Carriera (1675–1758), Spezialistin für Porträts in Pastell, ist mit einigen Arbeiten vertreten. Besonders einfühlsam wirkt das Bildnis des Mädchens aus dem Hause Leblon.

Pietro Longhi (1702–85), von dem im selben Raum etliche Genrebilder ausgestellt sind, hat als Chronist des Alltagslebens in der zu Ende gehenden Republik zum Teil köstliche Szenen geschaffen. Ans Karikaturistische grenzt das Bild des Zahnarztes (467). Er erweist sich darin als ein später Nachfolger Carpaccios (vgl. Abb. 76).

Säle 18 und 19

Diese beiden Korridore mit weniger bedeutenden Bildern des 18. Jh. (Saal 18) und des 16. Jh. (Saal 19) führen zum Saal 20.

Saal 20

Hier ist der grandiose Gemäldezyklus zu den Wundern der Kreuzreliquie ausgestellt, den Gentile Bellini, Vittore Carpaccio und andere für die Scuola Grande di S. Giovanni Evangelista geschaffen haben. Die einzelnen Bilder sind weniger eine religiöse Dokumentation zu den Wundern, die der Splitter vom Kreuze Christi in Venedig bewirkte, als vielmehr eine großangelegte Selbstdarstellung der Stadt an der Wende vom 15. zum 16. Jh.

Gentile Bellini, Prozession auf dem Markusplatz (567)

Farbt. 5

Aus leicht erhöhter Perspektive vermittelt der Bruder Giovanni Bellinis einen lebendigen Eindruck von dem festlichen Aufzug einer Prozession, wie sie zu verschiedenen Anlässen über das ganze Jahr verteilt immer wieder stattfanden. Im Vordergrund, parallel zum Bildrand, die Mitglieder der Scuola di S. Giovanni Evangelista; rechts erkennt man den Dogen und sein Gefolge. Unschätzbar ist das Bild als detailgetreue Wiedergabe des Zustandes der Piazza im ausgehenden 15. Jh. An der Markuskirche erstrahlen die mittelalterlichen Mosaiken, von denen heute nur noch das über der Porta di S. Alippio (ganz links) erhalten geblieben ist. Links und rechts des Platzes die gotischen Vorgänger der heutigen Alten und Neuen Prokuratien, letztere damals noch bis an den Campanile geführt, der erst nach Sansovinos Bibliotheksbau frei gestellt wurde. Die Faszination des Bildes besteht darin, daß Gentile Bellini die Prozession nicht eigentlich schreiten läßt, die Gestalten scheinen zu stehen. Das Bild gewinnt dadurch etwas Überzeitliches. Wir erleben nicht nur die Augenblickssituation des Prozessionsgeschehens, man spürt, wie die Waage der Zeit im Schwebezustand verharrt und Venedig als ein scheinbar unveränderliches Märchengebilde auftritt.

Gentile Bellini, Wunder der Kreuzreliquie am Kanal von S. Lorenzo (568)

Vier Jahre nach der Prozession (1496) entstand die Darstellung von einem der Wunder der Kreuzreliquie. Während der alljährlichen Prozession fiel das Reliquiar im Menschengedränge in den Kanal von S. Lorenzo. Nachdem mehrere Bruderschaftsmitglieder vergeblich versucht hatten, danach zu tauchen, soll sich das Behältnis mit der kostbaren Reliquie schließlich dem Guardian Grande, dem Hochmeister der Scuola, Andrea Vendramin, von selbst in die Hand gefügt und ihn aus eigener Kraft ans rettende Ufer gezogen haben. Mit photographischer Genauigkeit erfaßt Bellini das Geschehen bis hin zu nebensächlich erscheinenden Details. Aber auch in diesem Bild schwingt das Zeitlose wieder mit. Am deutlichsten spürbar wird dies in der regungslosen Haltung der im Vordergrund knienden Stiftergruppe und anderer Zeitgenossen. So ist z.B. links Caterina Cornaro, die Königin von Zypern, zu erkennen.

Gentile Bellini, Heilung des Pietro Ludovici (563)

Das letzte der drei von Gentile Bellini dem Zyklus beigesteuerten Werke entstand 1501. Die Heilung des hoch fiebernden Patriziers vollzog sich, nachdem er die Hand auf eine Kerze gelegt hatte, die zuvor mit der Kreuzreliquie in Berührung gebracht worden war. Im Gegensatz zu den beiden anderen Darstellungen verlegt Bellini das Geschehen in den Innenraum einer Kirche, vermutlich S. Giovanni Evangelista, in der die Reliquie aufbewahrt wurde. Die Menschendarstellung tritt hier zugunsten einer reinen Architekturstudie in den Hintergrund.

Der ältere Bruder Giovanni Bellinis, geboren 1429, genoß als Porträtist hohes Ansehen. 1479 entsandte ihn die Republik nach Konstantinopel an den Hof Mohammeds II., der den besten verfügbaren Porträtmaler angefordert hatte. Seine einjährige Abwesenheit ermöglichte es Giovanni, aus dem Schatten des älteren Bruders herauszutreten. Gentile Bellini ist konservativer als Giovanni, dessen Genialität ihm fehlte. Sein Ruhm besteht darin, die ersten authentischen Stadtansichten Venedigs geschaffen zu haben. Er starb 1507.

Vittore Carpaccio, Heilung eines Besessenen (566)

Abb. 75

Carpaccio, der Meister der Erzählung, schuf 1496 seinen Beitrag für den Zyklus. Das eigentliche Wunder, die Heilung eines Besessenen, spielt lediglich die Rolle eines untergeordneten Themas. Es vollzieht sich links in einer offenen Loggia, die zum Palast des Patriarchen von Grado gehörte. Das Periphere der Wunderheilung ist allerdings nachträglich noch verstärkt worden, nachdem das Bild im 17. Jh. wegen einer Türerweiterung am linken Rand beschnitten wurde.

Carpaccio zeichnet ein klares Bild der städtebaulichen Situation am Rialto. Wir sehen die mittelalterliche Holzbrücke, die erst rund hundert Jahre später durch den Steinbau von Antonio da Ponte ersetzt wurde. An den Gondeln dieser Zeit ist zu erkennen, daß sie etwas kleiner waren als die heutigen, bereits aber die charakteristische Asymmetrie aufweisen. Gleich rechts hinter der Rialto-Brücke steht der alte Fondaco dei Tedeschi, der knapp zehn Jahre, nachdem Carpaccio dieses Bild gemalt hatte, einem Brand zum Opfer fiel und anschließend durch den heute noch bestehenden Bau ersetzt wurde. Das Ganze bleibt keine leblose Vedute. Mit dem bewegten Gedränge der Gondeln, so reizenden Details wie der Wäsche, die zum Trocknen aus einem Fenster hängt, schafft Carpaccio einen beredten Spiegel vom pulsierenden Leben im Rialto-Bezirk.

Lazzaro Bastiani, Schenkung der Kreuzreliquie (561)

Dieses Bild entstand vermutlich als erstes in diesem Zyklus. Es zeigt den Moment, als Filippo de Mezieres 1369 der Scuola di S. Giovanni Ev. die Kreuzreliquie schenkt. Durch den Vorhof der Scuola blickt man in das Kircheninnere, in dem sich die zeremonielle Übergabe abspielt. Bastiani erreicht aber weder die zeitlose Feierlichkeit Bellinis, noch gelingt ihm die Lebendigkeit der Erzählkunst Carpaccios. Das Bild bleibt in einer etwas steifen Repräsentationshaftigkeit stecken. Sein großer Wert liegt in der Überlieferung einer heute nicht mehr bestehenden städtebaulichen Situation.

Giovanni Mansueti, Heilung der Tochter des Benvegnudo da S. Polo (562)

Die Legende berichtet, daß ein Bürger namens Benvegnudo da S. Polo seine von Geburt an gelähmte Tochter heilte, nachdem er sie mit drei Kerzen berührte, die zuvor mit der Kreuzreliquie in Kontakt gebracht worden waren. Auch hier wird das Wunder selber, wie bei Carpaccio, als Randereignis behandelt. Das genesene Töchterlein erhebt sich gerade aus seinem Bett, das oben rechts neben dem Kamin aufgestellt ist. Hat uns Carpaccio venezianisches Alltagsgeschehen unter freiem Himmel gezeigt, so gewährt uns Mansueti Einblick in das Innere eines Patrizierhauses.

Giovanni Mansueti, Wunder der Kreuzreliquie am Campo S. Lio (564)

Diese Begebenheit spielt sich wieder in der Öffentlichkeit ab. Anläßlich eines Begräbnisses eines der Scuola-Mitglieder soll aus der Menge heraus ein Zweifel an der Echtheit der in dem Trauerzug mitgeführten Reliquie laut geworden sein. Darauf wurde das Reliquiar mit einem Male so schwer, daß die Brüder es nicht weitertragen konnten, sondern vorübergehend in der Kirche S. Lio (rechts im Bild) deponieren mußten.

Giovanni Mansueti, Heilung der Tochter des Alvise Finetti (565)

Die Legende berichtet, daß die Tochter des Angestellten eines Kreditinstituts beim Spielen eine Treppe hinunterstürzte. Kaum mit der Kreuzreliquie in Berührung gebracht, genas das Mädchen umgehend von seinen schweren Verletzungen. Eine kritische Würdigung dieses achten und letzten Bildes aus dem Zyklus ist nicht mehr möglich, da es nur als Fragment erhalten ist.

Saal 21

Abb. 74

Über den Korridor (Saal 19) gelangt man in den Saal 21, in dem ein weiterer geschlossener Bilderzyklus ausgestellt ist, der sich ursprünglich in einer Scuola befand. Im Gegensatz zum Zyklus mit Bildern zur Kreuzreliquie handelt es sich um das Werk eines einzigen Meisters, **Vittore Carpaccio.** Die Bilder schildern das Leben und Sterben der hl. Ursula. Die Scuola di S. Orsola wurde 1306 gegründet. Sie hatte ihren Sitz in einem (nicht mehr erhaltenen) Anbau neben der Dominikaner-Kirche S. Zanipolo. Carpaccio schuf die Bilder im Auftrag der Bruderschaft im letzten Jahrzehnt des 15. Jh. Die Legende wird wiederum in städtebauliche Situationen venezianischer Prägung oder in Landschaften, die dem Veneto ähneln, eingebettet. Die Architekturdarstellungen spiegeln den Geist der Lombardi und Mauro Codussis wider, die während dieser Jahre ihr reiches Wirken in der Lagunenstadt entfaltet hatten. Der erzählerischen Intention Carpaccios folgend, beschränken wir uns darauf, die Themen in chronologischer Folge zu beschreiben, was nicht stringent der Reihenfolge ihrer Entstehung entspricht.

Das erste Bild **(572)** schildert die Ankunft der Gesandten des englischen Königs, die am Hofe des Herrschers über die Bretagne um die Hand seiner Tochter Ursula für den Sohn ihres Herrn, Aetherius, anhalten. Ganz rechts erläutert Ursula ihrem Vater die Bedingungen, unter denen sie in diese Heirat einwilligen würde: Sie verlangt, daß ihr Freier getauft werde, und tut kund, daß sie selber vor der Eheschließung mit einem Gefolge von zehntausend Jungfrauen eine Pilgerfahrt nach Rom zu unternehmen wünsche. Im folgenden Bild **(573)** wird die englische Gesandtschaft verabschiedet. Ein Sekretär schreibt im Hintergrund die Heiratsbedingungen nieder. Im dritten Bild **(574)** kehrt die Gesandtschaft an den Hof des englischen Königs zurück und überbringt ihm die Bedingungen des Herrschers der Bretagne. In dem extrem breitformatigen vierten Gemälde **(575)** vereint Carpaccio gleich vier Episoden der Legende. In der linken Bildhälfte ist der Abschied des Aetherius von seinem Vater dargestellt. Rechts von der Fahnenstange findet die erste Begegnung zwischen den Brautleuten statt, daneben knien die beiden vor den Eltern Ursulas, um sich von ihnen zu verabschieden. Im Hintergrund schließlich erkennt man die Einschiffung des Brautpaares und seines Gefolges. Nachdem der Pilgerzug über Köln geführt hatte, erreichen Ursula und ihre Begleiterinnen Rom, wo sie von Papst Cyriakus empfangen werden **(577)**. Verblüffend genau ist die Wiedergabe der Engelsburg im Hintergrund. Im folgenden Bild **(578)** erscheint Ursula im Traum ein Engel, der sie auffordert, nach Köln zurückzugehen, wo sie das Martyrium erleiden wird (Abb. 74). Ganz anders als in seinen sonstigen buntbewegten und auf das Fabulieren bedachten Werken schlägt Carpaccio in diesem Fall einen besinnlichen Ton an. Die Szenerie erinnert an Darstellungen der Verkündigung Mariens. Nur handelt es sich nicht um die Vorhersage von Leben, sondern es wird der baldige Tod mitgeteilt. Dieser scheint sich bereits in der vollkommenen Stille des Raumes wie in dem von Todesblässe überzogenen Antlitz der schlafenden Prinzessin anzukündigen. Das siebte Bild **(579)** schildert die Ankunft der Pilger in Köln. Es ist die früheste datierte Arbeit des Meisters (1490). Im vorletzten Bild erleiden Ursula und ihr Gefolge den Märtyrertod vor den Toren des durch die Hunnen belagerten Köln **(580)**. Im Vordergrund schießt deren König Attila den todbringenden Pfeil auf die Prinzessin ab. Rechts wird ihr aufgebahrter Leichnam zur Beisetzung überführt. Das letzte Bild **(576)** gibt die Apotheose der hl. Ursula wieder. Von Palmenzweigen, dem Sinnbild des Märtyrertums, getragen, erhebt sie sich über die Köpfe ihrer Leidensgefährtinnen, während von oben her, aus der Kuppel der rahmenden Architektur, die Gestalt Gottvaters mit ausgebreiteten Armen bereit ist, die Heilige in den Himmel aufzunehmen. Ganz versteckt, am linken Bildrand, hat Carpaccio neben der aus dem Gewoge der Häupter aufragenden Mitra des Papstes drei Mitglieder der Scuola S. Orsola porträtiert.

Saal 22

Saal 22 ist ein Teil des Korridors im Nordflügel des einstigen Klosters. Von hier gelangt man in die angrenzende frühere Kirche.

Saal 23

In der ehemaligen Kirche S. Maria della Carità sind noch einmal Werke der Frührenaissance versammelt. Interessant für die Entwicklung

65 TEATRO LA FENICE 18. Jh.

66, 67 S. GIOBBE Details vom linken und rechten Chorpfeiler (Pietro Lombardo)

68 Marmorfigur am CAMPO DEI MORI

69 CA' D' ORO Innenhof mit Brunnen aus der Werkstatt des Bartolomeo Bon

71 Gentile Bellini (um 1429–1507), Madonna mit Kind und zwei Heiligen. Accademia

◁ 70 Blick über den Rio Brazzo auf die KIRCHE MADONNA DELL' ORTO

72 Giovanni Bellini (um 1430–1516), Pietà. Nach 1502. Accademia

73 Giorgione (um 1478–1510), La Tempesta (Das Gewitter). Um 1505. Accademia

74 Vittore Carpaccio (um 1465–1526), Der Traum der hl. Ursula. 1490–1500. Accademia

75 Vittore Carpaccio, Heilung eines Besessenen durch die Kreuzreliquie am Rialto. Um 1494. Accademia

76 Pietro Longhi (1702–85), Das Rhinozeros. Ca' Rezzonico

77 Vittore Carpaccio (um 1465–1526), Die »Kurtisanen«. Museo Civico Correr

78 Giovanni Bellini (um 1430–1516), Madonna mit dem Kind und roten Cherubinen. Nach 1488. Accademia

79 Giovanni Bellini, Madonna mit Kind. Museo Civico Correr

80 Tintoretto (1518–94), Der hl. Markus befreit einen zur Marter verurteilten Sklaven. 1584. Accademia

81 Tintoretto, Geburt Christi. 1576–81. Scuola S. Rocco

82 S. GEREMIA (1753 begonnen) und PALAZZO LABIA (17./18. Jh.)

83 Geländerlose Brücke über den Rio S. Felice

84 PALAZZO LABIA G. B. Tiepolo, Fresko im Ballsaal mit dem Gastmahl der Kleopatra. Um 1745–50

85 Auf der Insel MURANO

86 Auf der Insel CHIOGGIA

87 Auf der Fahrt nach BURANO

90 Torcello, DOM S. MARIA ASSUNTA Das Jüngste Gericht. Mosaik aus dem 12./13. Jh. ▷

88, 89 Torcello, DOM S. MARIA ASSUNTA Marmorreliefs an der Ikonostasis. 11. Jh.

der venezianischen Malerei, die sich erst nach der Mitte des 15. Jh. aus der langlebigen Tradition des byzantinischen Erbes löste und den Einflüssen der westlichen Kunst öffnete, sind die hier aufgestellten frühen Triptychen **Giovanni Bellinis** (621a, b, c) aus den 1460er Jahren, eine in strengem Umrißprofil wiedergegebene Darstellung des hl. Lorenzo Giustinian von **Gentile Bellini** (570) sowie das Polyptychon **Bartolomeo Vivarinis** von 1477 und ein mehrteiliger Altar **Andrea da Muranos** (28) aus demselben Jahr. Letzterer läßt besonders deutlich den Einfluß erkennen, den Mantegna auf die venezianische Malerei der Frührenaissance ausübte. Den Übergang zur klassischen Ausgewogenheit und der Lieblichkeit der späten Quattrocento-Malerei markiert das 1480 entstandene Bild der Madonna mit Heiligen von **Alvise Vivarini** (607). Es macht zugleich deutlich, in welchem Maße der Stil Antonello da Messinas für die Maler dieser Jahre prägend wurde.

Saal 24

Im letzten Raum der Accademia klingt der Rundgang durch das Museum in einem grandiosen Schlußakkord aus. Dieser einstige Herbergssaal der Scuola della Carità ist noch vollständig erhalten. Die für seine Ausschmükkung geschaffenen beiden Monumentalgemälde befinden sich nach wie vor an ihrem angestammten Platz.

Antonio Vivarini und Giovanni d'Alemagna, Triptychon (625)

Bei Betreten des Raumes fällt der Blick nach rechts auf ein großes Triptychon (4,76 × 3,39 m), das Antonio Vivarini und sein Schwager Giovanni d'Alemagna 1446 gemeinsam geschaffen haben. In der Mitte thront unter einem goldenen Baldachin die Muttergottes mit dem Christuskind. Ihr zu seiten stehen vier kleine Engel, die einen zusätzlichen Stoffbaldachin tragen. In würdigem Ernst nehmen die vier abendländischen Kirchenväter die Seitenflügel ein, Gregor und Hieronymus links, Augustinus und Ambrosius rechts. Das Bild steht stilistisch zwischen Spätgotik und beginnender Renaissance. In der verschwenderischen Verwendung von Goldtönen und der unnahbaren Haltung der Madonna klingt ein letztes Mal die byzantinische Formenwelt an, in der Plastizität der Figuren, in der architektonischen Rahmung und der damit verbundenen Andeutung eines realen Raumes sowie mit den Baumkronen im Hintergrund über den Zinnen kündigt sich das neue Zeitalter an.

Tizian, Mariä Tempelgang (626)

Nach der bewegten Zeit des zweiten und dritten Jahrzehnts des 16. Jh., die in der Frari-Assunta gipfelte, fand Tizian zu seinem beruhigten, souveränen Reifestil, für den der Tempelgang Mariens (1534–38) als vielleicht glanzvollstes Werk exemplarische Bedeutung hat. Durch die räumlichen Verhältnisse bedingt, wählte er das in der venezianischen Malerei beliebte Breitformat. Die Menschenmenge, die dem Ereignis beiwohnt, wird in einzelne Gruppen gegliedert. Leuchtende Farbgebung betont die hl. Anna am Fuß der Treppe mit den sie umgebenden Frauen sowie die Männergruppe, die sich um einen ganz in Rot Gekleideten schart. Letztere sind wahrscheinlich Zeitgenossen Tizians, möglicherweise verdiente Mitglieder der Bruderschaft, die das Bild in Auftrag gegeben hatte. Kontrapunktisch dazu sind der Hohepriester und andere Vertreter der Geistlichkeit am Eingang zum Tempel postiert. Auf dem Absatz der breit ausladenden Treppe erscheint die kleine Maria, zerbrechlich fast vor dem Hintergrund der monumentalen Architektur und der souveränen Erscheinung des sie Erwartenden, und dennoch zugleich durch das strahlende Blau ihrer Kleidung und die Lichtaura, die sie umgibt, als Hauptfigur betont. Mit unnachahmlicher Sicherheit gelingt es Tizian, dem

Vollender der Hochrenaissance, scheinbar konträre Motive harmonisch zu verbinden. In den angedeuteten Baulichkeiten sammelt er geradezu archivalisch exakt alle Erfahrungen seiner Zeit. Links ragt im Hintergrund ein ägyptischer Obelisk auf. Das Gebäude hinter der Freitreppe wird von einem römisch-antiken Kolonnadenportikus getragen. Blickt man durch dessen Säulen, gewahrt man ein Stück venezianischer Architektur, deren Ziegelmauerwerk mit einem Rautenmuster an den Dogenpalast erinnert. Die Treppe selbst ist ein Zitat toskanischer Rustika-Bauweise. Die Winzigkeit der Maria gegenüber der Größe des Hohenpriesters erfährt in der Gruppe der Zuschauer eine Synthese aus beiden extremen Maßstäben. Der hoheitsvollen Würde der Versammelten wird die Bäuerin mit dem gefüllten Eierkorb im Vordergrund nicht als schriller Widerpart, sondern im Sinne einer kosmischen Zusammenschau des Weltgeschehens gegenübergestellt. Stadt und Landschaft, Höfisches und Alltägliches, Religiosität und Profanes, Geschichte und aktueller Zeitbezug, Hell und Dunkel vereinen sich zu einem Kunstwerk, das bei aller Logik der Komposition sehr natürlich wirkt.

Bevor man den Raum verläßt, sollte man noch dem in einer Vitrine ausgestellten Reliquiar, einer byzantinischen Staurothek, seine Aufmerksamkeit schenken. Es ist das einzige aus dem ehemaligen Schatz der Bruderschaft erhaltene Stück, das der Kardinal Bessarione 1463, am Tage seiner Aufnahme in die Scuola, der Bruderschaft zum Geschenk machte.

Museo Civico Correr

Abb. 77, 79; Plan Seite 48

Das Museo Correr in den Neuen Prokuratien (Eingang an der Schmalseite der Piazza in der Ala Napoleonica) verfügt strenggenommen über drei verschiedene Sammlungen. Die erste, der eine Stiftung Teodoro Corrers zugrunde liegt, dokumentiert die Geschichte Venedigs. In einer weitläufigen Folge von Sälen findet der Besucher: diverse Stadtansichten, darunter den großen Holzschnitt aus dem Jahr 1500 mit der ersten perspektivischen Ansicht der Stadt; Historienbilder zu Schlachten, Staatsakten etc.; Urkunden (besonders interessant in Saal **5** in einer Vitrine ein Schema zum Ablauf der Dogenwahl); Veduten aus der Canaletto-Schule; Bibliothek aus dem ehemaligen Theatiner-Kloster; Prunkgewänder; in Saal **9** ein hervorragendes Porträt des Dogen Francesco Foscari von *Lazzaro Bastiani;* diverse Dogenporträts aus dem 18. Jh.; Münzen und Siegel; Dokumente zur Seefahrtsgeschichte, darunter zwei Darstellungen der Seeschlacht von Lepanto; Musikinstrumente und in den letzten Räumen (Saal **15–20**) historische Waffen.

Im Stockwerk darüber befindet sich als zweiter Teil der Sammlung die Gemäldegalerie. Wir nennen die wichtigsten Exponate:

Saal **1:** Gotischer Holzschrein (13./14. Jh.). Saal **2:** Venezianische Malerei des Trecento, darunter ein Polyptychon mit sechs Heiligen von *Paolo Veneziano.* Saal **3:** Malerei des Quattrocento, u. a. eine Übergabe der Schlüssel an Petrus von *Lorenzo Veneziano.* Saal **7:** Pietà von *Cosmè Tura,* in ihrem krassen Verismus deutlich von Mantegna beeinflußt. Saal **8:** Zwei Madonnen von *Bartolomeo Vivarini.* Saal **9:** Holzschnitzwerke des späten Mittelalters, u. a. eine kraftvolle Schutzmantelmadonna. Saal **11:** Hier ist auf einer Staffelei eine Pietà - drei Engel halten den Leichnam Christi - von *Antonello da Messina* ausgestellt. Der aus Sizilien stammende Künstler (1430–79) ist für die Malerei Venedigs von überragender Bedeutung gewesen. Während seines Aufenthaltes in der Lagunenstadt (1475/76) war er nicht nur am Durchbruch der Renaissance entscheidend beteiligt, er vermittelte vor allem die von den Niederländern übernommene Öl- bzw. Mischtechnik (= schichtweises Übereinanderauftragen von Tempera und Öl, wodurch eine differenziertere Malweise und größere Leuchtkraft der Farben erreicht wird). Saal **13:** enthält wichtige Frühwerke der Brüder *Gentile und Giovanni Bellini.* Von ersterem stammt das Porträt des Dogen Giovanni Mocenigo, von letzterem eine Pietà, ein Madonnenbildnis (Abb. 79) und die Verklärung Christi auf dem Berge Tabor. Die aus den 1460er und 70er Jahren stammenden Arbeiten Giambellinos verfügen noch nicht über die prachtvolle Farbentfaltung der späteren Schaffensperiode, zeigen jedoch schon deutlich die bezeichnend bellineske Zartheit. Saal **14:** Der hl. Antonius von Padua von *Alvise Vivarini.* Das in einem reich geschnitzten Originalrahmen ausgestellte Bild wirkt fast wie eine Zeichnung. Saal **15:** *Vittore Carpaccio,* Zwei Venezianerinnen (Abb. 77). Das wohl bekannteste Bild des Correr-Museums hat im 19. Jh. den fälschlichen Titel »Zwei Kurtisanen« erhalten. Tatsächlich sind aber zwei Frauen aus der gehobenen Gesellschaft dargestellt. Carpaccios Meisterschaft beweist sich auch hier wieder in der Kunst des Erzählens, die sich in der liebevollen Wiedergabe zahlreicher Details niedergeschlagen hat. Saal **16:** Heimsuchung von *Carpaccio* und eine in dem für die venezianische Malerei typischen Breitformat gehaltene Verkündigung von *Lazzaro Bastiani.* Saal **17:** Herausragendes Exponat dieses Raumes ist die Bronzebüste eines jungen Mannes von *Andrea Riccio.* Saal **18:** Hier sind Bilder griechischer Maler ausgestellt, die in Venedig gearbeitet und den westlichen Stil adaptiert haben. Es sind zum Teil kurios anmutende Werke in einer Mischung aus venezianischer Renaissance und byzantinischer Tradition. Eine Kopie von Tintorettos Hochzeit zu Kana (Original in der Salute-Kirche) soll von *El Greco* stammen. Saal **19:** Keramiken des 16. und 17. Jh. Saal **20:** Bibliothek aus dem Palazzo Dolfin-Manin (18. Jh.).

Als dritte Abteilung ist dem Museo Correr das Museo del Risorgimento e dell'Ottocento Veneziano angeschlossen, dessen Bestände zuletzt 1980 neu gegliedert wurden. Hier ist die Geschichte Venedigs vom Ende der Republik bis zur Einigung Italiens dokumentiert (Historienbilder, Kostüme, Urkunden, Stiche etc.).

Museo Archeologico

Plan Seite 48

Das Sammeln von antiken Bildwerken kam während der Renaissance groß in Mode. Wohlhabende venezianische Kaufmannsfamilien versorgten sich mit den begehrten Objekten zum Teil »vor Ort«, so daß neben zahlreichen römischen Arbeiten auch eine ansehnliche Reihe griechischer Originale in die Lagunenstadt gelangte. Diese einstigen Privatsammlungen flossen nach Auflösung der Republik zusammen. Nach wechselnden Aufstellungen wurde der gesamte Bestand nach 1945 in der Markus-Bibliothek untergebracht (Eingang an der Piazzetta).

Das archäologische Museum erfaßt, beginnend mit Skulpturen aus der griechischen Klassik des 5. Jh. v. Chr. über hellenistische Werke bis hin zu römischen Büsten, Porträts und Statuen, praktisch alle Epochen der Antike. Ein Saal mit ägyptischen Mumien und Kleinkunstwerken sowie Keramiken (griechisch und etruskisch), römische Münzen, Gemmen und Siegel, Kleinbronzen und Reliefs runden den Bestand ergänzend ab.

Galleria Franchetti in der Ca'd'Oro

Pläne Seite 147, Nr. 20, und Seite 292

1895 hatte der Baron Giorgio Franchetti Venedigs berühmtesten gotischen Palazzo am Canal Grande, die Ca'd'Oro, erworben und restaurieren lassen. Hier brachte er seine umfangreiche private Kunstsammlung unter, die er noch zu Lebzeiten dem italienischen Staat vermachte. Seit 1927 ist die Galleria Franchetti der Öffentlichkeit zugänglich. Da die von Franchetti veranlaßte Restaurierung jedoch nur die Innenräume erfaßte, war zuletzt eine erneute Instandsetzung erforderlich geworden, die vordringlich der Sicherung des Baubestandes diente. Die Arbeiten begannen 1969 und zogen sich über 15 Jahre hin. Das Museum ist erst seit 1984 wieder geöffnet.

In einem lebendigen Wechsel von kostbarem Mobiliar, Skulpturen und Gemälden liegen die Schwerpunkte der Sammlung auf der Kunst des 15. und 16. Jh. Als herausragende Exponate nennen wir: Der hl. Sebastian von *Andrea Mantegna;* eine Verkündigung von *Carpaccio;* eine Madonna von *Giovanni Bellini;* eine weitere Madonna von *Alvise Vivarini;* Bronzereliefs von *Andrea Riccio;* eine Venus vor dem Spiegel von Tizian; das Porträt eines Edelmannes von *van Dyck.*

Reizvoll ist auch der Innenhof (Abb. 69), den man zwar nicht betreten, jedoch von den Fenstern aus gut einsehen kann. In seiner Mitte steht ein Brunnen in der für Venedig kennzeichnenden Kapitellform. Das aus rotem Marmor gemeißelte Werk ist eine Arbeit des *Bartolomeo Bon.*

Museo del Settecento Veneziano in der Ca' Rezzonico

Abb. 76; Plan Seite 147, Nr. 54

Der große, von *Baldassare Longhena* begonnene und von *Giorgio Massari* fertiggestellte Palast der Familie Rezzonico am Canal Grande, der 1936 der Öffentlichkeit als Museum zugänglich gemacht wurde, bietet einen vorzüglichen Überblick über die Kunst Venedigs im letzten Jahrhundert des Bestehens der freien Republik. Die Säle wurden zum Teil von bedeutenden Künstlern ausgemalt. Dazu kommen Bilder Pietro Longhis, des humorvollen Chronisten des Alltagslebens, Arbeiten der Porträtistin Rosalba Carriera sowie Mobiliar, das zu einem gut Teil aus den Beständen des Museo Correr stammt.

Das Museum erstreckt sich über drei Stockwerke und umfaßt mehr als 40 Räume. Zu den Höhepunkten zählen: der große Ballsaal mit seiner von *G. B. Crosato* geschaffenen Ausmalung, den man als ersten Raum betritt (erstes Stockwerk); das Deckenfresko *G. B. Tiepolos* in der angrenzenden Sala dell'Allegoria Nuziale (Hochzeit des Ludovico Rezzonico mit Faustina Savorgnan); die Pastellporträts der *Rosalba Carriera* in Saal **4;** der ganz in Brauntönen gehaltene Tod des Darius von *G. B. Piazzetta* im Portego des zweiten Stockwerks; die Genrebilder *Pietro Longhis* im selben Geschoß, u. a. das Nashorn (Abb. 76), der Neger mit dem Brief, Karnevalsszenen; eine besondere Kostbarkeit ist die Folge der Räume **21** bis **26.** Sie wurden aus der Villa G. B. Tiepolos auf der Terraferma hierher übertragen und sind von *Tiepolos Sohn Giovanni Domenico* ausgemalt. Die zum Teil grotesken Karnevalsimpressionen sind nicht von dem humorvollchronistischen Geist eines Longhi, sondern muten eher sarkastisch an, ein beredtes Dokument der Endzeitstimmung der Republik.

Pinacoteca Querini-Stampalia

Plan Seite 232

Etwas versteckt an einem kleinen Campo nahe S. Maria Formosa liegt der Palazzo Querini-Stampalia, der mitsamt seiner Kunstsammlung im 19. Jh. durch Schenkung vom Familienbesitz in Staatseigentum wechselte. Im ersten Stock des Renaissancepalazzo befindet sich eine reiche Bibliothek, im Obergeschoß die Pinakothek mit einer umfangreichen Gemäldesammlung. Ähnlich wie in der Ca' Rezzonico liegt der Charme der Galerie darin, daß man die Kunstwerke nicht in einem sterilen musealen Zusammenhang, sondern in der Wohnatmosphäre eines gediegenen alten Patrizierhauses erlebt.

Unter zahlreichen unbedeutenderen Werken heben wir wieder das Besondere hervor: Als historisches Dokument (nicht unbedingt künstlerisch) interessant ist der Bilderzyklus in Saal **1.** Er wurde um die Mitte des 18. Jh. von *Gabriel Bella* gemalt und zeigt, neben etlichen Veduten, Ansichten venezianischer Feste und Szenen aus dem Alltagsleben. Saal **2:** zwei wichtige gotische Tafelbilder, eine Kreuzigung von *Michele Giambono* und eine Marienkrönung von *Donato und Catarino Veneziano* von 1372. Der wichtigste Raum ist Saal **8.** Er enthält zwei Werke *Giovanni Bellinis,* eine Madonna mit Kind und eine Darbringung Christi im Tempel, mit der für Bellini eigenen Betonung sanfter Beseeltheit, sowie zwei Porträts des Francesco Querini und seiner Frau Paola von *Jacopo Palma d. Ä.* Nahtlos fügt sich in diese qualitätvolle Sammlung die Maria mit dem Christus- und dem Johannesknaben von *Lorenzo di Credi.* In den Sälen **12** und **13** hängen Genreszenen von *Pietro Longhi.*

Galleria d'Arte Moderne im Palazzo Pesaro

Pläne Seite 147, Nr. 18, und Seite 281

Seit Bestehen der Biennale hat Venedig eine kluge Einkaufspolitik in Sachen moderner Kunst verfolgt. Regelmäßig wurden seit 1897 prämierte Arbeiten erworben, so daß die Galleria d'Arte

Moderna im zweiten Stock der Ca' Pesaro heute eine der bedeutendsten Sammlungen moderner Kunst in Italien besitzt. Zu ihrem Bestand gehören Werke von *Franz von Lenbach, Max Klinger, Franz von Stuck, Max Liebermann, Auguste Rodin, Marc Chagall* u. a.

Museo d'Arte Orientale im Palazzo Pesaro

Pläne Seite 147, Nr. 18, und Seite 281

Ebenfalls in der Ca' Pesaro, im dritten Stockwerk, ist das Museum orientalischer Kunst eingerichtet, dessen Grundstock die private Sammlung des Grafen de Bardi bildet. Sie umfaßt eine große Zahl fernöstlicher Kunstgegenstände und Erzeugnisse des Kunstgewerbes, wie japanische Malerei, chinesische Keramik und indische Skulpturen.

Collezione Peggy Guggenheim

Pläne Seite 147, Nr. 66, und Seite 251

Im unfertig gebliebenen Palazzo Venier dei Leoni am Canal Grande hat die schon legendäre Femme fatale der modernen Kunstszene ihren Lebensabend verbracht und dort auch ihre amüsanten Erinnerungen (»Ich habe alles gelebt«) verfaßt. Nach ihrem Tode 1979 ging das Gebäude nebst der darin befindlichen Kunstsammlung dem testamentarischen Wunsch Peggy Guggenheims gemäß in den Besitz der Stadt Venedig über, die den Palazzo der Öffentlichkeit als Museum zugänglich gemacht hat.

In dem malerischen Garten stehen Plastiken von *Max Ernst* und *Henry Moore.* Die Gemäldegalerie umfaßt Werke von *Georges Braque, Pablo Picasso, Constantin Brancusi, Paul Klee, Wassily Kandinsky, Emilio Vedova, Alberto Giacometti* u. a. Hervorragend ist die surrealistische Malerei vertreten, für die Peggy Guggenheim eine besondere Vorliebe hatte: *Yves Tanguy,* den die Mäzenatin entdeckt und gefördert hat, *Max Ernst,* mit dem sie verheiratet war, *Leonor Fini* u. a.

Museo di Icone im Istituto Ellenico

Plan Seite 232

1959 hat das Istituto Ellenico im Palazzo Flangini neben der Kirche S. Giorgio dei Greci ein Ikonen-Museum eröffnet. Hier sind rund 150 Ikonen des 14. bis 18. Jh. ausgestellt. Der überwiegende Teil entstammt der sog. nachbyzantinischen Zeit, also der Epoche nach der Eroberung Konstantinopels durch die Türken 1453. Als herausragende Exponate nennen wir: Muttergottes mit Heiligen (Inv.-Nr. 28), Christus Pantokrator (29), Christus in der Vorhölle (38) und Christus Pantokrator (194), allesamt Arbeiten aus dem 14. Jh. Für die byzantinische Weltgerichtsikonographie besonders aufschlußreich ist die großformatige Ikone des Malers *Frangias Kavertzas* aus dem mittleren 17. Jh. (53).

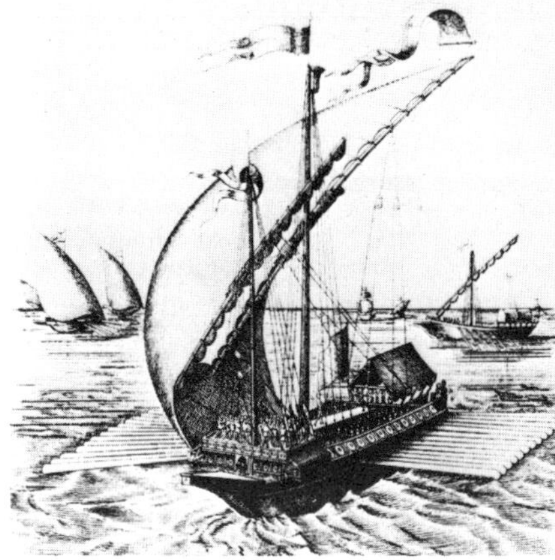

Venezianische Galeere. Stich. Venedig, Museo Storico Navale

Museo Storico Navale

Plan Seite 232

Nahe dem Arsenal befindet sich das Museum zur Seefahrtsgeschichte, in dem dieses für Venedig so bedeutsame Kapitel ausführlich dokumentiert ist. Die Sammlung, in der Schiffsmodelle aller Epochen den breitesten Raum einnehmen, erstreckt sich über vier Stockwerke.

Im Parterre sind Kanonen und Modelle wichtiger venezianischer Festungen ausgestellt. Im ersten Stock ist neben zahlreichen Modellen von Galeeren und Segelschiffen ein Modell des Bucintoro, der einstigen Prachtgaleere des Dogen, das wichtigste Exponat. Im selben Raum werden Fragmente des letzten, 1797 zerstörten Bucintoro, den Goethe noch gesehen hat, aufbewahrt. Das zweite Stockwerk ist der Kriegsmarine gewidmet: Schiffsmodelle, Waffen, Trophäen, Urkunden etc. Im obersten Geschoß dokumentieren weitere Schiffsmodelle den Weg der Schiffsbautechnik bis in das Dampfschiffahrtszeitalter. Daneben sind etliche Gondeln, zum Teil noch mit den originalen Felze, den kleinen Überdachungen, ausgestellt.

Museo di Storia Naturale im Fondaco dei Turchi

Pläne Seite 147, Nr. 9, und Seite 286

Dem naturkundlich Interessierten bietet das Museo di Storia Naturale eine reiche Ausbeute. Die Sammlung der präparierten Tierarten reicht von Meerestieren aller Art über heimische und exotische Säuger bis hin zu Vögeln und einer entomologischen Abteilung mit einer sehenswerten Schmetterlingssammlung. Die große Besonderheit des Museums ist, innerhalb der paläontologischen Abteilung, das vollständig erhaltene Skelett eines Dinosauriers, das 1973 in der südlichen Sahara gefunden wurde.

Die bedeutendsten Künstler in Venedig

Das Vermächtnis der mächtigen venezianischen Kunst reichte weiter als der direkt sich auswirkende Zauber der einmaligen Wasserstadt. Wo immer venezianische Bilder betrachtet wurden, wurde die malerische Sendung dieser Schule zur Geltung gebracht, jener Schule, die die wirkliche Welt so tief erlebt hatte, daß sie aus diesem Erlebnis eine neue Welt der Kunst, ein Denkmal der Künstlermacht – der Menschenmacht schuf. Tizian wählte als Devise den Spruch, der als eine Losung für die Eigenart der venezianischen Schule gelten kann: Natura potentior ars – Die Kunst ist mächtiger als die Natur. Und diese schöpferische Kraft wurde in den Werken Venedigs immer gefühlt und erkannt.

Jan Bialostocki: Die Eigenart der Kunst Venedigs, 1980

Giovanni Bellini

Farbt. 32; Abb. 56, 72, 78, 79

Die Geburt Giovanni Bellinis ist von einem Schleier des Geheimnisvollen umhüllt. Die Tatsache, daß er im Testament der Frau seines Vaters, Anna da Pesaro, neben den Geschwistern Gentile und Nicolosia nicht genannt wird und daß er gemäß einer anderen Quelle nicht im Hause des Vaters lebte, hat Stoff zu der Vermutung geliefert, er sei ein illegitimes Kind Jacopo Bellinis gewesen. Nichtsdestotrotz scheint sein Verhältnis zum Vater wie auch zum Bruder Gentile herzlich gewesen zu sein, da er mit beiden engen Kontakt hatte und oft zusammenarbeitete. Die möglicherweise außereheliche Herkunft könnte erklären, warum Giovanni trotz seiner größeren Begabung meist hinter seinem Bruder Gentile zurückgesetzt wurde. So wurde Giovanni z. B. zugunsten Gentiles übergangen, als der Sultan von Konstantinopel 1479 um die Entsendung von Venedigs bestem Porträtisten an seinen Hof bat.

Giambellino, wie er auch kurz genannt wird, setzte sich intensiv mit den neuen Strömungen der festländischen Renaissancekunst auseinander. Als Vorbilder für den neuen Realismus dienten ihm der Florentiner Donatello und sein aus Padua stammender Schwager, Andrea Mantegna. Deren krassen Verismus aber milderte er im Sinne einer mehr gefühlsbetonten Zartheit ab. In Fragen der Maltechnik schulte er sich an Antonello da Messina. Hatte die gotische Malerei Venedigs noch die Temperamalerei bevorzugt, so bedienten sich die Renaissancekünstler zunehmend der Öl- bzw. Mischtechnik, die eine differenziertere Darstellungsweise ermöglichte. Durch besonders feine Lasuren war es Antonello da Messina gelungen, Nuancierungen herauszuholen, die bis dahin unbekannt gewesen waren. Diese Maltechnik wurde zur Grundlage von Giambellinos Schaffen.

Bis 1479 war Giovanni mehr oder minder mit kleineren Aufträgen von privater Seite beschäftigt gewesen. Als aber in jenem Jahr sein Bruder Gentile nach Konstantinopel berufen wurde, nahm er dessen Platz bei der Ausmalung des Dogenpalastes ein. Dieser erste große öffentliche

Auftrag zog zahlreiche Projekte von gewichtigen Auftraggebern nach sich, so daß Giovanni in den achtziger Jahren ein gesuchter Maler war. Bezeichnend für den Charakter des Künstlers ist es, daß er sich kaum weltlichen Themen verschrieb, sondern beharrlich an der christlich-religiösen Thematik festhielt. Auch ließ er sich von seinen Auftraggebern nicht in seine Bildprogramme hineinreden, wie aus dem überlieferten Briefwechsel mit der Marchesa Isabella d'Este hervorgeht. Zunehmend integrierte Bellini seinen religiösen Bildern die Landschaftsdarstellung. Bald schon war sie nicht mehr bloßes Beiwerk, sondern gewann vielmehr einen eigenen künstlerischen Stellenwert. In dieser Hinsicht entstand eine wechselseitige Befruchtung mit seinem Zeitgenossen Cima da Conegliano. Auf der Höhe seines Schaffens führte Bellini die Malergenies Giorgione und Tizian in die Kunst ein. Obwohl ihr Lehrer, war Bellini seinerseits für Anregungen der jüngeren Generation empfänglich, die er in seinem Spätwerk in den ersten eineinhalb Jahrzehnten des 16. Jh. verarbeitete.

Bellini starb 1516 in seiner Heimatstadt. Sein großes Verdienst ist es, die venezianische Malerei über ihre bis dahin herrschende unverbindliche Farbigkeit hinausgehend mit der Leuchtkraft seiner strahlenden Palette bereichert zu haben. An Zartheit, sanfter und doch niemals sentimental wirkender Innigkeit sind die Werke Bellinis nicht mehr übertroffen worden.

Vittore Carpaccio

Farbt. 35; Abb. 74, 75, 77

Die genauen Lebensdaten dieses neben Giovanni Bellini und Cima da Conegliano dritten wichtigsten Vertreters der Frührenaissancemalerei in Venedig liegen weitgehend im dunkeln. Er wurde um das Jahr 1460 vermutlich in Venedig geboren. Über seine Ausbildung ist nichts bekannt. Sein erstes datiertes Werk stammt von 1490. Zwar ist seine Mitwirkung an der Ausmalung der Sala del Maggior Consiglio im Dogenpalast belegt, aber die dortigen Arbeiten sind alle ein Opfer des Feuers geworden. Seine wichtigsten Auftraggeber waren die Scuole, für die er mehrere Zyklen schuf. Der eine befindet sich noch in situ in der Scuola di S. Giorgio degli Schiavoni, der früher entstandene Zyklus mit Bildern zur Ursula-Legende ist heute in der Accademia zu bewundern. Ferner arbeitete er gemeinsam mit Gentile Bellini an der Ausmalung für die Scuola Grande di S. Giovanni Evangelista (ebenfalls in der Accademia). Seine erzählerische Begabung machte Carpaccio zum wichtigsten Chronisten des Lebens in Venedig während der Wende vom 15. zum 16. Jh., das den Rahmen für zahlreiche seiner Bildschöpfungen lieferte. Im Alter wurde er auch mit Aufträgen auf der Terraferma und in Istrien bedacht. Carpaccio starb 1526 in seiner Heimatstadt.

Cima da Conegliano (um 1460–1517/18)

Siehe Seite 236f. (S. Giovanni in Bragora)

Giorgione

Abb. 73

Giorgione, eines der größen Künstlergenies der europäischen Kunstgeschichte, ist zugleich auch eine ihrer rätselhaftesten Erscheinungen. Als Geburtsjahr vermutet man 1477 oder 78. Der aus Castelfranco stammende Künstler hieß mit bürgerlichem Namen Zorzo oder Zorzi, eine venezianische Sprechform zu Giorgio. Sein späterer Name Giorgione bedeutet soviel wie »großer Giorgio«. Zeitgenössische Quellen über ihn sind fast keine überliefert, wenn man von einigen dürftigen Zahlungsbelegen absieht. Das Wesen Giorgiones beschrieb in den 1560er Jahren, also etwa ein halbes Jahrhundert nach dem Tode des Malers, Giorgio Vasari mit den Worten: »Er genoß ohne Unterlaß die Freuden der Liebe und spielte gern und hervorragend Laute. Er musizierte und sang derart betörend, daß er oftmals in den Kreis patrizischer Familien zu gemeinsamer Kurzweil geladen wurde.«

Über seinen künstlerischen Werdegang kann nur spekuliert werden. Als sicher muß gelten, daß er mit Giovanni Bellini, dem zu Beginn des 16. Jh. anerkanntesten Maler Venedigs, Kontakt hatte. Inwieweit er aber auch bei jenem in die Lehre ging, ist nicht zu bestimmen. Im jugendlichen Alter von eben Anfang Dreißig fiel Giorgione der Pest zum Opfer. Sein Œuvre umfaßt deshalb nur wenige Werke; die genaue Zahl ist seit jeher umstritten. Da zahlreiche Maler in der Art Giorgiones weiterarbeiteten, ja in Einzelfällen unfertige Bilder Giorgiones von Kollegen vollendet wurden (an einigen Werken ist die Hand Tizians nachweisbar), sind in der Zuschreibung unsignierter Gemälde zum Teil sehr widersprüchliche Ansichten vertreten worden. Praktisch jeder Kunsthistoriker, der über Giorgione gearbeitet hat, hat seinen eigenen Œuvrekatalog aufgestellt. Zu den wenigen gesicherten Werken zählen die beiden in der Accademia. Nur 28 weitere in alle Museen der Welt verstreute Werke sind mit Sicherheit von der Hand Giorgiones.

Obwohl er selber keine Schule im eigentlichen Sinne begründet hat, womit die Unterweisung in einem Atelier gemeint ist, haben zahlreiche Maler, bedeutende wie auch schwächere, die von Giorgione ausgehenden Anregungen aufgegriffen. In erster Linie sind Tizian, Paris Bordone, Sebastiano del Piombo, Vincenzo Catena und Pordenone zu nennen. Das Revolutionäre in der Kunst Giorgiones liegt in dem Zurücktreten des Zeichnerischen zugunsten einer lichterfüllten, lockeren Malweise. Hierin ist Giorgione für die ganze venezianische Malerei der Folgezeit, bis hin zu Tiepolo und Guardi, richtungweisend gewesen. Daneben hat er der im 16. Jh. sich verselbständigenden Landschaftsmalerei entscheidende Impulse gegeben und der Ikonographie neue Horizonte erschlossen. Für beides ist die »Tempesta« in der Accademia ein Paradebeispiel.

Der überragende Rang Giorgiones wurde bereits von seinen Zeitgenossen erkannt und gewürdigt. Vergeblich bemühte sich die kunstsinnige Herzogin Isabella d'Este, kaum daß sie von dem überraschend frühen Tod des Meisters erfuhr, eines seiner Werke zu erwerben. Ihr Agent in Venedig, Taddeo Albano, teilte seiner Auftraggeberin mit, daß kein Werk Giorgiones zum Verkauf stehe.

Pietro Lombardo und seine Familie

Abb. 33, 36, 37, 66, 67

Wie mit Jacopo Sansovino und anderen Bildhauern holte sich Venedig in der Gestalt Pietro Lombardos einen auswärtigen Meister der Skulptur, da die Stadt in diesem Bereich kaum eigene schöpferische Kräfte besaß. Pietro Solaro wurde um 1435 in Carona in der Lombardei geboren. Später nannte man ihn nach der Landschaft seiner Herkunft Pietro Lombardo, was in der Folgezeit der offizielle Familienname wurde. Pietro erhielt seine künstlerische Schulung als Bildhauer und Architekt in der Toskana. Von dort zog er nach Padua, wo er sich schnell einen Namen machte. Bereits in den 1450er Jahren war er gelegentlich in Venedig tätig, Anfang der 70er Jahre wurde er fest in die Lagunenstadt berufen, wo er für den Rest seines Lebens blieb. Zu seinen ersten Großaufträgen gehörte die Dekoration von S. Giobbe, es folgten zahlreiche Dogengräber in S. Zanipolo. Das unbestrittene Meisterwerk Pietro Lombardos ist die Miracoli-Kirche, deren Bau und Ausstattung von ihm entworfen und ausgeführt wurden. Er starb hochbetagt 1515 in seiner Wahlheimat, deren Gesicht er so nachhaltig mitgeprägt hat.

Seine wichtigsten Schüler waren seine Söhne, Tullio (1455–1532) und Antonio (1458–1516). Sie arbeiteten an praktisch allen Projekten des Vaters mit, entwickelten aber im Laufe der Zeit ihren eigenen, unverkennbaren Stil. Tullio schuf Werke, in denen ein kühler Ton klassischer Erhabenheit vorherrscht, wie es exemplarisch die Kriegerstatuen am Vendramin-Grab in S. Zanipolo ausdrücken. In kleineren Formaten – z. B. bei den Engeln in S. Martino – schlug er eine eher zartklingende Saite an. Sein jüngerer Bruder Antonio von dem weniger Werke bekannt sind, erreichte den Gipfel seines Schaffens in den Figuren der Zen-Kapelle in San Marco, Werken von ruhiger, klassischer Gelöstheit.

Baldassare Longhena

Farbt. 2, 8, 25; Abb. 45

Baldassare Longhena wurde 1597 in Venedig geboren. Mit dem Bau der Salute-Kirche wurde der damals 33jährige auf einen Schlag berühmt und in der Folgezeit mit Aufträgen förmlich überschüttet. Dennoch blieb die Salute sein Hauptwerk, deren Bau er zeitlebens überwachte. Ihre Weihe erfolgte erst fünf Jahre nach dem Tode Longhenas (1682), der als Venedigs einziger Barockarchitekt von Weltrang gelten muß. Sein Wirken hat vor allem das Gesicht des Canal Grande in dieser Epoche entscheidend geprägt, wo er neben der Salute-Kirche die Paläste Belloni-Battagia, Giustinian-Lolin, Rezzonico und Pesaro schuf. Anfangs noch stark unter dem Eindruck der Renaissance stehend, löste sich Longhena später von deren Vorbildern und formulierte kraftvolle Werke, in denen die Fülle des plastischen Dekors den Ton angibt. Den Gipfel dieser Entwicklung stellt die reich gestaltete Fassade der Ospedaletto-Kirche nahe S. Zanipolo dar. Dennoch blieb Longhena, dessen Werke, von wenigen Villen auf dem Festland abgesehen, weitgehend in Venedig selbst entstanden, zeitlebens der Formensprache des 16. Jh. verbunden. Deshalb nimmt sein Œuvre innerhalb der europäischen Barockkunst eine Sonderstellung ein und ist zugleich signifikant für die Eigenständigkeit der venezianischen Kunstgeschichte.

Lorenzo Lotto (1480–1556)

Siehe Seite 172 (S. Zanipolo)

Andrea Palladio

Farbt. 1, 19; Abb. 44–49

Palladio wurde 1508 in Padua geboren und hieß mit bürgerlichem Namen Andrea della Gondola. 1524 trat er in die Zunft der Maurer und Steinmetze in Vicenza ein. Richtungweisend für seine künstlerische Laufbahn wurde die Freundschaft, die ihn seit etwa 1536 mit dem um Jahre älteren Giangiorgio Trissino verband. Dieser vielseitige Humanist – er war Dichter, Mathematiker, Philosoph und Laienarchitekt – regte Andrea, dem er den Beinamen Palladio gab (eine Anspielung auf die antike Göttin der Weisheit), zum Studium der Musik, Literatur und Mathematik an. Besonders vertiefte sich Palladio in die Architekturtraktate Vitruvs. 1545 nahm Trissino ihn nach Rom mit, wo er zwei Jahre blieb und sich mit der römischen Baukunst auseinandersetzte. Schon bald nach seiner Rückkehr nach Vicenza gewann Palladio den Wettbewerb um die Neugestaltung des Palazzo della Ragione, der sog. Basilika in Vicenza. Dadurch wurde er über Nacht berühmt und erhielt innerhalb kurzer Zeit weitere wichtige Aufträge. Sein Hauptaugenmerk richtete er auf die Villenarchitektur, die in der zweiten Hälfte des 16. Jh. ihre Blütezeit erlebte. So macht denn auch die Profanarchitektur den Hauptteil seines umfangreiches Œuvres aus. Erst in fortgeschrittenerem Alter wandte er sich der Sakralbaukunst zu. Seine in diesem Bereich entstandenen Werke konzentrieren sich weitgehend auf Venedig. Der Neubau des geplanten Baukomplexes für die Carità (heute Accademia) wurde nur zu Teilen ausgeführt. Es folgten die Fassade für S. Francesco della Vigna und schließlich die beiden Großaufträge für S. Giorgio Maggiore und Il Redentore, deren beider Fertigstellung der Baumeister nicht mehr erlebte. Er starb 1580.

Palladio war in seiner Zeit unter den großen Baumeistern der erste reine Berufsarchitekt. Daneben verfaßte er auch theoretische Schriften. Sein erstes Buch, »Le Antichità di Roma«, erschien 1554, ein Bestseller, der bis in das 18. Jh. der einschlägige Romführer blieb. 1570 veröffentlichte er sein Hauptwerk, die »Quattro Libri dell'Architettura«, in denen er seine Theorien erläuterte und anhand eigener Werke exemplifizierte.

In seinen Bauten strebte Palladio eine möglichst originalgetreue Annäherung an die Architektur der römischen Antike an. In der Villenarchitektur formulierte er einen »Idealtyp« (zentraler Kernbau, davor ein offener Portikus, begleitende Wirtschaftsgebäude), den er in unterschiedlichen Variationen realisierte. Seine Kirchen stellen ebenfalls den Versuch dar, die Antike mit den Erfordernissen des christlichen Sakralbaus zu vereinen. Die von ihm formulierte Lösung der Fassadengestaltung wurde für ganze Künstlergenerationen richtungweisend und wirkte weit über das Veneto hinaus. Neben den antiken Vorbildern orientierte sich Palladio auch an den großen Architekten der Renaissance, Bramante, Michelangelo, Raffael, Sansovino u. a., deren Vorstellungen zum Teil in seine eigenen Bauten einflossen.

Die Wirkung Palladios reichte nicht nur über Jahrhunderte, sondern auch über Kontinente. Die englische Villenarchitektur des 18. Jh. wurde mit dem Schlagwort des Palladianismus belegt. Über England fanden die Gedanken Palladios schließlich Eingang in die Baukunst Amerikas im 19. Jh.

Jacopo Palma il Vecchio (1480–1528)

Siehe Seite 311f. (Accademia, Saal 8)

Antonio Rizzo (um 1430–1499)

Siehe Seite 99f. (Dogenpalast, Liago)

Jacopo Sansovino

Abb. 13, 14, 17, 18

Jacopo Sansovino wurde 1486 in Florenz geboren und hieß mit bürgerlichem Namen Tatti. Erst später nahm er den Namen seines Lehrers Andrea Sansovino an. Er begann seine Laufbahn als Bildhauer. Durch seine langjährigen Romaufenthalte (1506–07, 1518–27) hatte er nicht nur Kontakt mit den großen Vertretern der Hochrenaissance, sondern erlebte die Bild- und Bauwerke der Antike aus eigener Anschauung. Die Restaurierung und das Kopieren römischer Skulpturen gehörte zu Jacopos Lehrzeit bei Andrea Sansovino, unter dessen Anleitung er sich auch zum Baumeister ausbildete. Vor den Wirren des Sacco di Roma floh Sansovino nach Venedig, wohl mit dem Plan, von dort nach Frankreich zu emigrieren. In Venedig aber wurde er sogleich mit dem Auftrag einer Restaurierung der Hauptkuppel von San Marco festgehalten, und schon zwei Jahre darauf bekleidete er das Amt des Proto, des obersten Baumeisters von San Marco. In Venedig fand Sansovino ein breites Betätigungsfeld, sowohl als Architekt wie als Bildhauer. Die Stadt, die selbst keinen Bildhauer von Rang hervorgebracht hat, hatte sich in Sansovino einen herausragenden Vertreter dieses Fachs gesichert. Viele seiner Werke sind noch am Platz ihrer ursprünglichen Bestimmung zu bewundern, so etwa die Skulpturen an der Loggetta, die Kolossalstatuen an der Scala dei Giganti, die Bronzetür zur Sakristei in San Marco u. a. m. Daneben wurde er mit Bauaufträgen überschüttet: S. Francesco della Vigna, S. Giuliano, S. Geminiano, Palazzo Corner, genannt Ca'Grande, die Markusbibliothek, um nur das Wichtigste zu nennen. Sansovino blieb entgegen den manieristischen Strömungen seiner Zeit dem klassischen Ideal der Hochrenaissance treu und machte deren Sprache in Venedig heimisch. Die Fassade der Markusbibliothek zeigt deutlich, in welchem Maße der Künstler das venezianische Bestreben nach Dekoration – im Rom der ersten Hälfte des 16. Jh. noch undenkbar – adaptierte. Die Markusbibliothek ist zugleich Sansovinos Hauptwerk, von dem Jakob Burckhardt sagte, es sei »das prächtigste profane Gebäude Italiens«.

Giovanni Battista Tiepolo

Farbt. 36; Abb. 22, 84

Tiepolo wurde 1696 als Sohn eines Schiffsmaklers in Venedig geboren. Seine künstlerische Ausbildung erhielt er bei Gregorio Lazzarini (von ihm stammen die Wandbilder im Bruderschaftssaal der Scuola Grande dei Carmini). Bereits als Zwanzigjähriger trat Tiepolo mit ersten Werken vor die Öffentlichkeit. 1719 heiratete er Cecilia, die Schwester Francesco Guardis, mit der er neun Kinder hatte. Nach einer raschen Karriere wurde er bereits 1726 als »celebre pittore« bezeichnet. Bald riefen ihn Aufträge aus seiner Heimatstadt fort. Auf ausgedehnten Reisen kam er nach Mailand, Würzburg und schließlich – als gefeierte, internationale Koryphäe – nach Madrid, wo er 1770 starb.

Tiepolo, der wie Tizian im Ausland und für große Fürstenhäuser arbeitete, hat ein fast unübersehbares Œuvre hinterlassen. In seiner Frühzeit setzte er sich mit den älteren Meistern venezianischer Malerei auseinander, vor allem mit Tintoretto und Veronese sowie mit den etwas älteren Zeitgenossen Piazzetta und Sebastiano Ricci. Er entwickelte daraus, vor allem in den Fresken, sein eigenes farbenprächtiges Kolorit, dessen Pastelltönigkeit ein allgemeines Charakteristikum der Rokokomalerei wurde. Sein Aufenthalt in Würzburg, wo er Teile der dortigen Residenz ausmalte, hat der süddeutschen Rokokokunst entscheidende Impulse gegeben. Dennoch blieb die Kunst Tiepolos schon zu seinen Lebzeiten nicht unumstritten und geriet nach seinem Tode schnell in Vergessenheit. Es ist bezeichnend, daß Goethe die Landschaftsbilder seines Sohnes Domenico in der Villa Valmarana den Fresken des Vaters vorzog. Erst in unserem Jahrhundert sind die Stellung und der schöpferische Genius Tiepolos wiederentdeckt und gebührend gewürdigt worden.

Jacopo Tintoretto

Abb. 19, 21, 50–55, 80, 81

Jacopo Tintoretto wurde 1518 in Venedig geboren. Sein bürgerlicher Name lautete Robusti. Er war der Sohn eines Färbers (= Tintore), was ihm später den Namen »Färberlein« einbrachte. Dies ist jedoch nicht als Verulkung zu verstehen. Es ist eine venezianische Eigenart, Dinge oder Menschen, die besondere Wertschätzung genießen, nicht im Superlativ, sondern, ganz im Gegenteil, im Diminutiv anzusprechen. (Das venezianische Motto »messetta, bassetta e donetta« – etwa: morgens eine kleine Messe, mittags ein Spielchen und abends eine hübsche Frau – ist dafür sehr bezeichnend.) Im Gegensatz zu dem Weltreisenden Tizian hat Tintoretto den engeren Umkreis seiner Heimat nie verlassen. Lediglich 1580 hat er sich einmal auf Reisen begeben. Aber sein Weg führte nur bis Mantua, wo er die Ablieferung von bestellten Bildern überwachte – und selbst bei dieser Gelegenheit verzichtete er nicht auf die Begleitung seiner Frau Faustina, die er 1550 geheiratet hatte. Mit ihr hatte Tintoretto sieben Kinder, zwei Söhne, die er zu Malern ausbildete, und fünf Töchter, von denen eine gleichfalls in die Fußstapfen des Vaters trat. Eine andere heiratete den Maler Sebastiano Casser, die übrigen gingen ins Kloster.

1539 bezeichnet sich Tintoretto in einer Urkunde als Meister, das erste ihm mit Sicherheit zugeschriebene Bild stammt jedoch erst von 1545. 1548 wurde der Dreißigjährige mit dem

Markuswunder (Accademia) auf einen Schlag berühmt. 1551 erhielt er seine ersten Staatsaufträge, des weiteren arbeitete er für die Scuole S. Marco und S. Rocco. Namentlich die letztere wurde sein wichtigster Auftraggeber. 1574 konnte sich Tintoretto ein größeres Haus nahe der Madonna dell'Orto-Kirche kaufen. Allerdings hat sich der begnadete Künstler wohl wenig um finanzielle Dinge gekümmert. In dem Ehrgeiz, interessante Projekte an sich zu ziehen, hat er oftmals nur zum Selbstkostenpreis, gelegentlich sogar gänzlich unentgeltlich gearbeitet, was ihn bei seinen Malerkollegen nicht gerade beliebt machte. Tizian hat aus seiner Antipathie nie einen Hehl gemacht. Für die Impulsivität seines Charakters ist eine Episode bezeichnend, die im Zusammenhang mit dem ersten Auftrag der Scuola di S. Rocco berichtet wird. 1564 hatte die Bruderschaft einen Wettbewerb für die Darstellung der Verklärung des hl. Rochus ausgeschrieben, die das Mittelfeld der Decke der Sala dell'Albergo schmücken sollte. Während Zuccari, Veronese und Salviati zum festgesetzten Termin ihre Entwurfszeichnungen einreichten, hatte Tintoretto gleich das vollständige Bild gemalt und am Vorabend der Entscheidung heimlich an der Decke angebracht. Als die Scuolamitglieder und die Künstler zur Entscheidung zusammentraten, soll Tintoretto die Versammlung mit der Enthüllung seines bereits ausgeführten Vorschlages überrumpelt haben, den er darüber hinaus der Scuola zum Geschenk machte. Der Coup hatte sich jedenfalls gelohnt. Das Bild wurde nicht nur angenommen, Tintoretto erhielt auch den Auftrag für die weitere Ausmalung der Scuola. Die Unbekümmertheit gegenüber Geldfragen führte aber dazu, daß Tintoretto bei seinem Tode 1594 praktisch mittellos war. Seine Witwe mußte beim Senat mit der Bitte um eine Jahresrente in Höhe von 12 Dukaten vorstellig werden.

Tintoretto ist in jeder Hinsicht ein Gegenpol zu Tizian. Während dieser mit den Fürsten seiner Zeit in engem Kontakt stand und Auftraggeber in ganz Europa hatte, blieb Tintoretto zeitlebens dem nahen Umkreis seiner Heimatstadt verbunden. Seine wichtigsten Auftraggeber waren die Signoria, die Scuole und Kirchen Venedigs. Dies ist auch der Grund dafür, daß die Kunst Tintorettos, so bahnbrechend sie in mancher Hinsicht auch war, praktisch keine Nachahmung gefunden hat, während Tizians Leistungen anhaltend weiterwirkten. Tizian war zudem ein kühler Rechner, der oftmals mit seinen Auftraggebern umfangreiche Korrespondenzen über Zahlungsmodalitäten führte. Diese profane Seite im Wesen Tizians drückt sich nicht zuletzt in der großen Zahl seiner weltlichen Bilder aus, vor allem in den Herrscherporträts. Tintoretto dagegen war ein Schwärmer, der vor dem geistigen Hintergrund der Gegenreformation sein Genie fast ausschließlich in den Dienst der religiösen Malerei stellte. Als Hauptvertreter des Manierismus, des Spannungsfeldes zwischen Renaissance und Barock, hat er Werke von visionärer Kraft geschaffen, in denen Illusionsräume, gefühlsbetonte Dramatik und optische Verzerrungen den Ton angeben. Dabei ist es wichtig, sich vor Augen zu halten, daß Tintoretto bei aller Impulsivität seines Temperaments in seiner Arbeit zum Teil mit verblüffender Gründlichkeit zu Werke ging. Es ist überliefert, daß er bei großen Aufträgen zuerst die Raum- und Lichtverhältnisse inspizierte. Sodann schuf er ein Miniaturmodell des betreffenden Raumes und stellte kleine, aus Wachs geformte Modelle hinein, die er nach der ihm vorschwebenden Komposition anordnete, um an ihnen die Wechselwirkung von Licht und Schatten zu beobachten. Die derart gewonnenen Erkenntnisse wurden dann abschließend noch einmal an

Ort und Stelle überprüft, die Komposition entsprechend geändert und umgruppiert. Erst dann begann Tintoretto zu malen.

Zu seinen frühesten, sicher datierbaren Werken zählt die Abendmahlsdarstellung in S. Marcuola. Wenn sich darin auch schon erkennbar die Opposition gegen Tizian rührt, bleibt Tintoretto doch anfangs der klassischen Kompositionsweise treu. Namentlich dieses Bild steht unter dem Einfluß Leonardos (Abendmahl in Mailand). Dieselbe Abhängigkeit von älteren Meistern zeigt der Altar mit der hl. Ursula in S. Lazzaro dei Mendicanti, wo noch Zitate an Carpaccio anklingen. Zu seiner persönlichen Formensprache fand Tintoretto in dem Markuswunder in der Accademia. Hier werden die Einflüsse älterer Meister, auch Tizians, und die manieristische Zeitströmung miteinander verbunden. Ein für die damalige Sichtweise ungewöhnliches Motiv ist dabei der perspektivisch stark verkürzte und in Unteransicht wiedergegebene Markus, der von oben her in das Geschehen gleichsam niederstürzt. Das Bemühen um Tiefenillusion beherrschte sein weiteres Schaffen, wie es u. a. im Abendmahl in S. Trovaso exemplarisch deutlich wird. Seit 1564 entstanden über einen Zeitraum von 24 Jahren die Gemäldezyklen für die Scuola di S. Rocco, in denen Tintoretto die Emotionalisierung des Geschehens zu einer spannungsgeladenen Dramatik steigert. Den Höhepunkt seines Schaffens markiert das kurz vor seinem Tode entstandene Abendmahl in S. Giorgio Maggiore, das in einer überraschenden Synthese Bewegtheit und Ruhe, Sakrales und Profanes miteinander zu einer Wirkung von großer Intensität verdichtet.

Tizian

Abb. 27–29, 57

Tiziano Vecellio wurde um das Jahr 1477 in Pieve di Cadore, einem Dorf in den Alpen des nördlichen Veneto, geboren. Sein Alter – er starb 1576, wurde also 99 Jahre alt – hat immer Staunen und Zweifel hervorgerufen. Zu Beginn unseres Jahrhunderts setzte sich die Ansicht durch, daß Tizian erst um 1490 das Licht der Welt erblickte. Diese Theorie muß inzwischen als überholt gelten, da 1955 eine Notiz von seinem Tode im Pfarregister von S. Canciano entdeckt wurde, die sein Alter sogar mit 103 Jahren angibt. Noch nicht zwanzigjährig, kam er nach Venedig, wo er in das Atelier Sebastiano Zuccatos eintrat. Schon bald wechselte er zu dessen einstigem Lehrer Gentile Bellini und schließlich in die Werkstatt dessen bedeutenderen Bruders, Giovanni Bellinis. Neben G. Bellini geriet er unter den Einfluß von Giorgione, mit dem er die Außenfront des Fondaco dei Tedeschi ausmalte (1508, nicht mehr erhalten). Nach dem frühen Tod Giorgiones hat Tizian etliche von dessen unfertig zurückgebliebenen Werken vollendet (u.a. die berühmte »Ruhende Venus« in Dresden). Nach einem vorübergehenden Aufenthalt in Padua, wohin er 1511 vor der in Venedig wütenden Pest geflohen war, richtete er 1513 ein eigenes Atelier in Venedig ein. In rascher Folge entstanden zahlreiche Werke, die den Ruhm des Meisters begründeten. 1518 schuf er sein wichtigstes Altarbild, die Assunta für die Frari-Kirche, wenige Jahre später ein anderes berühmtes Gemälde für dieselbe Kirche, die sog. Pesaro-Madonna. Sein Ruf reichte inzwischen weit über die Grenzen Venedigs hinaus. Seit 1530 entstanden Bilder im Auftrag der Herzöge von Urbino und Kaiser Karls V., der in Mantua zum ersten Mal ein Werk Tizians gesehen hatte. Nicht unerheblich war dabei die Publicity, für die sein Freund, der scharfzüngige Pietro Aretino, sorgte, der seit 1527 nach langem Romaufenthalt wieder in Venedig Fuß gefaßt hatte. Zu den großen Auftraggebern gesellte sich in den 40er Jahren die Familie Farnese, aus der 1534 mit Paul III. jener Papst hervorging, der auf dem Konzil zu Trient die Gegenreformation einleitete. 1545 wurde Tizian an den Vatikan berufen, wo er mit den Ehrenbezeugungen für einen Fürsten empfangen wurde. 1548 reiste er nach Augsburg, wo Karl V. Reichstag hielt. Das dort entstandene Porträt des Kaisers befindet sich heute in München (Alte Pinakothek). Tizian wurde in Deutschland mit Aufträgen förmlich überschüttet, so daß er zwei Jahre später noch einmal nach Augsburg reiste, wo er sich ein ganzes Jahr lang aufhielt. Für Tizians weiteres Schaffen wurde der Kontakt mit Karls V. Sohn von Bedeutung, der später als Philipp II., König von Spanien, sein wichtigster Auftraggeber werden sollte. Die meisten der aus den 1550er und 60er Jahren stammenden Arbeiten waren für Madrid bestimmt. Tizian war bis ins hohe Alter hinein tätig. Noch kurz vor seinem Tode entstand die Pietà, die der Künstler für sein eigenes Grabmal bestimmt hatte (heute in der Accademia).

So überragend Tizian als Künstlergenie war, seine Charakterzüge werden von Zeitgenossen nicht immer im besten Licht geschildert. So soll er geizig und geldgierig gewesen sein. Neben sich duldete er keine anderen großen Begabungen. Den jungen Tintoretto soll er bereits nach kurzem aus seinem Atelier geworfen haben.

In seiner Frühzeit nahm Tizian die unterschiedlichsten Anregungen auf. Für seinen Werdegang war vor allem die Berührung mit Giovanni Bellini und dem gleichaltrigen Giorgione ausschlaggebend. Auch mit Dürer hatte er Kontakt und erlernte von ihm (1506) den Holzschnitt, den er fortan oft für Entwürfe großer Bilder verwendete. Erst nach dem Tode Giorgiones entfaltete sich die überragende Begabung zu einem eigenen Stil. Während in den frühesten Werken die menschliche Figur nur einen Teil des ganzen Bildgeschehens ausmachte, wurde sie nun zusehends zum beherrschenden Mittelpunkt seines Interesses. Darüber hinaus löste sich Tizian von der klassischen Ausgewogenheit Bellinis und schuf Bilder, in denen eine pulsierende Bewegtheit die Komposition durchwaltet. Als Hauptwerk dieser »protobarocken« Phase gilt die Assunta. Die Konzentration auf die menschliche Gestalt führte fast automatisch zu Tizians Meisterschaft in der Porträtkunst.

Nach 1530 bricht eine Phase der Beruhigung an. Charakteristisch für diese Epoche ist der »Tempelgang Mariens« in der Accademia. Ab etwa 1550 spricht man vom Altersstil Tizians. Er verzichtet nun ganz auf schmückendes Beiwerk, das psychologische Interesse an der menschlichen Physiognomie und Anatomie, besonders der Zustand des Leidens, tritt in den Vordergrund. Die Laurentius-Marter in der Jesuitenkirche steht stellvertretend für die 1560er Jahre. Der Bildraum wird mehr und mehr von einer tiefen Räumlichkeit geprägt, die in krassen Licht- und Schattenkontrasten zum Ausdruck kommt. Die Verkündigung in S. Salvatore ist in tiefes Dunkel getaucht, aus dem die hellen Partien schlaglichtartig aufleuchten. In den letzten Jahren seines Wirkens wird die Palette gedeckter. Hatten in den früheren Jahrzehnten leuchtende Töne, vor allem das Rot, seine Malweise bestimmt, so werden diese zunehmend von Braun-, Grau- und Ockertönen abgelöst. In der späten Pietà in der Accademia vollenden sich dieses »Finstere, zum Brutalen Gesteigerte und die koloristischen Möglichkeiten des Mißfarbenen« (Theodor Hetzer).

Tizians Wirkung war derart erdrückend, daß sich im engeren Umkreis seiner Werkstatt keine eigenen Persönlichkeiten entfalten konnten. So haben sich denn auch Tintoretto und El Greco schon bald von ihm abgewendet, um ihre eigenen Wege zu suchen. Für die Nachwelt aber ist die Leistung Tizians richtungweisend geworden. Velazquez, Rubens, van Dyck und Rembrandt bauen in Farbgebung und der Technik der weichen Pinselführung auf dem Schaffen Tizians auf. Im Rahmen der Porträtkunst reicht sein Einfluß weit über das 16. Jh. hinaus und hat bis in das Œuvre Goyas und Lenbachs fortgewirkt.

Paolo Veronese

Farbt. 33, Abb. 23

Paolo Caliari, 1528 in Verona geboren, wurde unter dem Namen seiner Vaterstadt bekannt. Mit dreiundzwanzig Jahren trat er erstmalig als Künstler hervor. Er hatte gemeinsam mit anderen Malern die Fresken in der von Sanmicheli erbauten Villa Soranzo geschaffen. Daraufhin wurde er nach Venedig berufen, wo er für die Familie Giustinian das Madonnenbildnis in S. Francesco della Vigna malte. Der junge Veronese wurde in den Kreis der Künstler aufgenommen, die damals mit der Ausschmückung des Dogenpalastes beschäftigt waren. Die Ausmalung der Sakristei von S. Sebastiano war sein erster selbständig ausgeführter größerer Auftrag. Es folgte die Ausmalung derselben Kirche (1556), und schon im selben Jahr genoß Veronese bereits derart hohe Wertschätzung, daß ihm mit den Stimmen Tizians und Sansovinos eine der begehrtesten Auszeichnungen der Republik verliehen wurde, die Goldene Kette der Prokuratoren von San Marco. In der Folgezeit war Veronese ein von weltlichen und geistlichen Auftraggebern gesuchter Mann, dessen breitgefächerter Werkkatalog Fresken und Tafelbilder, christliche, allegorische, mythologische, historische Themen und Porträts umfaßt. Veronese, der Venedig, abgesehen von kurzen Unterbrechungen, seit den 50er Jahren kaum mehr verließ, starb hoch angesehen im Jahr 1588.

Neben Tizian und Tintoretto ist Veronese der dritte Gigant unter den venezianischen Malern der Hochrenaissance. Seine Bilder atmen eine frische, unkomplizierte Natürlichkeit. Mit Vorliebe stellte er die Lokalfarben nebeneinander. In seiner Heiterkeit unterscheidet er sich von dem schwärmerischen Tintoretto, von dem Ernst Tizians. Die Darstellungen festlicher Ereignisse sind von Lebenslust sprühende Chroniken des prunkvollen Venedigs im 16. Jh., das sich so unbekümmert über die politischen Realitäten hinwegzusetzen scheint. Erst im Alter wurde seine Palette gedeckter, stumpfe Grün- und Blautöne treten in den Vordergrund.

Veroneses Ruf war auch nach seinem Tode derart ungebrochen, daß seine Werkstatt mit seinen Söhnen Carletto und Gabriele, seinem Bruder Benedetto und seinem Neffen Alvise Benfatto, genannt dal Friso, noch lange über das Ableben des Meisters hinaus erfolgreich weiterarbeiten konnte. Die Grundlage dafür bildeten Skizzen und Entwürfe aus dem Nachlaß des Meisters.

Kunstgeschichtliches Glossar

Andron Korridor im Erdgeschoß des venezianischen Palazzo.
Apsis Griechisch = Bogen, Rundung. Die das Ende des Chores, gelegentlich auch der Seitenschiffe bildende Altarnische über fast immer halbrundem, selten auch polygonalem Grundriß.
Architrav Der waagerechte Steinbalken über Säulen, Pfeilern oder Pilastern.
Archivolte Rahmenleiste an der Stirnseite eines Bogens oder die (meist plastische) Innengliederung einer Bogenlaibung. Geläufiges Motiv an romanischen und gotischen Portalen.
Arkade Lateinisch = Bogen. Bogenstellung, d.h. ein Bogen über Säulen oder Pfeilern. Das Wort Arkade kann auch die fortlaufende Reihe von Bögen bedeuten.
Attika Aufmauerung über einem Gesims, zum Teil als eigenes Geschoß ausgebildet.
Baldachin Gewölbter, dachartiger Aufbau über Statuen oder Altären. In der gotischen Kunst Symbol des Himmels.
Basilika Griechisch = Königshalle. Die römische Basilika, ursprünglich Markt- oder Gerichtshalle, ist eine flachgedeckte Säulenhalle mit drei oder mehr Schiffen und einer apsidialen Rundung im Osten. Längsrichtung und Höhenstufung der Schiffe, wobei das Mittelschiff sein Licht von der über die Seitenschiffe aufsteigenden Fensterzone, dem sog. Licht- oder Obergaden, empfängt, sind die Wesensmerkmale der B., die in ihren zahlreichen Abwandlungen zum wichtigsten Typ des christlichen Kultbaus wurde. In Venedig ist es irritierend, daß San Marco, eine Kreuzkuppelkirche, im Volksmund Basilika genannt wird. Als Bestimmung des Bautyps von San Marco ist dies unzutreffend.
Basis Fuß einer Säule oder eines Pfeilers, der den Druck der Stütze auf eine größere Grundfläche verteilt.
Blende Das einem Baukörper vorgelegte, der Dekoration oder Gliederung dienende »blinde« architektonische Motiv, das nicht räumlich in Erscheinung tritt, z. B. Blendarkade.
Campanile Frei stehender Glockenturm.
Chiaroscuro Ton-in-Ton-Malerei.
Chor Griechisch = Tanz, Tanzplatz. Ursprünglich Raum für den Chorgesang der Geistlichen, seit dem 15. Jh. übliche Bezeichnung für den Altarraum und seine Annexe.
Chorschranke (Lettner) Trennwand zwischen Laienraum und dem Altarraum bzw. dem Teil einer Kirche, der den Geistlichen vorbehalten ist.
Cinquecento Italienisch = fünfhundert. In Italien die geläufige Bezeichnung für das 16. Jh.
Fiale Turmartige Verzierung mit spitzem Dach in der gotischen Baukunst, häufig als oberer Abschluß von Strebepfeilern.
Fresko Italienisch = frisch (im Gegensatz zu secco = trocken). Auf feuchten Verputz aufgetragenes Wandgemälde, das durch gleichzeitiges Abbinden von Putz und Farbe besonders haltbar ist.
Gisant Liegendes Abbild eines Verstorbenen auf einem Sarkophag.
Groteske Vegetabiles Rankenornament mit eingebundenen Darstellungen von Tieren,

Menschen und/oder Fabelwesen. Häufiges Motiv in der römischen Kunst, besonders in der Wandmalerei, das im 15. Jh. wiederentdeckt wurde, zum Teil in Grotten (deshalb der Name). Gehört zum gängigen Formenschatz der Renaissance.

Halle Raum mit mehreren Schiffen von gleicher Höhe.

Ikonostatis Mit Bildern geschmückte Trennwand zwischen Kirchenraum und dem Allerheiligsten in frühchristlichen und byzantinischen Kirchen.

Joch Gewölbeeinheit innerhalb einer Folge gleicher Einheiten sowie der dadurch bestimmte Raumabschnitt. Als Joch wird auch der von Pfeiler zu Pfeiler (bzw. von Säule zu Säule) reichende Abschnitt einer Brücke bezeichnet.

Kämpfer Die oberste Platte eines Pfeilers oder einer Säule, die als Auflage für Bögen oder Gewölbe dient.

Kalotte Französisch = Käppchen. Kuppelform, die mittels eines horizontal geführten Schnittes durch eine Kugel oberhalb ihres Großkreises (Äquator) entsteht. Auch Bezeichnung für eine Viertelkugel als Wölbung über einer Apsis auf Halbrundgrundriß.

Kapitelsaal Wichtiger Versammlungsraum eines Klosters, in der Regel hallenartig und an der Ostseite des Kreuzganges gelegen. Im Kapitelsaal finden außer Beratungen und Lesungen (von daher der Name) jene außerliturgischen Feste statt, die nicht an die Kirche selbst gebunden sind.

Kassettendecke Eine flache oder gewölbte Decke mit vertieften Feldern, die quadratisch, polygonal oder rund sein können.

Kolonnade Offener Gang mit Säulen oder Pfeilern, der im Gegensatz zur Arkade mit geradem Gebälk bzw. Architrav abschließt.

Konche Griechisch = Muschel. Andere Bezeichnung für Apsis oder apsidiale Rundung.

Korbbogen Gedrückter, also nicht halbrunder Bogen.

Krypta Unterkirche, meist unter dem Chor.

Lanzettfenster Extrem hohes und schmales Fenster mit spitzbogigem Abschluß. Typisch für die hochgotische Architektur. Meist werden mehrere Lanzetten mit einem Rundfenster darüber zu einem sog. Gruppenfenster zusammengefaßt.

Loggia Offener, von Säulen oder Pfeilern getragener Gang oder Saal.

Lünette Französisch = kleiner Mond. Halbkreisförmiges Bogenfeld über Fenstern oder Portalen.

Maßwerk Das geometrisch (mit dem Zirkel) »gemessene« Bauornament der Gotik, zumeist aus Rundstäben gebildet. Tritt zum ersten Mal an der Kathedrale von Reims auf.

Mezzanin Zwischen- bzw. Halbgeschoß.

Narthex Vorhalle der antiken und später christlichen Basiliken.

Oktogon Achteck.

Ottocento Italienisch = achthundert. In Italien die geläufige Bezeichnung für das 19. Jh.

Paß Bezeichnet eine runde Fenster- oder Ornamentform, die aus einzelnen Kreissegmenten gebildet wird. Entsprechend der Anzahl der Segmente spricht man von einem Dreipaß, Vierpaß etc. Der Vierpaß ist eine verbreitete Fensterform der gotischen Palastarchitektur Venedigs.

Pendentif Hängezwickel. Über vier Pendentifs erfolgt in der Regel die Überleitung von einem quadratischen Grundriß zum Rund einer Kuppel.

Piano nobile Bezeichnung für die Obergeschosse aristokratischer Wohnbauten.

Pietà (Vesperbild) Darstellung der Maria mit dem Leichnam Christi. In der Kunst der Frührenaissance Venedigs besonders beliebtes Thema.

Pilaster Flacher, der Wand aufgeblendeter Pfeiler.

Polychromie Vielfarbigkeit.

Polygon Vieleck (Sechseck, Achteck etc.).

Polyptychon Mehrteiliges Altarbild.

Portikus Von Säulen bzw. Pfeilern getragene offene Vorhalle.

Predella Sockelzone eines Altarbildes bzw. Altaraufsatzes.
Presbyterium Andere Bezeichnung für Chor. Bestimmt in der Regel die Gesamtheit einer Choranlage mit Hauptapsis und begleitenden Seitenkapellen.
Quattrocento Italienisch = vierhundert. Bezeichnung für das 15. Jh.
Reliquiar Behältnis zur Aufbewahrung der sterblichen Überreste eines Heiligen bzw. Teilen davon oder für die seinem Andenken geweihten Gegenstände.
Retabel Altarbild, gemalt oder plastisch, einteilig oder mehrteilig.
Risalit Vorspringender Teil einer Fassade.
Rustika Roh behauene Quadersteine, meist am Sockel eines Gebäudes. In der toskanischen Architektur häufig, in der venezianischen nur selten verwendetes Motiv.
Saal Einschiffiger Raum.
Sacra Conversazione Italienisch = Heiliges Gespräch. Gängige Bezeichnung für Darstellungen der Muttergottes mit Heiligen, ohne daß real eine Unterhaltung erkennbar ist.
Sanktuarium Heiligtum. Meist findet der Begriff Anwendung auf kleinere Kirchen oder Kapellen, die im Verband mit einem größeren Bau stehen.
Säulenordnung Die wichtigsten Grundformen sind die auf die Antike zurückgehenden Ordnungen Dorisch (ohne Basis, schlichtes Kapitell), Ionisch (mit Basis und Volutenkapitell) und Korinthisch (mit mehrfach profilierter Basis und Akanthusblatt-Kapitell).
Seicento Italienisch = sechshundert. Bezeichnung für das 17. Jh.
Sepulkralplastik Grabplastik.
Settecento Italienisch = siebenhundert. Bezeichnung für das 18. Jh.
Soffitto Flachdecke.
Stichkappe Kleines, in ein größeres Gewölbe von den Seiten her eindringendes Gewölbe.
Tabernakel Turmartige Bekrönung mit spitzem Dach, häufig als Abschluß eines Strebepfeilers, ähnlich der Fiale, aber im Unterschied zu jener offen, so daß im Innern oftmals Figuren aufgestellt sind. Daneben bezeichnet der Begriff Tabernakel auch den Aufbewahrungsort von Kelch und Hostie.
Tambour Französisch = Trommel. Zylindrischer Unterbau einer Kuppel, der sich über die Dachzone des jeweiligen Gebäudes erhebt.
Thermenfenster Römische Fensterform. Ein Halbrund, das von zwei senkrechten Stegen in drei Abschnitte unterteilt wird.
Tondo Rundbild.
Tonne Wölbung mit halbkreisförmigem Querschnitt.
Trecento Italienisch = dreihundert. Bezeichnung für das 14. Jh.
Triptychon Dreiflügeliger Altar.
Tympanon Griechisch = Handpauke. Das halbrunde Bogenfeld über einem Portal, meist mit plastischem Dekor.
Vedute Originalgetreue Wiedergabe einer bestimmten topographischen Situation.
Verkröpfung Herumführen eines Gesimses oder Gebälkes um Pfeiler bzw. Säulen oder Mauervorsprünge.
Vierung Der Durchdringungsraum von Lang- und Querhaus einer Kirche. Ist dieser Teil vom Langhaus oder den Querarmen nicht abgesondert, spricht man von nicht ausgeschiedener V., andernfalls von ausgeschiedener V. Über der V. kann sich ein Vierungsturm oder eine Vierungskuppel erheben.
Wimperg Giebelförmige Bekronung gotischer Fenster und Portale.
Zentralbau Bau, dessen sämtliche Teile auf einen Mittelpunkt bezogen sind (Quadrat, Kreis, Polygon). Während das Abendland in der Regel dem längsgerichteten Bau (Basilika, Halle, Saal) den Vorzug gab, ist der Z., der der Architektur des Ostens entstammt, in Venedig stets beliebt gewesen, meist in der Form der neunzelligen Kreuzkuppelkirche (quadratisches, überkuppeltes Zentrum, an den Seiten vier tonnengewölbte Raumteile, in den Ecken vier wiederum überkuppelte Quadrate).

Literaturauswahl

Darstellungen zur Geschichte, Kunst- und Kulturgeschichte

Arslan, Edoardo: Das gotische Venedig – Die venezianischen Profanbauten des 13. bis 15. Jahrhunderts, München 1971

Bialostocki, Jan: Die Eigenart der Kunst Venedigs, Mainz 1980

Burckhardt, Jacob: Die Kultur der Renaissance in Italien, 1860, Neuausgabe Stuttgart 1960

Demus, Otto: Die Mosaiken von San Marco in Venedig 1100–1300, Baden bei Wien 1935

Hellmann, Manfred: Grundzüge der Geschichte Venedigs, Darmstadt 1981

Hetzer, Theodor: Aufsätze und Vorträge, Leipzig o. J.

Hubala, Erich: Venedig, Reclam-Kunstführer Italien II/1, Stuttgart 1974

Hüttinger, Eduard: Venezianische Malerei, Stuttgart 1959

Keller, Harald: Die Kunstlandschaften Italiens, München 1960, Neuausgabe Frankfurt/M. 1983

Kretschmayr, Heinrich: Geschichte von Venedig, 3 Bde., 1905, 1920 und 1934, Neuausgabe Aalen 1964 (das grundlegende Standardwerk mit reicher Quellensammlung)

Lauritzen, Peter und *Zielcke, Alexander:* Venezianische Paläste, München 1979

Longworth, Philip: Aufstieg und Fall der Republik Venedig, Bergisch-Gladbach 1978

Lorenzetti, Giulio: Venezia e il suo estuario, Reprint Triest 1982 (englische Ausgabe: Venice and its Lagoon)

Morris, Jan: Großmacht Venedig – Eine Seereise durch die Geschichte, München 1981

Planiscig, Leo: Venezianische Bildhauer der Renaissance, Wien 1921

Ruskin, John: The Stones of Venice, London 1851–53

Schreiber, Hermann: Das Schiff aus Stein – Venedig und die Venezianer, München 1981

Timofiewitsch, Wladimir: Die sakrale Architektur Palladios, München 1968

Wittkower, Rudolf: Grundlagen der Architektur im Zeitalter des Humanismus, München 1969

Zorzi, Alvise: Venedig – Eine Stadt, eine Republik, ein Weltreich 697–1797, München 1981

Venedig in der Literatur

Andersch, Alfred: Die Rote, Erstausgabe 1960, veränderte Neufassung, Zürich 1972

Bender, Hans: Der Hund von Torcello, München 1984

Benn, Gottfried: Selbsterreger, in: Gottfried Benn, Gesammelte Werke, Bd. I, München 1975

Goethe, Johann Wolfgang von: Italienische Reise 1829, Neuausgabe Frankfurt/M. 1976

Habe, Hans: Palazzo, München 1980
Hemingway, Ernest: Über den Fluß und in die Wälder, zuletzt Hamburg 1984
Highsmith, Patricia: Venedig kann sehr kalt sein, Zürich 1979
Mann, Thomas: Der Tod in Venedig, verschiedene Ausgaben (literarische Vorlage für den gleichnamigen Spielfilm)
Maurer, Doris und *Arnold, E. (Hrsg.):* Venedig, Frankfurt/M. 1983 (eine literarische Quellensammlung mit umfangreicher Bibliographie)
Maurier, Daphne du: Dreh' dich nicht um, in der Novellensammlung: Spätestens in Venedig, zuletzt Hamburg 1983 (literarische Vorlage für den Spielfilm: Wenn die Gondeln Trauer tragen)
McCarthy, Mary: Venedig, Köln 1984
McEwan, Ian: Der Trost von Fremden, Zürich 1983
McInnes, Helen: Auftrag in Venedig, München/Zürich 1981
Meyer, Conrad Ferdinand: Auf dem Canal Grande, verschiedene Ausgaben
Morris, James: Dreimal Venedig, 1960, Neuausgabe München 1983
Nietzsche, Friedrich: Venedig, verschiedene Ausgaben
Rilke, Rainer Maria: Spätherbst in Venedig, verschiedene Ausgaben
Rosei, Peter: Wer war Edgar Allan?, Hamburg 1979
Schroers, Rolf: Der Hauptmann verläßt Venedig, München 1982
Trakl, Georg: In Venedig, u. a. in: Georg Trakl, Das dichterische Werk, München 1972

Raum für Ihre Reisenotizen

Anschriften neuer Freunde, Foto- und Filmvermerke, neuentdeckte gute Restaurants, etc.

Praktische Reise-Informationen

Auskünfte 361
Ausrüstung 361
Anreise 362
Unterkunft 362
Verkehrsmittel 362
Traditionelle Feste 364
Kulturelle Veranstaltungen . . . 365
Ein Blick auf die Speisekarte . . . 365
Nützliche Anschriften 366
Weitere nützliche Informationen . 367
Programmvorschläge 367
Venezianische Begriffe 368
Öffnungszeiten 368
Ausflüge in der Lagune:
S. Michele 370
Murano 371
Burano 376
Torcello 376
Der Lido 377
Chioggia 377

Auskünfte

Informationen für eine Reise nach Venedig (Hotelverzeichnisse, Ortsprospekte, Veranstaltungskalender etc.) erhält man kostenlos und unverbindlich beim *Staatlichen Italienischen Fremdenverkehrsamt (ENIT)*, das in der Bundesrepublik Deutschland, in Österreich und in der Schweiz Außenstellen unterhält.

Die Büros für die Bundesrepublik:
Berliner Allee 26
4000 Düsseldorf
Tel. 02 11/13 22 31

Kaiserstr. 65
6000 Frankfurt/M.
Tel. 0 69/23 12 13 oder 23 26 48

Goethestr. 20
8000 München 2
Tel. 0 89/53 03 69

Für Österreich:
Kärntnerring 4
1010 Wien
Tel. 02 22/65 43 74 oder 65 16 39

Für die Schweiz:
Uraniastr. 32
6900 Zürich
Tel. 01/2 11 36 33

3, rue du Marché
1204 Genf
Tel. 0 22/28 29 22

Ausrüstung

Neben dem üblichen Reisegepäck sollte man bei einer Fahrt nach Venedig folgende Dinge mitnehmen: Gummistiefel, regenfeste Kleidung, ein Fernglas (für die Betrachtung hoch gelegener Details), einen kleinen Taschenspiegel (hilfreich bei der Betrachtung von Deckenbildern), ausreichend Reise- oder Euroschecks, da die Einfuhr von Barmitteln in Landeswährung beschränkt ist (derzeit auf 200000 Lire pro Person).

Anreise

Mit dem Flugzeug: Von Frankfurt und München gibt es Linienflüge nach Venedig. Die Maschinen landen auf dem Aeroporto Internazionale Marco Polo. Der Transfer in die Stadt erfolgt entweder mit Linienbussen, die am Piazzale Roma halten, oder mit Booten, die die Station S. Marco ansteuern.

Mit dem Auto: Wer in den Wintermonaten die Alpen überquert, erkundigt sich vorsichtshalber beim ADAC oder bei dessen italienischer Schwesterorganisation ACI (Piazzale Roma 518a, Tel. 41/70 03 00) nach dem Straßenzustand. Am schnellsten erreicht man Venedig über die Autobahn (gebührenpflichtig). Nach Venedig gelangt man über den 4 km langen Damm, der bei Mestre beginnt. Da es im gesamten Stadtgebiet von Venedig (außer rund um den Piazzale Roma und auf dem Lido) keinen Autoverkehr gibt, muß man sein Fahrzeug in einem der Parkhäuser am Piazzale Roma oder auf den Großparkplätzen auf dem Tronchetto abstellen. In Hochsaisonzeiten (Karneval, Sommermonate) sind diese in der Regel überfüllt; dann hilft meist ein Trinkgeld an den Parkwächter weiter, oder man läßt seinen Wagen gleich auf dem Festland, entweder in Mestre, von wo man mit Bahn oder Bus nach Venedig gelangt, oder in Fusina, von wo man per Schiff über die Brenta die Stadt erreicht. Letzteres ist der historische Weg, den alle Reisenden früherer Zeiten nahmen.

Mit der Bahn: Bequem und preisgünstig zugleich. Endstation ist der Hauptbahnhof S. Lucia direkt am Canal Grande. Hier legen auch alle wichtigen Linienboote an, mit denen der Reisende zu seinem Quartier fährt.

Unterkunft

In Saisonzeiten empfiehlt es sich, schon im voraus ein Quartier zu reservieren. Über Anzahl der Hotels und Pensionen, deren Klassifikation, Ausstattung, Lage, Preise etc. informieren die Verzeichnisse, die das ENIT bereithält. Der einfachste Weg ist ein kurzer Anruf in dem gewünschten Hotel (Vorwahl von Venedig: 41, von der BRD aus: 00 39 41), wobei der des Italienischen Unkundige immer mit Englisch, oft auch mit Deutsch weiterkommt. Wer in Venedig eintrifft, ohne ein Quartier vorbestellt zu haben, wendet sich an die Vertretung der *Ente Provinciale del Turismo (E.P.T.)* in der Bahnhofsvorhalle.

Verkehrsmittel

Das einzige öffentliche Verkehrsmittel Venedigs ist das Schiff. Die Linienschiffe nennt man *Vaporetto,* die (sehr teuren) Taxiboote *Motoscafo.* Daneben gibt es am Canal Grande mehrere Fährboote, das sog. *Traghetto.* Die Billetts für die Linienschiffe löst man an den kleinen Fahrkartenhäuschen vor den Anlegestellen. Man kann auch auf den Schiffen selbst beim Personal die Karte nachlösen, was aber einen Aufschlag kostet. Koffer werden extra berechnet. Wer mehrere Fahrten an einem Tag plant, fährt u. U. günstiger mit dem 24-Stunden-Ticket, das sich aber erst bei mindestens sechsmaliger Benutzung des Linienschiffes lohnt. Die wichtigsten Linien:

Linie 1 Auch *Accelerato* genannt. Verkehrt vom Piazzale Roma über den Canal Grande zum Lido und zurück. Da dieses Schiff jede Station am Canal Grande ansteuert, dauert die Fahrt recht lange, und man hat Gelegenheit, die Denkmäler an der berühmten Wasser-

Der Canal Grande nahe dem Rialto, rechts die Fabbriche Nuove. Stich nach einem Gemälde von Canaletto

straße mit Muße zu betrachten. Die Stationen sind nacheinander: Piazzale Roma, Stazione (Bahnhof), Riva S. Biasio, S. Marcuola, S. Stae, Ca' d' Oro, Rialto, S. Silvestro, S. Angelo, S. Tomà (Frari), Ca' Rezzonico, Accademia, S. Maria del Giglio, S. Maria della Salute, S. Marco, S. Zaccaria, Arsenale, Giardini (Biennale-Gelände), S. Elena, Lido (Gesamtfahrzeit: eine knappe Stunde).

Das Schiff verkehrt alle 10 Minuten und während der späten Nachtstunden (durchgehend) stündlich.

Linie 2 Auch *Diretto* genannt. Schnelle Direktverbindung zwischen Piazzale Roma bzw. Bahnhof und S. Marco. Hält nur an wenigen Stationen und schneidet die große Schleife des Canal Grande ab, indem es durch den Rio Nuovo fährt. Von S. Marco Weiterfahrt zum Lido und zurück. Verkehrt ebenfalls alle 10 Minuten und ist ein wenig teurer als der langsamere Accelerato.

Linie 3 Auch *Diretissimo* genannt. Verkehrt zwischen dem Großparkplatz Tronchetto durch den Canale della Giudecca zur Station S. Zaccaria (Dogenpalast). Kein Zwischenhalt. Abfahrt alle 15 Minuten.

Linie 5 Auch *Circolare* genannt. Umfährt die Stadt in beiden Richtungen. Man unterscheidet deshalb zwischen einem *Circolare Destra* und einem *Circolare Sinistra.* Seine Stationen sind: Piazzale Roma, Stazione, Ponte Guglie, Ponte dei Tre Archi, S. Alvise, Madonna dell' Orto, Fondamenta Nuove, Friedhofsinsel S. Michele, Murano, von Murano zurück zu den Fondamenta Nuove, dann weiter Ospedale Civile, Celestia, Campo della Tana, S. Zaccaria, S. Giorgio Maggiore, Le Zitelle, Il Redentore, S. Eufemia, Zattere, S. Basilio, Sacca Fisola, S. Marta, Piazzale Roma, bzw. das Ganze in umgekehrter Reihenfolge. Verkehrt alle 15 Minuten.

Linie 6 Direktverbindung von S. Zaccaria zum Lido. Verkehrt alle 20 Minuten. Fahrtzeit 15 Minuten.

Linie 8 Pendelverkehr zwischen S. Zaccaria und der Giudecca. Die Stationen: S. Zaccaria, S. Giorgio, Le Zitelle, Il Redentore, S. Basilio, Sacca Fisola und zurück.

Linie 9 Pendelverkehr zwischen den Fondamenta Zattere und der Giudecca-Insel.

Linie 11 Fährverbindung zwischen Venedig (S. Zaccaria) und Chioggia. Verkehrt in der Regel zweimal täglich. Fahrtzeit 90 Minuten.

Linie 12 Fährverbindung zwischen Venedig (Fondamenta Nuove, Zubringer Linie 5, s. o.) und den Inseln Murano, Burano und Torcello.

Linie 17 Fährschiff zwischen dem Tronchetto und dem Lido. Möglichkeit zur Autoverladung.

Da der Canal Grande nur drei Brücken hat, sind die acht *Traghetto-Stationen* sehr hilfreich, um größere Umwege zu vermeiden. Die Überfahrt erfolgt in gondelähnlichen Booten. Mittags sowie sonn- und feiertags meist kein Betrieb. Die Stationen:

Stazione – Fondamenta S. Simeone Piccolo (am Bahnhof)

S. Marcuola – Fondaco dei Turchi (bei der Vaporetto-Station S. Marcuola)

S. Sofia – Pescheria (nahe der Ca' d' Oro)

Riva del Carbon – Riva del Vin (nahe der Rialto-Brücke)

Ca' Garzoni – S. Tomà (nahe Frari)

S. Samuele – S. Barnabà (neben den Palazzi Grassi und Rezzonico)

S. Maria del Giglio – S. Gregorio (nahe der Salute-Kirche)

Calle Vallaresso – Punta Dogana (an der Mündung des Canal Grande)

Eine individuelle Fahrtroute kann man mit den *Gondeln* unternehmen, die romantischste, aber sicher auch kostspieligste Möglichkeit der Fortbewegung in Venedig. An folgenden Punkten findet man feste Stationen: Bacino Orseolo (hinter den Alten Prokuratien), Calle Vallaresso (bei der Station S. Marco), Riva del Carbon (nahe der Rialto-Brücke), Riva degli Schiavoni (beim Hotel Danieli), am Molo (direkt vor dem Dogenpalast), am Campo S. Moisè, an den Vaporetto-Stationen S. Sofia und S. Tomà, am Bahnhof und am Piazzale Roma.

Traditionelle Feste

Aus der Vielzahl der Feste früherer Zeiten haben sich einige wenige bis in unsere Tage gehalten oder sind, wie der Karneval, zu neuem Leben erweckt worden. Die wichtigsten sind:

Februar/März: der Karneval. Früher dauerte er Wochen, im 18. Jh. sogar Monate. Heute feiert man das große Maskenfest erst während der letzten zehn Tage vor Aschermittwoch.

Juli: Am dritten Sonntag des Juli wird das *Redentore-Fest* zur Erinnerung an die Erlösung von der Pest 1576 veranstaltet. Am Vorabend findet auf dem Canale della Giudecca ein Schiffskorso mit anschließendem Feuerwerk statt.

September: Am ersten Sonntag dieses Monats findet alljährlich die *Regatta Storica* auf dem Canal Grande statt. An den prachtvollen, mehrere Kilometer langen Schiffskorso mit Hunderten historischer Boote und festlich kostümierter Bootsführer schließt sich ein sportlicher Wettkampf an. Es beginnt mit der Regatta der Jugendlichen, dann folgt das Rennen der Frauen. Den Abschluß bildet der Wettkampf der Männer.

Beste Möglichkeit zum Zuschauen bietet sich von der Tribüne am Palazzo Balbi oder von einem der zahlreichen Lastkähne, die an diesem Tag von den Schiffseigentümern bestuhlt und zu schwimmenden Logen umfunktioniert werden. Wichtiger Hinweis: Das Verweilen auf den Brücken über den Canal Grande ist während der Veranstaltung nicht gestattet.

November: Am 21. dieses Monats wird das *Fest der Madonna della Salute* zur Erinnerung an die Errettung von der Pest 1630 begangen. Über eine Pontonbrücke bewegt sich die Prozession von der Schiffsstation S. Maria del Giglio hinüber zur Salute-Kirche.

Kulturelle Veranstaltungen

Während des ganzen Jahres wird in Venedig ein breitgefächertes Veranstaltungsprogramm angeboten. Die führenden Theater sind das *Teatro La Fenice* (Opernhaus), die Theater *Malibran, Goldoni* und *del Ridotto.* In Kirchen und Palästen werden Konzerte veranstaltet. Besonders reichhaltig ist das Angebot während der Karnevalszeit.

Man sollte auch die sehr lebendige Ausstellungsszene beachten. Alle zwei Jahre (immer in Jahren mit gerader Endziffer) findet von Juni bis August die *Internationale Kunst-Biennale* statt.

Über alle diese Aktivitäten informiert ein monatlich erscheinendes Programmheft, *Un ospite di Venezia,* das man kostenlos an verschiedenen Stellen, nicht zuletzt in den Hotels erhält. Am besten informiert ist immer die *Azienda Autonoma di Soggiorno e Turismo* in der Ca' Giustinian, S. Marco Nr. 4089, Tel. 2 61 10 (zwischen Piazza di S. Marco und S. Moisè, am Ende der Calle del Ridotto). Während Venedig sonst allgemein ein sündhaft teures Pflaster ist, wird der Besucher von den vergleichsweise günstigen Eintrittspreisen der Theater überrascht sein.

Ein Blick auf die Speisekarte

Unter den Spezialitäten der venezianischen Küche sind vor allem die diversen Fischgerichte zu nennen. Zu den Köstlichkeiten zählen: *Aragosto* (Hummer, Languste), *Anguilla* (auch *Bisato* genannt, Aal), *Coda di Rospo* (wörtlich: Krötenschwanz = Seeteufel), *Cozze* (Miesmuscheln, meist in Weißweinsud gekocht), *Datteri di Mare* (Meeresdatteln, eine Muschelart), *Fritto Misto* (Gemisch aus panierten, in Öl gebackenen Tintenfisch-Ringen und kleinen Fischen und/oder Krabben bzw. Scampi), *Grancevola* (Meeresspinne), *Orata* (Goldbrasse), *San Pietro* (Sankt-Peter-Fisch), *Sogliola* (Seezunge). Da der Fischbestand der Adria jedoch knapp geworden ist, gehören die Fischgerichte zu den teuersten Speisen auf der Karte.

Als weitere Spezialitäten nennen wir: *Bigoli* (Spaghetti aus dunklem Mehl), *Risi Bisi* (eigentlich: *Riso e Bisi,* Reis mit Erbsen), *Risotto* (Reiseintopf, meist mit Muscheln), *Castradino* (Hammelbraten), *Fegato alla Veneziana* (Leber in Öl und mit viel Zwiebeln gebacken, die gängige Beilage dazu ist Maisbrei = *Polenta*), *Trippa alla Trevisana* (gekochte Kutteln). Daneben findet man natürlich alle Gerichte, die typisch für die italienische Küche sind.

Ein Menü beinhaltet in etwa folgende Gänge: Man beginnt mit einer Pasta, d. h. einer Mehlspeise (*Spaghetti, Tortellini, Lasagne, Cannelloni* etc.). Darauf folgt das Hauptgericht, wozu man separat die Beilage *(Contorno)* oder einen Salat *(Insalata)* bestellt. Zum Abschluß nimmt man Käse *(Formaggio)* und/oder eine Süßspeise *(Dolce).* Eine Köstlichkeit ist das *Tiramisú* (wörtl.: Zieh mich hinauf, ein Dessert, das aus likörgetränkten Biskuits, Creme und geraspelter Schokolade besteht). Dazu trinkt man den Wein des Hauses *(Vino della casa),* wenn möglich einen offenen vom Faß *(aperto).* Eine ideale Verdauungshilfe nach einem reichhaltigen Mahl ist – neben dem *Espresso* – eine *Grappa,* ein aus gepreßten Trauben destillierter Treberschnaps.

Bei der Lokalsuche und der Speiseauswahl ist zu beachten: Im Bereich der beiden touristischen Brennpunkte (San Marco und Rialto) findet man zwar eine große Auswahl an Restaurants, die aber in der Regel stattliche Preise verlangen. Typische Lokale, in denen man gut und noch einigermaßen preiswert ißt, findet man vor allem im Dorsoduro zwischen der Accademia und dem Campo S. Barnabà, im Norden der Stadt und im Bereich zwischen S. Zaccaria und dem Arsenal. Bekannt für ihre Fischspezialitäten sind die Restaurants auf Burano (empfehlenswert: das Restaurant Galuppi). Fischliebhaber sollten am Montag einem Fleischgericht den Vorzug geben, da montags der Fischmarkt geschlossen ist und die auf der Karte angebotenen Fische dann in der Regel aus der Tiefkühltruhe kommen.

Die meisten Lokale in Venedig sind auf den Fremdenverkehr eingerichtet und präsentieren Speisekarten in mehreren Sprachen. Auch die Ober beherrschen oft Grundkenntnisse in Deutsch und Englisch. Dies erweist sich vor allem dann als hilfreich, wenn man sich über die Art der Zubereitung eines Gerichts informieren möchte. Daß ein Gast übervorteilt wird, kommt – gottlob – nur selten vor. Dennoch sollte man die Rechnung aufmerksam studieren. Ein Posten, der den Neuling oft irritiert, ist das *Coperto,* das Gedeck, das immer gesondert berechnet wird. Darin ist u. a. der Konsum des Brotes enthalten. Auch der Service wird oft extra berechnet. Aber auch in diesem Fall gibt man normalerweise ein Trinkgeld von etwa 10 Prozent der Endsumme.

Nützliche Anschriften

Apotheken Sind geöffnet im Sommer 8.30–12.30 und 16–20 Uhr, im Winter 8.30 12.30 und 15.30–19.30 Uhr. In der *Farmacia Gioco Internazionale* (S. Marco Nr. 1473, nahe S. Moisè) spricht man Deutsch. Über die diensthabenden Apotheken nach Geschäftsschluß und an Feiertagen informieren das schon erwähnte Monatsprogramm *Un ospite di Venezia* sowie die Tagespresse.

Autohilfe Pannendienst des ACI, Tel. 116 (einheitlich in ganz Italien). Wichtiger Hinweis: Abschleppen auf Autobahnen darf nur der Pannenhilfswagen des ACI. Die Gebühr dafür entfällt für die Inhaber eines internationalen Schutzbriefes.

Banken Praktisch alle Banken sind nur vormittags geöffnet. Nachmittags trifft man offen an: American Express Bank, S. Marco Nr. 1474 (mo.–fr. 8.45–17 Uhr). An allen Tagen, auch an Sonn- und Feiertagen, 8–19 Uhr durchgehend geöffnet ist die Filiale der Banca Nazionale delle Communicazioni im Bahnhof.

Diplomatische Vertretungen Der *Bundesrepublik Deutschland:* Konsulat, S. Marco Nr. 2888, Tel. 2 51 00 (gegenüber der Accademia). *Österreichs:* Konsulat, Calle dei Monti Nr. 4700 (nahe S. Luca), Tel. 3 21 33. *Der Schweiz:* Konsulat, Dorsoduro Nr. 810, Tel. 2 59 96 (am Campo S. Agnese).

Erste Hilfe Tel. 113 (einheitlich in ganz Italien). *Rotes Kreuz,* Tel. 8 63 46.

Fundbüro Im Rathaus *(Palazzo Farsetti,* nahe der Rialto-Brücke). Gegenstände, die auf einem der Linienschiffe vergessen wurden, kommen ins Fundbüro der Städtischen Verkehrsbetriebe *A.C.N.I.L.,* Tel. 2 09 21.

Geschäfte Die üblichen Öffnungszeiten sind: im Sommer 9–13 und 16–20 Uhr, im Winter 8–13 und 15.30–19.30 Uhr. Sonntags und an Montagnachmittagen geschlossen.

Polizei Der Hauptsitz der Polizei ist im *Palazzo Loredan* nahe der Rialto-Brücke, Tel. 2 40 63. Für dringende Soforthilfe wendet man sich an die leitende Einsatzzentrale im ehem. Kloster von *S. Zaccaria,* Tel. 3 22 22.

Post Die Hauptpost ist im *Fondaco dei Tedeschi* (neben der Rialto-Brücke) untergebracht. Ein anderes großes Postamt befindet sich nahe San Marco, hinter der Ala Napoleonica (Plan S. 48). Telegramme kann man unter Tel. 8 50 72 aufgeben.

Weitere nützliche Informationen

Verhalten bei Hochwasser (Aqua Alta) In allen Wartehäuschen der städtischen Verkehrsbetriebe hängen Stadtpläne aus, auf denen markiert ist, wo Gehsteige auf Eisenböcken aufgestellt sind, über die man sich trockenen Fußes fortbewegen kann.

Die beste Reisezeit Oktober und November, wenn der Hauptstrom der Touristen die Stadt verlassen hat, aber in der Regel noch milde Temperaturen herrschen. Die kälteste und regenreichste Zeit ist im ausgehenden Winter/anbrechenden Frühjahr (Feb./März).

Telefonvorwahl Nach Deutschland: 00 49, nach Österreich: 00 43, in die Schweiz: 00 41 (die Null vor der Ortskennzahl weglassen).

Mitnahme von Tieren Erforderlich ist ein Impfpaß mit dem Nachweis einer Tollwutimpfung, die nicht älter als 12 Monate und nicht jünger als 4 Wochen sein darf. Für Hunde sind Maulkorb und Leine im ganzen Stadtgebiet von Venedig Pflicht.

Versicherungen Eigentumsdelikte sind in Venedig erfreulich selten. Dennoch empfiehlt sich vorsichtshalber der Abschluß einer Reisegepäck-Versicherung.

Programmvorschläge

Im Folgenden wird eine Zeiteinteilung für einen achttägigen Aufenthalt vorgeschlagen. Wer kürzer bleibt, streicht von unten das Programm tageweise zusammen.

1. Tag: Vormittags Rundgang auf der Piazza und der Piazzetta, anschließend Besuch der Markuskirche. Am Nachmittag Schiffsfahrt auf dem Canal Grande, eventuell mit Ausstieg an folgenden Stationen: S. Marcuola, Ca' d' Oro, Rialto, Ca' Rezzonico (dort mit dem Traghetto übersetzen zum Palazzo Grassi und zurück), S. Maria della Salute.
2. Tag: Vormittags Besuch des Dogenpalastes; am Nachmittag Frari-Kirche und Scuola Grande di S. Rocco.
3. Tag: Vormittags Besuch der Gemäldegalerie in der Accademia; am Nachmittag S. Zanipolo und die nahe Kirche S. Maria dei Miracoli.
4. Tag: Vormittags Rundgang im Rialto-Bezirk mit Besichtigung der Kirchen S. Giacomo di Rialto, S. Giovanni Crisostomo und S. Salvatore; am Nachmittag Besuch der beiden Palladio-Kirchen S. Giorgio Maggiore und Il Redentore auf der Giudecca-Insel.
5. Tag: Rundgang vom Markusplatz zur Kirche S. Zaccaria, anschließend S. Giovanni in Bragora, eventuell weitergehen bis zum Arsenal. Am Nachmittag Besuch der Scuola di S. Giorgio degli Schiavoni mit dem Carpaccio-Zyklus, dann zum Campo S. Maria Formosa mit der gleichnamigen Kirche.
6. Tag: Vormittags Rundgang von S. Moisè über S. Maria del Giglio nach S. Stefano. Am Nachmittag S. Maria della Salute, dann Spaziergang auf dem Zattere-Kai zur Gesuati-Kirche. Zum Abschluß eventuell noch S. Sebastiano mit der Deckenmalerei Veroneses. Rückweg in die Stadt über den Campo S. Margherita.
7. Tag: Rundgang im Norden der Stadt, beginnend an der Kirche I Gesuiti, dann SS. Apostoli und Ca' d' Oro (Besuch der Galleria Franchetti). Nachmittags zur Kirche Madonna dell' Orto, anschließend durch das ehemalige Ghetto nach S. Giobbe.
8. Tag: Ganztägiger Ausflug in die nördliche Lagune. Zum Auftakt nach Murano (S. Pietro Martire, SS. Maria e Donato und das Glas-

museum); anschließend nach Burano (dort Mittagessen). Am Nachmittag nach Torcello.

Zur Orientierung in der Stadt: Venezianische Begriffe

Piazza bedeutet im Italienischen allgemein Platz. In Venedig gibt es jedoch nur eine Piazza, nämlich die *Piazza di San Marco.* Alle anderen Plätze nennt man *Campo.* Dieselbe Differenzierung gilt für kleinere Plätze. *Piazzetta* nennt man lediglich den Platz zwischen Dogenpalast und Markusbibliothek sowie die *Piazzetta dei Leoncini* an der Nordseite der Markuskirche. Alle anderen kleineren Plätze heißen *Campiello.*

Canal (ohne e am Ende) gibt es ebenfalls nur einen, den *Canal Grande,* den die Venezianer auch *Canalazzo* nennen, in einer für den venezianischen Dialekt typischen Kontraktion von Canal und Palazzo. Andere große Kanäle heißen *Canale,* die kleineren Wasserwege *Rio.*

Corte ist die Bezeichnung für Hof, die Verkleinerungsform lautet *Cortile.* Gerät man in eine scheinbare Gasse, die aber als Cortile ausgewiesen ist, so befindet man sich höchstwahrscheinlich in einer Sackgasse. Dasselbe gilt in der Regel für Gassen mit dem Zusatz *Ramo;* sie enden meist (aber nicht immer) an einem Kanal. Vorsicht ist allemal geboten, wenn man – besonders bei Dunkelheit – in einen Ramo gelangt. Die Gasse heißt *Calle,* im Diminutiv *Callesella.* Wichtigere Wege heißen oft *Salizzada;* so nannte man früher die gepflasterten Wege. Zahlreiche Gassen, die auf den Canal Grande führen, heißen *Calle del Traghetto.* Da aber längst nicht mehr alle Traghetto-Stationen früherer Zeiten in Betrieb sind, führen nur wenige dieser Gassen tatsächlich zu einem Fährboot (vgl. S. 364). Ein *Rio terrà* ist ein zugeschütteter Kanal, also immer begehbar. Mit *Fondamenta* werden die Gehwege an den Kais bezeichnet (Singular- und Pluralform sind gleich). *Sottoportego* schließlich nennt man Gassen, die man entweder durch einen Durchgang erreicht, oder die unter einem Portikus hindurchführen. Sie bieten oftmals gute Abkürzungsmöglichkeiten, locken den Unkundigen aber ebensooft ins Abseits.

Öffnungszeiten

Die hier genannten Öffnungszeiten sind nur als allgemeine Orientierungshilfe zu verstehen, da immer wieder Änderungen vorgenommen werden. Oftmals unterliegt eine bestimmte Öffnungszeit vorher nicht absehbaren Unwägbarkeiten, gelegentlich sind Kirchen, die gerade restauriert werden, ganz geschlossen. Es kann deshalb keine Gewähr übernommen werden. Verlag und Autor sind dankbar für Hinweise auf geänderte Öffnungszeiten: DuMont Buchverlag, Mittelstraße 12–14, 5000 Köln 1.

Kirchen

Die Kirchen sind in der Regel von der Frühmesse (7, 8, selten auch erst um 9 Uhr) bis 12 Uhr und am Nachmittag von 17 bis 19 Uhr geöffnet. Nachstehend die abweichenden Öffnungszeiten der Hauptkirchen:

S. Giorgio Maggiore Tägl. 9–12.30 und 14–18.30 Uhr.

SS. Giovanni e Paolo (S. Zanipolo) Tägl. 7–12 und 15.30–19.30 Uhr.

S. Marco Tägl. 7–17 Uhr, gelegentlich auch länger.

Die Museen in der Markuskirche Tägl. 9.30–16.30 Uhr.

Fahrt mit dem Lift auf den Campanile Tägl. 10–19.30 Uhr möglich.

S. Maria della Salute Tägl. 8–12 und 15–17 Uhr.

S. Maria Gloriosa dei Frari Tägl. 9.30–12 und 14.30–18 Uhr.

S. Zaccaria Tägl. 10–12 und 16–18 Uhr.

Während der Gottesdienste oder anderer kirchlicher Feiern (z. B. Trauungen, Bestattungen etc.) sind Rundgänge und Besichtigungen in der Regel nicht gestattet.

Museen

Die meisten Museen sind nur vormittags geöffnet. Grundsätzlich sind alle Museen der Stadt an hohen Feiertagen geschlossen (1. Januar, 25. April, 1. Mai, der erste Sonntag im Juni, 15. August und der 25. Dezember). An Sonn- und Feiertagen ist in den staatlichen Museen freier Eintritt.

Accademia Dienstags bis samstags 9–14, sonntags 9–13 Uhr. Montags geschlossen.

Collezione Peggy Guggenheim April bis Oktober tägl. 12–18, samstags 12–21 Uhr. Samstags freier Eintritt, was man wahrnehmen sollte, da das Guggenheim-Museum das mit Abstand teuerste Museum in Venedig ist. Dienstags sowie November bis März geschlossen.

Museo Archeologico Dieselben Zeiten wie die Accademia.

Museo Civico Correr Mittwochs bis samstags und montags 10–16, sonntags 9–12.30 Uhr. Dienstags geschlossen.

Museo Comunità Israelitica (am Campo Ghetto Nuovo) Tägl. 10–12.30 und 15–17.30. Samstags und an jüdischen Feiertagen geschlossen.

Museo d'Arte Moderna (im Palazzo Pesaro) Dienstags bis samstags 9–17, sonntags 9–12.30 Uhr. Montags geschlossen.

Museo d'Arte Orientale (im Palazzo Pesaro) Dienstags bis samstags 9.30–16, sonntags 9–12.30 Uhr. Montags geschlossen.

Museo di Icone (im Istituto Ellenico) Dienstags bis samstags 9–12.30 und 15.30–18, sonntags 9–12 Uhr. Montags geschlossen.

Museo Storico Naturale (im Fondaco dei Turchi) Dienstags bis samstags 9–13.30, sonntags 9–12 Uhr. Montags geschlossen.

Museo Storico Navale Montags bis freitags 9–13, samstags 9–12 Uhr. Sonntags geschlossen.

Paläste

Ca' d'Oro mit der *Galleria Franchetti* Dienstags bis samstags 9–14, sonntags 9–13 Uhr. Montags geschlossen.

Ca' Rezzonico mit dem *Museo del Settecento Veneziano* Montags bis donnerstags und samstags 10–16, sonntags 9–12.30 Uhr. Freitags geschlossen.

Dogenpalast Tägl. 8.30–18 Uhr, im Winter bis 17 Uhr. Letzter Einlaß eine Stunde vor Schließung.

Palazzo Labia (Tiepolo-Fresken) Tägl. außer sonn- und feiertags um 15 Uhr.

Palazzo Querini-Stampalia mit der gleichnamigen *Galerie* April bis Oktober dienstags bis samstags 10–15.45, sonntags 10–14.45 Uhr, November bis März tägl. 10–14.45 Uhr. Montags geschlossen.

Scuole

Scuola di S. Giorgio degli Schiavoni Dienstags bis samstags 9.30–12.30 und 15.30–18.30, sonntags 10.30–12.30 Uhr. Montags geschlossen.

Scuola Grande dei Carmini Montags bis samstags 9–12 und 14.30–17 Uhr. Sonntags geschlossen.

Scuola Grande di S. Rocco Tägl. 9–13 und 15.30–18.30 Uhr.

Weitere Sehenswürdigkeiten

Casa Goldoni Tägl. 8–13.30 Uhr. Sonntags geschlossen.

Torre dell' Orologio Dienstags bis samstags 9–12 und 15–17, sonntags 9–12 Uhr. Montags geschlossen.

Museo Vetrario di Murano Montags und dienstags sowie donnerstags bis samstags 10–16, sonntags 9–12.30 Uhr. Mittwochs geschlossen.

Torcello, Kathedrale Tägl. 10.30–12.30 und 14–18.30 Uhr.

Im Text sind die *Galleria Manfrediniana* im Seminario Patriarcale (Diözesan-Museum links neben der Salute Kirche mit einigen hervorragenden Bildern, u. a. von Giovanni Bellini und Sebastiano Ricci) sowie die *Biblioteca Marciana* in der ehemaligen Zecca (illuminierte Manuskripte, Inkunabeln, Goldschmiedearbeiten etc.) nicht behandelt, weil sie nicht allgemein zugänglich sind. Ihr Besuch ist einem bestimmten Personenkreis möglich (z. B. Kunsthistorikern, Archäologen, Publizisten etc.). Anmeldung erforderlich, für die Galleria Manfrediniana unter Tel. 2 55 58, für die Biblioteca Marciana unter Tel. 70 87 88.

Ausflüge in der Lagune

Plan der Lagune in hinterer Umschlagklappe

Wenn man morgens aufbricht, ist der Besuch der Inseln S. Michele, Murano, Burano und Torcello ein erfülltes Tagesprogramm. Zwar bieten private Unternehmen Schiffsfahrten dorthin (außer nach S. Michele) an – Abfahrt bei San Marco –, allerdings wird das Programm auf einen halben Tag zusammengedrängt, so daß es kaum möglich ist, die Denkmäler mit Muße zu erleben. Namentlich auf Murano werden die Teilnehmer lediglich durch eine Glasbläserei geschleust und müssen dann die Insel gleich wieder verlassen. Unser Vorschlag geht deshalb von der Benutzung der öffentlichen Linienschiffe aus, die bei den Fondamenta Nuove ablegen.

S. Michele in Isola

Knapp einen Kilometer von den Fondamenta Nuove, auf halber Strecke nach Murano, liegt die Friedhofsinsel S. Michele. Das Eiland war im 13. Jh. von Camaldulenser-Mönchen besiedelt worden, deren Kloster im Zuge der Säkularisation zu Beginn des 19. Jh. aufgelöst wurde. Erst gegen Ende des 19. Jh. wurde die Insel systematisch zum Zentralfriedhof von Venedig ausgebaut. Vom alten Kloster sind noch die Kirche und der Kreuzgang erhalten.

Den mittelalterlichen Kirchenbau ersetzte *Mauro Codussi* nach 1469 durch den bestehenden, der kurz nach der Wende zum 16. Jh. fertiggestellt war. Es ist das erste Werk Codussis in Venedig und zugleich eine der frühesten Renaissancearchitekturen der Stadt. Anstatt der bis dahin üblichen gotischen Ziegelmauer mit aufgesetzten Dekorteilen wird an dieser Stelle erstmalig – noch kurz vor S. Zaccaria – die Fassade mit istrischem Marmor verkleidet. Die Dreiteilung durch aufgeblendete Pilaster macht den Bau nach außen hin als Basilika kenntlich. Unsicherheit herrscht aber noch in der Gewichtung der Proportionen. So sind z. B. die seitlichen Rundbogenfenster größer als das Portal, eine für das klassische Formempfinden der Renaissance unbefriedigende Lösung. Wie ein Zitat toskanischer Bauweise mutet die Rustizierung der unteren Fassadenpartie an, ein Motiv, das in der venezianischen Baukunst kaum Nachfolge gefunden hat. Links an die Fassade grenzt der kleine Zentralbau der Cappella Emiliana, die der Klosterkirche 1530 angefügt wurde.

Betritt man den Kirchenraum, so verhindert zunächst eine tief herabgezogene Empore den Blick in das Innere. Ihre Sockel und Pilaster sind mit qualitätvoller Ornamentik aus dem *Lombardo-Umkreis* dekoriert. Erst nach Durchschreiten der Empore, die dem vorderen Teil der Kirche den Charakter eines Vorraumes verleiht, erfaßt man die basilikale Konstruktion. Die weit auseinander stehenden Säulen der Arkadenbögen ermöglichen den unverstellten Blick in die Seitenschiffe. So entsteht ein ausgewogenes Verhältnis von Länge zu Breite, wie es für die venezianische Architektur des Mittelalters bereits charakteristisch war und in der Renaissance zum unverwechselbaren Wesensmerkmal der Sakralbaukunst Venedigs wurde. Die wichtigsten Stücke der Ausstattung wurden nach Aufhebung des Klosters in alle Winde zerstreut. An Ort und Stelle blieben nur unbedeutendere Dinge.

Im vorderen Teil der Kirche führt eine Verbindungstür in die *Cappella Emiliana,* ein Kleinod der Renaissancearchitektur. Es ist das einzige Beispiel eines Rundbaus des 16. Jh. in Venedig. Der Grundriß ist ein Hexagon, das von einer Kuppel überwölbt wird. Die Wände sind mit steinernen Altären geschmückt. Bau und Ausstattung sind das Werk lombardischer Künstler.

Ein Blick in den Kreuzgang aus dem mittleren 15. Jh. rundet den Besuch von S. Michele ab.

Murano

Farbt. 25, 30; Abb. 85; Plan S. 372

Schon im 13. Jh. wurden die ersten Glaswerkstätten auf Murano angesiedelt. Die Kunst der Glasherstellung ist seither ununterbrochen bis in unsere Tage fortgeführt worden. Man sollte deshalb die Gelegenheit wahrnehmen, einen (kostenlosen) Blick in eine der zahlreichen Werkstätten zu werfen. Allerdings ist der überwiegende Teil der heutigen Produktion eine wenig ersprießliche Konzession an den Geschmack des Massentourismus. Glaserzeugnisse früherer Zeiten sind im Glasmuseum ausgestellt. Auf dem Wege dahin besuchen wir zuvor die Kirche S. Pietro Martire, die man am Ende der Fondamenta del Vitral erreicht.

S. Pietro Martire

Die mittelalterliche Klosterkirche der Dominikaner, S. Giovanni Battista, fiel im 15. Jh. einem Brand zum Opfer und wurde nach ihrer Neuerrichtung (zwischen 1477 und 1511) dem Petrus Martyr geweiht, einem der prominentesten Dominikaner-Heiligen. Der Grundriß des Renaissancebaus folgt getreulich dem mittelalterlichen Vorgänger. Es ist eine dreischiffige Basilika ohne Querhaus und mit einem dreiteiligen Presbyterium. Obwohl die Kirche, die seit 1813 Pfarrkirche ist, in den Jahren ihrer Auflösung (1808–13) erhebliche Verluste erlitten hat, sind dennoch bemerkenswerte Teile ihrer Ausstattung erhalten geblieben. Das bedeutendste Werk ist eine Madonna mit Heiligen von *Giovanni Bellini* an der rechten Seitenwand. Das 1488 entstandene Bild vertritt den Typ des Dogen-Votivbildes. In der Bildmitte thront, leicht erhöht, die Muttergottes mit dem Christuskind. Rechts steht die prachtvoll gewandete Gestalt des hl. Augustinus, ihm gegenüber kniet der Doge Agostino Barberigo, den der hinter ihm stehende hl. Markus dem Schutz der Madonna empfiehlt. Zwei musizierende Engel zu seiten des Thrones runden das Gruppenbildnis ab. Einem Theatervorhang gleich wallt dahinter eine rotsamtene Stoffbahn nieder, zu deren Seiten Ausblicke in eine Landschaft frei werden. In der breitformatigen Anlage, der theatermäßigen Inszenierung und der feierlichen Repräsentation, in der sich die Motive von Andacht und Porträt miteinander verbinden, ist dieses Werk ein wichtiger Schritt zu den Dogen-Votivbildnissen des 16. Jh., wie sie im Dogenpalast so zahlreich anzutreffen sind.

Murano, S. Pietro Martire. Nach: Soprаintendenza per i Beni Ambientali e Architettonici di Venezia

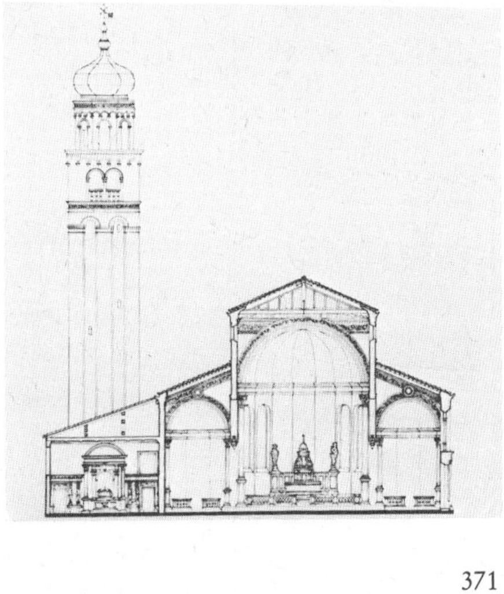

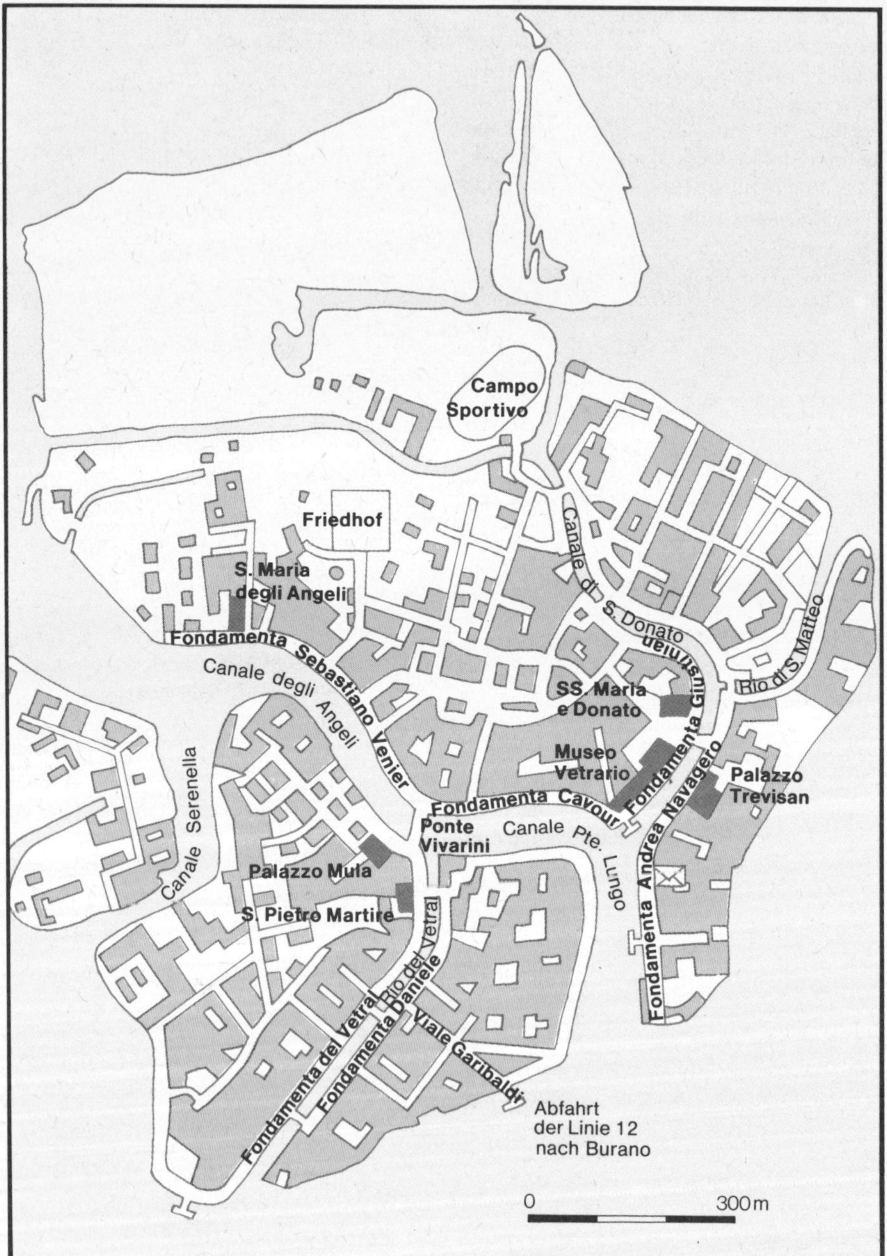
Campo
Sportivo
Friedhof
S. Maria
degli Angeli
Fondamenta Sebastiano Venier
Canale degli Angeli
Canale di S. Donato
Fondamenta Giustinian
Rio di S. Matteo
SS. Maria
e Donato
Museo
Vetrario
Fondamenta Cavour
Fondamenta Navagero
Palazzo
Trevisan
Canale Serenella
Ponte
Vivarini
Canale Pte. Lungo
Fondamenta Andrea Navagero
Palazzo Mula
S. Pietro Martire
Rio dei Vetrai
Fondamenta dei Vetrai
Fondamenta Daniele
Viale Garibaldi
Abfahrt
der Linie 12
nach Burano
0
300 m

Das rechts daneben befindliche Bild mit einer Himmelfahrt Mariens wird zwar in der Beischrift als Werk Bellinis ausgewiesen, ist aber mit Sicherheit eine Werkstattarbeit. Der direkte Vergleich zwischen beiden Gemälden läßt das beträchtliche künstlerische Gefälle auf Anhieb erkennen. Zu erwähnen sind noch zwei Bilder *Paolo Veroneses* im linken Seitenschiff, der hl. Hieronymus und eine Darstellung Petri, der der hl. Agathe im Kerker erscheint. Ersteres ist durch eine Restaurierung in seinen Farben verfälscht worden, das andere dagegen zeigt den typisch samtigen Glanz der Palette Veroneses.

Über den *Ponte Vivarini,* dessen Name daran erinnert, daß die Künstlerfamilie der Vivarini auf Murano beheimatet war, überquert man den Canale degli Angeli. Nach links blickt man auf den *Palazzo Mula,* der in der Spätgotik (15. Jh.) erbaut, im 16. Jh. durch Aufstockung eines Mezzanins erhöht wurde. Im Zuge dieser Erweiterung wurden in die Außenwände Relieffragmente der veneto-byzantinischen Epoche eingelassen. Hinter dem Palazzo (nicht zugänglich) befindet sich ein Park. Er ist das einzig erhaltene Beispiel eines Gartens der Renaissance auf Murano, von denen es früher etliche gab. Murano war beliebt als Sommerfrische. Zahlreiche Patrizierfamilien besaßen Ferienvillen auf der Insel.

An den Fondamenta Cavour wenden wir uns nach rechts. Nach einer scharfen Biegung gelangt man an den Canale di Donato, an dem sich, untergebracht im *Palazzo Giustinian,* das Glasmuseum befindet.

Museo Vetrario di Murano

Im Parterre sind Beispiele der römischen Glaskunst, im Obergeschoß die venezianischen Erzeugnisse ausgestellt. Aus der venezianischen Frühzeit sind keine Stücke erhalten geblieben, die Sammlung setzt erst mit dem 15. Jh. ein. Den Hauptteil des Bestandes nehmen Exponate aus der Blütezeit der Glasbläserkunst auf Murano ein (16./frühes 17. Jh.). Besonders originell ist der letzte Raum, in dem die Gegenstände nicht museal in Vitrinen aufbewahrt werden, sondern ein ganzer Tisch mit Murano-Gläsern gedeckt ist, angefangen von den unterschiedlichen Weinpokalen bis hin zu gläsernen Tellern und Schüsseln.

Ofen in einer Glasbläserei auf Murano. Anonyme Zeichnung aus dem 17. Jh.

Exkurs: Die Glaskunst auf Murano

Nachdem im Laufe des 13. Jh. die Kunst der Glasherstellung in Venedig Fuß gefaßt hatte, wurden die Werkstätten, die damit zum erstenmal urkundliche Erwähnung fanden, in den 1290er Jahren auf Beschluß der Signoria auf Murano konzentriert. Durch eine geschickte Politik gegenüber den Angehörigen

◁ *Murano*

der Glasbläserzunft sicherte sich die Serenissima für lange Zeit in diesem Wirtschaftszweig ein Monopol in Europa. Einerseits wurden den Glasbläsern weitreichende Privilegien gewährt – bis hin zur Möglichkeit, in Patrizierfamilien einzuheiraten –, andererseits hat man sie, falls sie Murano verließen, für vogelfrei erklärt und ihren Besitz konfisziert. So erreichte dieses Kunsthandwerk im Laufe des 16. Jh. eine große Blüte und belieferte alle Länder Europas, wobei die Spiegel der wichtigste Exportschlager waren. Damals wohnten mehr als 30 000 Menschen auf Murano – heute sind es nicht einmal mehr 10 000. Der allmähliche Rückgang fiel mit der politischen und wirtschaftlichen Krise Venedigs zusammen. Im Laufe des 17. Jh. setzten sich zahlreiche Handwerker in andere europäische Länder ab, wo sie ihre bis dahin in der Lagune so sorgsam gehüteten Geheimnisse weitervermittelten. Neue Zentren der Glasherstellung entstanden in England, Frankreich, Spanien und besonders in Böhmen. Den schwersten Rückschlag erlitt die heimische Produktion, nachdem es den Franzosen gelungen war, großformatige Spiegel herzustellen, eine technische Neuerung, der die Venezianer nichts Gleichwertiges entgegenzusetzen hatten. Damit war ihr Monopol endgültig gebrochen, und mit der abnehmenden Nachfrage ging auch die Zahl der Betriebe auf Murano zurück. Erst gegen Ende des 19. Jh. nahm die Produktion dank des kauffreudigen Reisepublikums wieder zu. Seitdem wird in den Werkstätten auf Murano neben ernstzunehmender Glaskunst vorwiegend Konfektionsware für den Massentourismus produziert.

Dem Glasmuseum gegenüber liegt auf der anderen Seite des Canale di S. Donato der *Palazzo Trevisan*, der um 1550 für den Patriarchen von Aquileia errichtet worden war. Abweichend von dem üblichen Schema der venezianischen Palastfassade mit der Trennung dreier Vertikalabschnitte werden diese hier durch verbindende Horizontalgesimse zusammengefaßt. Gleich hinter dem Glasmuseum gelangt man auf den Campo SS. Maria e Donato mit der gleichnamigen Kirche.

SS. Maria e Donato

Farbt. 30

Die Kirche, deren Ursprung im dunkeln liegt, ist eine der ältesten Gründungen in der Lagune und war Domkirche des Bischofs von Torcello. Dem Patrozinium der Maria wurde das des hl. Donatus im 12. Jh. hinzugefügt, nachdem man Reliquien dieses Heiligen aus Sizilien erworben hatte. Dies war möglicherweise der Anlaß für die Errichtung des bestehenden Neubaus, der in der ersten Hälfte des 12. Jh. aufgeführt wurde. Die spätere Barockisierung hat man anläßlich einer Restaurierung im 19. Jh. wieder entfernt und das Bauwerk auf seine romanischen Formen zurückgeführt. In dem weichen Lagunengrund sind die tragenden Bauteile, Außenmauern und Säulen, auf ein Fundament aus Pfählen und meh-

Murano, SS. Maria e Donato, Querschnitt durch das basilikale Langhaus und das Fundament

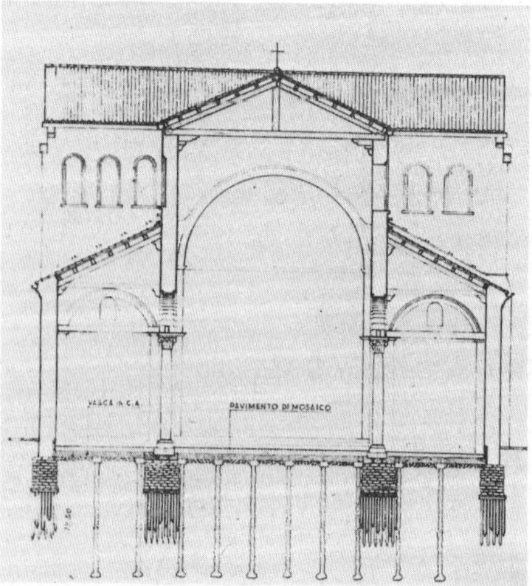

Murano, SS. Maria e Donato. Anonymer Stich aus dem 19. Jh.

reren Ziegelschichten gesetzt. Dazwischen aber konnte das immer wieder aufsteigende Wasser sein allmähliches Zerstörungswerk vollführen. So war Anfang der 1970er Jahre der kostbare Mosaikfußboden akut von der Vernichtung bedroht. Eine private amerikanische Initiative hat die dringend notwendig gewordene Restaurierung finanziert, die in den Jahren zwischen 1973 und 1979 durchgeführt wurde.

Das auffälligste Bild bietet die *Chorpartie*. Sie ist in zwei Geschosse gegliedert, die aus Arkadenreihen bestehen (unten aufgeblendet, oben offen). Die Vermutung, wonach es sich hierbei um eine Verwandtschaft mit Bauten der Lombardei und der rheinischen Romanik mit ihren Zwerggalerien handelt, bleibt spekulativ. Naheliegender scheint, es sei an dieser Stelle das alte veneto-byzantinische Motiv der Arkadenreihung auf den Kirchenbau übertragen worden. Im übrigen ist der Ziegelbau nach außen recht schlicht gehalten. Gliederungselemente weisen nur die Stirnwände der Querschiffarme mit aufgeblendeten Lisenen und Rundbögen auf.

Der *Innenraum* wirkt nach den wiederholten Restaurierungen ein wenig steif, wie überhaupt der heutigen Lage der Kirche nach Abriß der einst angrenzenden Bauten des dazugehörigen Baptisteriums, des Rathauses und eines Bruderschaftshauses etwas Museales anhaftet. Dennoch vermittelt die dreischiffige Basilika einen Eindruck feierlicher Erhabenheit.

Die große Kostbarkeit der Kirche ist das aus kleinen Marmorstückchen gelegte *Fußbodenmosaik*, dessen ornamentale Muster eine enge Verwandtschaft mit dem der Markuskirche zeigen. Dank der großzügigen Restaurierung – der gesamte Boden wurde stückweise abgetragen und anschließend auf ein Betonfundament gebettet – konnte dieses wichtige Zeugnis romanischer Dekorationskunst gerettet werden. Gleichfalls aus der Erbauungszeit stammt das Mosaik der Apsiswölbung, wo in einem funkelnden Goldgrund ein Bildnis der Muttergottes erscheint.

Nach dem Besuch dieser Kirche geht man auf demselben Wege zurück, den man zuvor gekommen ist. Bald nach der Kirche S. Pietro Martire überqueren wir den Rio del Vitral und gelangen am Ende der Viale Garibaldi an den Anlegesteg, von wo die Linienschiffe nach Burano verkehren. Die Fahrtzeit dorthin beträgt etwa eine Dreiviertelstunde.

Burano

Farbt. 28; Abb. 87

In kunstgeschichtlicher Hinsicht hat die Insel Burano wenig zu bieten. Dennoch sollte man auf dem Wege nach Torcello den Besuch dieser Insel nicht versäumen. Abseits des quirligen Großstadtbetriebes erlebt man hier die unverfälschte Idylle einer alten Fischersiedlung, deren Häuser in leuchtenden Farben gestrichen sind. Die seit Jahrhunderten gepflegte Kunst der Spitzenweberei ist heute noch auf Burano lebendig. In verschiedenen Werkstätten hat der Besucher Gelegenheit, den Frauen bei der Arbeit zuzusehen. Wer sich sein Tagesprogramm so eingerichtet hat, daß er zur Mittagszeit auf Burano ist, findet einige zum Teil recht ansprechende Restaurants, die mit verlockenden Fischspezialitäten aufwarten.

Dem nimmermüden Kunstpilger bietet die *Kirche S. Martino,* ein Bau des 16. Jh., in der Kapelle der hl. Barbara eine Kreuzigung von *G.B. Tiepolo.* Es handelt sich um ein Frühwerk des Künstlers.

Torcello

Den Ausflug in die nördliche Lagune, die man auch *laguna morta* nennt, da sich hier der Wechsel von Ebbe und Flut nicht mehr bemerkbar macht, beschließt der Besuch der einstigen Bischofsinsel Torcello. Hier gewinnt man einen lebendigen Eindruck von der Ursprünglichkeit der Lagunenlandschaft. Aus der endlosen Weite des Wassers und der Gruppe spärlich bewachsener Eilande ragt einsam der Campanile des mittelalterlichen Domes auf. Das Erlebnis von Torcello ist eine wesentliche Hilfe bei dem Versuch, sich eine Vorstellung von Venedig in seiner Frühzeit zu machen.

Die Insel erlebte ihre Blütezeit zwischen dem 9. und 12. Jh. Danach sank sie in völlige Bedeutungslosigkeit ab. Erhalten blieben mit dem Dom und S. Fosca gewichtige Zeugen vom einstigen Rang Torcellos.

Kathedrale S. Maria Assunta

Farbt. 29 (links); Abb. 88–90

Die Kirche wurde um 640 gegründet und in karolingischer Zeit umgebaut und vergrößert; ihr heutiges Aussehen erhielt sie zu Beginn des 11. Jh. In der klaren Struktur des basilikalen Aufbaus mit offenen Dachstühlen über den einzelnen Schiffen lebt noch der Geist frühchristlichen Bauens nach. Durch die Erhöhung der Kirche im frühen 11. Jh. macht sich daneben zugleich das typisch mittelalterliche Höhenstreben bemerkbar. Aus dieser Zeit des Umbaus stammt die marmorne Ikonostasis (Abb. 88, 99). Die *Mosaiken,* denen Torcello seine heutige Berühmtheit verdankt, entstanden in der Hauptsache im 12. Jh. Sie zeigen in der Apsiswölbung die Muttergottes mit den Aposteln. Die Mosaiken der rechten Seitenkapelle fallen noch in das 11. Jh. Sie sind damit die ältesten in der Kirche und stehen dem byzantinischen Einfluß näher als die Werke des 12. Jh., die in der Haltung der Figuren weniger statisch, bewegter und erzählerischer sind. Dieselbe Stilentwicklung ist an den Mosaiken von San Marco zu beobachten. Vorzüglich erhalten ist das große, die ganze Westwand einnehmende Mosaik mit der Darstellung des Weltgerichts, das traditionell im Westen einer mittelalterlichen Kirche seinen Platz hat (Abb. 90). In mehreren Streifen übereinander werden die unterschiedlichen Begebenheiten geschildert. In den beiden unteren erkennt man die Auserwählten (links) und die Verdammten (rechts). Darüber erscheint die Hetoimasia, der leere Thron Christi, der von Engeln bewacht wird. Davor knien Adam und Eva. Weitere Engel blasen Posaune, um die Toten aufzuwecken. Im vierten Streifen sitzt der Weltenrichter in einer Mandorla, umgeben von Engeln und Aposteln als den Beisitzern des Jüngsten Gerichts. Darüber erscheint Christus als Überwinder der Hölle, deren zertretene Tore zu seinen Füßen liegen. Zuoberst schließlich endet das personenreiche Szenarium mit einer Darstellung der Kreuzigung.

Vor dem Dom sind noch die Grundmauern des einstigen Baptisteriums zu sehen.

S. Fosca

Farbt. 29 (rechts)

Neben dem Dom ist die romanische Kirche S. Fosca als zweiter Sakralbau des Mittelalters auf Torcello erhalten. Es handelt sich um einen quadratischen Bau des 11. Jh., dem im 12. Jh. ein rechteckiger Chor sowie außen eine offene Vorhalle angefügt wurden. Der zentrale Grundriß erklärt sich in diesem Fall aus der Tatsache, daß das Sanktuarium, für die Gebeine der ravennatischen Märtyrerin Fosca errichtet, ein Memorialbau ist. Schon in der griechischen Antike war für den Grabbau der zentrale Grundriß festgelegt worden. Das Innere erscheint wie eine Übersetzung der Baugedanken von San Marco ins Kleinformat.

Torcello, S. Fosca, Grundriß

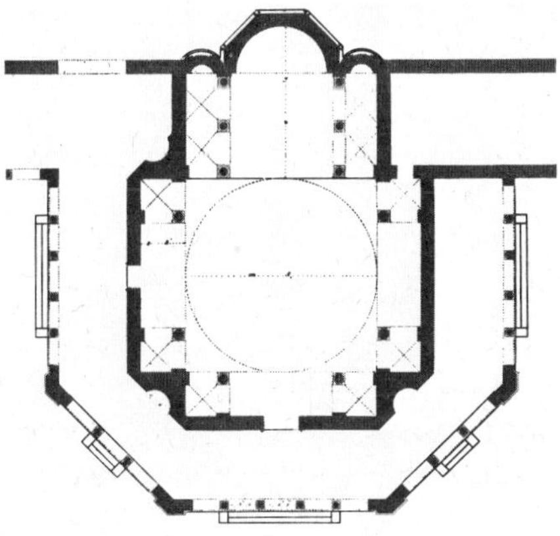

Der Lido

Der Lido di Venezia ist eine von den drei langgezogenen Sandbänken, zwischen denen schmale Durchbrüche den Schiffsverkehr zwischen der Lagune und dem offenen Meer ermöglichen. Ohne diese schützende, von der Natur geschaffene Barriere wäre Venedig längst in den Fluten der Adria versunken. Der Lido (eigentlich: Strand) ist 12 km lang und verfügt über ausgedehnte Strände. Kunstgeschichtliche Besonderheiten sind nicht vorhanden, es sei denn, man interessiert sich für die baulichen Ausdrucksmöglichkeiten des ausgehenden 19. Jh. mit seinen orientalisierenden Hotelpalästen. Wer Venedig in den Sommermonaten besucht, wird einen Abstecher zum Lido als erholsamen Kontrast zu dem erfüllten Besichtigungsprogramm empfinden. Nicht wenige kombinieren das Besichtigungserlebnis mit einem Urlaub am Strand.

Chioggia

Abb. 86

Die Schiffsfahrt durch die südliche Lagune nach Chioggia dauert etwa eineinhalb Stunden. Von Pellestrina an kann man auf viele Kilometer die *murazzi* sehen, jenen aus istrischen Steinblöcken gefügten Damm gegen die Flut, der die letzte große Bauanstrengung der zu Ende gehenden Republik war.

Chioggia selbst ist seit alters ein betriebsamer Fischereihafen. Die beiden Hauptachsen des Städtchens sind die parallel zueinander verlaufenden Corso del Popolo und die Wasserstraße des Canale della Vena. Sehenswert sind der alte *Kornspeicher* am Corso und der Dombezirk am Ende der Hauptstraße. Der *Dom* ist ein Barockbau, der 1633–74 nach einem Plan *Baldassare Longhenas* errichtet wurde. Es handelt sich um eine großangelegte dreischiffige Basilika mit tiefem Presbyterium. Eine Kostbarkeit bietet die neben dem Dom stehende kleine *Kirche S. Martino*, die im ausgehenden 14. Jh. erbaut wurde. Gemeint ist das Altarbild mit der thronenden Muttergottes und Heiligen sowie mit Szenen aus dem Leben des hl. Martin. Das Werk gilt als Arbeit des *Paolo Veneziano*, des ersten venezianischen Malers von Rang (datiert 1349).

Ein anderes reizvolles Ausflugsziel sind die Renaissancevillen an den Ufern der Brenta, wohin von Venedig aus Tagesausflüge mit dem Schiff (Rückfahrt per Bus) organisiert werden.

Bildnachweis

Alinari/Anderson, Florenz Abb. 7–9, 21–23, 28, 29, 36, 37, 48–54, 56, 71–75, 77–80, 84
Archivo Artistico Borlin über die Azienda Autonoma Soggiorno e Turismo, Ente Provinciale per il Turismo, Venedig Abb. 1, 2, 45
Maurice Babey, Basel Ft. 32, 34
Oswaldo Böhm, Venezia Abb. 57, 66, 67
Thorsten Droste, Sittenbach Umschlagvorderseite, Ft. 1, 7, 15, 19–21, 28; Abb. 5, 59, 60, 68–70, 83
DuMont Buchverlag, Köln Abb. 16, 27, 76
IFA-Prenzel, München Ft. 11
- Bohnacker Ft. 22, 29
- Everts Ft. 16
- Lauer Ft. 6
A. F. Kersting, London Abb. 23, 25, 31–33, 41, 47
Joachim Kinkelin, Worms Ft. 2, 30
Leonard von Matt, Buochs Abb. 4
Gerhard P. Müller, Dortmund Ft. 18
Werner Neumeister, München Ft. 3, 8–10, 13, 14, 25–27, 36; Abb. 3, 10, 15, 17–19, 24, 26, 30, 35, 38–40, 42–44, 55, 58, 61–65, 82, 86–90
SCALA, Antella (Firenze) Ft. 5, 31, 33, 35; Abb. 20, 81
Gregor Schmid, Gilching Umschlagrückseite, Ft. 17
Hermann Steigert, Freiburg Ft. 37
Werner Stuhler, Hergensweiler Ft. 4; Abb. 6, 11–14, 34, 46, 85
Paul Tümena, Düsseldorf Ft. 24
ZEFA, Düsseldorf (A. Liesecke) Ft. 12

Alle Abbildungen im Text stammen aus dem Archiv des Autors und des DuMont Buchverlags. Karten: DuMont Buchverlag.

Register

Orts- und Sachregister

Aachen 15
Accademia 51, 103, 130, 164, 215, 235, 287, 294, **302,** 345, 348, 350, 353; Farbt. 5, 33, 34; Abb. 29, 71–75, 78, 80
Acra 60
Ägina 34
Agnadello 33
Alexandria 15
Altinum 12, 280
Aquileia 12, 15
Archivo di Stato **131;** Abb. 26
Arsenal 18, 34, 38, 43, 87, **237,** 299, 343; Abb. 58
Askalon 18f.
Asolo 32
Ateneo Veneto 247
Athen 104
Augsburg 84, 353
Austerlitz 40
Avignon 55

Bacino di S. Marco 140, 168; Farbt. 19; Abb. 45
Belgrad 39
Bergamo 30, 90, 159, 209, 312
Biblioteca Marciana 50, 52, **53,** 55, 104, 318, 339, 349
Biennale-Gelände **301**
Bologna 29
Brandolo 14
Brescia 30, 311f.
Brügge 30
Bucintoro (Pavillon) 55
Burano **376;** Farbt. 28; Abb. 87
Byzanz 14, 19ff., 22, 32, 57, 62f., 84

Ca'
- da Mosto **155**
- **d' Oro** **153,** 162, 295, 340; Farbt. 24; Abb. 69
- **Foscari** **162**
- **Grande** (Palazzo Corner gen.) 152, 165, **166,** 349
- **Rezzonico** 45, **163,** 273, 291, 340f., 347; Abb. 76

Caffè Florian 52
Caffè Quadri 52
Campo
- Bandiera e Moro 236, 239
- dei Mori **296;** Abb. 68
- della Misericordia 296
- **Ghetto Nuovo** 291; Abb. 62
- Manin 246f.
- S. Agnese 254
- **S. Angelo** **246**
- S. Aponal 220
- S. Bartolomeo 220
- S. Benedetto **246**
- S. Biagio 299
- **S. Fantin** **247**
- S. Fosca 296
- S. Giacomo dell' Orio 285; Abb. 61
- **S. Margherita** 275f.
- **S. Maria Formosa** 240
- S. Marziale 296
- **S. Polo** **280,** 283
- S. Provolo 235
- **S. Rocco** 132, 169; Abb. 30
- **S. Salvatore** 224
- S. Samuele **163**
- S. Silvestro 220
- S. Sofia 153
- **S. Stefano** **244,** 245f.
- **S. Vidal** 244f.
- S. Zaccaria 235
- **S. Zanipolo** 176, 209; Farbt. 16; Abb. 34

Canal Grande 15, 24, 29f., 32, 35, 44, 47, 88, 139, **140,** 209, 217f., 245, 254, 287, 291, 302, 340, 342, 347; Umschlagvorderseite, Farbt. 2, 12, 20–22; Abb. 1, 38, 39, 42
Canale
- della Giudecca 47, 229, 254; Abb. 45
- della Misericordia 296
- delle Galeazze 238
- di Canareggio 149, 288, 290; Abb. 59, 82
- di S. Marco 238

Candia 243
Carona 347
Casa Goldoni **282**
Casa Vecchia 161
Chioggia 14, 27f., **377;** Abb. 36
Chios 84
Collezione Guggenheim 254, **342**
Colonna del Bando 219; Abb. 43
Conegliano 236, 306
Cremona 30

Darsena Arsenale Vecchio 238
Deposito del Megio **150;** Abb. 38
Dogana del Mar 140, **168**
Dogenpalast 15, 29f., 47f., 50, 53, 60, 85, **88,** 130, 139f., 226f., 245, 251, 278, 301, 305, 315, 338, 354; Farbt. 6, 14, 23; Abb. 11, 15 23
- Andito del Maggior Consiglio **99**
- Arco Foscari **91,** 99, 301
- Atrio Quadrato **92,** 94
- Außenbau **89**
- Liago **99**
- Pinacoteca **106;** Abb. 20
- Ponte dei Sospiri **90,** 94, 107; Farbt. 23
- Porta della Carta 88, **90,** 130
- Prigioni **106**
- Sala della Bussula 98
- Sala del Collegio **94,** 97
- Sala del Consiglio dei Dieci **96,** 278

- Sala del Guariento **100**
- Sala del Maggior Consiglio **100,** 305, 345; Abb. 23
- Sala del Senato **95,** 97, 305; Abb. 19
- Sala dell' Anticollegio **93;** Abb. 21
- Sala della Quarantia Civil Vecchia 100
- Sala delle Quattro Porte **93,** 96, 106
- Sala dello Scrutinio **104**
- Sale dei Armi 98
- Scala dei Censori 99, 107
- Scala dei Giganti 50, **90,** 349; Abb. 18
- Scala d' Oro **92**
- Seufzerbrücke s. Ponte dei Sospiri

Epirus 23
Euböa 23, 32

Fabbriche Nuove **155,** 156, 219
Fabbriche Vecchie **156,** 219; Abb. 42
Famagusta 27, 34
Ferrara 308, 315
Florenz 29, 31, 36, 81, 83, 94, 103, 151, 172, 290, 349
Fondaco
- degli Arabi 296
- **dei Tedeschi** **156,** 217, 221, 319, 352; Abb. 42
- **dei Turchi** 51, **150,** 285, **343;** Abb. 38
- della Farina 302
Fondamenta
- del Soccorso 277
- dell' Osmarin 235
- della Misericordia 296
- delle Zattere 254f., 273
- Forlani 239
- Nani 273
- Nuove 212
- S. Anna 299
Fondazione Cini 229
Friaul 29f.

Galleria d'Arte Moderna 152, **341**
Galleria Franchetti **340**
Genua 18, 21, 23, 27f.
Ghetto **290;** Abb. 62, 64

Giardini
- Papadopoli 138
- Pubblici 301
- Reali 55
Giudecca (Insel) **229,** 252, 254f.; Farbt. 9; Abb. 47
Gobbo di Rialto 219; Abb. 43
Gondelwerft bei S. Trovaso 273; Abb. 60
Grado 13, 85

Haus Marco Polos Farbt. 11
Haus Tintorettos 296; Abb. 55
Heraclea 14

Istituto Ellenico **342**

Jerusalem 18, 20f., 315

Kirchen:
- **Il Redentore** 47, 226, **229,** 253f., 348; Farbt. 9; Abb. 45, 47
- **Madonna dell' Orto** 350; Abb. 70
- S. Agnese 254
- S. Alvise 98, **298**
- S. Angelo Raffaele **279**
- S. Aponal 220
- **SS. Apostoli** **294**
- S. Barnabà Farbt. 13
- S. Bartolomeo 221
- S. Benedetto 246
- S. Biagio 299
- S. Cassiano **284**
- S. Catarina 294
- S. Elena **301**
- S. Fantin **247**
- S. Felice **295**
- S. Fosca **295**
- **S. Francesco della Vigna** **212,** 226f., 348f., 354
- S. Geminiano 52, 244, 283, 349
- S. Geremia **149,** 287; Abb. 82
- **S. Giacomo dell' Orio** **284**
- **S. Giacomo di Rialto** 200, **218**
- **S. Giobbe** 212, **289,** 306f., 347; Abb. 66, 67
- **S. Giovanni Crisostomo** **221**
- SS. Giovanni e Paolo s. S. Zanipolo
- S. Giovanni Elemosinario **220**
- S. Giovanni Evangelista 138, 318
- **S. Giovanni in Bragora** **236,** 297

- S. Giorgio dei Greci **235,** 342; Farbt. 10
- **S. Giorgio Maggiore** 47, 136, **226,** 245, 252, 292, 348, 352; Farbt. 1, 19; Abb. 44–46, 48, 49, 53
- - Fassade **226;** Abb. 48
- - Innenraum **227;** Abb. 46
- - Tintorettos Abendmahl Abb. 53
- S. Giuliano **225,** 237, 349
- S. Giustina 212
- S. Gregorio **167,** 254
- S. Lazzaro dei Mendicanti **212,** 352
- S. Lio 221, **222,** 319
- S. Lucia **148,** 149, 287
- S. Maddalena 295
- **S. Marco** 16, 47f., 51, **56,** 88, 91, 109, 174, 215, 218, 222, 228, 236, 240, 244, 249, 296, 300, 304, 349; Farbt. 3, 4, 31; Abb. 3–10, 24
- - Außenbau **58;** Abb. 3, 5
- - Baptisterium **85**
- - Capella dei Mascoli **83,** 84
- - Capella di S. Isidoro **84**
- - Capella Zen 57, 62, **86,** 347
- - Innenraum **62;** Abb. 6
- - Mosaiken **63**
- - Museo Marciano 58, 63, **87**
- - Narthex 60, 81
- - Pala d' Oro **82,** 87, 224, 304; Farbt. 31
- - Porta dei Fiori 60
- - Porta di S. Alippio 58, 87, 317; Farbt. 3
- - Porta di S. Clemente 61f.
- - Porta di S. Pietro 61
- - Rosse von San Marco 56, 58, 87; Abb. 24
- - Tesoro (Schatzkammer) 60, **84;** Abb. 7, 9
- S. Marcuola 135, **150,** 274, 281, **291,** 351; Abb. 50
- **S. Maria Assunta** dei Gesuiti **293;** Abb. 57
- S. Maria dei Derelitti 212
- **S. Maria dei Miracoli** 209, **210,** 289, 347; Abb. 37
- **S. Maria del Carmelo** (I Carmini) **276**
- **S. Maria del Giglio** (Zobenigo) **243,** 254
- **S. Maria del Rosario** (I Gesuati) **255,** 299
- S. Maria della Carità 302, 320

- S. Maria della Fava **222**
- S. Maria della Misericordia (S. Maria della Valverde) 296
- S. Maria della Pietà **299**
- S. Maria della Presentazione (Le Zitelle) 229; Farbt. 9
- **S. Maria della Salute** 47, 64, 148, 168, 226, **251,** 347; Umschlagvorderklappe; Farbt. 2, 8, 22; Abb. 45
- S. Maria della Visitazione **256**
- **S. Maria di Nazareth** (degli Scalzi) **286,** 316
- **S. Maria Formosa** **240,** 341
- **S. Maria Gloriosa dei Frari** (I Frari) **108,** 132, 138, 170f., 213, 224, 280, 306, 314, 352; Farbt. 32; Abb. 25–28, 32
- – Außenbau **109;** Abb. 25
- – Ausstattung **110**
- – Innenraum **109;** Abb. 32
- – Sacra Conversazione Bellinis **112,** 129; Farbt. 32
- – Tizians Assunta 111f., **113,** 134, 136, 172; Abb. 27
- – Tizians Pesaro-Madonna 111, **130,** 133, 213, 224, 312, 352; Abb. 28
- S. Maria Maggiore **279**
- **S. Maria Mater Domini** **283,** 284f.
- S. Martino 347
- S. Maurizio **244,** 283
- **S. Moisè** 212, **242,** 247
- S. Nicolò da Tolentini (I Tolentini) **138**
- S. Nicolò dei Mendicoli **279**
- S. Pantalon (S. Pantaleone) **139,** 305
- **S. Pietro di Castello** 15, 55, 300
- **S. Polo** **280,** 284; Abb. 52
- **S. Rocco** 136; Abb. 30
- **S. Salvatore** 218, **222,** 225, 295
- **S. Sebastiano** 98, **278,** 313, 354
- S. Silvestro **220**
- S. Simeone Piccolo **148**
- SS. Simeone e Giuda 148
- S. Sofia **295**
- S. Spirito **254**
- S. Stae **151**
- **S. Stefano** **244,** 245
- **S. Trovaso** 135, 246, 273, **274,** 281, 352; Abb. 51
- S. Teresa 279
- S. Vidal 245
- **S. Zaccaria** 11, 90, **232;** Abb. 56
- **S. Zanipolo (SS. Giovanni e Paolo)** 62, 85, 109f., **169,** 210, 212, 240, 256, 285, 313, 319, 347; Abb. 31, 33, 36
- – Außenbau **170;** Abb. 33
- – Ausstattung **171**
- – Innenraum **170;** Abb. 31
- – Dogengräber **173;** Abb. 36

Königgrätz 41
Korfu 39, 243
Kreta 23, 38, 50, 55, 92

Lepanto (Naupaktos) 34, 38, 95, 173, 212
Lido di Venezia 17, **377**
Lissabon 33
Lista di Spagna 287
Loreto 172

Madrid 350, 352
Mailand 14, 29, 30f., 33, 209, 311, 350, 352
Malamocco 13f., 44, 88
Mantua 350, 352
Mercerie 51
Meloria 27
Mestre 290
Molo 53, 89, 230; Farbt. 19
Monemvasia 34
München 112, 226, 353
Murano 13, 285, **371;** Farbt. 25, 30; Abb. 85
- Museo Vetrario 373
- Palazzo Mula 373
- SS. Maria e Donato 285, **374;** Farbt. 30
- S. Pietro Martire 371

Murazzi 44
Museo
- Archeologico 52, **339**
- **Civico Correr** 52, **338,** 340; Abb. 77, 79
- Comunità Israelitica 291
- d'Arte Orientale 152, **342**
- del Risorgimento 339
- **del Settecento Veneziano** **340**
- di Icone 236, **342**
- di Storia Naturale 150, **343**
- Storico Navale 238, 273, 299, **343**

Mykonos 34

Neapel 209
Novara 33

Olivolo 15f., 300
Oratorio Annunziata 246
Ospedale Civile 209, 212

Padua 19, 27, 29f., 33, 101, 138, 209f., 243, 308, 344, 347f., 352
Palazzetto Contarini-Fasan **168**
Palazzetto Tron **159**
Palazzo
- Albrizzi 280
- Balbi **161,** 162
- Barbarigo **152**
- Barbaro **164**
- Belloni-Battagia **151,** 347
- Bembo **157,** 217
- Bernardo **159,** 160, 283
- Cavalli-Franchetti **164,** 245
- Centani 282
- Cigogna **277,** 278
- Civran **156**
- Contarini-Corfu **164**
- Contarini degli Scrigni **164**
- **Contarini del Bovolo** **164**
- Contarini delle Figure **161,** 165
- Contarini-Polignac **165**
- **Corner** s. Ca' Grande
- Corner-Contarini dei Cavalli **159**
- Corner della Regina **153,** 162
- Corner-Gheltof **160**
- Corner-Mocenigo 280
- **Corner-Spinelli** **160**
- **Dario** **166,** 209
- **dei Camerlenghi** 156, **218,** 309; Abb. 42
- dei Dieci Savi 219
- Dolfin-Manin **157,** 217, 339
- Donà (am Canal Grande) 153, 240
- Donà (bei S. Maria Formosa) 240
- **Ducale** s. Dogenpalast
- Duodo 246
- Farsetti **158,** 217
- Flangini (am Canal Grande) **149**
- Flangini (Istituto Ellenico) 236, 342
- Genovese **167**
- **Giustinian** **162**
- Giustinian-Faccanon 222
- Giustinian-Lolin 151, **164,** 347
- Grassi **162**
- **Grimani** **158,** 159
- Gritti **167**
- Gritti-Badoer 236
- Gussoni 222

- Gussoni-Grimani **152**
- **Labia** 149, **287;** Farbt. 36; Abb. 82, 84
- Lezzo 296
- **Loredan** (am Canal Grande) **158,** 217, 245
- Loredan (bei S. Vidal) 245
- Loredan degli Ambasciatori **163**
- Malipiero-Trevisan 240
- Mangilli-Valmarana **154**
- Michiel delle Colonne **154**
- Mocenigo **161**
- Morosini 245
- Nani (bei S. Trovaso) 274
- Nani (am Canale di Canareggio) 290
- Papadopoli **159**
- **Pesaro** 151, **152,** 153, 162, 285, 341f., 347
- Pesaro (bei S. Sofia) **154**
- Pesaro degli Orfei 246
- Pisani 245
- Pisani-Moretta **160**
- Priuli 235
- Priuli-Ruzzini 240
- **Querini-Stampalia** 341
- Ruoda **152**
- Sagredo **154**
- Savorgnan 289
- Soranzo 280
- Tiepolo **168;** Abb. 39
- **Vendramin-Calergi** 45, **151,** 160
- Venier 289
- **Venier dei Leoni** **165,** 166, 342
- Zen 294
- Zeno 287
- Zenobio **277**
- Zulian **152**

Parco delle Rimembranze 301
Paris 87, 98, 106, 111, 283
Passarowitz 39
Pavia 15
Pellestrina 44
Peloponnes 23, 32, 55
Périgueux 63
Perugia 29
Pescheria (Fischmarkt) 153, **154,** 219
Peterwardein 39
Piazza S. Marco 41, 44, **47,** 58, 61, 88, 209, 215, 242, 244, 280, 338f.; Farbt. 5, 7, 14; Abb. 2
- Ala Napoleonica **52,** 244, 338
- Campanile 48, **49,** 52, 91, 176, 313, 318; Farbt. 14; Abb. 2
- Loggetta **50,** 91, 349; Abb. 12–14
- Procuratie Nuove 48ff., **51,** 52f., 318, 338
- Procuratie Vecchie 48f., **50,** 52f., 318
- Torre dell' Orologio 51; Farbt. 7

Piazzale Roma 47, 139f., 279
Piazzetta **47,** 52, 54, 60, 88f., 104, 227, 252; Farbt. 6
Piazzetta dei Leoncini **55,** 60
Pinacoteca Querini-Stampalia **341**
Pieve de Cadore 352
Pisa 18, 20, 27
Ponte
- degli Scalzi 140, 286
- dei Sospiri (Seufzerbrücke) s. Dogenpalast
- dei Tre Archi 289f.; Abb. 59
- dell' Accademia 140, **164,** 165, 246, 274
- della Fava 222, 279
- della Paglia 90
- **di Rialto** 14, 54, 156, **215,** 220, 318f.; Farbt. 15
- Guglie 289
- Sepolcro 299
- S. Antonio 221

Possagno 111
Pula 27

Ravenna 13f., 30
Rhodos 23, 34
Rialto-Markt 219, 274, 280; Abb. 41, 42
Rohr 173
Rom 15f., 21f., 31, 33, 81, 87, 91, 103, 111, 148, 209, 221, 231, 243, 287, 292, 348f.

Scuola (Bruderschaftshaus)
- dei Mercanti 296
- dei Varotari 275
- della Misericordia 296
- di S. Fantin 247
- **di S. Giorgio degli Schiavoni** 132, **239,** 345; Farbt. 35
- di S. Orsola 319f.
- di S. Spirito **254**
- di S. Teodoro 224
- **Grande dei Carmini** 132, 276, 350
- Grande della Carità 304, 337
- **Grande di S. Giovanni Evangelista** **138,** 317, 345
- **Grande di S. Marco** 169, **209,** 210, 313, 350; Farbt. 16; Abb. 33, 35
- **Grande di S. Rocco** 131, **132,** 137, 220, 246, 350ff.; Abb. 30, 54, 81

Seminario Patriarcale 168
Sestieri (Stadtsechstel)
- Canareggio 24, **286**
- Castello 24, 108, **299**
- Dorsoduro 24, 140, **275,** 279
- S. Croce 24, 108
- S. Marco 24, 140
- S. Polo 24

Siena 29
Silena 239
Sizilien 20, 339
S. Michele in Isola 274, **370**
Southampton 30
Split 17, 243
St-Michel-de-Cuxa 85
Stazione S. Lucia (Bahnhof) 148
Strada Nuova 295
Stridone 24

Teatro
- Goldoni 216
- **La Fenice** 45, **248;** Abb. 65
- Malibran 216
- Rossini 216

Tenedos 27f.
Torcello 13, **376;** Farbt. 29; Abb. 88–90
- S. Fosca 377
- S. Maria Assunta 376

Trau 17
Treviso 30, 32, 111, 283, 311
Trient 353
Tronchetto (Parkplätze) 362
Turin 28f.
Tyrus 18f.

Verona 29f., 33, 99, 158, 311, 354
Vicenza 29f., 33, 348

Weltenburg 173
Wien 39, 173, 249
Würzburg 299, 350

Zara 243
Zadar 17f., 21
Zecca (Münze) **55,** 302; Farbt. 14
Zypern 27, 32, 35, 50, 55, 92, 153

Personenregister

Alarich, Westgoten-König 12
Alberti, Duccio degli 112
Alberti, Leon Battista 249
Albinoni, Tommaso 249
Alexander III., Papst 20, 57
Alexander VI., Papst 131
Alexios Dukas 22
Alexios I. Komnenos, byz. Kaiser 17, 18, 62
Alexios III., byz. Kaiser 21f.
Alexios IV., byz. Kaiser 21f.
Aliense 98
Amadeus, Graf von Savoyen 28
Ambrogio da Milano 289
Andersch, Alfred 45
Andrea da Murano 337
Andrea da S. Felice 174
Annunzio, Gabriele d' 45
Antonello da Messina 236, 307, 337, 339, 344
Antonio da Negroponte 214
Aretino, Pietro 53, 83, 353
Aspetti, Tiziano 156
Attila 320

Balduin II., König von Jerusalem 18
Balduin von Flandern 22
Balzac, Honoré de 106
Bambini, Nicolò 276
Barbaro, Fam. 243
Barbaro, Giosafat 30
Barbarigo, Fam. 274
Barattieri, Nicolò 54, 215
Barthel, Melchior 131
Basaiti, Marco 307
Bassano, Francesco 93, 98, 104
Bassano, Jacopo 94, 302, 316
Bassano, Leandro 98, 102f.
Bastiani, Lazzaro 319, 338f.
Beauharnais, Eugène 41
Bella, Gabriel 341
Bellini, Gentile 51, 101, 133, 138, 171, 221, 318, 337, 339, 344f., 352; Farbt. 5; Abb. 71
Bellini, Giovanni 11, 106, 112, 213, 221, 224, 234, 236, 240, 253, 283, 289, 298, 302, 306f., 309ff., 314, 317, 337, 339ff., **344,** 352f.; Umschlaginnenklappe; Farbt. 32; Abb. 56, 72, 78, 79
Bellini, Jacopo **308,** 344
Benn, Gottfried 45, 151
Berenson, Bernard 129, 237
Bernardo, Pietro 110
Bessarione, Kardinal 53, 104, 338
Bissolo, Pier Francesco 283
Blatas, Alexandre 291
Boccaccino, Boccaccio 106
Boggio, Antonio 224
Bon, Bartolomeo 50, 90, 111, 153, 162, 340
Bon, Gabriele 35
Bon, Giovanni 90
Bonazza, Giovanni 55
Bonifatius, Markgraf von Montferrat 20
Bordone, Paris 224, 237, 289, **310,** 311, 346
Bosch, Hieronymus 106; Abb. 20
Boschetti, Lorenzo 165
Bozzetto, Jacopo 229
Bragadin, Marcantonio 34
Bramante 348
Brancusi, Constantin 342
Braque, Georges 342
Bregno, Antonio 130
Bregno, Lorenzo 130
Brosse, Charles de 40
Browning, Robert 45, 163
Brustolon, Andrea 291
Buonaventura, Piero 35
Buoninsegna, Gianpaolo 82
Burckhardt, Jacob 349
Byron, Lord 161

Calergi, Fam. 151
Campagna, Girolamo 219, 223, 225, 228
Canaletto, Antonio Canal gen. 40, 216, **317**
Canova, Antonio 110f., 152
Cantalamessa, Giulio 302
Cappello, Bianca 35f.
Cappello, Vittore 301
Caravaggio 311, 316
Carmagnola 30, 98, 209
Carpaccio, Vittore 102, 106, 133, 138, 215, 239f., 289, 307, 317ff., 320, 339f., **345,** 352; Farbt. 35; Abb. 74, 75, 77
Carrara, Fam. 28
Carriera, Rosalba 317, 340f.
Casanova 39, 106
Cassiodor 12
Castagno, Andrea del 235
Catarino, Veneziano 341
Catena, Vincenzo 283
Cavalli, Fam. 173
Cavalli, Francesco 40, 249
Céba, Ansaldo 290
Cesti, Antonio 249
Chagall, Marc 342
Cima da Conegliano, Giovanni Battista 236, 240, 276, 283, 297, 306, 307, 311, **345**
Cimarosa, Domenico 246, 249
Cini, Graf Vittorio 229
Clemens XIII., Papst 163
Codussi, Mauro 151, 160, 165, 210, 221, 233, 241, 320
Colleoni, Bartolomeo 30, 169, **176f.;** Abb. 34
Columbus, Christoph 33
Constantius Chlorus, röm. Kaiser 60
Contarini, Fam. 247, 298
Contarini, Marino 153
Coppio, Sara 290
Corner (=Cornaro), Caterina, Königin von Zypern 32, 35, 153, 166, 295, 318
Corner, Fam. 224
Corner, Giorgio 295
Corner, Jacopo 166
Corner, Marco 295
Correr, Teodoro 338
Credi, Lorenzo di 341
Crosato, Giovanni Battista 341

Decius, röm. Kaiser 169
Diokletian, röm. Kaiser 60
Dittmar, Peter 289
Dogen (im Text erwähnte D. in chronologischer Reihenfolge):
Paoluccio Anafesto (697–717) 14
- Marcello Tegaliano (717–726) 14
- Orso Ipato (727–737) 14
- Maestro dei Militi (737–742) 14
- Maurizio Galbaio (764–787) 14
- Giovanni Galbaio (787–804) 14
- Obelerio Antenoreo (804–810) 14, 103
- Angelo Partecipazio (810–827) 14f., 88

- Pietro Tradonico (836–864) 17
- Pietro Candiano IV. (959–976) 17, 56, 85
- Pietro Orseolo I. (976–978) 56, 82, 84
- Pietro Orseolo II. (992–1009) 17
- Domenico Contarini (1043–1070) 38, 57
- Vitale Michiel I. (1096–1101) 62
- Ordelaffo Falier (1102–1118) 82
- Domenico Michiel (1118–1129) 18, 84
- Vitale Michiel II. (1156–1172) 36
- Sebastiano Ziani (1172–1178) 20
- Enrico Dandolo (1192–1205) 19, 20ff., 23, 32, 81, 84
- Jacopo Tiepolo (1229–1249) 108, 170, 173
- Pietro Gradenigo (1289–1311) 25
- Andrea Dandolo (1343–1354) 84f., 174
- Marino Falier (1354–1355) 26, 55, 103
- Giovanni Dolfin (1356–1361) 174
- Marco Corner (1365–1368) 174
- Michele Morosini (1382) 174
- Michele Steno (1400–1413) 29
- Tomaso Mocenigo (1413–1423) 29ff., 174; Abb. 36
- Francesco Foscari (1423–1457) 29f., 88ff., 130, 162
- Pasquale Malipiero (1457–1462) 174
- Cristoforo Moro (1462–1471) 91, 289f.
- Nicolò Tron (1471–1473) 130
- Nicolò Marcello (1473–1474) 175
- Pietro Mocenigo (1474–1476) 175
- Andrea Vendramin (1476–1478) 175
- Leonardo Loredan (1501–1521) 33, 93, 175; Umschlaginnenklappe
- Antonio Grimani (1521–1523) 93
- Andrea Gritti (1523–1538) 95
- Pietro Lando (1539–1545) 96
- Marcantonio Trevisan (1553–1554) 96
- Francesco Venier (1554–1556) 103, 223
- Lorenzo Priuli (1556–1559) 96
- Girolamo Priuli (1559–1567) 92, 96
- Alvise Mocenigo (1570–1577) 176
- Sebastiano Venier (1577–1578) 95
- Nicolò da Ponte (1578–1585) 103
- Marino Grimani (1595–1605) 105
- Francesco Erizzo (1631–1646) 106
- Giovanni Pesaro (1658–1659) 38, 131
- Domenico Contarini (1659–1675) 38
- Francesco Morosini (1688–1694) 38, 104
- Silvestro Valier (1694–1700) 176
- Alvise Mocenigo II. (1700–1709) 152
- Giovanni Corner (1709–1722) 39
- Ludovico Manin (1789–1797) 40, 157

Dolfin, Andrea und Benedetta 223
Dolfin, Giovanni 157
Don Juan d'Austria 34
Donatello 81, 112, 209, 344
Donato Veneziano 341
Doria, Ambrosio 27
Dschingis Khan 23
Dürer, Albrecht 100, 112, 234, 353
Dyck, Antonis van 139, 340, 354

El Greco 339, 353
Ernst, Max 342
Este, Isabella d' 345f.
Eugen, Prinz 39

Falier, Francesco 35
Farnese, Fam. 352
Fetti, Domenico 316
Fiamingo, Paolo dei Franceschi gen. 104
Fini, Fam. 242f.
Fini, Leonor 342
Fogolari, Gino 302
Fortuny, Mariano 246
Francesconi, Floriano 52
Franchetti, Baron Giorgio 153, 340
Friedrich I. Barbarossa, dt. Kaiser 19f., 57
Fumiani, Gianantonio 139

Gabrieli, Andrea 249
Gabrieli, Giovanni 31, 245, 249
Gai, Antonio 50
Galilei, Galileo 50
Gambarato, Girolamo 104
Gambello, Antonio 233
Garzoni, Girolamo 110
Gaspari, Antonio 277
Gattamelata 30, 209
Gentile da Fabriano 101, 305
Ghiberti 83
Giacometti, Alberto 342
Giambono, Michele 274, **305,** 306, 341
Giordano, Luca **315**
Giorgione 133, 137, 218, 221, 276, 283, 307, **309f.,** 311, 314, 316, 345, **346,** 353; Abb. 73
Giotto 211, 245, 304
Giovanni d'Alemagna 139, 305, 337
Giovanni da Udine 173
Giovanni di Martino da Fiesole 174
Giustina, hl. 75
Goethe, Johann Wolfgang von 40, 50, 52, 226, 343, 350
Goldoni, Carlo 40, 220
Goya, Francisco de 354
Gozzi, Carlo 40, 283
Grigi, Giangiacomo 159
Grillparzer, Franz 103
Grimaldi 28
Guardi, Francesco 40, 279, **317,** 350
Guariento 100ff., 139, 305
Guggenheim, Peggy 166
Gussoni, Fam. 222

Hauser, Arnold 138
Heinrich VI., dt. Kaiser 20
Heinrich III., frz. König 37, 41, 93, 162, 176
Helena, hl. 84, 301, 315
Hemingway, Ernest 45, 52, 167
Hetzer, Theodor 11, 353
Hieronymus, hl. 240
Highsmith, Patricia 45

Innozenz III., Papst 20
Irene, byz. Kaiserin 82
Isaak II. Angelos, byz. Kaiser 21
Isidor, hl. 84

Jacobello del Fiore 305; Farbt. 34
Jakob II., König von Zypern 32
Jakob III., König von Zypern 32
Johannes XXIII., Papst 245
Johannes Chrysostomos 85, 221
Johannes Paul I., Papst 245
Julius II., Papst 33
Justinian, byz. Kaiser 13

Kandinsky, Wassily 342
Karl der Große, dt. Kaiser 14, 16
Karl V., dt. Kaiser 35, 352
Karl IX., frz. König 93
Kavertzas, Frangias 342
Klee, Paul 342
Klinger, Max 342
Konstantin der Große, röm. Kaiser 84, 301, 315
Kublai Khan 23

Lamberti, Piero di Nicolò 174
Lazzarini, Gregorio 350
Le Court, Justus 253
Legrenzi, Giovanni 40
Lenbach, Franz von 342, 354
Leo X., Papst 33
Leonardo da Vinci 135, 352
Leopardi, Alessandro 176
Licinio, Bernardino 130
Liebermann, Max 342
Liss, Johann 139, **316**
Lombardo, Antonio 86, 105, 212, 347
Lombardo, Pietro 81, 111f., 166, 175, 209f., 212, 214, 222, 243, 289, **347**; Abb. 35–37, 66, 67
Lombardo, Tullio 105, 175f., 212, 221f., 237, 246, 347
Longhena, Baldassare 52, 131, 151ff., 162ff., 166, 168, 173, 212, 251, 291, 301, 340, 347
Longhi, Pietro **317**, 340f.; Abb. 76
Loredan, Fam. 23, 33, 151
Lorenzetti, Carlo 173, 237, 284
Lorenzo Veneziano 304, 338
Lorrain, Claude 94, 316
Lotti, Antonio 40
Lotto, Lorenzo 172, 276, 285, 311, **348**
Ludwig XII., frz. König 33
Ludwig XVI., frz. König 283

Maderna, Bruno 250
Malipiero, Gian Francesco 250
Manin, Daniele 41, 247
Mann, Thomas 43, 45, 52, 107
Mansueti, Giovanni 319
Mantegna, Andrea 171, 298, **308**, 309, 338, 340, 344
Marcello, Benedetto 112, 249
Marconi, Rocco **307**
Marcus Aurelius, röm. Kaiser 209
Maria, Mario de 229
Markus, hl. 15, 64, 91, 310, 313
Martini, Fam. 289
Masegne, Jacobello dalle 81
Masegne, Pierpaolo dalle 81
Massari, Giorgio 162f., 291, 299, 340
Massolo, Lorenzo 293
Massys, Quentin 106
Mastelli, Fam. 296
Maximilian, röm. Kaiser 60
Maximilian I., dt. Kaiser 33
Mechmed II., Sultan 32
Medici, Francesco de 36
Medici, Katherina von, frz. Königin 93
Medici, Lorenzo de 94
Memling, Hans **308**
Michael Palaiologos, byz. Kaiser 22
Michelangelo 111, 216, 348
Mocenigo, Fam. 161
Mohammed II. 318
Molière 283
Monteverdi, Claudio 31, 130, 249
Moore, Henry 342
Moretto, Alessandro 312
Morlaiter, G. M. 256, 294
Moro, Giulio dal 104, 224, 243
Morosini, Fam. 246, 298
Moschini, Vittorio 302
Mosto, Alvise da 156

Napoleon I., frz. Kaiser 40f., 47, 52, 55, 87, 98, 111, 228, 302
Napoleon III., frz. Kaiser 41
Narses 13
Nicolò di Pietro 304f.
Nicolaus von Verdun 56
Nono, Luigi 250

Odoaker 12
Otto I., dt. Kaiser 17
Otto II., dt. Kaiser 17
Otto III., dt. Kaiser 17

Pacifico, slg. 112
Palladio, Andrea 41, 92f., 148, 160, 212f., 216f., 226, 228, 245, 253, 255, 287, 296, 300, 302, 316, **348**
Palma d. Ä., Jacopo 173, 241, **311**, 312, 341, 346
Palma d. J., Jacopo 96, 102ff., 173, 221, 235, 241, 243, 285, 287, 293, 297, 312, 338
Paolo Veneziano 86, 245, 304
Pasqualino, Alvise 110
Paul II., Papst 86
Paul III., Papst 352
Paulinus, Patriarch von Aquileia 13
Pesaro, Fam. 112, 130, 150, 152
Pesaro, Jacopo 130f.
Peter II., König von Zypern 27
Petrarca, Francesco 26, 87
Philipp II., span. König 353
Piazzetta, Giovanni Battista 40, 172, 222, 255f., 277, 302, 316f., 341, 350
Picasso, Pablo 342
Piero della Francesca **308**
Pietro da Cortona **315**
Piombo, Sebastiano del 221, 346
Pippin 14
Pirckheimer, Willibald 234
Pisanello 101
Pisani, Vittore 27f.
Pisano, Nino 174
Pitati, Bonifazio de' **311**
Pius VI., Papst 228
Pius X., Papst 50, 224
Polo, Maffeo 23
Polo, Marco 23, 30
Polo, Nicolò 23
Ponte, Antonio da 94, 102, 217, 318
Pordenone 220, **314**, 346
Poussin, Nicolas 316
Pozzo, Giuseppe 294
Priuli, Girolamo und Lorenzo 224
Proust, Marcel 52, 107

Raffael 348
Rangone, Tommaso 225
Raverti, Marco 153
Rembrandt 354
Rezzonico, Fam. 163, 340
Ricci, Marco **316**
Ricci, Sebastiano 255f., 350
Riccio, Andrea 339f.
Ridolfi, Carlo 130
Rizzo, Antonio 88, 99f., 130, 163, 301, **349**
Robbia, della (Werkstatt) 290
Rochus, hl. 132

Rodin, Auguste 342
Romanino, Girolamo 311, **312**
Romulus Augustulus, röm. Kaiser 12
Rossi, Domenico 153
Rousseau, Jean Jacques 37, 40
Rubens, Peter Paul 139, 243, 316, 353
Rubini, Agostino 156
Ruskin, John 150
Rusticiano 23

Saladin, Sultan 20
Salviati, Giuseppe 111, 138, 243, 351
Sanmicheli, Michele 158f., 280, 354
Sannazaro, Jacopo 94
Sansovino, Andrea 349
Sansovino, Francesco 83
Sansovino, Jacopo 50, 52ff., 55, 81, 83, 90, 92, 104, 111, 130, 152, 155ff., 166, 212, 216, 219, 222ff., 225, 237, 244, 247f., 274, 283, 318, 347f., **349**, 354; Abb. 13, 18
Saraceni, Carlo 104
Sardi, Giuseppe 212, 224
Savelli, Paolo 112
Savoldo, Girolamo **311**
Scamozzi, Vincenzo 51, 53, 138
Scarpagnino 156, 161, 219f., 247, 278
Schönberg, Arnold 250
Schulenburg, Joh. Matthias Graf von der 39
Serlio, Sebastiano 294
Sforza, Francesco 30
Smeralda, Francesco 300
Soranzo, Fam. 316
Spavento, Giorgio 161, 222
Strawinsky, Igor 248
Strozzi, Bernardo 13, **315**
Stuck, Franz von 342

Taine, Hippolyte 136
Tanguy, Yves 342
Temanza 226
Theoderich der Große, Ostgoten-König 12
Theodor, hl. 15f., 54
Thorwaldsen, Bertel 111
Tiepolo, Baiamonte 25, 26, 97
Tiepolo, Domenico 282, 341, 350
Tiepolo, Giovanni Battista 40, 106, 222, 246, 255f., 276, 282, 287, 298f., 302, 315f., 341, **350**; Farbt. 36; Abb. 22, 84
Timofiewitsch, Wladimir 226
Tintoretto, Domenico 104
Tintoretto, Jacopo Robusti gen. 63, 92ff., 95f., 98, 100, 102ff., 131ff., 134f., 137f., 152, 173, 212, 220, 228, 235, 243, 245f., 253, 256, 274, 281f., 284, 291, 293f., 297f., 311, **313**, 314, 316, 339, 350, 353f.; Abb. 19, 21, 50–54, 80, 81
Tizian 53, 83, 93, 102, 110f., 130f., 133, 136f., 172f., 218, 220, 224, 253, 292, 310ff., **314**, 315, 337, 340, 345f., 350, 352, 354; Abb. 27–29, 57
Trevisan, Melchiore 130
Trissino, Giangiorgio 348
Tura, Cosmè **308**, 338
Twain, Mark 52

Valerius, röm. Kaiser 60
Vasari, Giorgio 346
Vasco da Gama 33
Vecellio, Francesco 224
Vecellio, Marco 93, 173, 218
Vedova, Emilio 342
Velazques, Diego 354
Vendramin, Nicolò 151, 318
Verdi, Giuseppe 248
Veronese, Benedetto 279, 354
Veronese, Paolo 83, 94f., 97f., 102ff., 138, 173, 212f., 225, 253, 256, 278, 282, 285, 294, 300, 311, 312, 313, 315, 350f., **354**; Farbt. 33; Abb. 23
Verrocchio, Andrea del 176, 209; Abb. 34
Vicentino, Andrea 93, 102, 104
Victor Emanuel II., ital. König 41
Vignola 216
Visconti, Bianca 30
Visconti, Filippo Maria 30
Visconti, Giangaleazzo 30
Visconti, Valentine 33
Vitruv 348
Vittoria, Alessandro 92, 94, 111, 156, 161, 173, 213, 218, 224f., 247, 282, 296
Vivaldi, Antonio 31, 249f., 290, 299
Vivarini, Alvise 130, 173, 237, 307, 337, 339f.
Vivarini, Antonio **337**
Vivarini, Bartolomeo 112, 139, 237, 241, 245, 305, 338

Wagner, Richard 45, 151, 162
Waldrada von Tuscien 17
Willaert, Adrian 249

Zeno, Carlo 27f.
Zeno, Kardinal 86
Ziani, Sebastiano 88
Zillig, Winfried 250
Zuccarelli, Francesco **316**
Zuccari, Frederico 104, 138, 351
Zuccato, Sebastiano 352

»Richtig reisen«: Venedig

Von Eva Bakos. Foto-Illustration von Helga Sittl. 312 Seiten mit 46 farbigen und 209 einfarbigen Abbildungen, 12 Karten, 56 Seiten praktischen Reisehinweisen, Register

»In sehr lebendig geschriebenen Kapiteln über Geschichte und Alltags Venedigs werden mit Sachkenntnis so verschiedene Aspekte behandelt wie zum Beispiel die Herstellung von marmoriertem Papier, der Fischmarkt, die Art wie die Dogen gewählt wurden, oder die Kunstschätze. Darüber hinaus gibt das Buch noch einen Abschnitt über die Brenta und die wichtigsten Inseln in sehr liebevoller Darstellung. Der Band enthält auch viele praktische und konkrete Informationen für den klugen Reisenden. Ein hübsches, intelligentes Buch, das in die Bibliothek jedes Venedig-Kenners und Liebhaber gehört.«

Frankfurter Allgemeine Zeitung

»Ein unentbehrliches Buch für Venedig-Reiselustige.«

Westfalen Blatt

»Richtig reisen«: Friaul – Triest – Venetien

Von Eva Bakos. 384 Seiten mit 67 farbigen und 261 einfarbigen Abbildungen, 16 Karten und Plänen, 46 Seiten praktischen Reisehinweisen, Register

Zwischen Alpen und Adria gibt es noch Land zu entdecken! Schroffer Fels und sanfte Weinhügel, Burgen, in denen schon Kreuzfahrer Quartier fanden, wettergebeizte Berghöfe, traumhaft schöne Villen und nicht zuletzt kulinarische Überraschungen belohnen den, der es wagt, vom Weg abzuweichen. Mit der Führung von Eva Bakos läßt sich Triest neu entdecken, ein Abend in der Arnea von Verona erleben, durch Padua, Udine, Cividale, Vicenza spazieren und die verborgenen Herrlichkeiten kleiner Städte aufstöbern. Die Menschen, ihr Schicksal, ihre Bräuche und Feste werden ebenso intensiv und detailliert dargestellt wie Kunst und Geschichte. Eva Bakos macht neugierig: Ihrer Verführung, vom Weg abzuweichen, folgt man gern – dafür, daß man sich dabei nicht verliert, sorgt ein ausführlicher Teil mit praktischen Hinweisen.

Von Thorsten Droste erschienen weiterhin in unserem Verlag:

Das Poitou

Westfrankreich zwischen Poitiers, La Rochelle und Angoulême –
die Atlantikküste von der Loiremündung bis zur Gironde

364 Seiten mit 35 farbigen und 119 einfarbigen Abbildungen, 136 Karten und Zeichnungen, 50 Seiten praktischen Reisehinweisen, Register (DuMont Kunst-Reiseführer)

Périgord und Atlantikküste

Kunst und Natur im Tal der Dordogne und an der Côte d'Argent von Bordeaux bis Biarritz

341 Seiten mit 46 farbigen und 107 einfarbigen Abbildungen, 130 Zeichnungen und Plänen, 29 Seiten praktischen Reisehinweisen, Register (DuMont Kunst-Reiseführer)

Bitte beachten Sie auch folgende Veröffentlichungen aus unserem Verlag:

Kleine italienische Kunstgeschichte

In achtzig Kapiteln

Von Wolfgang Braunfels. 464 Seiten mit 40 farbigen und 330 einfarbigen Abbildungen, Register, kartoniert (DuMont Dokumente)

»Ein leicht lesbares, aber wissenschaftlich einwandfreies und genaues Kompendium. Von den frühen Italienern bis zum Italien Goethes vergeht einem die Zeit wie im Flug.«

Der Tagesspiegel, Berlin

Malerei der Italienischen Renaissance

Von Herbert Alexander Stützer. 152 Seiten mit 40 Farbtafeln und 85 einfarbigen Abbildungen, ausgewählter Bibliographie, Register, Leinen mit Schutzumschlag (DuMont's Bibliothek Großer Maler)

»Ein gut gegliedertes, in einzelnen Kapiteln die Entwicklung der italienischen Renaissancemalerei aufzeigendes Buch, das sich bemüht, nicht nur die einzelnen Künstlerpersönlichkeiten vorzustellen, sondern auch die zum Verständnis des Themas unerläßliche enge Verflechtung von Geschichte, Geistesgeschichte, einzelnen Auftraggebern und den vielschichtigen Beziehungen der Künstler untereinander deutlich zu machen.« *Deutsches Ärzteblatt*

Die Italienische Renaissance

Von Herbert Alexander Stützer. 286 Seiten mit 19 farbigen und 168 einfarbigen Abbildungen, 10 Zeichnungen, Literaturverzeichnis, synchroner Zeittafel und Stammbäumen bedeutender Herrscherfamilien, Personenregister, kartoniert (DuMont Dokumente)

»Herbert Alexander Stützer schildert eine ganze Epoche in Malerei, Plastik und Architektur in einem Land. Die Sprache ist einfach, klar und modern. Insgesamt gehört dieser Band zu den imponierendsten dieser Reihe, da er auf relativ engem Raum einen guten Überblick über das Ganze gibt, ohne aphoristisch zu werden. Stützer führt ein und vertieft, beschreibt und erklärt, und so entsteht eine Darstellung der italienischen Renaissance, die man jedem nur empfehlen kann.«

Süddeutscher Rundfunk

DuMont Kunst-Reiseführer

Ägypten und Sinai – Geschichte, Kunst und Kultur im Niltal
Vom Reich der Pharaonen bis zur Gegenwart. Von Hans Strelocke

Algerien – Kunst, Kultur und Landschaft
Von den Stätten der Römer zu den Tuareg der zentralen Sahara. Von Hans Strelocke

Belgien – Spiegelbild Europas
Eine Einladung nach Brüssel, Gent, Brügge, Antwerpen, Lüttich und zu anderen Kunststätten. Von Ernst Günther Grimme

Bulgarien
Kunstdenkmäler aus vier Jahrtausenden von den Thrakern bis zur Gegenwart. Von Gerhard Eckert

Dänemark
Land zwischen den Meeren. Kunst – Kultur – Geschichte. Von Reinhold Dey

Deutsche Demokratische Republik
Geschichte und Kunst von der Romanik bis zur Gegenwart. Brandenburg, Mecklenburg, Sachsen-Anhalt, Sachsen, Thüringen. Von Gerd Baier, Elmar Faber und Eckhard Hollmann

Bundesrepublik Deutschland

Das Bergische Land
Kultur, Geschichte, Landschaft zwischen Ruhr und Sieg. Von Bernd Fischer

Bodensee und Oberschwaben
Zwischen Donau und Alpen: Wege und Wunder im ›Himmelreich des Barock‹. Von Karlheinz Ebert

Die Eifel
Entdeckungsfahrten durch Landschaft, Geschichte, Kultur und Kunst – Von Aachen bis zur Mosel. Von Walter Pippke und Ida Pallhuber

Franken – Kunst, Geschichte und Landschaft
Entdeckungsfahrten in einem schönen Land – Würzburg, Rothenburg, Bamberg, Nürnberg und die Kunststätten der Umgebung. Von Werner Dettelbacher

Hessen
Vom Edersee zur Bergstraße. Die Vielfalt von Kunst und Landschaft zwischen Kassel und Darmstadt. Von Friedhelm Häring und Hans-Joachim Klein

Köln
Stadt am Rhein zwischen Tradition und Fortschritt. Von Willehad Paul Eckert

Kölns romanische Kirchen
Architektur, Ausstattung, Geschichte. Von Werner Schäfke

Die Mosel
Von der Mündung bei Koblenz bis zur Quelle in den Vogesen Landschaft, Kultur, Geschichte. Von Heinz Held

München
Von der welfischen Gründung Heinrichs des Löwen bis zur Gegenwart: Kunst, Kultur, Geschichte. Von Klaus Gallas

Münster und das Münsterland
Geschichte und Kultur. Ein Reisebegleiter in das Herz Westfalens. Von Bernd Fischer

Der Niederrhein
Das Land und seine Städte, Burgen und Kirchen. Von Willehad Paul Eckert

Oberbayern
Kultur, Geschichte, Landschaft zwischen Donau und Alpen, Lech und Salzach. Von Gerhard Eckert

Oberpfalz, Bayerischer Wald, Niederbayern
Regensburg und das nordöstliche Bayern. Kunst, Kultur und Landschaft. Von Werner Dettelbacher

Ostfriesland mit Jever- und Wangerland
Über Moor, Geest und Marsch zum Wattenmeer und zu den Inseln Borkum, Juist, Norderney, Baltrum, Langeoog, Spiekeroog und Wangerooge. Von Rainer Krawitz

Die Pfalz
Die Weinstraße – Der Pfälzer Wald – Wasgau und Westrich. Wanderungen im ›Garten Deutschlands‹. Von Peter Mayer

Der Rhein von Mainz bis Köln
Eine Reise durch das Rheintal – Geschichte, Kunst und Landschaft. Von Werner Schäfke

Das Ruhrgebiet
Kultur und Geschichte im »Revier« zwischen Ruhr und Lippe. Von Thomas Parent

Schleswig-Holstein
Zwischen Nordsee und Ostsee: Kultur – Geschichte – Landschaft. Von Johannes Hugo Koch

Der Schwarzwald und das Oberrheinland
Wege zur Kunst zwischen Karlsruhe und Waldshut: Ortenau, Breisgau, Kaiserstuhl und Markgräflerland. Von Karlheinz Ebert

Sylt, Amrum, Föhr, Helgoland, Pellworm, Nordstrand und Halligen
Natur und Kultur auf Helgoland und den Nordfriesischen Inseln. Entdeckungsreisen durch eine Landschaft zwischen Meer und Festlandküste. Von Albert am Zehnhoff (DuMont Landschaftsführer)

Der Westerwald
Vom Siebengebirge zum Hessischen Hinterland. Kultur und Landschaft zwischen Rhein, Lahn und Sieg. Von Hermann Joseph Roth

Östliches Westfalen
Vom Hellweg zur Weser. Kunst und Kultur zwischen Soest und Paderborn, Minden und Warburg. Von G. Ulrich Großmann

Württemberg-Hohenzollern
Kunst und Kultur zwischen Schwarzwald, Donautal und Hohenloher Land: Stuttgart, Heilbronn, Göppingen, Tübingen, Rottweil, Sigmaringen. Von Ehrenfried Kluckert

Zwischen Neckar und Donau
Kunst, Kultur und Landschaft von Heidelberg bis Heilbronn, im Hohenloher Land, Ries, Altmühltal und an der oberen Donau. Von Werner Dettelbacher

Frankreich

Auvergne und Zentralmassiv
Entdeckungsreisen von Clermont-Ferrand über die Vulkane und Schluchten des Zentralmassivs zum Cevennen-Nationalpark. Von Ulrich Rosenbaum

Die Bretagne
Im Land der Dolmen, Menhire und Calvaires. Von Almut und Frank Rother

Burgund
Kunst, Geschichte, Landschaft. Burgen, Klöster und Kathedralen im Herzen Frankreichs: Das Land um Dijon, Auxerre, Nevers, Autun und Tournus. Von Klaus Bußmann

Côte d'Azur
Frankreichs Mittelmeer-Küste von Marseille bis Menton. Von Rolf Legler

Das Elsaß
Wegzeichen europäischer Kultur und Geschichte zwischen Oberrhein und Vogesen. Von Karlheinz Ebert

Frankreich für Pferdefreunde
Kulturgeschichte des Pferdes von der Höhlenmalerei bis zur Gegenwart. Camargue, Pyrenäen-Vorland, Périgord, Burgund, Loiretal, Bretagne, Normandie, Lothringen. Von Gerhard Kapitzke (DuMont Landschaftsführer)

Frankreichs gotische Kathedralen
Eine Reise zu den Höhepunkten mittelalterlicher Architektur in Frankreich. Von Werner Schäfke

Korsika
Natur und Kultur auf der ›Insel der Schönheit‹. Menhirstatuen, pisanische Kirchen und genuesische Zitadellen. Von Almut und Frank Rother

Languedoc – Roussillon
Von der Rhône zu den Pyrenäen. Von Rolf Legler

Das Tal der Loire
Schlösser, Kirchen und Städte im ›Garten Frankreichs‹. Von Wilfried Hansmann

Die Normandie
Vom Seine-Tal zum Mont St. Michel. Von Werner Schäfke

Paris und die Ile de France
Die Metropole und das Herzland Frankreichs. Von der antiken Lutetia bis zur Millionenstadt. Von Klaus Bußmann

Périgord und Atlantikküste
Kunst und Natur im Lande der Dordogne und an der Côte d'Argent von Bordeaux bis Biarritz. Von Thorsten Droste

Das Poitou
Westfrankreich zwischen Poitiers, La Rochelle und Angoûleme – die Atlantikküste von der Loiremündung bis zur Gironde. Von Thorsten Droste

Drei Jahrtausende Provence
Vorzeit und Antike, Mittelalter und Neuzeit. Von Ingeborg Tetzlaff

Savoyen
Vom Genfer See zum Montblanc – Natur und Kunst in den französischen Alpen. Von Ruth und Jean-Yves Mariotte

Südwest-Frankreich
Vom Zentralmassiv zu den Pyrenäen – Kunst, Kultur und Geschichte. Von Rolf Legler

---

Griechenland

Athen
Geschichte, Kunst und Leben der ältesten europäischen Großstadt von der Antike bis zur Gegenwart. Von Evi Melas

Die griechischen Inseln
Ein Reisebegleiter zu den Inseln des Lichts. Kultur und Geschichte. Hrsg. von Evi Melas

Kreta – Kunst aus fünf Jahrtausenden
Minoische Paläste – Byzantinische Kirchen – Venezianische Kastelle. Von Klaus Gallas

Rhodos
Eine der sonnenreichsten Inseln im Mittelmeer – ihre Geschichte, Kultur und Landschaft. Von Klaus Gallas

Alte Kirchen und Klöster Griechenlands
Ein Begleiter zu den byzantinischen Stätten. Hrsg. von Evi Melas

Tempel und Stätten der Götter Griechenlands
Ein Reisebegleiter zu den antiken Kulturzentren der Griechen. Hrsg. von Evi Melas

---

Großbritannien

Englische Kathedralen
Eine Reise zu den Höhepunkten englischer Architektur von 1066 bis heute. Von Werner Schäfke

Die Kanalinseln und die Insel Wight
Kunst, Geschichte und Landschaft. Die britischen Inseln zwischen Normandie und Süd-England. Von Bernd Rink

Schottland
Geschichte und Literatur. Architektur und Landschaft. Von Peter Sager

Süd-England
Von Kent bis Cornwall. Architektur und Landschaft, Literatur und Geschichte. Von Peter Sager

Wales
Literatur und Politik – Industrie und Landschaft. Von Peter Sager (Frühjahr '85)

Guatemala
Honduras – Belize. Die versunkene Welt der Maya. Von Hans Helfritz

---

Das Heilige Land
Historische und religiöse Stätten von Judentum, Christentum und Islam in dem zehntausend Jahre alten Kulturland zwischen Mittelmeer, Rotem Meer und Jordan. Von Erhard Gorys

---

Holland
Kunst, Kultur und Landschaft. Ein Reisebegleiter durch Städte und Provinzen der Niederlande. Von Jutka Rona

---

Indien

Indien
Von den Klöstern im Himalaya zu den Tempelstätten Südindiens. Von Niels Gutschow und Jan Pieper

Ladakh und Zanskar
Lamaistische Klosterkultur im Land zwischen Indien und Tibet. Von Anneliese und Peter Keilhauer

---

Indonesien

Indonesien
Ein Reisebegleiter nach Java, Sumatra, Bali und Sulawesi (Celebes). Von Hans Helfritz

Bali
Tempel, Mythen und Volkskunst auf der tropischen Insel zwischen Indischem und Pazifischem Ozean. Von Günter Spitzing

---

Iran
Kulturstätten Persiens zwischen Wüsten, Steppen und Bergen. Von Klaus Gallas

---

Irland – Kunst, Kultur und Landschaft
Entdeckungsfahrten zu den Kunststätten der ›Grünen Insel‹. Von Wolfgang Ziegler

---

Italien

Elba
Ferieninsel im Tyrrhenischen Meer. Macchienwildnis, Kulturstätten, Dörfer, Mineralienfundorte. Von Almut und Frank Rother (DuMont Landschaftsführer)

Das etruskische Italien
Entdeckungsfahrten zu den Kunststätten und Nekropolen der Etrusker. Von Robert Hess und Elfriede Paschinger

Florenz
Ein europäisches Zentrum der Kunst. Geschichte, Denkmäler, Sammlungen. Von Klaus Zimmermanns

Ober-Italien
Kunst, Kultur und Landschaft zwischen den Oberitalienischen Seen und der Adria. Von Fritz Baumgart

Die italienische Riviera
Ligurien – die Region und ihre Küste von San Remo über Genua bis La Spezia. Von Rolf Legler (Frühjahr '85)

Von Pavia nach Rom
Ein Reisebegleiter entlang der mittelalterlichen Kaiserstraße Italiens. Von Werner Goez

Rom
Kunst und Kultur der ›Ewigen Stadt‹ in mehr als 1000 Bildern. Von Leonard von Matt und Franco Barelli

Das antike Rom
Die Stadt der sieben Hügel: Plätze, Monumente und Kunstwerke. Geschichte und Leben im alten Rom. Von Herbert Alexander Stützer

Sardinien
Geschichte, Kultur und Landschaft – Entdeckungsreisen auf einer der schönsten Inseln im Mittelmeer. Von Rainer Pauli

Sizilien
Insel zwischen Morgenland und Abendland. Sikaner/Sikuler, Karthager/Phönizier, Griechen, Römer, Araber, Normannen und Staufer. Von Klaus Gallas

Südtirol
Begegnungen nördlicher und südlicher Kulturtradition in der Landschaft zwischen Brenner und Salurner Klause. Von Ida Pallhuber und Walter Pippke

Toscana
Das Hügelland und die historischen Stadtzentren. Pisa · Lucca · Pistoia · Prato · Arezzo · Siena · San Gimignano · Volterra. Von Klaus Zimmermanns

Venedig
Die Stadt in der Lagune – Kirchen und Paläste, Gondeln und Karneval. Von Thorsten Droste

Japan – Tempel, Gärten und Paläste
Einführung in Geschichte und Kultur und Begleiter zu den Kunststätten Japans. Von Thomas Immoos und Erwin Halpern

Der Jemen
Nord- und Südjemen. Antikes und islamisches Südarabien – Geschichte, Kultur und Kunst zwischen Rotem Meer und Arabischer Wüste. Von Peter Wald

Jordanien
Völker und Kulturen zwischen Jordan und Rotem Meer. Von Frank Rainer Scheck (Frühjahr '85)

Jugoslawien
Kunst, Geschichte und Landschaft zwischen Adria und Donau. Von Frank Rother

Kenya
Kunst, Kultur und Geschichte am Eingangstor zu Innerafrika. Von Helmtraut Sheikh-Dilthey

Luxemburg
Entdeckungsfahrten zu den Burgen, Schlössern, Kirchen und Städten des Großherzogtums. Von Udo Moll

Malta und Gozo
Die goldenen Felseninseln – Urzeittempel und Malteserburgen. Von Ingeborg Tetzlaff

Marokko – Berberburgen und Königsstädte des Islam
Ein Reisebegleiter zur Kunst Marokkos. Von Hans Helfritz

Mexiko
Ein Reisebegleiter zu den Götterburgen und Kolonialbauten Mexikos. Von Hans Helfritz

Unbekanntes Mexiko
Entdeckungsreisen zu verborgenen Tempelstätten und Kunstschätze aus präkolumbischer Zeit. Von Werner Rockstroh

Nepal – Königreich im Himalaya
Geschichte, Kunst und Kultur im Kathmandu-Tal. Von Ulrich Wiesner

Österreich

Kärnten und Steiermark
Vom Großglockner zum steirischen Weinland. Geschichte, Kultur und Landschaft ›Innerösterreichs‹. Von Heinz Held

Salzburg, Salzkammergut, Oberösterreich
Kunst und Kultur auf einer Alpenreise vom Dachstein bis zum Böhmerwald. Von Werner Dettelbacher

Tirol
Nordtirol und Osttirol. Kunstlandschaft und Urlaubsland an Inn und Isel. Von Bernd Fischer

Wien und Umgebung
Kunst, Kultur und Geschichte der Donaumetropole. Von Felix Czeike und Walther Brauneis

Pakistan
Drei Hochkulturen am Indus. Harappa – Gandhara – Die Moguln. Von Tonny Rosiny

Papua-Neuguinea
Niugini. Steinzeit-Kulturen auf dem Weg ins 20. Jahrhundert. Von Heiner Wesemann

Portugal
Vom Algarve zum Minho. Von Hans Strelocke

Rumänien
Schwarzmeerküste – Donaudelta – Moldau – Walachei – Siebenbürgen: Kultur und Geschichte. Von Evi Melas

Die Sahara
Mensch und Natur in der größten Wüste der Erde. Von Gerhard Göttler

Sahel Senegal, Mauretanien, Mali, Niger
Islamische und traditionelle schwarzafrikanische Kultur zwischen Atlantik und Tschadsee. Von Thomas Krings

Die Schweiz
Zwischen Basel und Bodensee · Französische Schweiz · Das Tessin · Graubünden · Vierwaldstätter See · Berner Land · Die großen Städte. Von Gerhard Eckert

Skandinavien – Dänemark, Norwegen, Schweden, Finnland
Kultur, Geschichte, Landschaft. Von Reinhold Dey

Sowjetunion

Kunst in Rußland
Ein Reisebegleiter zu russischen Kunststätten. Von Ewald Behrens

Sowjetischer Orient
Kunst und Kultur, Geschichte und Gegenwart der Völker Mittelasiens. Von Klaus Pander

Spanien

Die Kanarischen Inseln
Inseln des ewigen Frühlings: Teneriffa, Gomera, Hierro, La Palma, Gran Canaria, Fuerteventura, Lanzarote. Von Almut und Frank Rother (DuMont Landschaftsführer)

Katalonien und Andorra
Von den Pyrenäen zum Ebro. Costa Brava – Barcelona – Tarragona – Die Königsklöster. Von Fritz René Allemann und Xenia v. Bahder

Mallorca – Menorca
Ein Begleiter zu den kulturellen Stätten und landschaftlichen Schönheiten der großen Balearen-Inseln. Von Hans Strelocke

Südspanien für Pferdefreunde
Kulturgeschichte des Pferdes von den Höhlenmalereien bis zur Gegenwart. Geschichte der Stierfechterkunst. Von Gerhard Kapitzke

Zentral-Spanien
Kunst und Kultur in Madrid, El Escorial, Toledo und Aranjuez, Avila, Segovia, Alcalá de Henares. Von Anton Dieterich

Sudan
Steinerne Gräber und lebendige Kulturen am Nil. Von Bernhard Streck

Südamerika: präkolumbische Hochkulturen
Kunst der Kolonialzeit. Ein Reisebegleiter zu den Kunststätten in Kolumbien, Ekuador, Peru und Bolivien. Von Hans Helfritz

Syrien
Hochkulturen zwischen Mittelmeer und Arabischer Wüste – 5000 Jahre Geschichte im Spannungsfeld von Orient und Okzident. Von Johannes Odenthal

Thailand und Burma
Tempelanlagen und Königsstädte zwischen Mekong und Indischem Ozean. Von Johanna Dittmar

Städte und Stätten der Türkei
Ein Begleiter zu den Kunstwerken Istanbuls und Kleinasiens. Von Kurt Wilhelm Blohm

Tunesien
Karthager, Römer, Araber – Kunst, Kultur und Geschichte am Rande der Wüste. Von Hans Strelocke

USA – Der Südwesten
Indianerkulturen und Naturwunder zwischen Colorado und Rio Grande. Von Werner Rockstroh

K4 36,–

»Richtig reisen«

»Richtig reisen«: Algerische Sahara
Reise-Handbuch. Von Ursula und Wolfgang Eckert
»Richtig reisen«: Amsterdam
Von Eddy und Henriette Posthuma de Boer
»Richtig reisen«: Arabische Halbinsel
Saudi-Arabien und Golfstaaten
Reise-Handbuch. Von Gerhard Heck und Manfred Wöbcke
»Richtig reisen«: Australien
Reise-Handbuch. Von Johannes Schultz-Tesmar
»Richtig reisen«: Bahamas
Von Manfred Ph. Obst. Fotos von Werner Lengemann
»Richtig reisen«: Bangkok
Von Stefan Loose und Renate Ramb
»Richtig reisen«: Von Bangkok nach Bali
Thailand – Malaysia – Singapur – Indonesien
Reise-Handbuch. Von Manfred Auer
»Richtig reisen«: Berlin
Von Ursula von Kardorff und Helga Sittl
»Richtig reisen«: Budapest
Von Erika Bollweg
»Richtig reisen«: Cuba
Reise-Handbuch. Von Karl-Arnulf Rädecke
»Richtig reisen«: Florida
Von Manfred Ph. Obst. Fotos von Werner Lengemann
»Richtig reisen«: Friaul – Triest – Venetien
Von Eva Bakos
»Richtig reisen«: Griechenland
Delphi, Athen, Peloponnes und Inseln. Von Evi Melas
»Richtig reisen«: Griechische Inseln
Reise-Handbuch. Von Dana Facaros
»Richtig reisen«: Großbritannien
England, Wales, Schottland. Von Rolf Breitenstein
»Richtig reisen«: Hawaii
Von Kurt Jochen Ohlhoff
»Richtig reisen«: Holland
Von Helmut Hetzel
»Richtig reisen«: Hongkong
Mit Macau und Kanton. Von Uli Franz
»Richtig reisen«: Ibiza/Formentera
Von Ursula von Kardorff und Helga Sittl
»Richtig reisen«: Irland
Republik Irland und Nordirland
Von Wolfgang Kuballa
»Richtig reisen«: Istanbul
Von Klaus und Lissi Barisch
»Richtig reisen«: Kairo
Von Peter Wald
»Richtig reisen«: Kalifornien
Von Horst Schmidt-Brümmer und Gudrun Wasmuth
»Richtig reisen«: Kanada und Alaska
Von Ferdi Wenger
»Richtig reisen«: West-Kanada und Alaska
Von Kurt Jochen Ohlhoff (Frühjahr '85)
»Richtig reisen«: Kopenhagen
Von Karl-Richard Könnecke
»Richtig reisen«: Kreta
Von Horst Schwartz
»Richtig reisen«: London
Von Klaus Barisch und Peter Sahla
»Richtig reisen«: Los Angeles
Hollywood, Venice, Santa Monica
Von Priscilla und Matthew Breindel
»Richtig reisen«: Malediven
Reise-Handbuch. Von Norbert Schmidt

»Richtig reisen«: Marokko
Reise-Handbuch. Von Michael Köhler
»Richtig reisen«: Mauritius
Reise-Handbuch. Von Wolfgang Därr (Frühjahr '85)
»Richtig reisen«: Mexiko und Zentralamerika
Von Thomas Binder
»Richtig reisen«: Moskau
Von Wolfgang Kuballa
»Richtig reisen«: München
Von Hannelore Schütz-Doinet und Brigitte Zander
»Richtig reisen«: Nepal
Kathmandu: Tor zum Nepal-Trekking. Von Dieter Bedenig
»Richtig reisen«: Neu-England
Boston und die Staaten Connecticut, Massachusetts, Rhode Island, Vermont, New Hampshire, Maine
Von Christine Metzger
»Richtig reisen«: New Mexico
Santa Fe – Rio Grande – Taos
Von Gudrun Wasmuth u. a.
»Richtig reisen«: New Orleans
und die Südstaaten Louisiana, Mississippi, Alabama, Tennessee, Georgia
Von Hanne Zens, Horst Schmidt-Brümmer und Gudrun Wasmuth
»Richtig reisen«: New York
Von Gabriele von Arnim und Bruni Mayor
»Richtig reisen«: Nord-Indien
Von Henriette Rouillard
»Richtig reisen«: Norwegen
Von Reinhold Dey
»Richtig reisen«: Paris
Von Ursula von Kardorff und Helga Sittl
»Richtig reisen«: Peking und Shanghai
Von Uli Franz
»Richtig reisen«: Rom
Von Birgit Kraatz
»Richtig reisen«: San Francisco
Von Hartmut Gerdes
»Richtig reisen«: Die Schweiz und ihre Städte
Von Antje Ziehr
»Richtig reisen«: Seychellen
Reise-Handbuch. Von Wolfgang Därr
»Richtig reisen«: Südamerika 1
Kolumbien, Ekuador, Peru, Bolivien
Von Thomas Binder
»Richtig reisen«: Südamerika 2
Argentinien, Chile, Uruguay, Paraguay
Von Thomas Binder
»Richtig reisen«: Südamerika 3
Brasilien, Venezuela, die Guayanas
Von Thomas Binder
»Richtig reisen«: Süd-Indien
Von Henriette Rouillard
»Richtig reisen«: Texas
Von Horst Schmidt-Brümmer und Gudrun Wasmuth
»Richtig reisen«: Tunesien
Reise-Handbuch. Von Michael Köhler
»Richtig reisen«: Venedig
Von Eva Bakos
»Richtig reisen«: Wallis
Von Antje Ziehr
»Richtig reisen«: Wien
Wachau, Wienerwald, Burgenland
Von Wolfgang Kuballa und Arno Mayer